八年抗戰中的國民黨軍隊

1937～1945

紀實

向中国驻卢沟桥的守军开枪，国民党
队奋起反击，揭开了八年抗战的序幕。

何桂宏
鄭德良 著

八年抗戰中的國民黨軍隊

目錄

八年抗戰中的國民黨軍隊

第一章　國民黨軍隊奮起抗擊日寇

一、平津保衛戰，犧牲兩員大將

一九三七年七月七日夜，日軍以搜尋失蹤士兵為由，向北平西南部的盧溝橋發動進攻，駐守盧溝橋的二十九軍奮起抗戰，捍衛我國土、國威，揭開了中華民族全面抗戰、爭取獨立解放的序幕。

一九三一年「九一八事變」後，日本帝國主義侵佔了中國的東北地區，並組建了僞「滿洲國」，以後又向察綏滲透。一九三五年開始，日本又向我華北地區伸出了魔爪，中華民族面臨著新的嚴重的民族危機。

一九三七年二月二十日，日本外務省制訂《第三次處理華北問題綱要》，聲言要「對南京政權採取措施」。四月中旬，又召開外務、大藏、陸軍、海軍四相會議，陰謀侵佔中國華北。六月，關東軍參謀長東條英機揚言：「以對蘇作戰的軍事觀點來判斷中國目前的形勢，如我們武力許可，則應首先對南京政府加以一擊。」

一九三七年夏天，駐屯華北的日軍不斷地向負責華北防務的國民革命軍第二十九軍尋釁滋事，一時間華北劍拔弩張，戰爭的烏雲瀰漫了華北的上空。六月三十日，滿鐵總裁松岡洋石派駐北平的一個特務會對人說：「一個星期以內，如果不發生什麼重大事件，就把我的腦袋給您。」七月一日，同盟社記者在天津向華北駐屯軍參謀長橋本群表示：近期內北平將會發生非同尋常的事態。此時的東京，傳言四起，「七夕的晚上，華北將重演柳條湖一樣的事件（即九一八事變）」。

日軍進駐豐台後，常以演習爲名在盧溝橋附近挑釁，真槍實彈，晝夜不斷，有時竟逼近宛平縣城，模擬攻城，其用心和意圖昭然若揭，華北上空籠罩著戰爭的烏雲。

七月七日晚，駐豐台日軍一個中隊，以盧溝橋爲假想攻擊目標，在橋北一公里的龍王廟一帶，舉行所謂的軍事演習。二十二時四十分左右，正在進行軍事演習的中隊長清水節郎，「彷彿」聽到步槍射擊的聲音，集合點名時，又發現少了一名名叫志村菊次郎的士兵，於是在沒有任何確切證據的情況下，竟然武斷地判定是中國軍隊開槍，且誣指所謂失蹤士兵已被中國軍隊脅迫進入宛平城。日軍以此爲藉口，提出入縣城搜尋。當時駐守豐台城的吉星文團長以時値深夜，日軍進城足以引起地方不安，且我方官兵正値睡眠，槍聲非我方所發，當場拒絕。所謂「失蹤」的士兵在二十分鐘後即已平安歸隊，但日軍仍然一再無理要求進城搜查。

深夜，北平幾個辦公署的電話鈴聲忙碌地響起來，日本駐北平特務機關長松井久太郎打電話給冀察政務委員會說：「有日本陸軍一中隊在盧溝橋演習時，彷彿聽見由駐宛平城內的軍隊發出的槍聲，使演習部隊一時紛亂，結果失蹤日軍一名，現要進入宛平縣城搜查失兵。」中國冀察當局毅然拒絕了日方的無理要求。接著，松井又一次給冀察外交委員會打電話威脅稱，如若中方不允許，日方將以武力保衛前進。爲防止事態擴大，冀察當局被迫同意中日雙方派員進行調查。

所謂「調查」僅是日軍的緩兵之計，不久增援豐台的日軍趕到。日軍又提出無理要求：中國軍隊撤出宛平城西門外，讓日軍進入東門。此要求被守城的二十九軍吉星文團長嚴詞拒絕。日軍隨即向宛平城開槍，中國守軍忍無可忍，奮起應戰。

當時，二十九軍副軍長兼北平市市長秦德純命令吉星文：「保衛領土是軍人天職，對外戰爭是我軍人的榮譽，務即曉諭全團官兵，犧牲奮鬥，堅守陣地，即以宛平城與盧溝橋爲吾軍墳墓，一尺一寸國土，不可輕易讓人。」

八日下午，日軍發出最後通牒，限令中國守軍晚間八時前撤至永定河東，否則日軍要繼續

▶▶吉星文

吉星文，一九〇八年生，河南扶溝人，抗日名將。著名愛國將領吉鴻昌族侄，一九二二年隨吉鴻昌參加西北軍，升至營長。一九三三年長城抗戰中軍功顯著升為團長，一九三六年調守宛平縣。一九三七年「盧溝橋事變」中，指揮第二十九軍二一九團在盧溝橋抗擊日軍二十多日。一九四六年任第七十七師三十七旅旅長。一九四九年渡台，後擔任澎湖防衛副司令。一九五八年晉升中將，任金門防衛副司令，五月二十八日，於金門炮戰中身亡。

炮轟宛平城，中國軍隊嚴詞拒絕其無理要求。守軍團長吉星文，親赴前線指揮作戰，下令「堅守陣地，堅決回擊」。廣大官兵，義憤塡膺，英勇殺敵，殲敵一百多人。二十九軍的一位士兵，用大刀接連砍傷敵軍十三人，最後壯烈犧牲。守衛盧溝橋北面的一連官兵，奮不顧身，前仆後繼，英勇殺敵，全連除四人外全部爲國捐軀。雙方激戰，各有傷亡。

盧溝橋是北平以至整個華北通向中國南部的咽喉，自古爲兵家必爭之地。此時，由於日僞已經構成了三面合圍北平的態勢，位於平漢線附近的盧溝橋地區軍事地位更是非同一般。如果中國軍隊守住這個橋頭堡，進可攻，退可守，而一旦被日軍佔領，北平就成爲了一個孤立無援的死城。一場國人期待已久的全民族反侵略戰爭就在這個敵我必爭之地打響了。

盧溝橋抗日槍聲響起的時候，蔣介石正在廬山。看完華北地方當局的「特急電報」，蔣介石隱隱地意識到，這次真的是退無可退了。

七月八日，他在日記中憤憤地寫道：倭寇在盧溝橋挑釁矣！彼將乘我準備未完之時使我屈服乎？或故與宋哲元爲難，使華北獨立乎？倭已挑戰，決心應戰，此其時乎！

蔣介石在當天立即致電宋哲元：「宛平城應固守勿退，並須全體動員，以備事態擴大。」與此同時，蔣介石急電也迅速傳到二十六路軍總指揮孫連仲、四十軍軍長龐炳勳、八十五師師長高桂滋的指揮部，命令他們親率部隊火速向石家莊集中。蔣介石再次電示宋哲元：「從速構築預定之國防工事」，強調「守土應具決死決戰與積極準備之精神」，即使談判，也「務期不喪絲毫主權爲原則」。

九日，雙方軍隊達成口頭協定：停止射擊；日軍撤至豐台；華軍撤至宛平以西，宛平由保安隊接防。

華北一向是宋哲元的天下，他對蔣介石、對日本、對救亡都有兩面性。對蔣介石，他是一面保持上下級關係，一面又行使自治，例如用人、行政、關稅、鹽稅、統稅等都歸自己支配，成爲獨立化的政權。對日本，他是一面妥協，一面敷衍，碰到最大問題就推到南京政府去解決。對救亡，他是一面反共，一面主張「槍口不對內」；一面不敢公開鎮壓中國共產黨領導的救亡運動，一面反對在冀察兩省舉行抗日遊行示威。

當時宋哲元正在山東老家樂陵省親，華北防務由他的部將張自忠負責。二十九軍將士在當時已經奮起反擊日軍入侵，日軍也在考慮擴大事態，但宋哲元顯然對盧溝橋事變的性質和全國的抗日熱情估計不足，沒有及時對平津防務進行調整，而把大部精力用於與敵談判周旋以期

「和平解決」上。

但是，和平的幻想很快就被不斷傳來的密報粉碎，日方大批援軍正從關外和天津方向源源開來，僅關東軍一周時間就調來了一個師團的兵力，日本國內和朝鮮另有五、六個師團的兵力正在增調中。特務系統收集的情報紛紛傳至南京，足以表明日本當局肯定有更大的企圖，至少，日軍這次不拿下冀察平津地區，是不會善罷甘休的。

七月十一日，宋哲元奉蔣介石之令，從山東樂陵老家啓程返回北平。在北平郊外豐台車站，宋哲元乘坐的火車剛剛駛過，「轟」的一聲巨響，枕木飛濺，硝煙濃烈，一片狼藉。中國在華北的最高行政長官險些成了第二個張作霖。回到北平的宋哲元立即著手部署對日軍事。八天以後，如有神助的他再次從日本特務的地雷下死裏逃生。

華北不會上演第二個「皇姑屯事件」，也不會出現第二個僞「滿洲國」。暗中進行的陰謀活動破產後，日本決定武力進佔華北。七月十六日，日軍在準備妥當後，全力向華北發動大規模的武裝進攻。

「盧溝橋事變」後，日軍以停戰談判爲掩護，緊鑼密鼓地進行作戰準備。七月二十八日，北平大戰開始，二十九軍將士在敵我力量懸殊的情況下誓死堅守、英勇抗擊，佟麟閣、趙登禹壯烈殉國。

日本侵華野心由來已久，談判僅僅是掩蓋其繼續侵略中國真正動機的煙幕，在與中方談判期間，日本緊鑼密鼓地進行戰爭準備，一批批增援部隊從日本開赴中國。

十九日，蔣介石關於「最後關頭」的講話公開發表。次日，日本政府對南京國民政府徹底關閉和談大門。日本外務省召開首腦會議將事態惡化的原因，歸罪於南京政府。

十九日晚十時，日本中國駐屯軍表示：「從二十日零時以後，駐屯軍將採取自由行動。」二十日早晨，日本參謀本部部長會議認爲：「以外交談判終究不能解決事變，爲使平津地區安定，現在必須決定使用武力。」

從七月二十日起，日軍開始大量聚集，蓄意擴大「盧溝橋事變」。下午二時，日軍對宛平城及附近地區發動襲擊。二十一日晨，大批日軍飛機低空掠過北平上空。

二十五日，日軍佔領了廊坊車站。中國駐軍要求日軍撤退，遭到拒絕，雙方發生激戰。但敵我武器裝備實力懸殊，日軍地面部隊在空軍的掩護下，擊敗了中國駐軍。

二十六日，日本華北駐屯軍向宋哲元發出最後通牒，未得答覆，惱羞成怒的日軍開始發動大規模襲擊。當天傍晚，日軍一部乘三十餘輛載重卡車強行闖入廣安門，另一部則在飛機的配合下攻佔了二十九軍在廊坊的駐地。二十七日凌晨，日軍更進一步地進攻通縣，一直與蔣有矛盾且對日本心存幻想的宋哲元，這時也斷了妥協的念頭。

二十七日，一封加急電報從北平發往南京。宋哲元向蔣介石報告稱：「北平為華北重鎮，人心所繫，人事所關。現在已成四面皆敵之形勢，通縣於今晨三時起，亦正在激戰中。職受國家與人民付託之重，已決心固守北平，以安人心，而作士氣，決不敢稍有畏避也。」

這一天，蔣介石也終於徹底摒棄了「緩戰」、「避戰」之想，他明確指示宋哲元務必固守北平、宛平各城，同時調集中央軍北上支援。他在日記中鼓勵自己：從此「當一意作戰，勿再作避戰之想矣」。此時，二十九軍將士在宋哲元的指揮下，已經開始了全面地抵抗。

二十八日，數以萬計的日軍，在飛機和坦克的掩護下，分別向北平、天津以及鄰近各戰略要地大舉進攻。

二十八日拂曉，北平城外南苑，約四十餘架日軍飛機對二十九軍司令部進行了輪番轟炸。在飛機配合下，日軍機械化部隊約三千人從地面發動猛烈攻擊。

面對強敵，副軍長佟麟閣與一三二師師長趙登禹誓死堅守，指揮部隊英勇抗擊。激戰至中午，雙方損失慘重。下午，佟麟閣奉命向大紅門轉移，中途被日軍包圍，在指揮右翼部隊向日軍突擊時，被機槍射中腿部。部下勸其退下，他執意不肯，說：「情況緊急，抗敵事大，個人安危事小！」仍率部繼續戰鬥，後因頭部再受重傷，流血過多，英勇犧牲。趙登禹突圍北走，行至黃亭子，被日軍伏兵擊中胸部，壯烈殉國。南苑失守。

佟麟閣、趙登禹是抗戰以來，中國軍隊犧牲的最高級別的將領。佟麟閣曾在南苑的一次軍事會議上，慷慨陳詞：「釁將不免，吾輩首當其衝。戰死者光榮，偷生者恥辱。榮辱繫於一人者輕，而繫於國家民族者重，國家多難，軍人應當馬革裹屍，以死報國。」

當天午後，宋哲元在北平城內召集北平市市長秦德純、第三十八師師長張自忠等人舉行緊急會議，商討是死守北平，還是放棄？本來國民政府和全國民眾都希望他們死守北平，但當地絕大多數人的意見是不忍使文化古城因戰火而化為灰燼。當議及北平必須留個負責人與敵暫時周旋以緩衝形勢時，張自忠立即站起來，毅然表示：為了國家和民族的長遠利益，為了二十九軍及時脫離敵人包圍的險境，我願意擔負這個重任，個人毀譽在所不計。於是，緊急會議終於

▶▶ 佟麟閣　趙登禹

佟麟閣，字捷三，河北高陽人。「七七事變」發生後，指揮二十九軍浴血抗戰，喋血南苑，壯烈殉國，是全面抗戰爆發後捐軀疆場的第一位高級將領，國民黨追贈陸軍二級上將。一九四六年七月二十八日，被安葬於北平西郊香山附近。

趙登禹，字舜臣，山東菏澤人。一九三三年長城戰役時任第二十九軍十九旅旅長，奉命增援喜峰口、潘家口，中炮受傷仍指揮部隊英勇殺敵，後升任一三二師師長。「七七事變」後，率部戰守北平南苑，遭敵伏軍襲擊，重傷犧牲，國民黨追贈為陸軍上將。抗戰勝利後，趙登禹遺體被安葬於盧溝橋畔。

決定退守保定，而以張自忠代理冀察政務委員會委員長及北平市市長，留在當地。宋哲元與秦德純前往保定，第二十九軍官兵也在夜半懷著悲憤的心情，默默地離開了古城北平。

張自忠留守北平期間，恪盡職守，兢兢業業，不久日軍逼迫他改組冀察政務委員會。張自忠不想為日本人辦事，化裝逃回天津家中，後去南京請罪。當時，不少人對於張自忠這一舉動頗多誤解，以為張自忠是賣國求榮的漢奸。張自忠在一封致全體將士的親筆信中表明了心跡：此次戰事發生，我全體患難手足，均以國家民族觀念為重，奮勇殺敵，不惜犧牲，其中艱難困苦情形，不言而喻……奉命留平，以後未獲與諸弟兄共同殺敵，致令諸弟兄獨任軍務，深以為歉。而社會方面頗有不諒之際，務望諸弟兄振奮精神，激發勇氣，誓掃敵氛，還我河山。非如此不能救國，不能自救，亦不能見諒於國人。

南京軍事當局經過多方了解，斷定張自忠不是漢奸，於是任命他為五十九軍軍長，許其回原部隊整編待發。這一決定，鼓勵了張自忠，為他日後在台兒莊大捷中圍殲磯谷師團埋下了伏筆。

北平淪陷時，在天津方面的中國守軍更是陷入了重圍。面對合圍而來的日軍，中國守軍拚死一搏，先行發起了進攻。由第三十八師副師長李文田所率部隊，於七月二十九日中午前反攻企圖佔領天津員警機關的日軍，一度奪回為日軍所佔據的飛機場及火車東站、西站，但在日軍的飛機轟炸與炮擊之下，不得不於次日放棄了天津。

隨著居於河北心臟部位的平津重鎮淪陷，戰局進入了新的階段。七月二十九日，蔣介石在南京接見新聞記者，發表了對時局的看法：「軍事上一時之挫折，不得認爲失敗；而且平津戰事不能認爲已經了結。日本既蓄意侵略中國，不惜用盡種種手段，則可知今日平津之役，不過其侵略戰爭之開始，而絕非其戰事之結局。國民只有一致決心，共赴國難。」

八月一日，蔣介石出席南京中央軍校擴大紀念周時，做了題爲《準備全國應戰》的講話。在講話的最後，蔣介石重申：「我們從今以後，要認定不是我們失敗，就是他們滅亡，只要全國同胞大家照我的一貫方針和精神，作繼續不斷地奮鬥，日本人必不能滅亡中國，反轉過來說，我們必定能夠打敗日本。」

華北形勢危急，日本帝國主義的鐵蹄蹂躪神州大地，中華民族到了最危險的時刻！

在日本對華北發動全面進攻的同一天，國民政府召開廬山會議，決心以戰圖存。隨後，蔣介石正式宣布對日作戰，成立國防最高會議，部署作戰序列，國民軍隊承擔起正面戰場抗擊日寇的艱巨任務。

日軍在華北發動全面攻勢的同一天，國民政府爲共赴國難而召開的談話會也在廬山揭幕。七月十六日的談話會由國民政府主席汪精衛主持，他雖然大談「精誠團結，共赴國難」，但是並沒有提出明確的辦法。

七月十七日，蔣介石出席廬山第二次談話會，發表了題爲《對於盧溝橋事件之嚴正表示》的講話，政府對日政策明確亮相。

一開始，蔣介石就直奔主題，他說：「中國正在外求和平，內求統一的時候，突然發生了盧溝橋事變，不但我舉國民眾悲憤不已，世界輿論也都是異常震驚。此事發展結果，不僅是中國存亡的問題，而將是世界人類禍福之所繫。」把中日之間的事變同國際和平聯繫起來，這並不是一般的外交辭令，而是蔣介石抗日方略的重要一環。

會上，蔣介石提出了中國政府的四點立場：（一）任何解決，不得侵害中國主權與領土之完整；（二）冀察行政組織，不容任何不合法之改變；（三）中央政府所派地方官吏，如冀察政務委員會委員長宋哲元等，不能任人要求撤換；（四）第二十九軍現在所駐地區，不能受任何的約束。

一九三七年七月十七日，蔣介石在廬山演講

在這個講話的最後，蔣介石總結性地、十分明確地對參加這次談話會的人員說：「總之，政府對於盧溝橋事件，已確定始終一貫的方針和立場，且必以全力固守這個立場。我們希望和平，而不求苟安；準備應戰，而決不求戰。我們知道全國應戰以後之局勢，就只有犧牲到底，無絲毫僥倖求免之理。如果戰端一開，就是地無分南北，年無分老幼，無論何人，皆有守土抗戰之責任，皆應抱定犧牲一切之決心。」蔣介石的講話，表明了準備全面抗戰的方針，受到全國人民的歡迎。

「盧溝橋事變」後，針對日軍侵華行動，南京國民政府加緊軍事部署，進行全方位的調兵遣將，以應對這場國難。

八月七日，蔣介石召集國民黨黨政軍要員在南京舉行最高國防會議，「決定中國實施全面抗戰」，並決定中國抗日戰爭「取持久消耗戰略」。中共代表周恩來、朱德應邀參加會議，會上二人透徹分析局勢。周恩來的分析精闢入裏，「困難是可以解決的，堅持全面抗戰，是可以獲得勝利。」朱德慷慨陳詞，不畏強敵的錚錚鐵骨和誓戰到底的軍人氣質，給與會者留下極爲深刻的印象。他們的發言大大鼓舞了軍心，使人們心中沸騰殺敵報國的熱血，士氣大振。

只有堅定抗戰的決心，才有可能認真地作好應戰準備。蔣介石在抗戰的部署上，動作開始果敢起來。

日軍在華北擴大戰爭的同時，又積極策劃侵佔上海。八月九日，日本駐上海豐田紗廠海軍陸戰隊中尉大山勇夫和一等水兵齋藤要藏身著戎裝，駕駛軍車沿虹橋路由東向西急駛，要強行進入虹橋機場，被守衛機場的中國憲兵制止，雙方發生爭執。二人見事不妙，倉皇駕車逃跑，途中被我國士兵擊斃。在上海局勢劍拔弩張、戰爭一觸即發之際。

上海虹橋機場事件發生後，蔣介石命令將領們迅速回到各自部隊，著手開展軍事動員工作。八月十一日，國民黨中央政治委員會通過《國防最高會議條例》，決定成立國防最高會議，爲「全國國防最高決定機關，對於中央執行委員會政治委員會負其責任」。以軍事委員會委員長爲國防最高會議主席，中政會主席爲副主席，成員包括「中樞黨政軍各方面的首腦人員」。職掌「（一）國防方針之決定；（二）國防經費之決定；（三）國家總動員事項之決定；（四）其他與國防有關重要事項之決定。」國防最高會議主席擁有極大許可權，可以對黨政軍一切事項「不依平時程序，以命令爲便宜之措施」。

八月十二日，國民政府在南京靈谷寺無梁殿再次舉行國防會議，討論抗戰時期軍政各項重大問題，對十一日會議作一些補充。會議認爲，由於沒有正式對日宣戰，不宜設置大本營，決定以國民政府軍事委員會爲抗戰最高指揮部，蔣介石任陸海空軍大元帥，程潛爲參謀總長，白崇禧爲副參謀總長。軍事委員會增設秘書廳，張群爲秘書長，陳布雷爲副秘書長。另外設立軍令、軍政、財政、經濟、宣傳、組訓六個部，分掌相關事宜。自此以後，國民黨的中央政治會議暫停，設立最高國防會議和國防參議會，負責籌劃抗戰國策。

八月十五日，蔣介石向全國下達抗戰總動員令。八月二十日，國民黨軍事委員會發佈作戰指導計畫、國民黨軍隊戰鬥序列和作戰指導方針，比較全面地對全國的抗戰做了部署。軍事委員會要求：「中國軍隊以一部集中華北，重疊配備，多線設防，特注意固守平綏路東段要地」，「以主力集中華東，迅速掃蕩淅滬敵海陸軍根據地」，「以最小限度兵力守備華南沿海各地」。按照要求，軍事委員會最初確定的軍隊作戰序列爲：

第一戰區，轄平漢、津浦兩路北段地區，兵力組成爲第一、第二、第十四集團軍，司令長官爲程潛（九月下旬後由蔣介石兼任）。

第二戰區，轄晉、察、綏地區，兵力組成爲第六、第七集團軍及騎兵第一軍，司令長官爲閻錫山。

第三戰區，轄江蘇、浙江地區，兵力組成爲第八、第九、第十、第十五集團軍，司令長官馮玉祥（九月以後由蔣介石兼任）。

第四戰區，轄福建、廣東地區，兵力組成爲第四、第十二集團軍，司令長官爲何應欽。

第五戰區，轄山東地區，兵力組成爲第五集團軍，先由蔣介石，繼由李宗仁任司令長官。

軍事委員會同時命令第一戰區阻擊沿津浦、平漢兩路南下的敵人，並側擊南口的日軍；第二戰區進攻察北的日軍；第三戰區抗擊淞滬登陸之敵；第四戰區固守閩粵海岸；第五戰區防守山東及津浦路徐州地區。

抗戰初期，國民黨軍隊在正面戰場的抵抗沉重打擊了日本侵略軍，但同時若干部隊無序的潰敗暴露了軍事部署上存在的問題，因此需要重新對軍事部署加以調整。一九三七年底到一九三八年初，國民政府軍委會重新劃分戰區，調整軍隊的戰鬥序列。

軍事委員會委員長爲蔣介石，參謀總長爲何應欽。

第一戰區，司令長官程潛，共轄二十五個步兵師，兩個步兵旅，兩個騎兵師，以及其他特種部隊，作戰區域在平漢路方面。

第二戰區，司令長官閻錫山，共二十七個步兵師，三個步兵旅，三個騎兵師，以及其他特種部隊，作戰區域在山西。

第三戰區，司令長官顧祝同，共轄二十四個步兵師，六個步兵旅，以及其他特種及游擊部隊，作戰區域爲蘇浙一帶。

第四戰區，司令長官何應欽，共九個步兵師，兩個步兵旅，以及特種和要塞守備部隊，作戰區域在兩廣地區。

第五戰區，司令長官李宗仁，共轄二十七個步兵師，三個步兵旅，以及其他特種部隊，作戰區域在津浦線。

第八戰區，司令長官蔣介石（兼），共五個步兵師，四個步兵旅，五個騎兵師，四個騎兵旅，以及其他特種部隊，作戰區域在甘肅、寧夏、青海地區。

武漢衛戍總司令部，總司令陳誠，共轄十四個步兵師，一個步兵旅，以及其他特種及江防守備部隊。

軍委會西安行營，主任蔣鼎文，共轄十二個步兵師，四個步兵旅，三個騎兵師，以及其他特種部隊。

閩浙綏靖公署，主任陳儀，共轄兩個步兵師，四個步兵旅，以及其他地方要塞部隊。

軍委會直轄兵團，共轄十七個步兵師。

此外，還有後方整訓部隊二十六個步兵師，未經調動的部隊十四個步兵師，七個步兵旅。

全國總兵力，共兩百一十個步兵師，三十五個步兵旅，十一個騎兵師，六個騎兵旅，十八個炮兵團，八個炮兵營，及其他特種部隊。

從以後抗戰的一些佳績來看，軍事重新部署有著重大意義，國民黨軍隊承擔起正面戰場的抗敵任務，起到了打擊日寇侵略的積極作用。

二、華北戰場接連失利

日軍佔領平津地區後，揚言要「三個月滅亡中國」，企圖迅速佔領華北要地。中國軍隊誓死抗爭，眾多守城士兵壯烈捐軀。張家口、南口相繼陷落，九月十六日，日軍完全控制了平綏線。

日軍輕易地佔領了華北的重要軍事、政治、經濟中心——平津地區後，更加狂妄，宣稱「三個月滅亡中國」。日本參謀本部決定進行華北會戰，企圖迅速對河北省境內的中國軍隊包括中國的空軍主力予以打擊，隨後佔據華北要地，以期根本解決華北問題，並圖謀調整中日關係。

平綏鐵路自北平經察南的張家口、晉北的大同，至綏遠西部的包頭，是聯繫華北與蒙疆的大動脈。該線東段的南口是阻止戰火燃到山西的屏障，又可給平津日軍以威脅，素有「綏察之前門，平津之後戶，華北之咽喉，冀西之心腹」的說法。日軍要想進犯張家口、佔領察哈爾省，然後分兵進攻晉、綏，南口成爲首要必爭之地。

國民政府對平綏鐵路一線的防衛頗爲重視，早就預料到日軍將沿平綏線西犯。七月下旬，蔣介石連發數次電報，佈置察省防務。第十三軍、十七軍軍長湯恩伯、高桂滋迅速率部入察，協助六十八軍軍長劉汝明準備平綏線的作戰。七月三十一日，蔣介石致電劉汝明，命令炸毀青龍橋及八達嶺一帶鐵路，勿爲敵人利用，並連夜趕築國防工事。

八月一日，軍事委員會下令組成第七集團軍，從綏遠和山西增援平綏線，任命傅作義爲總司令、湯恩伯爲前敵總指揮。同日，第十三軍自綏東開拔，其火力、兵力都遠遠不如日軍，但這絲毫不影響全軍將士力抗強敵的決心。出發前，將士破釜沉舟，「除了在戰場所需要的武器之外，別的什麼也不帶，以示決心」。

八月初，日軍以獨立混成第十一旅團爲主力，在第五師團等部的協同下，向南口撲將而來。幸虧沿途洪水暴發，遲滯了日軍的行動，使中國軍隊有了少許構築工事的時間。

八月八日，日軍出動步兵千人，重炮十多門向得勝口進攻，中國方面憑險拒敵，與敵軍展開激烈的爭奪戰。日軍採用了多點攻擊戰術，目的是要截斷平綏線，各個擊破中國軍隊，迅速結束該方面戰事，保證津浦、平漢線作戰的順利開展。國民政府軍委會急令閻錫山增派部隊趕赴集寧、豐鎮，與南口「形成犄角」。過後，敵人增兵千餘，在坦克和猛烈炮火的支持下，發動了一次又一次地衝鋒，均被中國守軍擊退。敵陳屍百具，傷亡慘重。

日軍重新調整部署，十二日拂曉，增兵五千，野炮五十門，在坦克飛機掩護下，組成強烈的火力網，再攻得勝口，同時又向虎峪村、南口、蘇林口一帶發動全線進攻，其重點目標是南口鎮。在強烈炮火的轟擊下，南口的陣地工事幾乎被夷爲平地。中國士兵在倒塌的工事裏，誓死不退，日軍曾一度衝入該鎮。當晚，中國軍隊組織士兵夜襲，保住了南口，敵我雙方傷亡都很慘重。

日軍進攻受挫，於是增派第五師團主力投入戰鬥，全線作戰由板垣征四郎統一指揮。閻錫山曾電呈軍委會指出南口防禦部署的缺陷：「甚感防線太長，兵力太單薄，擬請派兵三師，進駐晉東地區，……則晉綏軍即可進擊平綏線，以資策應。」而且我方得悉日軍主力即將發動向平漢線和津浦路的兩線進攻，於是決定派兵增援。蔣介石一度希望閻錫山的晉綏軍能就近支援，但閻反應冷淡。不得已，蔣介石致電傅作義：「迅發所部，收復察北，以固綏圍，一面援助湯軍，以全公私，勿使其孤軍受危，南口失陷。國家民族，實利賴之。」

十三日晨，日軍坦克及重炮向南口兩側高地發炮五千，攻勢再起，戰鬥達到了白熱化的程度。敵坦克三十餘輛衝入南口鎮，內外塹壕幾乎被屍體填滿。武器裝備上處於劣勢的中國守城士兵冒著槍林彈雨，將個人性命完全置之度外，在血肉模糊的死屍上匍匐前進，用簡陋的爆炸裝置炸敵坦克，一個團的守城官兵幾乎全部壯烈捐軀。十四日，鎮口兩側高地的戰鬥更加艱苦，中國守軍和突入陣地的日軍肉搏十餘次，終於擊退了日本侵略軍的瘋狂進攻。雙方在南口周圍地區形成僵持局面。

與此同時，面對敵軍的壓力，何應欽致電閻錫山，要他速令「騎兵繼續向察北挺進，以緩和敵對南口之攻勢。」晉綏騎兵迅速克復南壍壕、化德，十七日，又攻佔尚義，威逼張北城下，對張北右側之敵形成威脅，在察北的牽制行動取得相當戰果。

日軍爲了擺脫察北的壓力，決定加速攻下南口。連日出動大批飛機、坦克，發動一次又一次地進攻。這時，第七集團軍總司令傅作義率部連夜向下花園、懷來集結，增援南口。硬攻南口未能奏效，日軍改變策略，集重兵進攻張家口，欲先擺脫僵局，然後再夾攻南口。

張家口爲平綏線上的重鎮，察哈爾省府所在地，是確保南口、懷來一線，阻擊日軍從背後包抄中國守軍的關鍵。當時主要由劉汝明第一四三師駐守，由於佈防上只求單純防守，且戰線拉得太長又沒有及時收縮兵力，遭遇敵軍進攻，頓時陷入被動。崇禮、膳房堡、膳南山以及張家口的外圍陣地水觀台迅速失守，張家口成了一座孤城。

八月二十一日，日軍調集重兵猛攻張家口。時值傾盆大雨，中國守城部隊在泥濘中與攻城日軍展開肉搏，殺聲震天，戰況甚是激烈。駐守右翼城垣的劉汝明一部，一味退守，未能組織起有效的反擊，貽誤了戰機，致使兩翼守城陣地陷入重圍。傅作義率領兩個旅回援張家口，但回天無力，敗局無法挽回。到二十七日午後，日軍大部隊衝入市內，劉汝明率部突圍，向宣化、涿鹿一帶轉移，張家口失守。

張家口失利，已陷入困境的湯恩伯第十三軍腹背受敵，不得不收縮防線，與高桂滋的第十七軍苦守在南口、居庸關一線，憑藉長城天險作殊死一戰，以待援軍。但負責增援的衛立煌第十四集團軍「因渡永定河遲滯，且通信器材不全，與湯部未取得聯繫」，未能將日援軍阻於途中。守軍將領一味倚重單純性防守，面對機動性強、火力凶猛、武器優良的日軍，兵員越拚越少。

二十五日，南口及周圍要點全失，南口一線防禦潰散，日軍一舉侵佔平綏路東線的各據點。此時第十三軍已傷亡大半，湯恩伯大爲心痛，於是不顧蔣介石死守待援的命令，向桑乾河南岸突圍。

對於南口失守，當時《解放》週刊發表短評：「我們不否認南口的失守，對整個抗戰戰局是增加了一個困難……然而，南口抗戰的英勇，一國民眾對南口抗戰的後援與擁護的熱烈氣象，給了我們證明，不管多大的困難，都是可以克服的。中華民族絕不會滅亡磯谷」

張家口、南口等地失守，平綏線東段全爲日軍佔領。察南喪失屏障，無險可據，察哈爾全省迅速爲日軍所控制。日軍乘勝擴大戰果，兵分兩路，一方面矛頭指向晉北重鎮大同，一方面從張家口沿平綏線西侵，企圖完全佔領平綏線。

九月一日，蔣介石加急電令閻錫山及第二戰區各部：「張垣與南口即失，各部隊損失甚重，……請從速作固守晉綏之部署」，要求積極在綏北、綏東佈防，「萬一綏邊有失，則全局不堪設想，不特晉失屏障而已」，以圖守住最後一線。

閻錫山判斷日軍將分三路進攻大同，於是決定誘敵進入大同東面的聚樂堡「國防陣地」地區，集結重兵，發動南北鉗擊，並以騎兵集團向張家口挺進，實施「大同會戰」，第六十一軍軍長李服膺受命在天鎮、陽高佈防。

九月初，日軍第五師團在天鎮與六十一軍發生遭遇戰。五日，日軍重兵在飛機、坦克掩護下猛攻天鎮，中國士兵不畏強敵，殊死抵抗，激戰五天，殺傷大量日軍。十日，李服膺因守軍處境險惡，不得不下令撤防。同日，陽高陷於敵手。十一日，天鎮被日軍佔領，大同門戶洞開，閻錫山的「大同會戰」計畫成爲泡影。

日軍第五師團已臨大同城下，而城內兵力薄弱，閻錫山不顧國民政府軍事委員會的命令，決定棄守大同，集中兵力於內長城一線設防。軍委會得悉後，認爲此後「集中兵力於一點與敵決戰，是失我所長而補敵所短，此非不得已，切勿輕用」，但是閻錫山未與置理。隨後，日軍未經激戰便輕易進入晉北重鎮大同。

趙永綏騎兵第一軍駐守在平綏線西段以抗擊日軍，爲鼓勵其作戰，蔣介石電令：「晉綏方面決固守晉北及綏遠要地，」「另一部固守集寧，不得已時對集寧以西地帶盡量破壞交通設施、橋梁、水井，逐次西退，最後死守綏遠待援。」但日軍攻勢強大，該軍無力抵抗，加上無頑強抗敵決心，節節敗退。十六日，日軍順利攻入平綏線最西端的包頭，完全控制了平綏線。

為實現「速戰速決」，平津戰役結束後，日軍沿津浦路南下。國民黨部隊雖英勇抵抗，但沿線的馬廠、滄縣、德縣、禹城等重鎮接連丟失。十一月，津浦線北段戰事以中國軍隊的全線潰敗告終。

津浦、平漢兩線是華北通往華中的大動脈，日軍要實現「速戰速決」，一定會沿兩線南下。平津作戰結束後，日軍就著手準備進攻津浦、平漢線，並且制定了「迅速擊滅河北省中部之中國軍，以確保平津地區安定」的作戰目標。日軍部署，由香月清司指揮第一軍進攻平漢線，西尾壽造率第二軍負責津浦線作戰。

國民黨軍事委員會對華北防務頗爲重視，七月中下旬，即在津浦、平漢兩線編制和部署戰鬥序列。平漢鐵路由孫連仲、萬福麟、商震等部駐守。津浦路沿線與平漢路之間的大部地區，兵力空虛，這一地區的龐炳勳部戰鬥力又較弱，於是調龐部開往滄州駐防。

八月下旬，在平漢路的良鄉、房山一帶和津浦

中國軍隊在平綏線上抗擊日軍

路的碱河一線，日軍與中國軍隊接觸。

九月初，蔣介石劃定津浦鐵路爲第六戰區，迫於壓力調賦閒休養的馮玉祥爲第六戰區司令長官，指揮抗戰。靜海失守後，駐馬廠的二十六旅奉李文田命配合二十五旅奪回靜海。但進攻時，接到軍部命令，撤回馬廠，從鐵道以東沿碱河防禦。朱春芳團駐守河北的燒窯盆和郭家莊，在兩村北設前沿陣地；馬福榮團駐河南，沿岸修築工事，並準備隨時支援。其後，敵人天天來犯，兵力不斷增加，苦戰數日敵人始終沒有突破二十六旅防線。九月五日起，日軍在強大炮火的掩護下，對燒窯盆村發動多次進攻，都被國民黨軍隊擊退。在堅守幾晝夜的激戰中，全營官兵死傷二百餘人。日軍死十餘人，重傷二十多人，流河防線被突破。

左翼一一一旅以二二七團的兵力沿城河、運河佈防，於惠豐橋至李又屯一線，以河爲屏障，在南堤上構築工事。中日雙方在閘北進行激戰，日軍損傷較重。

此時，從盧溝橋撤到保定一帶的國民黨二十九軍三十七師十一旅二二一團獲悉流河告急，經大城馮莊、堤北急行軍趕至唐官屯車站，因無給養，又轉駐南辛房村。由運西正北而來的日軍，首先在小王莊與我軍接觸，激戰通宵，終未突破。

九月九日，日軍又開始從正北面向小王莊進攻，三營官兵堅守陣地，以密集的機槍火力，連續打退了敵人的多次強攻。雙方激戰直到天明。次日，日機數架對流河、小王莊進行了輪番轟炸。直到近午十一點鐘，三營傷亡慘重，僅剩三十餘人，無奈，突出重圍，撤離陣地。因寡不敵眾，在人員幾乎全部傷亡的情況下，小王莊失守。日寇進村後，進行了慘無人道的屠殺，製造了駭人聽聞的小王莊慘案。流河防線被突破後，日寇繼續向南進犯。

在馬廠、流河戰鬥中，日軍磯谷兵團受重創，死傷慘重，還有一名少將被擊斃。至九月九日，青縣北部皆被敵佔領。馬廠兵營失守，並被日軍拆毀。日僞則在人和鎭修炮樓兩座，建立了據點。

九月十一日，日軍一舉攻佔津浦線上的馬廠後，遵照「迅速進入滄縣以南，之後以主力準備向保定南側前進」的命令，決定迅速佔取滄縣。

這時，蔣介石將津浦線北段地區劃爲第六戰區，以馮玉祥爲司令長官，統轄第一、第三集團軍等部，負責指揮津浦線方面的防禦作戰。蔣介石之所以做出這樣的安排，主要是出於津浦路沿線各部多爲馮的舊部，便於指揮。但事實上效果並不理想，馮的舊部並不願接受馮的領導。韓復榘以山東防務緊張爲由，拒絕馮玉祥北調其部隊加強滄縣地區防禦的命令；宋哲元則稱病，乘專車去泰山「養病」，避開馮玉祥；第一集團軍副總司令馮治安以前方情況緊急爲由，也不肯見馮。馮玉祥將令難行，對津浦線抗擊日軍有心無力。

馬廠失守，日軍於九月十一日沿津浦線分途南犯，矛頭直指我軍重點防守地區滄縣和德縣。國民政府軍委會急忙電令龐炳勳在姚官屯東、西之線重兵死守，「如滄縣失守，敵則直趨石家莊，我平漢側背顧慮甚大。」蔣介石發出指示：「滄縣以北之運河如可造成氾濫」，則不惜決堤「以阻止敵人爲要」，破堤阻敵的計畫這時雖未實現，卻爲以後花園口決堤作了鋪墊。

九月二十一日，日軍第十師團先頭部隊進抵姚官屯，遭遇龐炳勳師正面抵抗。日軍在飛

▶▶ 馮玉祥

馮玉祥，一八八二年生，安徽巢縣人，國民黨陸軍一級上將。曾與蔣介石結拜。一九三一年「九一八事變」後，主張抗日，反對蔣介石的不抵抗政策。一九三三年與方振武、吉鴻昌等組織察哈爾抗日同盟軍，指揮部隊將日軍驅逐出察哈爾省。後在蔣介石的逼迫下辭職，隱居泰山。抗日戰爭爆發後，先後出任第三戰區、第六戰區司令長官，積極從事抗日救國活動。抗戰勝利後，出走美國，一九四八年在回國途中，遇難身亡。

機、大炮和裝甲車的掩護下向我軍陣地猛攻，中國守軍「陣地多半炸平，外壕外圍鐵絲網炸斷，……官兵傷亡兩千餘人。」中國軍隊激戰終宵，造成日軍一定的傷亡，並擊落日重型轟炸機一架，守住了陣地。

二十二日、二十三日兩天，戰況十分激烈，外圍陣地被突破，守軍士兵與敵肉搏苦戰近二十小時，把敵人驅逐出姚官屯主要防禦陣地，以血肉捍衛了我軍陣地。

然而，三天來的戰鬥已使中國軍隊元氣大傷，二十四日，日軍再度進攻，我軍傷亡慘重，後續增援兵力又絕。馮玉祥急電蔣介石：「請設法增兵三、四萬，以便撤換」，眼下除兵員不足外，裝備奇缺，且「天氣已涼，該軍官兵多穿單衣，終日在泥水之中，夜間實難支持。」後援部隊李必蕃師行動遲緩，瞻前顧後，遲遲不到。敵人大軍壓境，龐炳勳見全線崩潰之勢已無法挽回，命一部留守滄縣，主力向西撤退。同日，日軍輕取滄縣。

滄縣失守，給津浦路沿線抗戰造成了很大壓力。對此，馮玉祥總結教訓認爲，「在姚官屯之戰，龐（炳勳）、劉（多荃）頗能苦戰，此後與敵稍一接觸，隨即自行後退。長此以往，不僅全軍覆滅，甚至國破家亡，……惟連日以來，該軍進退仍呈混亂狀態。」

日軍第十師團進至泊頭鎮以南地區，直逼德縣。九月二十五日，軍委會電令馮玉祥：「各部隊務於桑園、德縣以北擇地固守，並集結兵力，以圖反攻。」軍委會命令韓復榘以兩個師的兵力快速進駐德縣佈防，但他為保存自身實力，採取敷衍態度。日軍兵臨德縣城下，中國軍隊才一個團到達，雖奮力血戰，終因寡不敵眾，十月五日，津浦線重鎮德縣告陷。

十月下旬，日軍在淞滬、山西戰場鏖戰，為補兵力不足，不得不抽調津浦、平漢兩線兵力支援，這對我軍津浦、平漢作戰是個良機。蔣介石急命韓復榘以主力部隊擊破正面敵人，趁機反攻滄縣、德縣。然而韓只圖保存實力，遲疑不決，又一次失去良機。

日軍為爭取主動，第十師團兵分三路南下：一路向東南攻擊佔領陵縣、臨邑；一路沿西南方向攻佔恩縣、高唐；一路沿津浦線南下，侵佔禹城。

十一月中旬，日軍進逼黃河北岸，韓復榘炸毀黃河大橋，企圖藉黃河天塹阻止敵人南侵。但是，津浦線北段的戰事仍以中國軍隊的連續潰敗結束。

在津浦線中國軍隊連續潰敗的同時，平漢線上的戰事也接連失利。河北重鎮保定、石家莊接連丟失，整個華北戰局發生逆轉，日軍擊穿整個華北，直接威脅晉、魯、豫地區。

平漢鐵路北起北平，南至漢口，是貫通華北、華中的大動脈，其北段的涿縣、保定，是河北的戰略要地。平津作戰結束後，中國軍隊多集中於保定，保定東面是津浦鐵路，與平津互成犄角，西面則是雄踞晉察的前站。戰略要地保定，成爲雙方必爭之地。

日軍在平綏鐵路東段展開進攻的同時，也在積極地爲進攻平漢路北段作準備。九月四日，日軍制定了《會戰指導方略》，要求「以消滅保定至滄州一線附近的中國軍隊爲目的……將會戰的重兵放在河北省中部的平漢鐵路沿線」，並把決戰的時間定在十月上旬。

國民政府軍事委員會在平、津失陷後，即調整了華北地區的軍隊部署，判斷日軍使用兵力於津浦線的可能性不大，而很可能置主力於平漢線上，沿平漢線正面進攻。八月二十日，成立第一戰區司令長官部，由蔣介石兼任司令長官，統一指揮平漢、津浦兩線作戰。

爲防止敵人南侵，捍衛保定，我軍在平漢線保定以北地段設置了三道防線：房山、琉璃河、固安一線由孫連仲軍及檀自新騎兵師佈防；易縣、淶水、高碑店一線由曾萬鍾軍駐守；滿城、保定及新安一線由關麟征軍設防。

由於戰事緊急，蔣介石一再電催加速修築禦敵工事，「構築據點、趕修城防，與構築陣線同樣重要，而據點尤宜固守也。此時應嚴令各縣長趕修城防，速為固守之備。遵辦如期完成者，加賞晉級；否則嚴懲勿貸，並作為有意放棄城垣，不盡職守，以漢奸罪論也。此事比任何防務為急要，務希派員督促，並籌劃守城之準備為要。」

九月四日，日軍下達了作戰命令，要求第一軍「消滅前面敵之先遣兵團，……準備攻擊保定附近之敵。」九月十四日，日軍第一軍的三個師團齊頭並進，向涿縣、保定地區發起進攻，分三路南下：第二十師團沿鐵路線向房山、琉璃河正面攻擊；第六師團、第十四師團則在平漢線東側分別渡過永定河，攻固安和永清，對保定以北的涿縣成兩面夾擊之勢。

日軍十四師團在攻擊我軍之前，先派出偵察組，刺探我軍實力，發現我軍陣地上兵力少而疏散，並且已有撤退跡象。因此，日軍決定提前發動攻勢，十四日上午，日軍十四師團強渡永定河，並繼續前進，向涿州迂迴，遭中國狙擊部隊的迎頭痛擊，孫連仲部奉命調往拒馬河堵截。

十五日，日軍第十四師團增添後續兵力以戰車二十輛支援，攻陷揚頭崗，進到拒馬河沿岸，在拒馬河畔施放毒氣煙霧彈，強攻渡河。第六師團在牛坨鎮地區通過難以通行的低窪潮濕地帶，十七日傍晚，進到拒馬河左岸地區。翌日，敵軍又在灘頭陣地迅速擴展，兩軍交戰，激戰過午，我軍在極其不利的情況下被迫退守毛家營南北防線。

中國守軍憑藉所築工事在正面抗擊來犯之敵，戰況甚是激烈。激戰到十八日，日軍首先從右路突破防線。中國第二集團軍大部被日軍擊潰，喪失了戰鬥力。中國軍隊紛紛後撤，放棄涿縣。

國民政府軍委會命令曾萬鍾第三軍在大清河右岸從大、小柴營起至陳各莊之線拒敵前進，命孫連仲自高碑店北、陳各莊至婁村鎮一線拒敵。但當時中、日兩軍已成混戰，我軍潰退，這一命令形同廢紙。這樣，中方設置的第一道防線被敵突破，第二道防線更是不戰而潰。於是，軍委會急令關麟征軍加強安新、漕河、滿城一線的防禦。

涿縣防線被日軍攻破，日軍全力攻擊平漢線，進取保定，保定防禦岌岌可危。對此，第二集團軍總司令劉峙推卸責任說：「除中央軍外，其他軍隊望風披靡，均不可靠」，要求「至少另增加中央軍二師不可」。何應欽回電：「現在滬戰激烈，中央部隊一時不能北調，在川桂軍未集中以前，應就現有兵力，努力支撐，與敵持久。」蔣介石也向劉峙發出手諭：「我軍應在保定附近與敵決戰。」

九月二十日，日軍突破徐水、遂城之線，攻佔黃村。二十一日，第二十師團一部與我關麟征軍激戰滿城，以優勢兵力擊穿守軍陣地，席捲滿城、漕河、新安防線，抄保定守軍後路。劉峙率所部退守仙人橋、大汲店和保定之線。

二十三日，敵人在坦克和大炮的掩護下向保定發動進攻，中國守軍死守住陣地，奮勇殺敵。劉峙爲增強第五十二軍守城決心，電告關麟征：「奉委座電令：鄭、趙、裴各部須固守保定，無令不准撤退，務望排除萬難，勉力撐持爲要。」日軍增派兵力，命令津浦線作戰的第二軍一個師團朝正定突擊，切斷平漢線中國軍隊的退路，第五師團也奉命派主力配合第一軍攻保定。這樣，保定在戰略上已成爲孤城，被日軍包圍並切斷了與外界的聯繫，敗局已不可挽回，整個態勢已不利於保定城的防守，中國軍隊「本擬於保定附近與敵決戰，然僅有關麟征三個師，不願將其消耗於河北」，決定退出保定。

九月二十四日，日軍完成包圍保定的戰略部署，開始發動總攻，中國守軍抵抗無效，日軍佔領平漢線上要地保定。

保定的失守嚴重地影響了平漢線上的戰局，新上任的第一戰區司令長官程潛急忙重新部署，將主力集中於滹沱河以南的石家莊附近，「預期由左翼轉移攻勢，與敵決戰」，擬在正定附近滹沱河畔與敵決戰。但是日軍在晉北攻克雁門關，太原告急，蔣介石爲確保山西安全，令平漢路大部隊向娘子關轉移，鞏固晉東門戶，只留商震一部在平漢路作正面抵抗。平漢線上中國部隊兵力驟減，敵強我弱，石家莊的失守勢不可免。

十月初，日軍在正定周圍完成集結後，便對其外圍陣地發動進攻。中國守軍抵抗至暮，退守主陣地。中國空軍出動飛機轟炸交通要道，阻敵增援，但並未給戰況帶來轉機。在東長壽，中日雙方激戰甚烈，中國守軍「苦戰一晝夜，犧牲殆盡」。八日，日軍向正定主陣地發動總攻，依仗凶猛火力，以炮火擊毀城東北角，敵兵如潮水而湧，雙方展開激烈的巷戰和肉搏，日軍坦克橫衝直撞，中國守軍傷亡過半，漸漸不支，退至城郊，撤往滹沱河南岸。

十日，日軍乘勝強渡滹沱河，企圖從右翼包圍石家莊，並派增援部隊三面包抄中國軍主力，石家莊危在旦夕。這時，只有商震第三十二軍、萬福麟第五十三軍在石家莊附近地區阻擊和牽制敵人，石家莊兵力單薄，防禦空虛，戰線太長，來不及收縮，兵力分散。於是，敵軍乘中國軍隊陣腳未穩，向萬福麟第五十三軍陣地攻擊，不久，日軍又從石家莊西側渡河，進攻石家莊，只遇到象徵性抵抗，當天即佔領了河北另一重鎮石家莊。

攻陷石家莊後，日軍除派第二師團赴山西增援外，其餘各部沿平漢線繼續南犯，沿途幾無抵抗，如入無人之境，連陷邢台、邯鄲、安陽、大名等要地。平漢線北段戰事告一段落。

中國軍隊雖在平津失陷後，即在平漢線北段進行了防禦準備，作戰中有的部隊也做了英勇抵抗，但仍迅速潰敗。潰敗固然有其客觀原因，但戰區形同虛設，各集團軍各自爲戰，配合不好；指揮不當，未戰先逃，影響士氣也是重要原因。負責平漢線方面作戰總司令劉峙即因「懼怯畏死，未經激戰，遂下令撤退，一潰至石家莊，致使全冀皆失，而豫晉兩省，交受其禍……旬日之間，敗退達千里。」而遭彈劾。

河北重鎮保定和石家莊的丟失使日軍擊穿整個華北，沿著中國腹地，直接威脅晉、豫、魯地區。日軍憑藉平漢、津浦等鐵路將增援部隊源源不斷地輸送到作戰地區，給中國軍隊作戰帶來了極其不利的影響。

石家莊保衛戰

三、山西戰場，合作抗日

日軍沿平漢線西進山西，中國軍隊在山西嚴密部署，抵抗日軍。九月，八路軍取得了平型關大捷，打破了「皇軍不可戰勝」的神話。但是由於指揮不當等原因，戰役沒有取得應有效果。

北平、天津失陷後，日軍兵分三路向華北地區大舉進攻：一路沿平漢線南下，從正面攻佔保定，主力為第一軍；一路沿平綏線向察哈爾推進，由張家口進攻大同；一路沿津浦線南下，從東南包圍保定，並直取山東，由第二軍擔任主攻。與此同時，日軍又沿長城向西，切斷同蒲路南下，從平漢路西取正太路，以圖會攻山西。

這時，蔣介石急忙電邀各地軍政大員赴南京，商討國防大計。閻錫山接受了第二戰區司令長官的任命，指揮駐山西、綏遠和察哈爾的部隊進行抗戰。他的晉綏軍編為第六、第七兩個集團軍，分別由楊愛源、傅作義任集團軍總司令。

閻錫山回到山西後，便在東起娘子關，沿太行山各要隘地區，經廣靈、天鎮到豐鎮、平地泉、百靈廟一線的防禦陣地上進行軍事部署。

從朝鮮開來的日軍第五師團，是日本國內第一批侵華的師團，率先攻入華北的心臟平津地區後，日軍華北方面軍司令原本打算將強大的第五師團投入平漢線正面戰場，作爲戰略進攻中的主要突擊力量。南口戰役打響後，由於日軍第十一旅團進攻受挫，華北方面軍才將第五師團投入平綏線方面作戰。

中國軍隊的各條防線，在日軍猛烈的攻擊下不斷地被突破。九月中旬，沿平綏線西進的日軍佔領大同後，以主力繼續南下，進攻雁門關。日軍板垣第五師團參加察哈爾作戰後，大舉向晉北進犯，相繼佔領蔚縣、廣靈、靈丘、淶源等地，其主力直指平型關，企圖突破內長城防線，從而攻佔太原。

晉北的防線被勢如潮湧的日軍衝得七零八散，日軍第五師團佔領蔚縣後，又破廣靈，直奔靈丘。這時，閻錫山才意識到日軍主力的真正意圖是攻取平型關，於是迅速把駐守在雁北和綏遠的部隊調回來，重新集結在平型關一帶，阻擊敵軍急進。閻錫山準備在平型關方面進行會戰，並再次調整軍隊部署：第六集團軍總司令楊愛源，指揮孫楚的第三十三軍（包括第三、第八兩個獨立旅）、高桂滋的第十七軍（第八十四師和李仙洲的第二十一師），加上從廣靈退下來的第七十三師，佈防於平型關、團城口南北線上。

從五台山東北至平型關正面，分別由獨立第三旅、第十三師、獨立第八旅負責防守，團城口方面由第十七軍的第八十四師和第二十一師負責防守。

雁門山北側一線，劉茂恩的第十五軍依託恒山佈防；楊澄源的第三十四軍一〇一師和梁鑒堂的一個旅，分守北婁口、大小石口、茹越口之間的陣地，防守重點在茹越口；王靖國的第十九軍，扼守五斗山、馬牛口、虎峪口、水峪口至雁門關、陰方口間的陣地，重點在代縣與雁門關之間；姜玉楨的獨立旅控制陽明堡，以對雁門關重點策應。

第三十五軍進入陽方口集結後，向代縣推進。適時進入繁峙以北的恒山方面，連同劉茂恩的第十五軍做為北線機動兵團，決戰地帶定於砂河與繁峙之間。

陳長捷的第一預備軍和郭宗汾的第二預備軍加強構築決戰地帶的主陣地工事，戰區指揮所設在嶺口。

閻錫山還與中共方面接洽，請求配合，中共方面調八路軍（第十八集團軍）第一二〇師增援雁門關，派八路軍第一一五師進至平型關東南山地集結，以便側面襲擊日軍。

閻錫山的砂河決戰計畫是把日軍的主要突擊方向判斷在平型關。但是在平型關方面指揮作戰的第六集團軍副總司令孫楚認爲，日軍的主要突擊方向不在平型關，而是在雁門關。閻錫山最終批准了孫楚的建議，以當時在平型關、團城口的部隊固守這一地區，並將第十七軍的第二十一師向北翼延展，與恒山第十五軍相連接，掩護恒山東側。孫楚遵照閻錫山新的指示，向所屬各部發出堅守平型關、團城口並相機出擊的命令。

日軍第五師團長板垣征四郎下令第一線的五個大隊，大膽實施右翼迂迴，攻擊前進。九月二十一日，他命令第二十一聯隊的兩個步兵大隊翻過形如銳劍的大尖山，繞過閻錫山部隊的陣地直達平型關左側背後，令第二十一旅團長三浦敏事少將指揮在靈丘的三個大隊，正面進攻平型關。

駐守在團城口、東西跑池一帶的閻錫山部隊，遭日軍猛烈攻擊，撤退到大營以北。閻錫山苦心經營的平型關防線，被撕開了一個大口子。

九月二十三日，日軍第五師團五千餘人由靈丘南進。傍晚時分，平型關響起密集的槍炮聲。擔負平型關正面防守的是楊愛源任司令的第六集團軍，傅作義率領的第七集團軍也參加了戰鬥。二十四日，日軍又增援數千人向平型關正面發起進攻，第六集團軍給予痛擊，傅作義也率隊參戰，親自上前線督戰。晚上下起了雨，作戰非常艱苦，雙方傷亡都很嚴重，日軍的正面攻擊始終未能得手。

八路軍早在八月下旬改編完畢後即赴晉作戰，周恩來、朱德親自到太和嶺口與閻錫山會商作戰方略和研究平型關戰役計畫。雙方商定在平型關配合作戰，由八路軍一一五師插入敵後，側擊平型關日軍，晉軍七十一師以正面團城口出擊，殲敵於平型關前。

第一一五師做爲八路軍的先頭部隊，於八月二十五日由陝西省三原以北地區出發，經韓城東渡黃河，至山西省侯馬鎮乘火車沿同蒲路北上，經太原到原平下車。該師按照閻錫山的命令，原準備在廣靈、靈丘地區阻擊日軍，但因第三十三軍和第十七軍部隊迅速敗退到平型關地區，因而在閻錫山總的作戰意圖下，決定隱蔽集結於平型關以東地區。

十月二十五日，晉軍第七十一師開始出擊，因受到佔領團城口陣地日軍阻擊，出擊未奏效。團城口在平型關北五里，是平型關隘前制高點，團城一失，其他陣地將無法堅持，於是晉軍不得不在迷回、澗頭一帶構築陣地，「出擊不成，遂成對峙之局。」

二十三日，一一五師接到於二十五日出擊的計畫後，決定在平型關東北山地從側面伏擊向平型關正面進攻的日軍。二十四日夜，第一一五師主力由師長林彪、副師長聶榮臻率領，火速向平型關疾進，在平型關東北公路的兩側埋伏下來。

二十五日，日軍進入八路軍預設包圍圈，中日兩軍在十里山谷廝殺，場面極爲慘烈。下午三時，八路軍發起全面衝鋒，全殲包圍之敵。

平型關伏擊戰勝利結束，共殲敵一千餘人，擊毀敵軍車一百餘輛、馬車二百餘輛，繳獲步槍一千餘支、機槍二十餘挺，並截獲大量彈藥和軍用物資。這是中國軍隊抗日以來，在戰場上第一次完全掌握了主動，採取伏擊戰的辦法，以最小的損失，取得最大的戰果。這一重大勝利打破了「皇軍不可戰勝」的神話。

八路軍平型關大捷鼓舞了閻錫山，他決定集中第六、第十八集團軍和總預備軍的兵力，「迅速擊破進攻平型關之敵，」殲擊敵板垣師團，第七集團軍楊愛源軍則竭力抗拒茹越口一帶之敵。

正當平型關敵我酣戰之際，日軍重施故技，由佔領大同的關東軍南下應縣，進攻茹越口。九月二十八日，茹越口失守，二十九日，又佔繁峙。這樣，平型關我軍後方被敵截斷。此時，閻錫山卻下令全線撤退，雁門關陣地同時放棄，前線各路大軍向五台山、雲中山一線轉移。

一九三七年十月，日軍進攻山西北大門——忻口，用飛機、火炮狂轟濫炸，中國守軍防禦工事被毀，傷亡殆盡。國民黨軍隊進行了艱苦的阻擊，不久日軍佔領太原，第九軍軍長郝夢齡殉國。

忻口位於忻縣城北約五十華里處，是夾在五台山、雲中山兩山峽谷中間的一個關隘口，兩座山的峽谷川道中凸起一條南北長十六公里，東西寬三公里的山嶺，谷道上鐵路、公路交匯，同蒲路貫通南北，是由晉北通往太原的門戶。自古以來爲兵家必爭的戰略要地，能否守住忻口，直接關係太原的安危。

九月底，日軍攻破雁門、平型關各口，直逼太原。蔣介石命令閻錫山務必守住山西，控制平漢鐵路西側，阻止敵軍沿平漢鐵路南下。

十月一日，日本參謀本部命令其華北方面軍，「以一部兵力在山西省北部作戰佔領太原」。日軍此役的第一線兵力爲：第五師團、獨立混成旅團和堤支隊、關東軍第一師團、第十二師團和特種部隊，共約六萬人，並配備坦克一百五十輛、火炮二百五十門，另有飛機助威，總指揮官是板垣征四郎中將。

中國軍隊的部署是：衛立煌率領第十四集團軍居中央，朱德率領第十八集團軍居右翼，楊愛源率領第六集團軍居左翼，傅作義率領的第七集團軍做爲預備總隊，駐紮定襄、忻縣一帶，以策應各方，總兵力約八萬人。全軍配置在以忻口爲中心的兩側山地，主陣地爲忻口以北的龍王堂、南懷化、大白水、南峪縣一線。

十月二日，日軍第五師團主力以及關東軍察哈爾派遣兵團混成第二旅團和混成第十五旅團等部由代縣南下，與防守崞縣的城外中國守軍發生遭遇戰。崞縣和原平保衛戰展開，忻口會戰揭開序幕。

四日，日軍混成第十五旅團由崞縣以西迂迴，向原平鎮猛攻。五日起，進攻崞縣的日軍關東軍混成第二旅團以佔絕對優勢的飛機、大炮和坦克掩護其步兵對中國守軍發起攻擊。中國守軍頑強抵抗，陣地被毀殆盡。日軍混成第十五旅團同時攻擊原平，在此地防守的第一九六旅與敵浴血搏鬥，士氣旺盛，日軍多次攻擊，均被守軍擊退。

七日，圍攻崞縣日軍增加到五、六千人，以飛機二十餘架、野重炮三十餘門對縣城狂轟濫炸達六小時。北城牆被毀，守兵傷亡極爲慘重，第四一〇團傷亡殆盡，日軍乘機突入。八日，崞縣落入敵手。

崞縣過早失守影響到原定向日軍出擊的作戰計畫，十月八日，閻錫山下令，全線改取守勢。十月十日，閻錫山又下令：右翼軍以一部由東冶鎮經牛解村、蘇龍口道路，乘中央軍與敵激戰之際進擊陽明堡方面，斷敵歸路；中央軍應於十一日拂曉前，以一部進擊於原平東方一六〇五高地至神山高地之線，並速向圍攻原平之敵進攻，援助第一九六旅；左翼軍應於十一日以主力進擊於王家莊（原平西偏北約十七公里）、彭家塔之線，協助中央軍進攻，並令總預備軍以主力推進至部落鎮附近。又令楊愛源總司令速以一部聯合軒崗附近第十八集團第一二〇師及騎二師肅清寧武城及陽方口殘敵。

同日，日軍猛攻原平，守軍第一九六旅傷亡極重。旅長姜玉貞率剩下的三百餘名官兵退守縣城東北角，與敵人拚死肉搏，全部壯烈犧牲，完成阻擊任務。

崞縣、原平的頑強防禦，為第二戰區主力部隊的集結及部署爭取了時間。

截至十月十一日，中國第二戰區忻口前線部隊已全部進入指定位置，佔領了陣地。第二戰區進一步調整部署：將中央軍擔任的二十五至三十公里的正面防線再劃分為三個作戰地區，將中央軍分為三個兵團，分別防守三個作戰地區，並令傅作義率總預備軍加入中央軍作戰，衛立煌任總指揮，傅作義任副總指揮。

日軍攻佔原平以後，分左、右兩翼進攻忻口。左翼第二十一旅團第二十聯隊第一大隊展開於東泥河、弓家莊之線，準備向下王莊守軍陣地攻擊；第二大隊展開於舊河北村兩側，主要突擊部隊準備向南懷化守軍陣地攻擊；第三大隊位於永興、石河地區，為旅團的預備隊。第四一二聯隊三個大隊一線配置，第一大隊在中，第二大隊在左，第三大隊在右，展開於池上、新練莊，準備攻擊南懷化以南高地。右翼獨立混成第十五旅團的和堤支隊也展開於蘭村、閣莊、衛村、水油溝和麻崗之線，準備對大白水、朦騰一線守軍攻擊。

十三日，日軍第五師團出動三十架飛機轟炸守軍的中央地區，並以戰車六十輛、火炮五十門，掩護步兵五千餘人向南懷化、閣莊陣地進攻，企圖從中間突破，一舉攻下忻口守軍第九軍主陣地。激戰至十時許，南懷化沿雲中河陣地被日軍火力摧毀，守軍傷亡殆盡。由於援軍未能及時趕到，日軍乘機渡河，突破南懷化陣地，並繼續向縱深發展，攻佔了一三〇〇高地。第九軍軍長郝夢齡以第二十一師的第一二五團、第一二四團堵截反擊，於十五時左右奪回一三〇〇高地，將日軍壓迫於雲中河南岸。此時，左翼兵團閻莊陣地亦有三千餘日軍突入，但第十師堅強反擊，將日軍擊退。

十四日，日軍增兵三千，再攻南懷化，並同時向中方陣線左右兩翼攻擊。南懷化陣地又被攻陷，第二十一師師長李仙洲、第二一八旅旅長董其武等相繼受傷，雙方在忻口西北南懷化東北高地上展開拉鋸戰。

十五日，第二一八旅進駐下王莊、弓家莊一線，與第一六一旅協同向南懷化敵側背攻擊。激戰至下午，南懷化及其周圍的幾個高地被日軍佔領。郝夢齡一次次組織反擊，終因敵軍火力熾盛而未奏

▶▶郝夢齡

郝夢齡，一八九八年生於河北槁城，著名抗日將領。年輕時，先後進入陸軍軍官學校、保定軍官學校學習。一九三〇年中原大戰後，兼任鄭州警備司令，後升為第九軍軍長。抗日戰爭時任衛立煌部中央兵團中將前線總指揮，參加太原保衛戰，馳援忻口，指揮第十九軍、第三十三軍、第二十一軍，第九軍堅守忻口以北龍王堂、南懷化、大白水、南峪線之線主陣地。一九三七年十月十二日，南懷化主陣地被日軍攻破，第九軍與日軍在忻口西北、南懷化東北的二〇四高地上展開激烈的拉鋸戰。十六日凌晨，郝夢齡在前線作戰中犧牲，年僅三十九歲，被國民政府追認為陸軍上將。中華人民共和國成立後，郝夢齡被追認為革命烈士。郝夢齡將軍是抗戰初期犧牲在抗日疆場上的第一位軍長。

效。

十六日，中央地區中國軍隊發起總攻。郝夢齡穿過日軍的火力網，親臨距離敵軍只有二百來米的前沿陣地指揮作戰，不幸中彈重傷。死前以「瓦罐不離井口破，大將難免陣前亡」鼓勵官兵們繼續堅持抗戰。第五十四師師長劉家麟、獨立第五旅旅長鄭廷珍相繼陣亡，指揮中斷，攻勢受挫。

衛立煌指定第六十一軍軍長陳長捷統一指揮中央兵團繼續作戰，並於十六日致電蔣介石請求援助。蔣介石即派已進至潼關一帶的第二十二集團軍馳援，閻錫山亦令抵達龍泉關附近的第九十四師及第一七七師之第五二九旅，急赴忻口歸中央集團軍指揮。

十月十七日起，日軍主要以飛機對守軍陣地實施輪番轟炸，施放催淚性毒氣，掩護其步兵向守軍陣地進行對壕作業，實施爆破，並配以局部進攻。守軍亦以對壕作業爆破其坑道，並以小分隊實施側擊和反擊，主力堅守陣地，使敵進攻未能得逞。

至此，忻口戰役已進行了半個月，雙方的傷亡都很大，各自都不斷地調增援部隊補充，戰局處於相持狀況，雙方互有攻守。

側後受到包圍和打擊也是日軍在忻口陷入進退維谷窘境的重要原因。八路軍各師根據中共中央軍委和八路軍總部的部署，向日軍兩翼及側後展開了積極主動地攻擊，十月十日夜，突襲陽明堡日軍前進機場，擊毀飛機二十餘架，使日軍遭到沉重打擊，極大地削弱了忻口日軍和空中的支援力量，有力地配合了忻口守軍的作戰。

忻口一帶鏖戰難解難分之時，沿平漢線挺進的日軍則一路暢通，輕鬆地突破了劉峙等部把守的滹沱河防線，於十月十日佔領了石家莊，整個戰局開始轉向。二十二日，日軍調主力第二十師團全部及第一〇九師團一部，向娘子關進發，參加正太線方面的作戰，以配合同蒲路方向的日軍會攻太原，形成了從南北兩路向娘子關夾擊的有利攻勢。第二戰區副司令長官黃紹竑親自指揮娘子關戰役，從十月十一日起激戰半個月，終因腹背受敵，二十六日撤離娘子關。

晉東要隘娘子關的失守，導致整個戰局急轉直下。日軍憑藉現代化的武器裝備和凶猛的攻勢，疾速向前推進。二十九日佔領平定，三十日佔領陽泉，十一月二日，佔領壽陽，中國軍隊在正太線一路的防禦完全崩潰。十月三十一日夜，閻錫山決定忻口地區的守軍全線後撤。十一月二日十時，衛立煌遵照閻錫山的電令，中國官兵撤離了忻口。

忻口會戰是全國抗戰後，國民政府軍與八路軍在戰區統一部署、密切配合下所取得的正面堅守與敵後機動作戰的一次成功的防禦戰役。在日軍飛機、大炮、化學武器、坦克、裝甲車等裝備的絕對優勢條件下，守軍能完成忻口作戰任務，除依賴士氣高漲、作戰英勇外，主要原因是基本上採用了攻勢防禦的作戰方針和做到了正規戰與游擊戰的相互配合，堅守陣地，打擊和消耗日軍兵力。

一九三七年十月，日軍進攻晉東門戶——娘子關。為確保太原、解除晉北軍隊後顧之憂，第二戰區組織了娘子關保衛戰。中國軍隊進行了頑強抵抗，但由於指揮失誤等原因，娘子關陷落。

娘子關位於晉、冀兩省交界處，是由東部進入太原的咽喉。日軍如攻佔娘子關，則可西進太原盆地、切斷山西的南北交通，而且可以保障其沿平漢路南下翼側的安全。因此，娘子關成爲交戰雙方必爭的戰略要地。

忻口戰役僵持不下，日軍被迫放棄突破忻口佔領太原的計畫，改由正太路西進，進攻娘子關。爲確保太原和解除晉北中國作戰部隊的後顧之憂，第二戰區決定組織娘子關保衛戰。當時扼守晉東要隘娘子關的部隊，有第一戰區主力孫連仲、馮欽哉的第二十六、二十七軍和曾萬鍾第三軍等部，兵力共約七個師，統由第二戰區副司令長官黃紹竑指揮。黃紹竑曾奉蔣介石之命赴山西，同閻錫山商量山西作戰計畫。閻錫山指出：「如果保定、石家莊不守，敵人必然進攻娘子關，以東北兩方面包圍山西。判斷日軍對晉北方面是主力的進攻，平漢路方面是助攻，而晉北方面只有晉綏軍和八路軍，兵力尙嫌不足，不能兼顧娘子關方面。爲確保山西起見，尙需加調中央軍來山西協同作戰。」蔣介石於是命黃紹竑前去協助作戰。

十月十日晚，第二戰區副司令長官黃紹竑赴娘子關指揮，制定了「爲確保山西、將來收復華北失地容易、使我晉北作戰軍無後顧之憂起見，以第一戰區由保定南移之部隊進佔娘子關一帶山地，確實保守之，並相機進襲石家莊，威脅由平漢路南進之敵軍」的作戰方針。

十月六日，日軍華北方面軍指示第一軍在進攻石家莊的同時，以一部兵力沿正太路向太原方面追擊，用以策應第五師團的作戰。因而，日軍第二十師團做出相應部署：以第七十七聯隊兩個大隊，附山炮兵兩個中隊，迅速佔領井陘，並向娘子關攻擊，奪取娘子關。

中國軍隊由保定方面向娘子關附近轉進，倉促進入陣地，立足未穩，日軍即跟蹤而至，向中國軍隊陣地發起猛烈攻擊。十一日，日軍分別向井陘、賈莊發動攻擊，並且派兵直抵舊關。中國軍隊由於部署未定，兵力分散，井陘失守，娘子關受到嚴重威脅。閻錫山爲固守娘子關，急令正向太原行進的孫連仲第二十六路軍（第一軍團）回援娘子關。但日軍憑著優勢兵力和火力，又破長生口，至十二日，舊關也陷敵手。

娘子關陣地上的中國抗日軍隊

正太路第十七軍正面日軍在攻陷井陘後，於十三日拂曉向雪花山守軍陣地攻擊，守軍奮勇阻擊，日軍未能得逞。第十七師師長趙壽山爲保住雪花山陣地，決心趁夜轉移攻勢，正當第七師攻擊部隊進展順利之際，不料雪花山陣地被日軍一部攻佔。

第一〇二團團長張世俊、第一營營長魏炳高由於指揮疏忽，貽誤戰機，丟失雪花山陣地，影響了整個戰局，趙壽山師長依戰時軍律，將張、魏二人就地正法，以明軍紀。

十四日晨，日軍出動一千餘人，分別向舊關鎮及葦澤關侵入，遭到我軍迎頭痛擊。孫連仲另派第二十七師一部繞襲核桃園，分兵對關溝之敵形成三面包圍，北面又是山壁阻隔，關溝之敵幾陷絕境，「激戰兩日，肉搏十餘次，當將關溝之敵殲滅殆盡」，日軍第七十七聯隊聯隊長鯉登行一被打死。打掃戰場時，僅關溝一地，即陳屍遍野，火葬屍體尤多。我軍繳獲大炮兩門，輕重機槍數十挺，步槍百餘支，戰馬七十多匹。

從十五日開始，我軍全線向舊關發起猛攻，敵我雙方展開激戰。敵部隊受到重創後，不斷地向舊關增援，我軍也不斷地在娘子關、舊關之線中間增兵。經過連續五晝夜的激烈戰鬥，雙方呈膠著狀態，敵人不能越雷池一步。閻錫山指示黃紹竑、孫連仲及曾萬鍾：娘子關附近作戰，交孫總司令指揮；限十六日將舊關之敵完全解決，並賞洋五萬；總司令及軍長均應親往嚴行督戰。

由於雪花山、舊關一帶國防工事多被日軍佔領，而且舊關日軍又調來援兵，後續部隊仍由井陘源源西進，戰局至爲緊張。十六日拂曉，守軍對舊關日軍開始發動第二次反擊，日軍在猛烈炮火掩護下出擊，雙方激戰終日，舊關仍在日軍手中。

佔領舊關的日軍以其優勢裝備，利用守軍原築國防工事堅守。中國軍隊連日艱苦反擊，但未能將其擊退。為確保晉東門戶、進出井陘、奪回石家莊、截斷沿平漢路南下日軍的退路，孫連仲決心擊破當面之敵，組織第三次反擊。

二十一日，中國軍隊繼續進攻舊關之敵，日軍據高頑抗，經過激戰，核桃園及大小龍窩完全被我方佔領。娘子關正面日軍後來得到增援，用飛機、火炮協同攻擊。二十二日拂曉，日軍猛烈進攻南峪東南高地，「守兵全數殉國，敵迫近地都。」黃紹竑於是決定縮短防線，以節兵力。

第二十六軍已在娘子關血戰八晝夜，傷亡慘重，兵力不足六千人，而且心力疲憊，實在無力應付娘子關正面長達五十餘里的防線。至二十六日，娘子關正面中日雙方軍隊一直處於對峙狀態。

十月十九日，日軍第一軍命令川岸師團長以全師團兵力攻擊娘子關，攻佔陽泉、平原。當時，在華北方面，日軍在平漢、津浦線的作戰是比較順利的，但在晉北的忻口地區則陷入了苦戰。日軍第二十師團接到命令後立即行動，兵分兩路，右縱隊沿井陘、新關至石門口大道及其以北攻擊前進；左縱隊沿測魚鎮至石門口大道前進，即迂迴攻擊娘子關中國守軍的右側背。二十一日，日軍第二十師師長川岸文三郎得到第一〇九師一部增援，繼續在航空兵支援下正面進攻娘子關，掩護第二十師左右兩個突擊隊向南運動。第二十師輜重部隊經過七亙村時，先後兩次遭到八路軍第一二九師的伏擊。

日軍左縱隊由橫口車站渡河西進，二十三日，到達南障城，並以大部南下測魚鎮方面，曾遭遇守軍一部，雙方激戰，守軍因寡不敵眾，損失慘重。至二十五日，敵左縱隊已全部到達固驛鎮附近，與中國守軍發生激戰。

十月二十四日晨，日軍在飛機支援下，向守軍正面和右翼陣地發動全線攻擊。至二十五日，馬山村至平定道路除第二十二師以外，已無兵可派至把守。二十六日拂曉，日軍左突擊隊約四個營經測魚鎮南側突破第三軍防線，第四十旅團已進至娘子關、新關側後的柏木井附近，嚴重威脅娘子關。為防止日軍斷我後路，黃紹竑在得到閻錫山的同意後，下令守軍主力後撤至巨城鎮、移穰鎮一線，並令轉赴忻口增援的第十四軍留置三個團於巨城鎮至東南上、下磐石間，以阻止由娘子關西進的日軍，娘子關僅由第二十六軍所留少數兵力防守。日軍乘勢進攻，晉東門戶娘子關失守，中國守軍當日全線撤退。

太原會戰中，第二戰區對日軍主攻的晉北方面所作的部署及時而周詳。但對晉東方面，則認為第一戰區已在石家莊防守，側方的安全可以保障；即使石家莊失守，有第一戰區的部隊沿平漢路節節抵抗，對山西也不致突然發生威脅。但沒料到石家莊丟得那樣快，更料不到的是敵人竟不顧平漢路我軍的牽制，以主力進攻娘子關。其實原先在平漢線上的第一戰區劉峙等畏敵如虎，第一次從永定河一退數百里，退至平漢滹沱河一線；第二次又是一退數百里，退到河南安陽漳河一線，平漢線中國軍隊的迅速潰退，使日軍兵不血刃地佔領了石家莊，晉東門戶娘子關的大門對日敞開了。

平漢線上的守軍一退再退，僅在漳河南岸防守，完全起不到牽制日軍的作用，所以娘子關戰役自始即處於疏忽被動狀態。娘子關一戰，由於指揮混亂，某些部隊消極怯戰，沒有緊密配合，單純防禦，死守陣地，沒有得到應有的戰果。其中第十七師抗戰堅決，作戰英勇，將士傷亡慘重，入關作戰時一萬三千人，到最後僅剩三千人。隨後，第十七師向陽泉、太原撤退，繼續參加抗日戰鬥。

娘子關失守，山西局勢更加危急。

娘子關失守後，日軍進攻太原，傅作義率部隊堅守，與日軍進行了殊死的搏鬥，傷亡慘重。最終孤軍守城、寡不敵眾，不得不向西山突圍撤退，太原失守，華北戰場正規戰事基本結束。

娘子關失守，日軍沿正太路兩側迅速逼近太原。為挽救山西危局，蔣介石在十月二十八日致電閻錫山，要求娘子關方面作戰各軍在壽陽以東地區利用山地堅持抵抗，「如無命令，即將全部犧牲亦不許退至壽陽以西，如有不聽命令者，決依軍法從事。」

閻錫山於十一月一日令忻口方面的守軍向茱水塢、青龍鎮、天門關一線轉移，協助防守太原。

十一月二日晚，忻口方面的守軍開始南撤。閻錫山曾致電蔣介石，陳述其決定撤軍的理由：「我東路軍黃部退至壽陽以東附近地區後，連日被敵猛攻，仍不能支持，不得不准其逐次向西撤退。在此千鈞一髮時機，若不速令西路軍衛立煌部向南轉進，一旦敵突至陽曲城下，不特該城防部隊陷於孤立、難以固守，即衛部後方亦感莫大脅迫，攻守兩難。爲策萬全計，已擬以依城野戰之目的，令衛部於今晚向棻水塢、青龍鎭、天門關之線轉進，佔領陣地，與敵決戰。」

三日，閻錫山任命衛立煌爲第二戰區前敵總司令，除第六集團軍和第十八集團軍外，戰區部隊全歸衛立煌指揮。

保衛太原到了最後的緊要關頭了。一個多月裏，沿線的防禦沒能承受住凶猛地衝擊，一道道的屏障都被敵軍撕破，中國守軍的地形優勢喪失殆盡，太原的陷落只是時間問題了。

十一月四日晚，國民黨在太原綏靖公署召開會議。會議由閻錫山主持，從忻口戰場退下來的衛立煌，從娘子關戰場退下來的黃紹竑、孫連仲等均參加。閻錫山向將領們通報了戰況，強調保衛太原的重要性，並提出了「依城野戰」的作戰計畫，但是遭到黃紹竑、衛立煌、孫連仲等人的反對。閻錫山固執地堅持自己的意見，雙方爭論了起來。會議開到凌晨一點多鐘仍無結果。最後閻錫山說：「軍隊已經開動了，要改變也無從改變了。」原來閻錫山已將命令下達給各部隊司令了。然後，他委任衛立煌爲第二戰區前敵總司令，傅作義爲太原守備司令。

閻錫山最後對傅作義說：「宜生兄過去守涿州守了兩個月，名聞全國，現在太原城中糧食彈藥都夠半年之用，宜生兄可再顯一下身手。」

閻錫山溜出太原避難，留下衛立煌來收拾最後的爛攤子。衛立煌知道根本無法執行閻錫山「依城野戰」的計畫，六日，衛立煌下達了暫避決戰，固守太原、主力南撤、待機回殲日軍的作戰計畫，「爲暫避與敵決戰，以一部固守太原城，主力即向太谷、交城之線整頓補充，待機回殲深入晉中之敵。」

這個作戰計畫的下達，實際上改變了閻錫山「依城野戰」的作戰方針，而使守衛太原城的部隊成爲孤軍獨戰，極大地增加了守城的困難。按照這個計畫，部隊紛紛向交城地區集結，這實際就是實施撤退。

衛立煌對防守太原城的傅作義將軍交了底，說：「你現在是受命於危難之際，不過，我看太原是無法固守下去了，從全局看問題，還以因時制宜爲是，必要時，須要撤就撤。撤出太原的責任由我來負吧。」衛立煌拿出「相機撤退」的手令交給傅作義。衛立煌的推心置腹使傅作義深受感動，但是，他還是很較真地向衛立煌表示：既然領受了守城的任務，就應該認真執行。

共產黨太原代表周恩來也參加了閻錫山召開的軍事會議，對傅作義毅然擔任防守太原城的任務表示讚揚。十一月五日，撤離前，周恩來握著傅作義的手說：「我願代表中國共產黨，還有全民族，誠懇地對你說一句話，抗日戰爭勝利的基礎，在於廣大人民群眾深厚的偉大力量，請你多保重。抗日是持久戰，在戰略上不應計一城一地的得失，要注意保存有生力量。希望傅將軍爲國家民族的根本利益，長遠考慮，多多保重。」聽著這番肺腑之言，傅作義的眼眶濕潤了，他緊緊地攥著周恩來的手，點了一下頭，連聲道謝。

隨後，傅作義下令封閉城門，加固城防工事，部署城防爲三道防線。第一道在城外，屬前進陣地性質，利用既設永久和半永久工事堅決固守；第二道以防守城牆爲主，利用永久工事，築成複廓陣地並注意側方火力點，編成火網，使無死角爲敵利用，要求殲敵於城外；第三道防線爲市區內各要點，能形成複廓的，加築外壕，形成無數的縱橫交錯的陣地，相互聯繫、支持，以阻止、殲滅侵入市區之敵，並部署了守城兵力。只是由於戰況發展迅速，不少工事尚未完工，且原定防守太原的部隊大都增援晉北，忻口地區放棄後，在日軍追擊下倉促各就部署。

傅作義認爲自己過去有守涿州、守天鎮的經驗，日軍再厲害，也能守一、兩個月。他說：「我守涿州打了勝仗，守天鎮也不錯，守太原也會有辦法。太原東西兩山形勢很好。正面頂住，兩山做倚托，太原就不易攻下。」

傅作義召集守城部隊連以上的軍官訓話，向大家說明當前的嚴峻形勢和作戰任務，他說：「我們守太原城，是要與城共存亡的。我們部隊入了城，就將各城門堵塞了，就像裝進了棺材但還沒有最後釘上蓋子一樣。一旦城破人亡，就是蓋上了棺材的蓋子。大家一定要樹立爲國家爲民族抗日捐軀的決心，現在是我們盡忠報國的時候了。」軍官們聞言感動萬分。

進攻太原的日軍，這時從東、北兩個方向緊追撤退的中國軍隊。東線日軍先頭部隊於十一月四日已進至太原城東南約十七公里的鳴謙鎭，並佔領了榆次，一部向介休方向追擊，北線日軍也於四日越過石嶺關向南追擊。此時，衛立煌由於不同意閻錫山的計畫，已率該集團軍三個軍向晉南撤退；應佔領東山的陳長捷見狀，也率部向韓侯嶺以南撤退；娘子關方面的部隊更經榆次向南潰退。至六日，依城野戰變成孤城獨戰，日軍從東、北、西三面完成了對太原的包圍，一場血戰自不可免。

十一月七日，太原城上空多架敵機盤旋著，向中國軍隊扔下成串的炸彈。城北的日軍利用關廂建築物，城東的日軍利用丘陵地形，城南的日軍利用火車站，城西的日軍利用汾河，從四面向城垣壓來。形勢是明擺著的，要想憑藉這麼單薄的力量守住陣地，是不可能的，但官兵們還是堅守在自己的崗位上，直至中彈犧牲。可是，正當官兵們浴血奮戰的時候，忽然傳來消息說：「傅軍長逃跑了。」

大約晚上八時左右，傅作義出現在大家面前。原來，臨陣逃脫的是第三十五軍副軍長兼太原城防戒嚴司令曾延毅，結果「副軍長逃跑」誤傳成「傅軍長逃跑」。大家親眼看到了傅軍長，心裏才踏實下來，士氣也受到極大鼓舞。經過激戰，守軍傷亡很大，此時所剩兵力僅第三十五軍七個營、新編第三團四個連，戰鬥官兵共計兩千餘人。

八日晨，日軍第五師團將步炮全集中在太原城下，在東、北兩面猛烈攻擊，日機十三架輪番轟炸，北城樓被焚，火焰瀰漫全城。至九時，城垣東北角及西北角被炮火炸毀，東、北兩面城牆亦被轟開缺口十餘處，城牆各掩蔽部及彈藥洞多被轟塌。日軍步兵在其飛機、大炮掩護下向城內猛衝。但我守軍東、北兩城步兵奮勇截擊，誓死不退，一面與入城日軍拚殺，一面封鎖城牆各口。雙方傷亡慘重。

傅作義發出反攻號令：「奪回東北城角賞洋五萬元」，並組織「奮勇連」與敵軍激戰。但此時敵軍已大量湧進城內，敵我雙方經過艱苦的肉搏巷戰後，守軍傷亡慘重。黃昏後，日軍又向城內增派大量步兵，利用夜色隱蔽，夾雜混戰，處處突襲。守軍西、南兩處部隊及預備隊被日軍擊散。十九時，日軍攻至司令部。

傅作義感到敗局已定，決定突圍撤退，這時蔣介石也電告「相機撤退」。當天晚上，傅作義率領剩餘部隊冒著炮火撤出城垣，向西山突圍。第二天，太原被日軍佔領。

太原失守後，華北戰場的正規戰事基本結束。

第二章　將日寇拖在上海、南京

一、淞滬成了血肉磨坊

一九三七年八月十三日，日軍向上海發動攻勢，以猛烈火力向中國守軍展開轟炸，中國軍隊奮起還擊。國民政府認真部署作戰計畫，歷時三個月之久的淞滬會戰，由此揭開了序幕。

上海雄踞東海之濱，扼守長江口，戰略地位極其重要。上海做為當時中國最大的都市，猶如鑲嵌在長江龍頭上的璀璨明珠，是中國最大的工商業城市和進出口貿易港口，也是世界東方的金融中心。優良的港口和京滬、滬杭甬鐵路線的交會，又使上海成爲中國通向國際和內地的樞紐，守衛當時首都南京的門戶。列強紛紛在上海安營紮寨，爭搶利益，奠定各自的勢力基礎。

日本帝國主義對上海垂涎已久，把上海看作侵佔中國的戰略要地，他們知道一旦控制了上海，就能威脅南京，接著控制中國東南地區。

一九三七年七月，日軍在華北燃起戰火的同時，一個進攻上海的計畫已經醞釀成熟。日本海軍部制定了兩期對華作戰秘密方案：第一期，海軍第二艦隊配合陸軍在華北作戰；第二期，陸軍派遣三個師團與海軍第三艦隊協同作戰，首先奪取上海。上海成爲日軍在華東首要奪取的目標。

日本海軍第三艦隊司令長官谷川清曾積極鼓吹在上海、南京一帶發動新的戰爭。「七七事變」時，他正率隊在台灣海峽演習，聽到事變發生的消息後，驚喜不已，於是他立刻趕到上海，並於七月十七日向日本海軍司令部報告：「如果局限戰域，則有利於敵方兵力之集中，深恐將使我方作戰困難。……爲置中國於死命，需以控制上海、南京最爲重要。」因此，盧溝橋硝煙瀰漫之際，也就是上海戰火燃起之時，一場惡戰不可避免。

上海的局勢日益惡化，國民政府必須做好最壞的打算。張治中根據當時上海敵情，向蔣介石提出一個根本性的戰略建議。他認爲對付日寇有三種形式，第一種是他打我，我不還手，如「九一八」在東北；第二種是他打我，我才還手，如長城之役、「一二八」之役；第三種是判斷他要動手打我，我先打他，即先發制敵。張治中建議，這次應採取第三種方式。華北戰事中倉促應戰被動挨打的教訓尚在眼前，蔣介石立即批示：「應由我先發制人，但時機應待命令。」

雖然國民政府對於日軍進攻上海的陰謀早有察覺，但在軍事力量的佈署上，日軍已佔有先機。日本在「一二八事變」以後，就馬上在上海虹口、楊樹浦一帶派駐重兵，專設了日本駐滬海軍陸戰隊司令部，駐滬兵力有海軍陸戰隊三千餘人，大批日本艦艇常年在長江、黃浦江上巡弋，耀武揚威。相反，由於受《淞滬停戰協定》的限制，中國軍隊不能在上海市區及周圍駐防，市內僅有淞滬警備司令楊虎所轄上海市員警總隊及江蘇保安部隊兩個團擔任守備，駐守兵力薄弱。因此，一旦戰事爆發，中國軍隊將處於明顯不

▶▶ 張治中

張治中，字文白，一八九〇年生於安徽巢湖，著名愛國將領。青年時，受辛亥革命的影響，擁護孫中山，曾先後參加過護法運動和北伐戰爭。一九三二年「一二八」淞滬抗戰時任第五軍軍長，不顧阻撓，毅然開赴前線，同十九路軍並肩作戰。一九三六年「西安事變」發生時，他主張和平解決。一九三七年淞滬會戰，張治中奉命指揮國民黨軍隊之精銳在上海與入侵日軍浴血奮戰。抗戰勝利後，任國民黨政府西北行營主任兼新疆省主席。國共和談，他曾多次代表國民黨去延安同共產黨談判。一九四九年四月任國民黨政府和平談判代表團首席代表，到北平同中國共產黨代表談判，雙方議定了《國內和平協定》八條二十四款。此協定遭國民黨政府拒絕後，他毅然留在北平。張治中是一位從來沒有同共產黨打過仗的國民黨高級將領，且為共產黨做過很多有益的事，堅持和平建國，共產黨稱他為「和平將軍」。

利的境地，難以應付日軍可能的突然襲擊。

當時，張治中負責上海的防務，與他有歷史淵源的八十七師、八十八師、三十六師（師長分別是王敬久、孫元良、宋希濂）和其他幾個師。歸他指揮的僅有主力都在滬寧沿線，只有少數在上海外圍，一旦有事，緩不濟急。因此，在軍事會議上，張治中向蔣介石提出的派一個戰鬥力強的旅，僞裝進入上海。建議獲准。以鍾松爲旅長的一個加強旅，穿上保安團隊的制服，隨即進駐上海虹橋機場。

張治中還建議立即沉船封鎖江陰長江水道，免得日軍軍艦到處竄擾，對我軍執行作戰計畫不利。蔣介石的命令下達後，竟爲當時的行政院秘書黃浚（被日本駐華使館買通的漢奸）所知，立即轉告日方。

七月二十八日，也就是日軍在北平全面發動攻擊的第二天，日本政府下令迅速撤退漢口上游的日本僑民。由於黃浚的洩密通敵，日本駐武漢的海軍陸戰隊得以乘艦急開上海逃脫絕境。

在日本艦艇護航之下的最後撤僑輪船，於八月九日到達上海。就在這一天，又發生了虹橋事件（大山中尉事件）。

八月九日下午，日本海軍陸戰隊中尉大山勇夫和列兵齋藤要藏驅車來到上海虹橋附近，越過警戒線欲強行通過，守衛機場的中國保安隊喝令他們停車。日本兵不加理會，繼續橫衝直撞，大山勇夫竟然開槍擊斃一名保安隊士兵。忍無可忍的保安隊被迫開槍還擊，將兩名肇事的日本官兵擊斃。這一事件立即被日軍利用成爲挑起上海戰役的藉口。

虹橋機場事件後，日軍使出一貫伎倆，一面派人與中方談判，提出種種無理要求，堅持中方必須全部撤走上海保安部隊，並拆除所有防禦工事；一面加緊軍事部署，迅速向上海地區增派部隊。八月十三日，上海日軍已調集軍艦三十二艘，增援官兵兩千餘人登陸上海，拉開了大戰的架勢，戰爭一觸即發。

國民政府拒絕了日方的無理要求。八月十一日，蔣介石命令張治中率領精銳的孫元良八十八師和王敬久八十七師向上海推進。這兩個師都是「一二八事變」中和日軍交戰過的勁旅，經過五年多時間的壓抑和磨練，他們早就盼望殺敵報國之日的到來。張治中發表堅決守衛上海的講話說：「上海是我祖先慘澹經營之國土，又復爲敵軍鐵蹄所踐踏，不得不以英勇自衛之決心，展開神聖莊嚴之抗戰。本軍所部全體將士，與暴日將不共戴天。」

按照原定計劃，張治中在八月十一日深夜下達命令：全軍進入上海，八十七師進駐大場，八十八師進駐南翔，三十六師進駐江灣，其他外圍各師亦按計劃進入預定地點。張治中本人率領前線指揮所進駐南翔，由於事前準備周密，行動迅速，各部都按時進入了上海地區。

十二日清晨，當中國守軍神采奕奕地走過北海寧路、北浙江路一帶的時候，兩旁的居民不約而同地燃放爆竹拍掌歡迎，高呼口號。中國守軍士氣高昂，乘車進入南翔的官兵堅決要求直接開到第一線投入抗敵鬥爭。

八月十三日拂曉，張治中指揮的部隊完成對虹口、楊樹浦日軍的攻擊準備。當上午九時十五分，日軍陸戰隊一個小隊衝進橫濱路、寶興路地段，對當地中國駐軍進行射擊，二十分鐘後又停止射擊，並詭稱中國軍隊先於商務印書館附近攻擊日軍。至下午四時，日軍在八字橋、天通庵、寶興路、寶安路一帶，齊攻中國軍隊，中國軍隊迎頭回擊，至此「八一三」抗戰全面爆發。當日深夜，在南京的蔣介石決定對侵華日軍發動總攻擊，電令張治中於「拂曉攻擊」，並令空軍出動轟炸，令海軍封鎖江陰。

八月十四日，國民政府發表《自衛抗戰（宣言）聲明書》，歷數日軍的殘暴行徑之後，指出「中國為日本無止境之侵略所逼迫，茲不得不實行自衛，抵抗暴力」，宣布：「中國決不放棄領土之任何部分，遇有侵略，唯有實行天賦之自衛權以應之。」

「八一三事件」揭開了淞滬會戰的序幕，至十一月十二日中國軍隊西撤，歷時三個月，中國廣大官兵同仇敵愾、鬥志昂揚，以劣勢裝備與日軍拚搏，斃傷日軍四萬多人，堅守上海達三個月之久，粉碎了日本「三個月內滅亡中國」的迷夢。

八月十三日至二十二日，是淞滬會戰的第一階段，中國軍隊主動出擊，採取攻勢作戰，中國的空軍也加入了戰鬥。面對敵人的優勢火力，中國軍隊毫不退縮，英勇抗擊，處於優勢地位。

全面侵華是日本政府二十世紀三〇年代的國策，但在具體侵華步驟上，日本軍政要員卻存在分歧。部分人主張先把進攻矛頭指向華北，日本海軍部官員主張同時進攻東南，並以上海和南京為重點，最終這部分人的意見占了上風。在實施進攻上海的計畫後，日軍氣焰極為囂張，宣稱「三個月內滅亡中國」，十天解決上海戰事。

八月十日，日本陸、海軍達成出兵上海的共識，準備動用三十萬兵力，先派兩個師團到上海。十三日，日本內閣會議正式確認了向上海派兵的方針。

八月十五日，日本政府發表《帝國政府聲明》宣稱：「為了懲罰中國軍隊之暴戾，促使南京政府覺醒，如今不得不採取斷然措施。」詭稱此舉是為了「消滅類如此次事變所由發生之根源，並達到日、滿、華三國融合和提攜」之目的。同一天，日本國內開始第三次動員。日本參謀部下達了組建上海派遣軍的命令，任命松井石根上將為司令官，下轄兩個師團，迅速開赴上海作戰。

中日雙方在淞滬地區展開的這場異常激烈、扣人心弦的戰鬥，大致可以分為三個階段。第一階段從八月十三日至二十二日，中國軍隊主動出擊，採取攻勢作戰，壓著日軍打，中國軍隊處於優勢地位；第二階段從八月二十三日至十月二十五日，日軍增援部隊陸續到達，兵力猛增，從守勢轉為攻勢；第三階段從十月二十六日至十一月十二日，中國守軍雖奮勇抵抗，但抵擋不住日軍的猛烈進攻，奉命全線撤退，上海淪陷。

第一階段，中國軍隊挫敗日軍的挑釁後，主動向敵軍出擊，取攻勢，試圖趁日方援兵未到，一舉殲滅在滬之日軍，然後再與來援之敵決戰。針對日本政府的侵略行徑，中國政府外交部於八月十四日發表聲明，指出日本政府自「盧溝橋事件發生以來種種行爲，均屬侵犯我國領土主權與違反國際條約，我國處此環境之下，忍無可忍，除抵抗暴力實行自衛外，實無其他途徑。」表示決心要以武力來保衛國家的領土與主權，由此而引起的一切後果，概由日方完全負責。

上海的守軍士氣如虹，鬥志高昂。當時的戰場集中在虹口、楊樹浦市區一帶日軍佔據的陣地周圍。張治中決定並部署以楊樹浦港以西至虹口日軍司令部間爲重點，對敵「猛勇攻擊，進佔其根據地」。八月十四日下午，張治中率第八十七、八十八師向日軍發動攻擊，目的是，趁其大量援軍未到前，將在滬之敵「壓迫至蘇州河及黃浦江而殲之」。十六日，中國軍隊分左右兩翼構成「鉗型」攻勢合圍日軍。日軍一面加速調集增援部隊，一面堅守頑抗，戰鬥十分激烈，很快進入膠著狀態。

十九日，由西安調滬作戰的第五軍第三十六師宋希濂部加入戰鬥，一度攻入滙山碼頭，日軍龜縮在堅固的工事裏死命抵抗。在二十一日夜間的戰鬥中，第三十六師二一五團二營營長李曾英勇陣亡，被激怒的全營官兵冒著密集的炮火，衝到華德路的十字街口，穿戶入室與敵軍格鬥。日軍將一輛輛戰車阻塞路口，截斷退路，然後放火焚燒房屋，致使三百多名中國官兵全部葬身火海。由於日軍死守據點，援軍及時趕到，中國軍隊的兩路進攻受挫，人員傷亡很大，一開始的強勁攻勢有所減緩。

八月初，淞滬會戰前夕，蔣介石向空軍發出參戰命令：空軍出動，協同陸軍作戰並擔任要地防空。這一階段，中國空軍也加入了戰鬥。

淞滬抗戰前夕，日軍不斷出動飛機轟炸中國東南沿海的軍事設施和重要城市，協同其地面部隊作戰，給我方作戰造成極大障礙，對中國空軍形成了很大的威脅。日本空軍實力非常雄厚，而中國空軍的飛機多購自義大利，不僅數量少，而且作戰性能也不如日機。在日軍眼裏，中國空軍不堪一擊。可是，年輕的中國空軍初試鋒芒就讓日軍吃了一驚。

十四日早晨，我空軍一架架戰鷹就像寶劍出鞘一般起飛升空，衝進藍天白雲之中。我空軍戰士投下一枚枚炸彈，準確地命中，使日軍第三艦隊旗艦「出雲」號巡洋艦受到沉重打擊，同時日軍的其他軍艦和據點也受到重創。

一天，中國空軍出動轟炸機和各種戰鬥機一百餘架，十多個航次，轟炸匯山碼頭日軍艦隊、天通庵敵兵營及日僞公大紗廠等據點，投下炸彈一百餘噸，擊毀擊傷敵艦十餘艘，擊落飛機四十四架，炸毀大批敵軍營房及倉庫，給侵略者以巨大的殺傷。號稱日軍精銳的木更津、鹿屋兩個航空隊幾乎全軍覆沒，以擅長戰略轟炸著稱的木更津司令無地自容，剖腹自戕。

蔣介石以最高統帥的名義通令嘉獎空軍，並下令定八月十四日爲「空軍節」。八月十五日，蔣介石在日記中寫道：「倭寇空軍技術之劣，於此可以寒其膽矣！」喜悅之情盡在字裏行間。

中國空軍戰士在氣焰囂張的侵略者面前，展現了大無畏的英雄氣概。八月十八日，沈崇海與轟炸員陳錫純帶八百磅炸彈駕機執行轟炸敵艦的任務，途中座機發生故障。他們可以迫降著

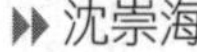沈崇海　　　　陳錫純

沈崇海，一九一一年生於湖北武昌，著名抗日英雄，中國空軍飛行員。一九三七年淞滬會戰期間駕機英勇撞擊日寇艦隊旗艦，與敵同歸於盡，時年僅二十六歲。為表彰其英勇愛國精神，國民政府特追贈其為空軍上尉。

陳錫純，一九一五年生，湖南望城人。著名抗日英雄，中國空軍飛行員。淞滬會戰中，陳錫純與沈崇海駕機撞擊日寇艦隊旗艦，與敵同歸於盡，壯烈殉國，時年僅二十三歲。一九八五年，陳錫純被湖南省人民政府批准追認為革命烈士。

陸，也可以跳傘逃生，但當他們發現前下方的敵艦時，毅然放棄了求生的選擇，在二千英尺的高空對準敵艦俯衝下去。敵艦上的日軍兵士被這從天而降的意外襲擊嚇懵了，有的大聲尖叫，有的慌張跳海。隨著一聲巨響，沈崇海、陳錫純的飛機與敵艦同歸於盡。

炮聲隆隆，空氣中瀰漫著濃濃的硝煙味和血腥氣，上海的戰事仍在繼續。

八月十八日，蔣介石派陳誠赴上海視察戰況。

八月二十日，由上海視察回南京的陳誠向蔣介石彙報：「敵對南口在所必攻，同時亦爲我所必守，是則華北戰事擴大已無可避免；敵如在華北得勢，必將利用其快速裝備沿平漢路南下，直赴武漢，於我不利，不如擴大滬戰事以牽制之。」他建議「向上海增兵」，蔣介石聽後表示讚賞。

這從整個戰略決策來看，是符合蔣介石的戰術思想，即「對倭作戰，應以戰術補武器之不足，以戰略彌武力之不足。」他曾總結道：「對倭取勝之要訣，在於深溝、廣壕、堅壁、厚蓋、固守、堅拒，乘機襲擊，大敵則避，小敵則戰，制敵死命，全在於此；而臨戰之時，則須負傷不退，寧死不屈，操勝之道，如此而已矣！」河港縱橫的淞滬地區，正是實踐他的取勝要訣的好地方。

八月二十三日至十一月十二日，淞滬會戰進入後兩階段。第二階段發生了著名的寶山保衛戰，姚子青營長壯烈犧牲。第三階段發生了四行倉庫保衛戰，中國軍隊拚死抗敵，淞滬會戰結束。

淞滬會戰第二階段是兩個月的相持局面，敵我雙方大批援軍到達，敵人由守勢變為攻勢。從長江沿岸登陸的日軍，企圖通過側翼包圍，達到佔領上海之目的。中國軍隊與登陸日軍展開激戰，在上海市區以北、瀏河以南和長江沿岸以西地區，由北至南，先後組成三道防線，節節抵抗日軍的進攻。

八月二十日，國民政府軍委會為統籌全國戰局，將全國劃分成為五個戰區。上海、蘇南、浙江為第三戰區，由馮玉祥任司令長官，顧祝同為副司令長官，淞滬戰場的浦東方面由張發奎指揮，淞滬近郊方面由張治中指揮，江防方面由陳誠指揮，總兵力約三十餘萬人，重點防守沿江吳淞、寶山、月浦、瀏河一線。

日軍將賭注重重地押在上海戰場，調運大批武器裝備。八月二十三日，松井石根親率第三師團、第十一師團、第六師團、第十三師團，在張華濱、川沙強行登陸，快速向寶山推進。中國軍隊立即與登陸的敵軍展開激戰，日軍在飛機、大炮的掩護下，直撲羅店、月浦的中國守軍陣地，羅店鎮成為最激烈的戰場，雙方均傷亡慘重。

久攻不下的日軍改變了戰術，試圖先攻下寶山縣城。防守寶山縣城的姚子青營全營官兵面對強大的敵人，抱定「誓本與敵偕亡之旨，固守城垣，一息尚存，奮鬥到底」的決心，與日軍展開肉搏，打退了日軍一次又一次地瘋狂進攻。

九月七日，日軍一個旅團登陸增援，在坦克掩護下進攻寶山城東北角。至下午三時，守軍因作戰過久，精疲力盡，終因寡不敵眾，城中工事全被日軍佔領。姚子青率兵

▶▶姚子青

姚子青，一九〇八年生於廣東平遠，字若振，號中琪，抗日忠烈。一九三七年升為十八軍九十八師二九二旅五八三團三營營長。一九三七年八月十三日，淞滬會戰爆發後，姚子青所在的九十八師奉命由漢口東下，參與戰鬥。到達上海後，姚子青奉命率全營駐守江蘇寶山。日軍自八月二十八日起，不分晝夜，由飛機、戰艦輪番轟擊。九月三日，日軍向寶山縣城瘋狂進攻，姚營與日軍血戰一晝夜，全殲來犯之敵。九月五日拂曉，大批日軍再次強行登陸。姚子青帶領全營官兵，與敵血戰兩晝夜。至九月七日，姚子青及所有守軍皆陣亡。

在東門反衝鋒時，不幸被日軍子彈擊中，壯烈犧牲，第三營五百官兵全部壯烈殉國，他們的血肉之軀譜寫了淞滬抗戰中又一曲激情高昂的愛國之歌。

九月三十日拂曉，日軍開始總攻擊，主力指向高橋和劉行正面，突入我軍陣地。中國軍隊被迫再次調整戰線，戰事遂以大場爲中心，雙方在蘊藻濱兩岸展開激戰。十月七日，日軍由蘊藻濱北岸猛攻南岸守軍之側背，守軍左翼陣地被突破。十月十五日，中國守軍新增援的第二十一集團軍到達戰場，隨即兵分三路開始反擊。至二十二日，中國軍隊退守大場，二十五日，大場失陷，江灣也被日軍佔領，中國軍隊被迫往蘇州河南岸一線退卻。至此，中國軍隊的中央防線已被日軍徹底撕破，上海危在旦夕。

大場失陷後，會戰轉入第三階段，是中國軍隊作最後的抵抗後敗撤上海的時期。日軍全面控制了有利地形和關鍵的戰略據點，扼守閘北、江灣、廟行一帶的中國守軍側背受敵。爲避免全軍覆沒，南京最高當局下令部隊收縮，主力撤至蘇州河以南陣地。這樣，戰場從市區以北的外圍轉入市區，形勢極爲嚴峻。

二十六日晚，守軍八十八師五二五團團副謝晉元，奉令率八百官兵堅守四行倉庫，掩護主力部隊撤退。四行倉庫位於蘇州河北岸，是一座鋼筋水泥七層高樓，牆厚樓高，易守難攻。當時，倉庫的西邊和北邊已被日軍佔領，東邊是公共租界，南邊是蘇州河。所以四行倉庫已成孤島。

二十七日，日軍開始發起攻擊，謝晉元指揮官兵沉著應戰，連續打退敵人的多次進攻。

八百孤軍固守閘北最後陣地的爭戰情況，在隔著一條蘇州河的對岸公共租界可以看得很清楚。對岸聚集著中國人，就連很多外國人都在爲他們吶喊助威。

後來，英軍司令與宋美齡見面時，對於中國軍隊死守四行倉庫的精神讚揚不止。八百孤軍固守四行倉庫的壯舉傳到南京，蔣介石也爲中國軍隊中有此英勇將士而驕傲。他在二十七日的日記中寫道：「我軍留守閘北之謝晉元團，孤軍奮鬥，中外人士均受感動，且表示崇高之敬意；以與敵軍野蠻殘忍、受世人之唾棄兩相比較，且不啻在天壤之別。此戰雖退，猶有榮焉！」

二十八日夜，十八歲的女童子軍楊惠敏躲過敵人的槍彈，連游帶爬地來到四行倉庫。她從浸透汗水的制服下面，取出了一面國旗，鄭重地獻給英勇的守軍，表達了國人對我將士的敬意。

二十九日清晨，這面國旗高高地飄揚在四行倉庫的屋頂上，給予了上海市民以極大的鼓勵。

從二十八日到三十日，日軍發動無數次進攻，都被中國守軍擊退，殲敵二百四十多人，守軍犧牲僅數十人，打出了中國人的士氣。何香凝在給八百壯士的信中寫道：「殉國之將士，將因爲你們而愈偉大；前線將士將因爲你們而愈勇敢；全國同胞將因爲你們而愈加團結；國際人士也將因爲你們而愈加主張正義了。」

但上海租界當局卻害怕戰爭繼續下去會危及其管轄區域的安全，損害自己的利益，於是要求中國政府下令撤退守軍。三十一日，謝晉元團的壯士們奉令撤離四行倉庫，退入租界。遺憾的是，畏懼日本人的英國當局扣留了他們。一九四一年四月，謝晉元被叛徒刺死，珍珠港事件之後，日軍進佔租界區，謝部官兵全部被俘遣往各地做苦力。抗戰勝利後，八百壯士生還者不到百人。

中國守軍在蘇州河防線與日軍激戰至十一月初，日軍再次大舉增兵。十一月五日，日軍直撲松江城，切斷滬杭鐵路交通線，使上海抗戰形勢急轉直下。幾十萬中國守軍受到日軍的三面夾擊。

十一月八日晚，南京的最高統帥部決定全線撤退。中國軍隊在從淞滬戰場撤退的過程中，顯得極爲倉促和混亂。正如李宗仁所說，撤退慘況，潰不成軍，一言難盡。蔣介石也意識到自己犯下了一個極其嚴重的錯誤，他對陳誠說：「這次戰略受政略的影響極大，乃是國家的不幸。……這種勉力支持，待部隊潰亂，戰線動搖時，才實行被迫轉移而撤退，因此不能整齊而有計劃地退卻，是很失策的。」

十一月十二日，上海淪陷，淞滬抗戰至此硝煙散卻。

美國海軍上校卡爾遜當時做爲派駐上海的軍事觀察家，對中日作戰雙方作出了這樣評論：「淞滬之戰足以證明兩點：一、中國已下決心爲她的獨立而戰，而且中國軍隊確有作戰的能力；二、日本的軍隊自日俄戰爭後，被世人視爲可怕的軍隊，經中國一打，降到了第三等的地位。」日軍在華北的囂張氣焰在上海受到重挫。

淞滬會戰張揚了國威。十月二十九日，蔣介石在召集第三戰區師長以上長官的軍事會議上不無自豪地說：「兩個半月以來，我們雖然沒有得到大的勝仗，但我們在預定的消耗戰和持久戰的策略之下，已使敵人受到意外大的打擊，在精神上，我們實在已打敗了舉世共棄的倭寇！」

淞滬會戰持續了三個月的時間，使得長江下游的工廠和物資有了內遷的時間，這爲長期抗戰提供了一定的物質基礎。

淞滬抗戰雖然以中國守軍的撤退而告終，但譜寫了一九三七年中國軍隊抗戰的光輝一頁，中國守軍的淞滬抗戰，向日本侵略者展示了中華民族不可征服的意志力。

二、保衛首都南京城

日軍佔領上海後，企圖進攻南京。國民政府高級將領在退守問題上產生分歧，蔣介石最終採納了唐生智建議，決定實行短期固守。對外宣稱「死守南京」，擺開決戰架勢，實已做好撤退準備。

日本侵略軍佔領上海以後，由於戰事進展順利，認爲中國首都南京也指日可得，侵華氣焰更爲囂張。

十一月二十四日，日軍大本營召開第一次御前會議，陸軍參謀總長等在上奏作戰計畫中提出，利用在上海周圍的勝利，不失時機地果敢追擊，進攻南京。以八個師團的兵力，分三路水陸並進，日軍上海派遣軍第十一、第十三、第十六師團沿京滬鐵路及其以北進擊南京。第十軍第一一四師團沿宜興、溧陽、溧水公路前進；另以第六、第十八師團沿寧國、蕪湖公路進攻蕪湖，以斷中國軍隊沿江往西的退路。國崎支隊從廣德經郎溪、太平渡江，攻佔浦口以截斷中國軍隊後路。日軍企圖從東西兩面合圍南京，佔領中國的政治中心，從而迫使中國政府投降，盡快解決所謂的「中國事變」。

國民政府對南京的防衛還是有很多考慮的。二十世紀三〇年代以來，京滬杭地區及長江一線一直就是中國國防建設的重點。一九三六年二月，張治中負責在京滬間主要防禦方向上構築了吳福線和錫澄線兩道國防工事線，組成南京外衛線防禦陣地。在南京地區，則構築了外圍和複廓兩道陣地：沿大勝關、牛首山、方山、淳化鎮、青龍山、棲霞山至烏龍山要塞之線為內衛線的外圍陣地；以南京城垣為內廓，環城以雨花台、孝陵衛、紫金山至幕府山要塞炮台之線為外廓，以上構成複廓陣地。在城內北極閣、清涼山等高地則築成堅固的核心據點。

「七七事變」後，首都南京將星雲集，共謀救國大計，南京的安全問題自在議論之列，不過最當務之急還是如何化解華北的危局。八月，上海開戰，南京受到轟炸，華東的局勢也緊張起來。等到中國軍隊在淞滬戰役中失敗，三道國防線接連失守，日軍節節進逼，南京的防守也就成了亟待解決的問題。

十一月中旬，蔣介石連續召開三次高級幕僚會議進行討論，並個別徵求一些高級將領的意見，研究守還是不守南京的問題。

出乎蔣介石意料的是在高級官員中，主張不守的呼聲甚眾，李宗仁、白崇禧、陳誠、張群等都持這種主張。部隊殘破，無力防守，這是主張不守的主要理由。第五戰區司令長官李宗仁認為：「我軍新敗之餘，士氣頗受打擊，又無生力軍增援。」大本營作戰組組長劉斐雖主張應做象徵性防守，但也認為初敗之軍，已無力再戰。他說：「我軍在上海會戰中損失太大，又經過混亂的長途退卻，已無戰鬥力，非在遠後方經過相當長時間的補充整訓，不能恢復戰鬥能力，爲貫徹持久抗戰方針，應避免在南京進行決戰。建議在南京做象徵性的適當抵抗，然後立即主動撤退，使用兵力不超過十三個團。」

再說南京地形不利，易攻難守。李宗仁分析道：「在戰術上說，南京是個絕地，敵人可以三面包圍，而北面又阻於長江，無路可退。」劉斐也向蔣介石力陳南京不易防守的見解。他說：「南京在長江彎曲部內，地形上背水，故可由江面用海軍封鎖和炮擊南京，從陸上也可由蕪湖截斷我後方交通線，然後以海陸空軍協同攻擊，則南京將處在立體包圍的形勢下，守是守不住的。」既然我軍在天時、地利上都處於極其不利的地位，爲了使都城免遭破壞，爭取政治上的主動，不如不守。李宗仁建議：「與其在無勝算可能的情況下硬撞，倒不如我們自己宣布南京爲不設防城市，以免敵人藉口燒殺平民。」

軍事委員會常委白崇禧表示贊同：「南京是總理指定之首都，爲總理陵寢之所在地，不忍爲軍事破壞，應宣布爲不設防之城市，以主力退出城西部、西南部一帶，一部集結於浦口，監視南京，掩護徐州，保留實力，以便機動打擊敵人。」何應欽、徐永昌表示同意。

軍事委員會秘書長張群還持有一種新的見解，即：「如果我軍自動退出南京，日軍不是以武力攻佔的，萬一將來和談時，它就不能以戰勝者自居而對我進行要脅。」張群一直是比較活躍的主和分子。

在此之前，當統帥部決定淞滬部隊後撤時，蔣介石曾電召陳誠到南京面商是否防守南京的問題。陳誠認爲不應守，並從軍事上陳述了不能守的諸多理由。但他又認爲：就純軍事角度而言，避免在南京決戰是正確的；但就政治角度而言，首都爲國際觀瞻所繫，還是要守一守的。這次會議沒有作最後決定，僅同意淞滬會戰中損失較大的部隊調後整補。

十一月十七日，蔣介石又召開第二次會議，這次會議上，唐生智在防守問題上力排眾議，力主固守：「現在敵人已迫近首都，首都是國父陵寢所在地，值此大敵當前，在南京如不犧牲一、二員大將，我們不僅對不起總理在天之靈，更對不起我們的最高統帥。本人主張死守南京，和敵人拚到底！」

蔣介石考慮到當時九國公約各國正在開會討論日軍侵華問題，德國駐華大使陶德曼代表德國政府也正在爲中日戰爭的「和平」解決進行秘密調停；特別是在思想上受德國顧問的影響。總顧問法肯豪森早就向他提出過書面建議，認爲「南京爲全國首都，必應固守」，「故必華方寸土不肯輕棄……方能引起與長江流域有利害關係之列強積極態度。中國苟不於起首時表示爲生存而用全力奮鬥之決心，列強斷不起而干涉。」

唐生智的建議正符合蔣介石的思想，於是在次日晚的第三次會議上，蔣介石明確表示同意唐生智的建議，決定「短期固守」，預期守一至二個月。他說：「南京守城，非守與不守之問題，在敵軍火力優勢，長江得自由航行之情勢下，欲期保持，頗屬難能，故只可希望較短時間之防守。」

本來在全國抗戰開始時，中日間在綜合國力及軍力方面，就存在著敵強我弱、強弱懸殊的形勢，加之三個月的淞滬會戰，使華東戰場的中國軍隊遭受重大損失，短時間內，無法在南京組織大規模的決戰。南京非戰之地，古往今來，未曾有背靠大江，面向蘇南平原，以守勢作戰而能成功之戰例。何況現代戰爭，南京必然處於被立體包圍之中，兵法稱之爲「絕地」、「死地」。蔣介石並非不知道這些，但是他也確實有苦衷，需要從包括軍事在內的更多方面去抉擇。

對南京作「短期固守」的決策已定，蔣介石於十一月十九日親書手令，特派一級上將唐生智爲南京衛戍司令長官，在南京周圍二十公里地帶增加堅固工事，加強防守。同時，加緊從西南調集地方軍增援。二十日，唐生智發佈戒嚴令，南京地區進入戰時狀態。唐生智於二十七日對記者發表談話，表示「誓與南京共存亡，不惜犧牲於南京保衛戰中」，並預言「此種犧牲定將使敵付出莫大的代價」，表現了破釜沉舟、拚死一戰的決心。

組織南京戰役既是爲了貫徹「持久消耗戰」的總戰略方針，又是由淞滬會戰戰情變動而直接促成。這樣，明知南京非戰之地，也只得「明知不可而爲之」。所以，雖然國民政府對外宣傳是「死守南京」，擺開決戰架勢，其實已經做好了最壞的打算。

蔣介石親自坐鎮南京，幫助唐生智調集守衛南京的軍隊，經過數日的籌劃和調集，先後集得從淞滬戰場撤退下來的王敬久七十一軍，孫元良七十二軍，俞濟時七十四軍，宋希濂七十八軍，葉肇六十六軍，鄧龍光八十三軍和裝備精良的教導總隊，並從湖北調來徐源泉部兩個師，實際共十五個師約十萬餘人，統歸唐生智指揮。

十一月二十日，國民政府發表宣言，揭露日軍進逼南京的陰謀。並向中外宣告要死守南京，還宣布國民政府當日起移往重慶。而在此之前，國民政府各機關多已遷往重慶、武漢、長沙等地，有一百多萬人口的南京進入戰時狀態時，僅餘三十多萬人。

「死守南京」命令下達後，總指揮唐生智率十萬大軍堅守金陵，對進攻南京的日軍進行了奮勇反擊。但由於敵我力量的懸殊，唐生智在十二月十二日接到蔣介石撤退命令後，匆忙退出南京。

南京城的防守分爲複廓陣地與外圍陣地。複廓陣地以第八十八師任右地區雨花台及城南之守備；教導總隊任中央地區紫金山及城垣東部之守備；第三十六師任左地區紅山、幕府山及城北守備；以憲兵部隊任清涼山附近之守備。外圍以第二軍團在棲霞山、烏龍山佔領陣地，並接防烏龍山炮台、封鎖長江；第七十四軍任牛首山至淳化鎮附近守備，並向秣陵關、湖熟鎮派出前進部隊；第六十六軍任淳化鎮附近至鳳牛山之守備，並向句容鎮附近派出有力的前進部隊，構成半環形外圍防禦陣地。

到十一月底，政府各機關已大部分遷至重慶，一部分留在武漢、長沙等地。蔣介石爲振奮士氣，於十二月四日召集南京衛戍軍師以上將領講話，囑其抱定不成功便成仁的決心，努力固守。次日，蔣乘飛機離開南京。

日本大本營於十二月一日下達進攻南京的命令。次日，朝香宮鳩彥親王繼任上海派遣軍司令官，華中方面軍即分路向南京逼近，以上海派遣軍四個師團圍攻南京東郊，太谷支隊攻長江要塞，切斷江北大運河和津浦鐵路。日本以第十軍兩個師團攻南京南郊，一個師團攻蕪湖，派國崎支隊從太平渡江攻浦口，以切斷中國軍隊的退路。

十二月五日，日軍已到達南京外圍陣地附近。當晚，日軍第十六師團向我第六十六軍防守的句容陣地進攻，並以兩翼迂迴包圍戰術切斷第六十六軍後路。句容守軍被圍，與日軍苦戰，損失極大。六日，日本正面部隊已達宣城、秣陵關、淳化鎮、湯山鎮、龍潭一線南京外圍陣地。十二月七日拂曉，日軍猛攻淳化鎮，中國守軍英勇抵抗。八日，日軍分別向東樵村、西莊附近包抄，企圖斷我守軍後路。第五十一師奮力抵抗，傷亡慘重，第五營官兵犧牲甚多。八日午後，該鎮失守，中國軍隊撤至板橋鎮。至此，日軍已進入城郊，南京處於敵人三面包圍之中。同日，日軍攻陷鎮江炮台，第三師團一部在此渡江，進擊南京。

唐生智

唐生智，一八八九年生於湖南東安，字孟瀟，乳名祥生，信佛後法名法智，號曼德。曾參加辛亥革命和討袁、護法戰爭。一九三七年十一月任南京衛戍司令長官。一九四九年在湖南組織「和平自救」運動，參加湖南和平起義。一九七〇年四月六日在長沙病逝。

南京守城部隊係背水作戰，外衛線防禦戰失利使守城更爲困難。於是，唐生智於八日晚下令各部隊退守複廓陣地。其部署概要爲：南京外圍陣地由徐源泉軍守棲霞山、烏龍山陣地，聯繫烏龍山要塞炮台封鎖長江，阻擊沿滬寧鐵路來犯之敵；葉肇第六十六軍、鄧龍光第八十三軍佔領湯山鎮東西之線陣地，阻擊京杭公路北犯之敵；俞濟時第七十四軍駐守淳化鎮、牛首山一帶。

南京複廓陣地由宋希濂部在紅山、幕府山、下關、挹江門附近佔領陣地，聯繫獅子山要塞，阻擊來犯之敵；桂永清的教導總隊在紫金山、麒麟門、中山門一帶佔領陣地，阻擊正面來犯之敵；王敬久部守光華門、紅毛山及通濟門一帶；孫元良部守雨花台、中華門一帶，但這些部隊大都是淞滬前線後撤疲憊之師，既未休整，又無補充，戰鬥力相當薄弱。

十二月九日拂曉，日軍突進至光華門外大校場、通光營房。此時，光華門僅有教導總隊少數守兵，情況危急。守軍將城門關閉，日軍以野山炮向光華門轟擊，不久便轟毀兩處，日軍一小部衝入門內，立即被守軍消滅，「此後隨堵隨破，幾瀕於危者凡三數次。」

九日，日軍利用飛機在南京上空撒《勸告投降書》，想瓦解我軍心、鬥志。唐生智在此險惡形勢下，拒絕投降，即下達命令：「一、本軍目下佔領複廓陣地爲固守南京之最後防線，各部隊應以與陣地共存亡之決心，盡力固守，決不許輕棄寸地，動搖全軍。若有不遵命令，擅自後移，定遵委座命令，按連坐法從嚴辦理；二、各軍所有船隻，一律交運輸司令部保管，不准私自扣留。著派七十八軍軍長宋希濂負責指揮沿江憲警，嚴禁部隊、散兵私自乘船渡江，違者即行拘捕嚴辦，倘敢抗拒，准以武力制止。」此舉大大堅定了守城官兵抗戰到底的決心。

十日，日軍逼近南京城下，第一一四師團、第六師團向雨花台、通濟門、光華門、紫金山第三峰同時進攻。當夜中國守軍第一五六師選敢死隊墜下城牆，將潛伏在城門洞內的日軍及盤踞在通光營房的日軍消滅甚多。十二日，日軍猛攻雨花台，守軍第八十八師頑強抗擊，傷亡慘重，激戰中守軍第八十八師朱赤和高致嵩旅長壯烈犧牲，中午雨花台陷落。同日，敵第十八師團攻佔蕪湖，向當塗前進，中國軍隊後路被斷。當日，日軍以重炮猛轟中華門，城牆數處被轟塌，日軍乘機蜂擁而入，守軍抵擋不住，被迫撤離中華門，於是南京城防被打開了一個缺口。日軍一部從中華門突入，中國守軍雖英勇抵抗，但光華門、中山門終被突破。

此時已到江西的蔣介石，日夜關注著南京戰局，也發覺敗勢已難以挽回，於十一日夜發電報給唐生智：「如情況不能持久時，可相機撤退，以圖整理而期反擊。」十二日傍晚，唐生智接到此電令，隨即召集各部隊長官開會，下令一部渡江，大部向城郊各處突圍。隨後唐生智率長官部少數人員在第三十六師掩護下渡江而去。

他所下達的突圍命令，只有第六十六、第八十三軍兩部遵照執行，當夜分由紫金山北麓和棲霞山附近突圍成功。其他各部都不顧命令，湧向江邊。挹江門內擠滿部隊，「爭先搶過城門，互不相讓，秩序混亂。」而丟棄的車輛、馱馬使通路更為狹窄。撤退過程中出現了極大的混亂，負責把守挹江門的第三十六師一個團因阻止退兵通過，與之發生衝突，一時槍聲四起。守城部隊、政府官員、老百姓在一片混亂中爭相奪路，城門為之堵塞，擁擠踩死、落水淹死者不計其數。

十二日，日軍分兵突破石頭城，抗日官兵仍然進行了頑強地抵抗，展開了激烈的巷戰，與侵略者刺刀拚刺，殺聲震天，不惜以身殉國。得到撤退的命令，外圍的部隊撤走了，但城裏的部隊則被日軍圍在了城裏。日軍以八個師團的兵力分路進逼，使南京守軍處於三面被圍、背水一戰的不利地位。最後，守衛南京的十餘萬大軍中，約有九萬在不構成對敵人威脅的情況下被屠殺了。

南京一戰，中國軍隊以十萬之眾浴血奮戰，英勇反擊日本侵略軍。終因中國軍隊以疲憊之師倉促應戰，戰役指揮上的錯誤，致使本可做爲首都屏障、牽制敵人前進的金壇、句容、溧水等地不戰而陷入敵手。戰鬥中，中國軍隊不能主動出擊，而是分兵把守，處處設防，被動挨打。負責策應作戰的部隊輕失蕪湖，使中國軍隊陸上退路斷絕。最後決定突圍時又未擬定周密的撤退計畫，致使多數部隊困於城內而渡不了江，城破之後慘遭日軍殺戮。

一九三七年十二月十三日，日軍佔領南京。開始對中國的平民和戰俘進行了長達六周的大規模屠殺、搶劫、強姦等戰爭罪行，製造了聳人聽聞的南京大屠殺，三十多萬中國軍民慘遭殺害。

十二月十三日零點十分，谷壽夫第六師團前鋒谷川的部隊攻入南京十九座城門中最堅固的中華門，緊接著，日軍岡本部也衝入城內。凌晨三點，日軍的重炮對中山門的城牆進行了猛烈轟炸，沒有撤退的中國守軍傷亡過半。猛烈的炮火攻擊之後，日軍大野和片桐部隊的士兵衝過鐵絲網和護城溝。隨後，日軍五個師團入城，南京淪陷。

日軍國崎支隊佔領浦口，第十六師團進入下關切斷中國軍隊後路。日本侵略軍進城以後製造了長達六個星期，震驚世界的慘絕人寰的血腥大屠殺，南京城變成了人間地獄。當時城內原有居民和外逃來的難民大部分已避入「安全區」。所謂「安全區」，是指十一月下旬由留在南京的少數外僑組成的「南京安全區國際委員會」劃定的。該委員會向中日雙方要求承認難民區的中立地位，中國方面對之完全承認，衛戍司令唐生智下令將難民區內的軍事機構全部撤出。日軍當局也保證「難民區倘無中國軍隊或者軍事機關，則日軍不致故意加以攻擊」，「安全區」內難民最多時達二十九萬人。

一九三七年十二月十三日，日本東京《朝日新聞》報上，刊登了一張引人注目的照片。照

東京《朝日新聞》刊登日軍向井、野田殺人競賽的消息和圖片

片上的兩個人，是日軍第十六師團中島部下富山大隊副官野田毅和炮兵小隊長向井敏明，他們肩並肩，手上都拄著一把齊腰帶鞘的軍刀，兩個人都是黃軍服、黑皮靴、一字鬍，臉上流露出同樣的驕狂和殺氣。與照片同時發表的是一篇題爲《超過斬殺一百人的記錄——向井一〇六人，野田一〇五人，兩將校再延長斬殺》的新聞。該新聞稱：「日軍第十六師團中島部隊兩個少尉軍官向井敏明和野田毅在其長官鼓勵下，彼此相約『殺人競賽』，商定在佔領南京時，誰先殺滿一百人爲勝者。他們從句容殺到湯山，向井敏明殺了八十九人，野田毅殺了七十八人，因皆未滿一百，競賽繼續進行。十二月十日中午，兩人在紫金山下相遇，彼此軍刀已砍缺了口，野田殺了一〇五人，向井殺了一〇六人。又因確定不了是誰先達到殺一百人之數，決定這次比賽不分勝負，重新比賽誰先殺滿一五〇名中國人。」

這些暴行一直在報紙上圖文並茂地連載，被稱爲「皇軍的英雄」。日本投降後，這兩個戰犯終因在作戰期間，共同連續屠殺俘虜及非戰爭人員以「實爲人類蟊賊，文明公敵」的罪名在南京被槍決。

日本華中派遣軍司令官松井石根在率領谷壽夫等四個師團向南京進犯時，就曾叫囂：「降魔的利劍，現在已經出鞘，好發揮它的神威。」日軍侵入南京後，分竄到各區開始有計劃地大規模的屠殺、焚燒、姦掠。他們揚言：「向城內實施掃蕩」，「陸軍決心給南京以沉痛的打擊」。

十三日上午，日軍谷壽夫第六師入城後，立即將馬路上的難民當做戰鬥目標，以各種火器射擊，馬路街巷之內頓時血肉狼藉，屍體縱橫。十四日，日軍大部隊進城，繼續搜殺街巷中的難民。日軍在中山碼頭、下關車站等處對聚集在江邊的難民進行瘋狂地射擊，槍殺數萬人。與此同時，日軍還對被逼到「安全區」的大批難民肆意屠殺。十六日，日軍從「安全區」搜捕數萬青年綁赴下關煤炭港進行槍殺，將屍體推入江中。

古老的石頭城籠罩在一片血雨腥風之中。殘暴的侵略軍姦淫擄掠，無惡不作，把風景無限的江南古城變成了一座人間地獄。據後來日軍供認：「佔領南京之後的日軍，一次就把三萬多中國人——其中大多數是老弱婦孺，趕到牆根下，然後從城牆上猛擲手榴彈和猛射機關槍，統統予以殺死。當時的南京城內，真正是積屍成山，血流成海。」

據戰後遠東國際軍事法庭的調查，在日軍佔領南京之後約六周的時間裏，被日軍屠殺的中國同胞，約三十萬人。《遠東國際軍事法庭的判決書》寫道：「在日軍佔領後最初六個星期內，南京及其附近被屠殺的平民和俘虜，總數達二十萬人以上。」並說，「這個數字還沒有將被日軍所燒毀了的屍體，以及投入到長江或以其他方法處死的人計算在內。」

在這次屠殺中，大部分失去戰鬥力的中國士兵被俘後，慘遭殺害。戰後《遠東國際軍事法庭判決書》確認：「好些中國士兵在城外放下武器投降了。在他們投降七十二小時之後，在長江江岸被機關槍掃射集體被屠殺了。這樣被屠殺的俘虜達三萬人以上。」

日軍除殘酷屠殺之外，還大肆污辱中國婦女，所到之處，不分晝夜、不擇地點，肆意強姦、輪姦婦女，甚至成群結夥湧入「安全區」內搜捕婦女，濫施獸行。在《鐵證如山》一書中，一個日本兵這樣總結當年的惡行：「沒有一個士兵不曾強姦過女人，姦過之後，還要把她殺死。」「不管走到哪裏，都是屍積如山。」「在佔領後的一個月中，在南京市內發生了三萬起左右的強姦事件。」

伴隨屠殺和姦淫的是大規模的搶劫和有計劃地破壞。日軍三五成群，挨門逐戶搜索居民住宅，無論金銀、衣服、食物、傢俱、車輛，一概是其搶劫的對象。日軍駕駛著汽車，直入各大公司、商店將各種貨物搬運一空，然後將房屋付之一炬。搶劫之後，日軍到處放火，南京城的高大建築物都被燒毀，斷壁殘垣，慘不忍睹。日軍還闖入安全區，把難民身上僅有的一點財物全部奪走，任何人只要稍加抵抗就會被殘忍地殺害。

日本侵略軍佔領南京後，還對中國圖書、文獻進行了大肆掠奪。根據日本上海派遣軍特務部長的命令，從一九三八年三月起，日軍花費了一個月的時間，每天搬走十幾輛卡車的圖書，共搶去圖書八十八萬冊，超過當時日本最大的圖書館東京上野帝國圖書館八十五萬冊的藏書數量。這是日本侵略軍對中國文化財富的野蠻大掠奪。

浩劫之下，昔日街市繁華的六朝古都成了一座屍橫遍地、滿目淒涼的死城。當時一位德國人在給德國政府的一份報告中曾稱日軍是「獸類的集團」，「這不是個人的，而是整個陸軍，即日軍本身的殘暴和犯罪行爲。」日軍欠下了南京人民一筆血債。

南京保衛戰的悲壯在於「明知不可而爲之」，它的正面意義不能因失地、損兵和慘遭屠城而抹殺。時任南京衛戍司令長官部參謀處科長的譚道平，親歷抗日戰略決策，淞滬出擊與南京之戰，他也和蔣百里及南京保衛戰組織者和親歷者唐生智、郭岐等一樣，在早年就留下了對這場戰役肯定的評價：南京的守城戰是中外人士觀瞻所在，富有戰略意義。在戰略上看來，也可以吸引追擊的敵人向南京前進，使從上海撤下來的五、六十個師，至少也可以減輕一些壓迫，得到轉進喘息的時間。同時，上海戰爭退下來時，我軍尚有百萬人，等待重行編配，而敵人卻正欲以閃電的姿態來跟蹤追擊，以消滅我們的作戰主力……換句話說，南京衛戍戰的另一偉大意義，是在掩護上海大軍得以安然地向浙皖地區退卻。

南京陷落後，蔣介石於十二月十七日發表了《我軍退出南京告國民書》。《告國民書》說：「中國持久抗戰，其最後決勝之中心，不但不在南京，亦且不在各大城市，而實寄於全國之鄉村與廣大強固之民心。我全國同胞，誠能……人人敵愾，步步設防，則四千萬平方公里國土以內，到處皆可造成有形無形之堅強堡壘，以制敵之死命。」同時提出，「目前形勢無論如何轉變，唯有向前邁進，萬無中途屈服之理。此次抗戰綿亙五月，敵方最初企圖實欲不戰而屈我，我方所以待敵者，始終爲戰而爲屈，不屈則敵之目的終不得達，敵愈深入，將愈陷於被動之地位。敵之武力終有窮時，最後勝利必屬於我。」向全世界宣布了國民政府堅決抗戰之決心。

平、津、滬、寧相繼失陷，國民政府並沒有因此而屈服。南京大屠殺日軍種種殘忍不人道的暴行，反而大大激起了中國將士保家衛國的一腔熱血，全國人民的救國熱潮一浪高過一浪。

三、徐州會戰，中國軍隊安全撤退

一九三八年日軍向徐州發起進攻，欲打通津浦線。國民政府認真部署，制定了詳細的作戰方案。山東最高軍政長官韓復榘卻棄黃河天險，不戰而逃，造成重大的軍事損失，後蔣介石殺之以儆效尤。

一九三七年的抗日悲壯而凄涼，日軍的迅猛攻勢使上海、南京相繼淪陷於其鐵蹄之下，乘勝追擊的日軍兵鋒直指蚌埠，企圖與華北的同夥會師徐州。

此時華北戰場由於國民黨對日軍的進攻準備不足、指揮失當，一路敗退。繼平津失陷後，保定、滄州、石家莊、張家口、太原、德州等重要城市相繼失守，日軍前鋒已經到達黃河岸邊。

徐州位於黃河、淮河之間，地據蘇、魯、豫、皖四省要衝，爲津浦、隴海兩路的重要樞紐，有向四面轉用兵力的交通條件，是南京失守後，中國軍隊在戰略上保衛軍事指揮中心武漢的重要屏障及前進基地，勢在必守。一九三八年二月十四日，日軍大本營將華中方面軍、上海派遣軍和第十軍番號取消合編為華中派遣軍，任命畑俊六上將為司令官。畑俊六一到任就打算與華北方面軍打通津浦線，溝通南北兩戰場，並進而切斷隴海路，威脅平漢路側方，以做為進攻武漢的準備，因此徐州勢在必得。

針對日本企圖，國民政府軍事當局確定的戰略方針是：「東面要保持津浦鐵路，北面要保持道清鐵路，來鞏固武漢核心基礎。」第五戰區據此制定了具體作戰計畫，分為三個階段：

第一階段，以第一線兵團將日軍阻止在黃河北岸及沿海地區，延緩日軍南進速度，使我第二線兵團能有充裕時間完成在徐州附近的部署。

第二階段，如若黃河失守，第一線兵團退至萊蕪、泰安、新泰一線，設防固守，會同朝鄒縣、滕縣推進之第二線兵團的有力部隊在兗州附近同日軍會戰。

第三階段，兗州附近會戰萬一不利，則在徐州進行決戰，其決戰方針，僅以少數部隊固守徐州，而以城區大部分部隊沿津浦路側擊，開展運動戰、游擊戰，阻敵南進。在津浦路南段，各兵團之目的，是要在浦口、滁縣、明光等處，逐次抵抗，最後將北進日軍阻止於淮河南岸。

從當時戰局來看，該計畫既符合持久消耗的戰略方針，也周密可行，如能照此實施，中國軍隊完全可能達到戰役目標。

當時擔任黃河守備第五戰區副司令長官、第三集團軍總司令的是兼山東省政府主席的韓復榘。蔣介石命令他「應以重兵堅守黃河北岸，其餘部隊在北岸進行游擊，以鞏固黃河防線。」但是韓復榘卻認爲「黃河北岸與濟南皆不可守」，並致電蔣介石「北岸地狹無活動餘地，濟南臨近黃河，在北岸炮火之有效射程內，吾意絕北堤，以黃河水阻日軍進犯。」蔣介石回電予以否決，韓復榘竟擅自放棄黃河天險，不戰而逃。做爲山東省最高軍政長官，韓復榘本應守土抗戰，阻擊日軍，但爲了保存實力，他竟置國家、民族利益於不顧，違抗軍令，逃避作戰。

一九三七年十月二十六日，日軍第十師團在平原以東增加步兵二千多人，大炮十餘門，坦克十餘輛，企圖掃蕩臨邑附近的曹福林師主力，再由濟陽挺近黃河。李宗仁和蔣介石一再要求韓復榘指揮部隊固守黃河北岸以保全山東大部，主動出擊，打擊津浦路當面之敵，聲援平漢線上宋哲元部作戰。韓復榘回電「擬請李（宗仁）長官派隊接津浦線濟南以南防務，並菈濟坐鎮，職願率所部三師或四師兵力，經武城、鄭家口進出河間與宗部協同前進。」之後，率展書

▸▸韓復榘

韓復榘，一八九〇年生於河北霸縣，字向方，中國近代史上著名軍閥之一。二十世紀二〇年代至三〇年代聲震西北、華北、中原各地，曾叱吒風雲一時。後投靠蔣介石，官至國民黨陸軍上將。在抗日戰爭中，因其不戰而放棄濟南，隨後山東大半被日軍佔領，徐州、隴海線等戰略要地處於日軍威脅之中，打破了第五戰區的整個作戰部署。一九三八年一月二十四日，蔣介石以「違抗命令，擅自撤退」的罪名將其處決，以儆效尤。

堂師和孫桐萱師一個旅由濟陽抵達商河、德平附近集結，增援曹福林師。但是一路上走走停停，裹足觀望。

十一月十三日，韓復榘親自出馬率孫桐萱師輜重營和手槍旅一個團在濟陽城東關禦敵，慘敗突圍，一路跑回濟南。回到濟南後，韓復榘即下令所屬第三集團軍各部隊撤過黃河，還沒等二十九師六十旅孫學發部撤到南岸，就炸毀了黃河大橋。

炸毀黃河大橋並沒有阻擋住企圖打通津浦線的日軍，他們很快就在濟陽至青城渡過黃河，而韓復榘則聞風於十二月二十四日逃離濟南，二十五日，日軍佔領周村，二十七日，攻陷濟南。蔣介石、李宗仁又電令韓復榘在泰安、臨沂一線配置有力部隊，利用泰山、沂山、蒙山的有利地勢，有效遲滯敵軍的進攻。蔣介石在電文中詞語懇切「萬勿使倭寇唾手而定完魯」。但韓復榘拒不執行，擅自棄守泰安、曲阜，向魯西南撤退。

一九三八年一月四日，日軍再佔寧陽、兗州、曲阜、蒙陰。由於韓復榘畏敵如虎，聞風喪膽，不聽軍令，一再退逃，不到二十天的時間裏就不戰而棄黃河天險以及濟南、濟寧、泰安等要地，而且導致運河防線幾不可守，戰略要地徐州和隴海線均處於敵軍的嚴重威脅之中。日軍佔領了山東就可直接攻打徐州，而李宗仁在徐州以北只有少數桂系軍隊駐守，日軍隨時有直衝徐州的危險，南北夾擊，整個華北、華東戰局危急。

日軍一個半師團不費吹灰之力便侵佔了大半個山東，打破了第五戰區整個作戰部署，使津浦路北段大門洞開，徐州和隴海線暴露在日軍的直接攻擊之下，給中國抗戰帶來了極大的危害。爲打好將要爆發的徐州會戰，蔣介石覺得有必要檢討北方抗戰得失，整頓華北各軍將領的思想。

一月十一日，蔣介石召集華北各部隊團長以上軍官在開封開會。蔣介石先訓話，鼓勵各軍官奮勇抗敵，指出過去幾個月的失敗，主要原因是高級將領缺乏進取精神，步步後撤，他強調今後要改守爲攻，鞏固武漢核心，東面要保持津浦線，北面要保持道清線。接著由李宗仁和第一戰區長官程潛報告戰況。在這次軍事會議上，一個最重要的問題，是各戰區實行軍政合一的決議。中間休息時，蔣介石派人請韓復榘談話，劉峙也陪著去了。

半小時後，蔣介石出來宣布：「山東省主席兼第三集團軍總司令韓復榘違抗命令，擅自撤退，現在已經把他扣交軍法訊辦。」隨即韓復榘被押往漢口，由何應欽、鹿鍾麟、何成浚等人進行軍法審判。判決書說：「該被告並不盡守土職責及抵抗能事，對於本會委員長先後電飭出師應援德州及進擊滄州，牽制敵軍之命令均不遵奉；復因敵軍渡河，擅先放棄濟南，撤退泰安。委員長繼令該被告堅守魯南防地，又不奉命令，節節後退迄魯西濟寧，後敵軍跟蹤侵入，陷軍事上重大損失。」

身兼省主席、集團軍總司令和戰區副司令長官數項要職的韓復榘被軍法嚴辦，全國民心士氣爲之一振。此後不久，蔣介石以韓復榘爲例通電全國，警告各級將領「今後如有不奉命令，無故放棄領土，不盡抗戰爲能事者，法無二例，決不寬貸」。軍事委員會還公布了抗戰以來受到獎懲的將領名單，其中，明令嘉獎者六人，包括上海孤軍團副謝晉元，殉職陣亡的第九軍軍長郝夢齡，二十九軍副軍長佟麟閣等；受懲辦者四十一人，包括貽誤戰機的六十一軍軍長李服膺等八人被處以死刑。毫無疑問，將韓復榘等一批高級將領嚴厲處置，對於嚴明軍紀、鼓舞士氣是非常重要的，對於打擊日本侵略軍，堅持抗戰具有積極的現實意義。

日後台兒莊戰役的英雄李宗仁在評價蔣介石此舉時說：「此事確使抗戰陣營中精神為之一振。」日後的台兒莊戰役和武漢會戰中，不少地方部隊將領包括蔣介石的嫡系部隊將領的死命抗敵不能不說與此事無關。

韓復榘被處決，給國民黨其他軍官以警示，但由於他的失誤造成的損失卻無法挽救。磯谷師團在佔領濟寧、鄒縣後繼續向南突進直指徐州；日軍板垣師團於一月十四日侵佔青島後，沿膠濟路西犯，至濰縣南進，企圖奪取魯南重鎮臨沂，計畫與磯谷師團合攻徐州，津浦路北段頓時形勢灰暗。南京方面日軍為了打通津浦線，也在二月派第十三師團渡江北上攻陷蚌埠，日軍南北夾擊徐州之勢已經形成。

一九三八年，日軍企圖攻取台兒莊。張自忠與龐炳勳兩軍合力，臨沂奏捷，砍斷了津浦路北段日軍的左臂，粉碎了日軍會師台兒莊的計畫。滕縣保衛戰，爭取了整個戰局的勝利。

台兒莊，位於津浦路台棗（莊）支線及台濰（坊）公路的交叉點，扼運河的咽喉，是徐州的門戶，在軍事上具有重要的地位。

台兒莊會戰是徐州會戰的第二階段，這一階段，日軍板垣師團和磯谷師團企圖會師台兒莊，策應津浦路南段日軍攻勢，合攻徐州。

在大戰開始之前，國民政府軍事委員會有兩種意見，一種爲防守戰，欲憑藉工事持久防守；一種是以時任軍令部第一廳廳長劉斐爲代表，認爲應當利用我軍優勢兵力打運動戰，在運動中各個擊破各路冒進之敵，否則，在陣地戰中，會因爲我軍裝備上的劣勢而招致失敗。蔣介石基本上採納了劉斐的意見，主動出擊，並命其赴第五戰區協助李宗仁指揮作戰。

李宗仁不負厚望，充分發揮了他的軍事才幹和指揮才能。面對日軍的合圍，李宗仁做出了分兵截擊、誘敵深入、合力圍殲的部署：徐州以北，以鄧錫侯二十二集團軍守衛滕縣地區；張自忠五十九軍駐滕縣以南，爲二十二集團軍之後備隊；調海州之龐炳勳四十軍駐臨沂，指揮防守臨沂，阻擊板垣師團。徐州以南地區，韓德勤第二十四集團軍在高郵、寶應一帶阻擋揚州北犯之敵，掩護運河交通線；李品仙二十一集團軍、廖磊十一集團軍、于學忠三十一軍，防備淮河沿線敵人；湯恩伯二十集團軍在歸德、碭山、亳縣地區佈防，爲第五戰區的後備隊。

三月中旬，日軍以七、八萬兵力在華北方面軍第二軍司令官西尾壽造指揮下，分兩路向台兒莊進發。一路爲板垣第五師團。該師團自一月十二日在青島嶗山灣、福島兩處強行登陸後，沿膠濟路西進，至濰縣轉南，經高密，循諸城、莒縣一線，進逼臨沂；一路爲磯谷第十師團。該師團沿津浦路南下，直下台兒莊。日軍的兩個師團同中國軍隊在臨沂、滕縣發生了激烈的戰鬥，揭開了台兒莊會戰的序幕。

臨沂是魯南軍事重鎮，徐州東北的屏障和第五戰區右翼的重要據點，爲隴海、津浦、膠濟三大鐵路線安危所繫，更是右翼日軍西進會師台兒莊的必經之地，得失牽動全局。因此日軍猛力進犯，勢在必奪。

當時，守衛臨沂的是第三軍團，軍團長龐炳勳。龐炳勳是西北軍宿將，厚重沉著，老練精明，不乏北方軍人的威儀。龐部雖號稱一個軍團，實際上全軍只有五個團的實力，兵員不足萬人，裝備中，正式步槍八千支，手槍九百支。日軍於二月二十三日佔領莒縣。五戰區第二路游擊司令劉震東中將在激戰中不幸被敵彈擊中頭部和腹部，壯烈犧牲。

日軍佔領莒縣後，繼續向東南方向推進，三月三日，迫近湯頭鎮。龐軍與日軍鏖戰兩日，終因實力過於懸殊，傷亡慘重，不得不放棄湯頭。臨沂形勢日趨危急。龐炳勳一面急電李宗仁求援，一面派遣小部隊抄襲湯頭日軍側背，收復湯頭以南陣地，日軍受阻於湯頭一線。一支日本「鐵軍」竟受挫於一支名不見經傳的中國「雜牌」部隊，一時中外哄傳，喝彩聲四起，不僅振奮了民心，也給這支「雜牌軍」增添了光彩。

十三日，人數和火力均處於劣勢的龐部漸感不支，亟待援軍，這時，李宗仁說服龐炳勳的宿仇張自忠全力救援。張自忠部第五十九軍奉調以一晝夜一百八十里的速度趕來增援。

張自忠以「拚死殺敵」、「報祖國於萬一」的決心，以國家、民族利益爲重，摒棄個人恩怨，率部與龐部協力作戰。五十九軍各部隊於十三日下午開始行動，至十四日凌晨佔領石家屯高地至茶葉山之線，主力展開於東喜沂莊、孫家莊之線，做好了攻擊準備。

十五日，日軍板垣師團從莒縣增兵兩千人，以飛機大炮爲掩護，配合坦克、裝甲車向茶葉山我軍陣地進攻。龐、張兩軍與敵激戰，反覆肉搏，茶葉山下崖頭、劉家湖陣地失而復得達三、四次，戰況極其慘烈，雙方均盡全力。

盤踞傅家屯的日軍有三、四百人，極其頑劣，二三九團久攻不下，傷亡累累。面對受傷的兄弟，打前鋒的第四連連長郭清順雖腹部中彈，仍指揮戰士英勇前進，最後佔領傅家屯。

同日，龐部也取得進展，殲敵二百餘人，將戰線推進至平墩湖、曹家丹、東西張官莊、前後河灣之線。經過兩天的浴血鏖戰，張、龐兩軍予敵以重創。從繳獲的日軍信件、日記中得知，兩天來日軍傷亡累累，搬運傷兵之人車絡繹不絕。五十九軍參謀長張克俠在十五日的日記中寫道：「昔日所向披靡不可一世的皇軍之板垣師團，爲我中華好男兒已打得威風掃地，『鐵軍』碰到了打鐵漢。」

至十八日，日軍節節敗退，殘部被迫向河東岸潰退，中國軍隊相繼收復了蒙陰、莒縣。張、龐兩軍共殲敵四千餘人，沉重打擊了日軍的囂張氣焰。張自忠在致何應欽的電報中說：截至十七日，日軍「以載重汽車運回莒縣屍體約一百餘車。敵在湯頭、葛溝屢次焚化屍體，來不及運回者，就地掩埋者達七、八百具。」

臨沂之戰，龐、張兩軍合力作戰，砍斷了津浦路北段日軍的左臂，粉碎了敵軍第五、第十師會師台兒莊的計畫，造成了台兒莊會戰中，我軍圍殲孤軍深入台兒莊的磯谷師團的戰機。更重要的是，臨沂大捷是在正面戰場中國軍隊屢戰屢敗的不利形勢下取得的，因而有力地鼓舞了全國軍民抗戰勝利的信心。

鄧錫侯部出川抗戰時，裝備奇差，所用槍械半為土造，與敵人比較是「相去天壤」，沿途無補給兵站，勢必就地購買糧草，對軍紀不無影響。抵達山西時太原已失，在日軍快速機動部隊衝擊下，大隊川軍狼狽後退，沿途遇有晉軍軍械庫，便破門而入，擅自補給。此事惹怒了閻錫山，要求蔣介石調走川軍，近旁的一戰區長官程潛也拒絕接收。蔣介石正因南京淪陷情緒不好，聞報後，勃然大怒道：「統統調回去，讓他們到四川稱王稱帝去吧！」因韓復榘不戰而退，正愁沒有援兵的李宗仁聽說後，欣然接收了這支人見人怕的部隊。

三月十四日拂曉，日軍第十師團步騎兵數千人，配備大炮二十餘門、坦克二十餘輛，在三十多架飛機掩護下，向滕縣外圍四十五軍陣地黃山、界河等處展開進攻。我四十五軍官兵憑藉既設工事和簡陋的武器，同裝備精良的日軍進行殊死搏鬥。雙方激戰一日，守軍傷亡慘重，日軍突破守軍界河陣地。

十五日，日軍瀨谷旅團進至滕縣境內。我集團軍總司令孫震得悉敵軍大舉進攻的消息後，即從總司令部所在地臨城來到滕縣了解情況，並親臨前線視察。命令部屬人人要抱有敵無我，有我無敵的決心，死守滕城，非奉令不准任何人擅自離城，違者軍法論處。

十六日晨，日軍第十聯隊向滕縣發起總攻，以山炮、飛機瘋狂地轟炸、掃射，並投下燃燒彈，滕縣城陷於一片火海硝煙之中。戰鬥打響之後，研究作戰方案時，守軍一二二師師長王銘章根據孫震的指示，下達了命令：「我們決定死守滕城，我和大家一道，城存與存，城亡與亡。立即把南、北城門關閉堵死，東、西城門暫留交通道路，也隨時準備封閉。可在四門張貼佈告，曉諭全體官兵，沒有本師長的手令，任何人不准出城，違者就地正法！」日軍當日對滕縣發起三次衝鋒攻擊戰，與我第四十一軍之一二三、一二四師展開激戰。

十七日，日軍又以數十架飛機、三十餘門大炮猛轟滕縣，王銘章督戰死守，指揮三千餘守城官兵與敵肉搏，數百日軍屢登城垣，屢被擊退。

▶▶王銘章

王銘章，字之鍾，一八九三年生，四川新都人，著名抗日將領。歷任國民革命軍第二十九軍第四師師長，川軍第四十一軍第一二二師師長，第四十一軍代理軍長。一九三七年出川抗戰，一九三八年率部參加徐州會戰，三月十四日，在滕縣保衛戰中殉國。國民政府追贈其為陸軍上將。

激戰中，王銘章屢次趁間隙致電孫震，報告戰況：「敵以炮兵猛轟我城內及東南城牆，東門附近又被衝毀數段，敵步兵登城，經我軍衝擊，斃敵無算，已將其擊退，若友軍深夜再無消息，則孤城危矣。」下午二時，再次致電孫震報告戰況，表示與城池共存亡。激戰至五時，日軍攻入西城。師長王銘章、參謀長趙渭濱、團長王麟陣亡，縣長周同墜城殉職，城內三百多名重傷患以手榴彈互炸殉城。日軍入城後，中國守軍餘部五、六百人仍與日軍頑強搏鬥，且戰且退。當晚，滕縣被陷，守軍犧牲兩千餘人。

滕縣保衛戰，第二十二集團軍以寡敵眾，付出傷亡近萬人的重大代價，延緩了日軍的攻勢，遲滯日軍第十師團達一百多小時，為湯恩伯、孫連仲等援軍趕到參戰爭取了三天寶貴的時間。他們以自己的犧牲，換取了整個戰局的勝利。

一九三八年四月中國軍隊取得了台兒莊大捷。這是抗戰以來，中國正面戰場取得的最大的勝利，打破了日軍不可戰勝的神話，鼓舞了中國廣大軍民，成為中華民族新生的希望。

台兒莊位於徐州東北三十公里的大運河北岸、臨城至趙墩的鐵路支線上，北連津浦路，南接隴海線，戰略地位十分重要。日軍如攻下台兒莊，既可南下趙墩沿鐵路西進攻取徐州，又可北上策應板垣師團，斷張自忠、龐炳勳各軍的後路。

三月二十日，滕縣失守。同日，日軍先鋒磯谷師團瀨谷旅團攻佔嶧縣，並沿台棗支線向台兒莊陣地突進。

爲確保台兒莊，第五戰區制訂了相應的作戰計畫：以孫連仲第二集團軍的三個師（黃樵松的第二十七師、張金照的第三十師和池峰城的第三十一師）沿運河佈防，扼守台兒莊正面陣地。以湯恩伯第二十軍團的兩個軍（關麟征的第五十二軍和王仲廉的第八十一軍）讓開津浦路正面，誘敵深入，待日軍主力直撲台兒莊企圖一舉奪取徐州時，湯軍團即南下，拊敵之背，協同孫連仲集團軍將敵包圍而殲滅之。

這次會戰的中央防線的正面據點是台兒莊，其左翼從肥城、大汶口、兗州至兩下店、界河；右翼從臨沂至向城，除台兒莊之外，重要據點還有棗莊、嶧縣、韓莊、蘭陵、洪山等，戰線全長約二百公里。

三月二十三日，台兒莊會戰開始了。日軍磯谷師團從嶧縣沿台棗支線進犯台兒莊，遭到孫連仲集團軍第三十一師與第二十七師地猛烈反擊，損失過半，殘敵數百人退往台兒莊以北二十餘里的北洛固守，等待援軍的到來。從二十四日至二十八日，孫集團軍在台兒莊外圍各村落與日軍展開了堅韌的拉鋸戰。敵人每天發射炮彈少則一、二千發，多則六、七千發，攻打各個村寨，甚至將有的村寨轟平。

二十七日，日軍攻破台兒莊北門，與第三十一師在莊內展開拉鋸戰。第三十一師在池峰城師長的指揮下，頑強抵抗，個個鬥志昂揚，殺敵報國。一面以強力炮火壓制敵人，一面選派數十名敢死隊員，身著日軍服裝，冒死衝入陣地，與日軍肉搏格鬥，打退日軍多次進攻，自身消耗也很大，雙方進入膠著狀態。

戰況緊急，迫切要求中國軍隊做出相應對策。第五戰區於二十七日命令湯恩伯第二十軍團「即放棄嶧縣、棗莊之攻擊計畫，以一部監視當面之敵，主力向南轉進，先殲滅台兒莊之敵。」二十九日，又命令關麟征部佯攻嶧縣，以牽制該敵南下，王仲廉部迅速向泥溝、北洛前進，並以一部向南洛協助第二集團軍解決台兒莊附近之敵。

與此同時，在台兒莊陣地左翼，從三月二十四日至二十七日，孫桐萱第三集團軍即分南、北兩路進攻。北路由汶上向兗州進發，攻大汶口，大汶口至兗州之間的路軌全部毀壞，給日軍的增援造成了困難。南路曹福林部第五十五軍由南陽鎮起，東截津浦路，攻佔了兩下店、界河，毀壞了兗州至臨城間的路軌，切斷了日軍左翼的增援路線。在台兒莊右翼陣地，日軍坂本旅團向臨沂、三官廟一帶發動猛烈進攻，妄圖有所突破。龐炳勳部和張自忠部奮力拚殺，經徹夜激戰，日軍受沉重打擊，這一戰阻止了坂本旅團向台兒莊、棗莊前線增援，暫時減緩了台兒莊作戰中國軍隊的壓力。

台兒莊方面，四月一日夜，黃樵松第二十七師八百餘人突入東北角，襲擊日軍，敵人倉皇失措，被擊斃者甚眾，中國軍隊佔領東北隅及東北以北幾座碉樓。

二日夜，池峰城師二百五十人組成奮勇隊突入莊西北角進行夜襲，日軍毫無準備倉促應戰，雙方發生激烈巷戰，白刃相接，殺喊震天，彈雨硝煙。我軍手持大刀、腰掛手榴彈之英勇無畏的戰士，懷著國仇家恨，對日軍猛砍猛殺。面對橫衝直撞的日軍坦克，英勇的中國士兵以自己的血肉之軀，同現代化裝備的日軍搏鬥著。「以我們的肉彈和鮮血，戰勝日寇的鐵彈和坦克！」這是當時台兒莊守軍喊出的悲壯口號。在中日兩軍武器裝備強弱懸殊的情況下，如果沒有這樣的精神和勇氣，戰鬥的結果是不堪設想的。這是中華兒女面對強敵以鮮血和生命譜寫的光輝樂章。

深受武士道精神薰陶的日軍，也不得不被我軍官兵表現出的決死精神所折服。日軍步兵第十師團於四月三日所作的《戰鬥評報》抄錄了如下一段：

> 研究敵第二十七師第八十旅自昨日以來之戰鬥精神，其奮勇死戰的氣概，不愧受到蔣介石的極大信任。全部守軍憑藉散兵壕頑強抵抗直至最後。敵在狹窄的散兵壕內，屍體相枕力戰而死的情景，雖為敵人，勢須為之感嘆。曾令翻譯勸其投降，絕無應者。屍山血河，並非皇軍所特有。不識他人，滿足於自我陶醉，為皇軍計，極應以此為戒。

第二十七師將士的英勇搏擊，使日軍主力對台兒莊東側的強攻沒有收到預期的效果。但國民黨軍隊由於損失過大，也不得不將戰線縮短，以便集中優勢兵力抗擊強敵。

三日拂曉，日軍先集中炮火向中國軍隊陣地轟擊，破壞中國軍隊的防禦設施，接著以步騎兵二千餘名、戰車三十餘輛，全力向我陣地進攻。中國守軍強韌抵抗，戰況異常激烈，到處瀰漫著硝煙和血腥味道。守軍二十七師陣地被敵突破，台兒莊城內的日軍，趁勢向各處守軍陣地發動進攻。開始由於守軍減員嚴重，又得不到新的補充，陣地逐漸縮小，後經過巷戰炮火的考驗，中國守軍官兵也逐漸打得順手起來。台兒莊的士兵們從實踐中總結出經驗：「飛機不如火炮可怕，大炮不如機關槍，機關槍不如手榴彈，手榴彈不如我們的大刀。」

日軍雖然凶頑，但苦戰經日，已成強弩之末。特別是第二十軍團從東至西的進攻態勢，給坂本支隊和瀨谷支隊以巨大的壓力，分散了他們的兵力，從而減輕了我第二集團軍正面的壓力。

鑒於中國軍隊形勢日趨有利，蔣介石決心抓住戰機，打一個漂亮仗，促成勝利，以鼓舞民心和士氣，爲此命第一戰區司令長官程潛赴徐州協助李宗仁督戰。程潛於四月五日抵徐州，並限令各部隊於八日之前將台兒莊之敵「捕捉殲滅」，「樹立首功者賞洋十萬元，否則師長以上定予懲罰。」

五日，日軍坂本支隊對中國咄咄逼近之師全力反擊，做垂死掙扎，導致中國軍隊剛剛收復的蔡莊、潭莊、大顧珊又陷敵手。後經過激戰，除因大顧珊日軍挾火力猛烈頑抗，反攻未能成功外，都已奪回。第五十二軍的攻勢迅猛，進展順利，戰鬥激烈，敵我傷亡均重，中國軍隊所繳獲亦多。

第二十軍團的猛烈進攻，給日軍以強大壓力，日軍已不堪負重，加上第五十二軍對日軍側背的包抄，使日軍處於被圍殲的境地，進退兩難。至此，凶頑的日軍已呈動搖、退卻之勢。

六日，李宗仁趕赴台兒莊前線，指揮各參戰部隊向日軍發起全線反攻。湯軍團執行外線包圍，孫集團軍負責正面清掃。中國軍隊以重炮摧毀日軍火藥庫，佔領西北門、東門，十時左右，莊內殘敵被全部肅清。

當日下午，瀨谷啓少將已預感到被中國軍隊圍殲的命運，爲了保全殘餘兵力，不顧第十師團師團長磯谷廉介地阻止，下達了撤退的命令。隨後，日軍炸掉不易搬走的軍用物資，毀炮燃車，焚屍殺馬。當晚，在一片喊殺聲中，瀨谷支隊顧不上通知坂本支隊，首先撤離戰場，沿台棗支路向北潰逃。

七日，中國軍隊衝出台兒莊向北乘勝追擊，殲滅了劉家湖、三里莊的日軍，瀨谷支隊的殘部向嶧棗方向狼狽逃竄，遺屍遍野，被擊毀的各種車輛、槍炮、馬匹遍地皆是，一片狼藉。

台兒莊大戰中，中國軍隊發起攻擊

至此，台兒莊之戰，中國軍隊獲得全勝之局。

台兒莊戰役前後近一個月，中國守軍依靠步槍、手榴彈、機關槍和少量重武器，以傷亡近兩萬人的代價，擊潰了日軍精銳部隊第五、第十師團對台兒莊的進攻，殲敵萬餘人，擊毀戰車十餘輛，野重炮十餘門。

捷報傳出，全國振奮。四月七日，蔣介石致電祝賀，並撥款三十萬元派俞飛鵬赴台兒莊前線慰勞。前去採訪的中外記者和慰勞團大批湧到，默默無聞的台兒莊經此一戰，名聲遠揚。台兒莊會戰的勝利，是抗戰以來中國正面戰場取得的最重大的勝利，是全國軍民在日本侵略軍大舉進攻面前，同仇敵愾，誓死抗擊日軍，決心爲保衛祖國流盡最後一滴血的英雄氣概的充分體現。

四月，日軍加緊部署，對徐州發動進攻。蔣介石調集部隊，對來犯日軍進行抗擊。中日雙方均以攻勢作戰、以迂迴包圍行動殲滅對方為指導作戰。中國軍隊不敵日軍攻勢，五月十九日，徐州被日軍攻佔。

本來因爲準備不足日軍決定暫不擴大戰場，但台兒莊戰敗，對於不可一世的日軍來說，無異於一種極大的恥辱，於是決定對徐州方面之敵予以打擊，以挽回面子。尤其是在台兒莊期間「看到在台兒莊方面有大量中國軍隊，特別是湯恩伯軍團的出現，認爲給蔣介石的主力一次大的打擊，是挫傷敵人抗戰意志的大好機會，因此決定進行徐州作戰」。

日軍加緊進行部署，於四月七日下達命令，決定對徐州用兵。同日日本大本營參謀總長下達了《徐州附近作戰指導要領案》。據此，日本華北方面軍與華中派遣軍聯手，於四月十日制訂了徐州會戰的指導方案，其目標就是要將中國軍隊吸引到徐州附近及津浦路以東地區，在徐州以西及西南方切斷其退路，爾後攻佔徐州、殲滅中國軍隊。

日軍爲實現合圍並消滅中國軍隊於徐州的計畫，將會戰分爲三個階段：

第一階段實施抑留作戰，採取有限攻勢，將由台兒莊追擊北進的中國軍隊抑留於韓莊、嶧縣、臨沂之線；同時，華中派遣軍以一部兵力由淮陰方面向西北方前進，佔據要點，將中國軍隊牽制於徐州東南地區，以爭取時間掩護主力集中包圍徐州。

第二階段實施包圍作戰，發動大規模攻勢，切斷中國軍隊徐州以西及西南的退路；華中派遣軍配合行動，將徐州完全包圍，爾後攻佔徐州，殲滅徐州附近的中國軍隊。

第三階段實施鞏固佔領區的作戰，以中國軍隊後方要地及中國空軍爲主要攻擊目標，並對日軍其他各兵團採取直接支援。

從四月中旬起，日軍按戰前部署，從平、津、晉、綏、蘇、皖各戰場，增調約三十萬軍隊，並配以各種重武器，對徐州進行大包圍。陸上日軍從魯南方向，津浦路南段、北段，向徐州進逼；日軍另一部則取海道在連雲港登陸，佔領了海州、郯城，從東北方面進逼徐州。

台兒莊戰鬥勝利之後，受命追殲敗退殘敵的中國軍隊與日軍瀨谷支隊、坂本大隊相持於嶧縣以南、以西一帶。從戰略上分析，中國統帥部判斷敵軍必將增援反攻。劉斐根據當時部隊的戰鬥力情況，主張魯南的作戰改爲機動防禦，主力集結於機動有利的地位，相機打擊敵人；建議縮小戰場正面，後退至運河沿線佈防，控制強大的預備兵團於徐州以西，用以應付各方面的情況。

在此形勢下，中國軍隊應及時撤離徐州地區，避免不利決戰，以保存有生力量，同日軍進行持久作戰。但蔣介石此時陶醉在局部的勝利之中，認爲日軍已成爲強弩之末，企圖畢其功於一役，打一場如同「八一三」式的大會戰，從根本上扭轉中日戰局。因此，蔣介石勉強同意了機動防禦及運動戰制敵的方針，但在具體部署兵力方面不肯放棄現有各要點，並要求第一線做持久防禦的部署。

應當指出，蔣介石對台兒莊大捷的反應，表現在言行上是不一致的。正當舉國上下因台兒莊捷報而欣喜若狂時，蔣介石通電全國，告訴國民：

此次台兒莊之捷，幸賴我前方將士之不惜犧牲，後方同胞之共同奮鬥，乃獲此初步之勝利，不過聊慰八月來全國之期望，稍弭我民族所受之憂患與痛苦，不足以言慶祝，來日方長，艱難未已，凡我全體同胞與全體袍澤，處此時機，更應力戒矜誇，時加警惕，唯能聞勝而不驕，始能遇挫而不餒，務當兢兢業業，再接再厲，從戰局長遠上著眼，堅毅沉著，竭盡責任，忍耐勞苦，奮鬥到底，以完成抗戰之使命，求得最後之勝利。

四月二十三日，統帥部制訂了《徐州會戰作戰指導方案》，戰略主要方向在魯南，作戰指導方面強調攻勢殲敵，並且增加了不得已時實行機動防禦的內容。其方針是：中國軍隊爲確保徐州之目的，應對津浦鐵道及沂河南下之敵切實阻止，並以有力部隊威脅敵人側背，俟迂迴部隊達到臨沂、費縣、滕縣線上並集結相當兵力於徐州附近（後），然後以主力由南面轉取攻勢，殲滅敵軍。至萬不得已時，則用逐次抵抗，退守洪澤湖至微山湖中間地區。第二、第三戰區，除以一部直接或間接支援徐州方面作戰外，主力應積極進攻當面之敵，使敵不得放膽轉用其兵力於津浦北段。

蔣介石陸續調集各路軍隊增援第五戰區，總兵力達六十萬人。同時，還將中央軍精銳部隊胡宗南、黃杰、桂永清、俞濟時、宋希濂等部佈置於豫東歸德、蘭封一線，做爲徐州的後援力量，擺出與敵決一死戰的陣勢。然後第五戰區根據攻勢殲敵的精神調整了部署，按照作戰地區分爲魯南兵團、魯西兵團、淮南兵團、淮北兵團及戰區總預備隊，重點是魯南兵團。

蔣介石四月二十六日致電李宗仁：「須著眼將敵主力包圍於戰場而殲滅之，勿爲作戰地境及到達線所限制，以免我軍撲一大空再回轉攻擊之煩。」

▶▶李宗仁

李宗仁，一八九一年生，廣西桂林人，國民黨高級將領。中國國民革命軍陸軍一級上將，中國國民黨內桂系首領，曾任中華民國首任副總統、代總統。一九三八年二月至五月，指揮徐州會戰。徐州失守後，率部入鄂，在桐柏山、大洪山創立游擊基地，堅持抗戰。蔣介石下野後，一度任代總統，欲以和談挽救國民政府未果，之後出走美國。一九六五年七月經瑞士、中東回到北京，受到毛澤東及其他中共領導人的熱烈歡迎。一九六九年一月三十日在北京逝世。

中日雙方此戰役的作戰指導都是企圖以攻勢作戰、以迂迴包圍行動殲滅對方。迄至五月上旬，中日兩國軍隊在韓莊至邳縣運河北岸對峙，魯南戰爭處於膠著狀態。日軍滯留中國軍隊主力於徐州附近的目的已達到，於是下令華北方面軍和華中派遣軍夾擊徐州。

敵我雙方的作戰形勢發生急劇的變化，越來越朝著有利於日軍的方向發展，淮北、魯南、魯西方面均發展迅速。總之，日本大本營以圍殲徐州附近中國軍隊、佔領徐州的會戰計畫，至五月五日基本上已接近完成，形成了四面包圍的態勢。中國六十萬大軍四面受敵，有全軍覆沒的危險。

爲了擺脫不利態勢，保存抗戰實力，國民政府軍事委員會立即作出放棄徐州，向豫皖邊突圍的計畫。突圍的具體部署是：除第二十四集團軍留在蘇北、第六十九軍及海軍陸戰隊在魯南、魯中堅持外，第五戰區主力部隊從五月十五日起向西轉移，以劉汝明之第六十八軍爲掩護，其餘各部分五路突圍。

李宗仁奉命指揮大軍立即分五路突圍，頂著日機的跟蹤轟炸，日夜兼程，突破日軍的重重圍困。

至十八日，日軍第十三師團攻佔了鳳凰山、霸王山、肖縣；由隴海路東進的日軍攻陷郝寨、夾河寨；第十六師團突破九里山；第三、第九師團攻佔了宿縣。五月十九日，日軍進佔徐州。

此時，中國主力部隊已撤離徐州，日軍撲了個空。其中魯南兵團一部由徐州西南突圍，主力由徐州南面突出，經靈璧、泗縣、五河渡過淮河向西撤退；李宗仁率長官部及湯恩伯隴海兵團於十八日撤離徐州移至宿縣，因宿縣失守，湯兵團向西突圍，由渦陽、亳縣附近渡過渦河西撤；第五戰區長官部則在廖磊淮北兵團接應下，由太和、阜陽地區突出重圍。另外，以韓德勤第二十六集團軍、石友三第六十九軍在蘇北、魯中南進行游擊。這樣，日軍圍殲中國軍主力的計畫完全落空。中國部隊地安全轉移，爲行將到來的武漢會戰保存了必要的有生力量。

從南京淪陷到主動放棄徐州，蔣介石調集部隊與精銳日軍在魯南和津浦線周旋達五個多月，雖有巨大犧牲，但達成了以空間換取時間的目的，從而使得抗戰前期的正面戰場度過了上海、南京淪陷後一度出現的軍事危機，各軍得以補充和訓練新兵，恢復和增強了戰鬥力。

四、河南戰事頻繁

一九三八年蘭封失陷，開封、鄭州面臨日軍的威脅。蔣介石震怒，下令槍斃龍慕韓。隨後，商丘丟失，桂永清、黃杰二人被撤職查辦。河南戰局危急，敵軍土肥原師團繼續推進。

河南省地處中原腹地，平漢、隴海兩鐵路交叉而過，綰轂魯、皖、鄂、陝、晉、冀六省，戰略地位十分重要。早在一九三六年，國民政府軍事委員會便把河南做爲國防重點，修築了鋼筋混凝土的國防工事。迄止抗戰爆發，已在豫北構築了道口、滑縣、浚縣陣地，安陽至淇縣陣地，汲縣、新鄉、輝縣陣地，封丘至延津陣地，內黃附近陣地，焦作、博愛、沁陽陣地；在豫東修成了歸德、蘭封、開封、鄭縣陣地；在豫西則有鞏縣至洛陽陣地。

平津失守之後，宋哲元第一集團軍駐守在豫北，戰略任務是利用豫北堅固的國防工事，保護平漢路，阻止日軍南下。平漢線日軍土肥原第十四師團佔領安陽、大名以後，兵力不足，無力沿平漢路繼續南下，於是減弱了攻勢，與中國軍隊在豫北相持。

日軍爲了策應津浦路日軍作戰，一九三八年一月二十六日下達了黃河以北作戰的命令，「首先以第十四、第一〇八師團攻佔新鄉平原及潞安平原，然後以兩個師團的有力部隊向曲沃及臨汾平原追擊。」

中國軍隊，二月六日，第一戰區制定作戰計畫中，決定「確保豫北廣大地域並策應第二戰區友軍之作戰，以一部於平漢正面與敵對陣，以主力控制道清線待機，並各以有力之一部於平漢線兩側地區游擊，擾亂敵人」。

二月七日，土肥原師團發起了對豫北的進攻。第二十七旅團從大名出發，向南樂、清豐、濮陽一線推進。由於上述地區中國守軍僅有四個保安團約四千人，戰鬥力極弱，根本無力抵抗日軍的強勢進攻，日軍得以長驅直進，兩天之內攻陷南樂、清豐，接著圍攻濮陽城。濮陽的戰略地位十分重要，假如日軍攻下濮陽，西可進攻道口；西南可進逼封丘、延津，攻道清鐵路中國軍隊後背；南可渡黃河直取東明，威脅蘭封。

第一戰區司令長官程潛急令第七十七軍副軍長張凌雲指揮三個旅以及張德順騎九師由東明、道口向濮陽之敵實施反擊，一個旅救援清豐。但吳振聲旅行動遲緩，畏敵不前，貽誤戰機。十日，日軍兵力增至一個混成聯隊約五千餘人，在飛機、重炮的掩護下，從被轟塌的城垣缺口衝入城內，濮陽遂陷。

同時，土肥原師團主力約三個聯隊萬餘人，亦由安陽向平漢路守軍陣地進攻。日軍在飛機、重炮的配合掩護下，兵分三路攻勢猛烈，連連突破我軍陣地。十二日晚，萬福麟聲稱陣地被毀，兩翼受圍，傷亡嚴重，擅自命令放棄湯陰陣地，退至淇河南岸一線。濮陽、清豐、南樂幾日之間相繼失守，平漢線正面陣地又被日軍輕易突破，蔣介石對此十分震驚，急電令程潛、宋哲元固守。但這一命令未被執行，秦德純致電蔣介石，稱「豫北我軍兵力薄弱，應援不及……如兩日內新鄉無大部援軍到達，深恐無法收拾也。」言下之意，如無援軍，還要後退。

十三日，由於我軍主動撤退至平漢路西側地區，日軍輕而易舉地佔領了淇縣，道清鐵路沿線便在日軍的直接攻擊下。

十四日，日軍集中兵力向中國道清鐵路沿線陣地發起全面進攻，濮陽日軍兵分兩路，一路攻陷長垣、封丘後，向新鄉南之平漢路疾進；另一路向道口進攻，連佔道口、滑縣、浚縣、輝縣、百泉。駐守這些地區的中國軍隊僅稍做抵抗便潰退。日軍兩千餘人沿道清鐵路向西攻擊撤退的中國軍隊，如入無人之境，連陷新鄉、獲嘉、獅子營、修武，守軍宋哲元部一退而不可收拾。

二十二日，日軍僅以小部騎兵輕取博愛，並在一天內連陷許良鎮、沁陽、孟縣。二十五日，日軍由博愛分兵兩路，繼續進攻。石黑大佐率步兵兩個大隊，野炮兵兩個大隊北進，攻擊晉城、陽城，至二十八日佔領之。酒井旅團長率步、炮兵各三個大隊繼續西進，並分兵向黃河北岸推進，宋哲元部退至山西絳縣、夏縣、茅津渡之線。至此，土肥原師團主力挺進至黃河北岸的垣曲、王屋、濟源、孟縣、溫縣、武陟、封丘、長垣、濮陽一線，與中國軍隊隔河對峙。

第一戰區也調集重兵在黃河南岸防守。

台兒莊戰役勝利後，爲了策應徐州會戰，國民政府軍委會調集了大量精銳部隊置於蘭封、商丘、碭山之間的隴海鐵路附近。土肥原師團於五月十二日渡過黃河後，繼續向南突進，企圖佔領蘭封，消滅隴海路東段中國軍隊主力，並攻佔鄭州。十五日，該師團在曾縣兵分東、北兩路，向隴海線要點攻擊前進。

國民政府軍事委員會對日軍的戰略意圖早有察覺，爲了保證隴海鐵路的暢通，先後調集了大量部隊置於蘭封至商丘間鐵路線。軍委會於五月十五日制定了相應的作戰方針，以應對日軍的進攻。

爲了將土肥原師團消滅在內黃、儀封、民權之間，蔣介石下令第一戰區發動蘭封附近的會戰。其部署如下：李漢魂指揮東路軍，由商丘西進；桂永清指揮西路軍，由蘭封東進；孫桐萱第三集團軍和商震第二十集團軍組成北路軍，在定陶、荷澤、東明、考城附近斷敵退往黃河北岸的歸路。此部署意在從東、西、北三個方向合力夾擊土肥原師團，將其一舉殲滅。

五月二十一日，中國軍隊開始向日軍土肥原師團發動全面進攻，經激烈戰鬥，收復了內黃。日軍主力六千餘人向西南的楊固集、雙塔集逃竄。宋希濂指揮部隊猛攻儀封，日軍棄寨而去。

五月二十三日，宋、俞兩軍又奪回了西毛姑寨、楊樓、和樓等村莊，給敵人以沉重打擊，日軍被殲千餘人。隨後，日軍第十四師團集中力量向楊固集、雙塔集地區攻擊。此地區駐守著極優勢的精銳部隊，並配備了邱清泉指揮的戰車營和裝甲車連，阻敵西逃，可謂以逸待勞。然而，在日軍的攻勢下，桂永清指揮連連失誤，致使連失馬集、孟效集。第二十七軍陣地被突破，桂永清竟率領所屬部隊退向開封、杞縣，令第八十八師接替第一〇六師防守蘭封。第八十八師師長龍慕韓在桂永清退走後，也在二十三日夜擅自棄城逃走，使之成爲無人防守的空城，致使日軍於二十四日不費一槍一彈佔領隴海路上的戰略要地蘭封。這樣，中國軍隊攻勢毀於一旦，日軍得以擺脫圍殲厄運，並據守蘭封至陳留、黃河南岸之線頑抗。隴海鐵路被完全切斷。

蘭封失陷，使開封、鄭州面臨日軍的威脅，蔣介石震怒，下令槍斃龍慕韓，以圖重振軍威。國民政府軍事委員會爲此制定了反攻蘭封、圍殲土肥原師團的作戰計畫，決定由薛岳任第一兵團總司令，指揮胡宗南、李漢魂、俞濟時、宋希濂、桂永清各部於二十五日晨發起全線進攻，由西向東包圍蘭封、羅王寨、三義集、曲蘭集一帶的日軍第一〇四師團。

▶▶薛岳

薛岳，一八九六年生，廣東樂昌人，抗日名將，陸軍一級上將。曾參與圍剿紅軍，抗日戰爭期間，參加淞滬會戰，指揮了武漢會戰、長沙會戰等著名戰役，以其著名的天爐戰法，消滅了大量日軍。

五月二十五日，薛岳指揮豫東兵團對日軍發起猛攻。當晚即奪回了蘭封車站，二十六日，又奪回了羅王車站，二十七日，第七十一軍在攻佔蘭封外圍許多要點後收復了蘭封。日軍第二十七旅團的殘部向三義寨逃去。羅王車站和蘭封的收復，使隴海路恢復了通車，被隔斷在商丘附近的四十二列滿載物資的火車得以撤回鄭州。日軍第十四師團主力六千餘人收縮至三義寨附近，被豫東兵團包圍，但據守反抗。

豫東各部隊未能在限定時間，即二十六日拂曉之前攻殲蘭封之敵，戰局進展不大，對此，國民政府統帥部表示不滿。二十七日，焦慮中的蔣介石親下手令，訓斥各將領，並提出希望「茲限電到，立即反省，振起精神，戴罪圖功，並限儉（二十八）日以前嚴督所部將敵完全殲滅，以贖前愆，如再敷衍，頑忽因循，決不姑寬。」

日軍於二十八日向第二十七軍陣地反擊，桂永清又一次「獨斷命令各部隊向楊固集、紅廟間地區轉移陣地，沿途拋棄無線電機及武器彈藥，情形頗爲混亂」。

五月二十八日，蔣介石又下達手令「務請毅然決心，速抽六師以上兵力在側後方做預備隊，而指定李鐵軍、李漢魂、俞濟時三軍負責掃清當面殘敵。」

二十八日，中國軍隊曾攻入三義寨，但經一夜激戰受挫，到二十九日仍無進展。

從五月二十五日至二十九日的五天內，蔣介石、程潛、薛岳等人每天都發出好幾道手諭或電令，敦促各將領「立即反省，振起精神，戴罪圖功」，甚至還懸賞二十萬大洋以鼓士氣，但仍未有效。中國方面以精銳部隊十三個師近十五萬人，竟未能殲滅已被圍困的土肥原師團近兩萬人。戰後，軍委會將丟失蘭封、商丘的桂永清、黃杰二人撤職查辦，以警示其他將領。

日軍攻佔徐州後，沿津浦線追擊，繼續西進，企圖佔領蘭封、商丘和永成一線，支援平漢線的戰鬥。蘭封會戰中，黃杰率部撤退。薛岳雖重創土肥原部，難挽大局。一九三八年六月開封被佔、鄭州危急。

日軍攻佔徐州以後，爲了擴大戰果，於五月十九日下達了新的作戰命令，計畫佔領蘭封、商丘和永城一線。據此，日軍於十九日命令第五師團及第一一四師團向徐州至宿縣之間津浦線追擊，第十六師團攻佔商丘，第十師團向永城方向急進。日軍企圖通過盡快進佔開封、鄭州、許昌，從而助其切斷平漢線的作戰。

爲了阻止日軍西進，第五戰區組成第二兵團，由湯恩伯任總司令，在碭山、商丘、夏邑、柘城、亳縣、鹿邑、渦陽一線佈防。其中，隴海線東段方面，第八軍柏輝章第一〇二師守碭山；第八軍羅歷戎第四十師、第六十四軍，彭林生第一八七師、第二十四師守商丘，曹福林第五十五軍一個旅守虞城。上述部隊都由黃杰指揮。

日軍第十六師團於二十一日沿隴海線向西推進，直撲碭山。至二十三日，日軍連陷黃口、韓道口、牛堤圈，將碭山團團包圍。守軍柏輝章部畏敵，竟於當晚擅自下令放棄碭山，逃往商

▶▶黃杰

黃杰，一九〇二年生，湖南長沙人，字達雲，國民革命軍陸軍一級將領。一九三七年七月抗日戰爭爆發時，黃杰在廬山軍官訓練團受訓，並擔任隊長。「八一三」淞滬會戰爆發後，黃杰升任陸軍第八軍軍長兼稅警總團長，率部參加了淞滬會戰、徐州會戰。一九三八年因在蘭封會戰中違令撤退，被撤職查辦。一九四三年中國遠征軍重組時，復職出任第十集團軍副總司令兼第六軍軍長。先後參加過強渡怒江和反攻騰衝外圍的戰鬥。一九四四年任中國遠征軍第十一集團軍總司令兼前敵總指揮，攻克龍陵、復芒市、遮放、畹町四大據點，打通了中印公路。

丘。指揮官黃杰聲稱：「敵增加之兵力數倍於我，並以炮空連合火力轟擊碭城。原曾奉令該師須固守碭山，當即轉令遵照，但自梗晚以來因城牆多被擊毀，致敵迫近城內，發生激烈巷戰，敵騎入而又被擊出者數次，終以敵方增加不已，我方傷亡過重，遂被包圍，隨於敬（二十四）日丑突圍。」日軍第十六師團及混成第十三旅團於二十六日攻佔虞城，同時向我商丘外圍陣地進攻。當夜，黃杰第八軍退至商丘郊區一帶。

由於商丘的得失直接關係到蘭封會戰的成效，二十七日，程潛電令黃杰務須死守商丘，在蘭封地區之敵被擊敗前，不得放棄。但黃杰不顧戰區司令長官的命令，竟於二十八日擅自率第四十、第二十四師退向柳河、開封，將第一八七師留防朱集車站和商丘。大敵當前，中國軍隊整個戰略部署中只要有一顆棋子發生意外地變動，就會影響整個戰局。身爲最高指揮官的黃杰，無視大局，只考慮到自己的生死安危，在戰役的關鍵時刻，竟然率主力部隊兩個師撤出戰鬥，削弱了士兵的鬥志，造成了嚴重後果。同時，留守的一八七師也沒有守城的決心，領軍將領或「督率無方」，或「煽動退卻，動搖主官決心」，或「不戰自退」。

在這種情況下，日軍進攻勢頭大增，於二十八日佔領了朱集車站。二十九日凌晨，彭林生率領殘部撤退，商丘爲日軍佔領。

商丘的失守，嚴重地威脅了進攻日軍第十四師團的薛岳軍團的側背，迫使第一戰區再一次調整部署，抽調第七十一軍赴淮陽、太康、龍曲集，第二十七軍赴睢縣、杞縣、寧陵佈防，阻截由商丘、亳縣西進的日軍。

日軍第一軍的第十四師團被圍於蘭封地區，陷於苦戰，日本大本營批准了其「消滅開封、鄭州附近之敵，以粉碎敵之抗戰意志」的申請。五月二十八日下令，命第二軍盡力以更多的兵力不失時機地逐次向開封東南地區進攻。第二軍當日命「第十六師團（配屬混成第三旅團）確保商丘及其要點，主要從杞縣方面擊敗當面之敵；第十師團在繼續執行現在任務的同時，準備以有力一部緊急派往杞縣方面。混成第十三旅團佔領渦陽後，即轉隸於十六師團。」接著，於三十日又將第十師團的瀨谷支隊配屬給第十六師團，以加強其進攻能力。

日軍根據以上命令發動進攻，第十六師團以一部沿隴海鐵路向柳河、民權推進，二十九日，佔領寧陵，三十日，攻陷睢縣。至五月三十一日，日軍第十師團已攻佔了渦陽、亳州，第十六師團進至杞縣東。此時，日軍第一軍司令官更換爲梅津美治郎中將。

日軍攻勢進展一直比較順利，然而，日本大本營卻對徐州會戰以後的戰事發展做了限制，五月二十九日決定追擊行動停止在蘭封、商丘等地，並下達命令：「未經批准，不許越過蘭封、商丘、永城、蒙城、正陽關、六安一線進行作戰。」

但敵華北方面軍根本不理會大本營的命令，於六月二日將第十四師團也配屬給第二軍，並下達了向蘭封以西追擊的命令：「（一）敵主力有開始向平漢線以西後退模樣。（二）方面軍決定首先向中牟、尉氏一線追擊敵人。（三）第二軍司令官應一併指揮第十四師團及其配屬部隊，向上述指定一線追擊。另外，令一部迅速挺進，切斷平漢線。」

此時，我第一戰區根據形勢的發展，認爲不僅由徐州西進的日軍已加強了力量，而且黃河北岸的日軍（混成第四旅團）正經封丘、貫台組織強渡，企圖增援被困於蘭封地區的第十四師團；數日來，豫東方面的各軍激烈作戰，傷亡較大，已開始處於不利地位。爲「避免與西犯之敵決戰，並保持爾後機動力之目的」，於是決定令豫東、魯西的作戰軍即向西轉移。

五月三十一日，第一戰區下達《戰區兵力轉移部署方案》，要求：「開封及其以西之黃河南岸，仍以守備部隊嚴密警戒，絕對阻止敵之渡河；軍以潼關、洛陽及南陽各點爲根據地，基此向西轉移；但對於平漢路之鄭（州）、許（昌）、郾（城）、駐（馬店）各據點，同時以有力之一部掌握之，以遲滯、消耗敵之兵力；平漢線以東，則依第一線戰鬥部隊之行動與游擊部隊之擾襲，極力遲滯敵之西犯，以掩護主力軍轉移之安全；軍主力之轉移完畢，爾後即憑有利地形，對預期沿平漢線南犯之敵，形成準備陣地，相機聯合友軍側擊敵人。」

六月一日，薛岳下達了轉移命令，決定全軍向平漢線以西地區撤退，要求「各軍所派出之戰場掩護隊，須沉著應戰，努力抵抗，遲滯敵軍，確實掩護我主力轉移之安全」，孫桐萱、商震兩總司令所部「應俟我主力軍轉移完畢，於六月三日夜開始轉移」。

同日，日軍第二軍命令第十四師團、第十六師團、第十師團分別向中牟、尉氏和柘城方面追擊前進。六月三日，日軍第十六師團攻佔杞縣、通許、陳留，新編第三十五師師長王勁哉放棄蘭封。四日，日軍第十四師團佔領蘭封後繼續向開封進攻，開封守軍爲第一四一師一個旅和一個稅警旅。五日晨，日軍又增援了三千餘人，大部隊迫近北城，加上敵重炮數十門，飛機十餘架向開封城內猛轟，日軍攻勢甚猛，步兵多次登上城頭，與我軍展開肉搏。

與日軍激戰中，師長宋肯堂「連發五個電報，稱開封城郊東、南、北各方戰鬥激烈，現敵尚陸續增加，如魚（六）日再戰，難免於潰」，要求撤退。程潛當即「嚴令該師與開封共存亡」，但宋肯堂面對黑壓壓的日軍，非但沒有率部奮勇殺敵，反而於六日凌晨，擅自下令放棄開封，棄城逃跑，開封失守。

此時日軍第十六師團已佔領尉氏、扶溝，第十師團已佔領柘城。薛岳致電商震：「宋師擅自撤出開封，即令固守中牟縣城至中牟車站之線……非奉命令再敢擅自撤退，決依法嚴辦。」但事實上，由於有些高級軍官畏死或無能，豫東作戰擅自撤退及私自逃走者大有人在。如屬主力軍的第二十九軍第一八七團，「團長張鼎光於二日守杞縣豬皮岡時，擅自撤退；該師參謀長張淑民屢次煽動退卻，復敢棄職潛逃；旅長謝錫珍首先退出豬皮岡，未經報告師長，再藉口收容，擅自乘車南下；葉賡常旅長，當睢縣之戰時，突告失蹤，事後聞已易服赴漢（ㄖ）等。」

日軍的西進嚴重地威脅了第一戰區司令長官部所在地鄭州及平漢路的安全。當時第一戰區雖然擁有近三十個師的數十萬軍隊，而且大多爲中央嫡系的所謂主力部隊，卻抵抗不了日軍兩個多師團的西進。日軍六月九日攻陷中牟後，繼續向鄭州進逼，其騎兵部隊於十日炸毀了鄭州南面的平漢鐵路，鄭州危急。

豫東戰役失敗後，蔣介石決定炸開花園口，以水代兵淹滅日寇，守住鄭州至許昌一線。六月，黃河決口成功，日軍奪取鄭州後迅速南取武漢、西襲潼關的企圖破滅。

豫東戰役的失敗，使鄭州和平漢鐵路受到嚴重威脅。日軍欲奪取鄭州、許昌，其戰略意圖不僅爲切斷我平漢路鄭漢段運輸聯絡，更在於南進武漢，西迫洛陽、西安，進而窺視我西南大後方。故能否守住鄭州至許昌一線，與整個抗戰局勢關係極大。

蔣介石決定炸開黃河大堤，製造水障，以阻止日軍西進。

一九三八年四月十三日，正當台兒莊戰場上中國軍隊追擊部隊攻擊敗退嶧縣附近的日軍時，陳果夫致函蔣介石，準備在河南武陟縣的沁河口附近決黃河北堤，蔣介石對於此建議不置可否，僅批示：「電程長官核辦。」

隨著戰事的發展，徐州失守後，越來越多人傾向於水攻。五月二十一日，姚琮電建議在劉莊、朱口決堤，「黃河舊險地方在考城以東者如河北之劉莊、魯省之朱口，倘即刻施以決口工作，更於舊河道下游多拋埋柳枝，則河水必改道南向，一時造成氾濫區域，雖不能淹沒敵軍，至少可使其行動困難，全局情勢必將改觀。」

五月二十六日，何成璞向參謀部建議：「查黃河現屆桃汛，考城西尤以蘭封屆折部沖力最猛，倘施工決口，則黃水即循故道直奔徐州，不特大地氾濫，使敵機械化部隊失其效能，抑且足以摧毀其戰力，使其打通津浦之企圖仍歸泡影，幸及早圖之。」

當日軍於六月一日佔領睢縣，迫近蘭封、杞縣時，第一戰區司令長官程潛即決定決堤，並通過侍從室主任林蔚向蔣介石請示，得到蔣的口頭同意。

早在武漢行營時，就曾擬過兩個方案。一是必要時將鄭州付之一炬，使敵人徒佔廢墟無可利用。二是水攻。火焚鄭州只能起堅壁清野作用，戰略意義不如決口黃河。因為敵人相當部分是機械化部隊，裝甲車、卡車、火炮牽引車多至千餘輛，滔滔大水中，必寸步難行。決堤，既可以水淹死敵之先頭部隊，更可將主力隔絕在西進路上，不戰而達戰略目標。

蔣介石最終決定決開黃河大堤，以氾濫的洪水來阻止日軍的攻勢。由於決口事關重要，第一戰區召集黃河水利委員會及有關河防的軍政人員開會，研究決堤位置，最後選擇中牟縣趙口。蔣介石回電批准，令在中牟以北黃河南岸選定地點決堤，讓河水在鄭州、中牟之間向東南氾濫，以阻敵西犯，並要求在四日子夜放水。

程潛將決堤任務交給了第二十集團軍總司令商震，經與參謀長魏汝霖商酌，派五十三軍一個團具體執行，決口地點定在趙口。

一切準備就緒，六月四日晨，趙口決堤破土，次日又加派第三十九軍一個團協助，並懸賞法幣千元，以圖加快速度。當晚，工兵營用黃色炸藥和地雷炸開堤內斜面石基，但由於估計不足，對堅厚的基石與護坡石力不從心，又由於黃河「春冬水落」，水發量小，「僅流丈餘，即因決口兩岸內斜面過於急峻，遂致傾頹，水道阻塞不通」，未能如期完成。

當時正值日軍拚力攻打開封，蔣介石十分焦急，於六月五日凌晨命令商震：「此次決口，有關國家命運，沒有小的犧牲，哪有大的成就？」商震不敢怠慢，即赴趙口現場督察，下午八時，工程兵實施爆破，又因種種原因，前功盡棄。

於是，商震又派一團士兵在第一道決口以東三十米處掘第二道決口。費了九牛二虎之力，口是開成了，但由於水位繼續下降，開掘之初，主流接近南岸，完工時，口外有暗沙阻隔，因此只有少量河水流出，且又不急。一小時後坑道鑿成，裝填炸藥起爆，水嘩嘩湧出。眾人皆歡喜，正欲向上報捷時，接連坍方，又把決口堵塞。趙口第三次決堤，又告失敗！

六日凌晨，日軍攻佔了開封，兵鋒直指鄭州，蔣介石從商震處得報趙口決堤三次勞而無功，心急如焚，一日數次電催進展情況。但是，在決堤現場的魏汝霖，指揮程潛、商震除了憂心如焚，也拿不出實質性的解決辦法。

這時，擔任黃河鐵路守備的新八師師長蔣在珍毛遂自薦，建議在鄭縣的花園口另做第三道決口。六日深夜十一點，蔣在珍在師部召集參謀處、副官處及團以上官佐會議，做了如下佈置：決口地點，花園口龍王廟西側；動工時間，七日上午七點；投入兵力，兩個團加一個工兵連。會議結束，副官處連夜籌集工具，準備第二日的決口行動。

七日晨，蔣在珍在花園口設立指揮部，架設專線與商震保持聯繫，隨後傳令在花園口關帝廟西破土。爲了加快速度，八百名精壯士兵，編爲五個組作業，每兩小時一輪換；每個組又分做兩班，分別負責挖掘與搬運，同時「由堤之南北同時動工」。

花園口第三道決口吸取趙口決口坍方的教訓，加寬至五十米，斜面徐緩，使放水時不致頹坍阻塞。

日軍佔領開封後，沿許昌、尉氏公路向新鄭挺進，以圖快速打通平漢、津浦、隴海三線，造成直指武漢之勢。形勢危急，蔣在珍與副師長朱振民、參謀處長熊先煜，夜以繼日地輪班在工地上往來巡視，加以督導，官兵更是竭盡全力趕工。

六月九日晨六時，炸藥炸毀了堤內斜面石基，九時放水，軍士划船至堤坎旁，將坎挖開，「初水勢不大，約一小時後，因水沖刷，決口擴至十餘公尺，水勢遂益猛烈。」決堤成功！蔣在珍又調來炮兵，對準已挖薄的堤岸，平射轟擊，連開六、七十炮，缺口迅速擴大了七、八米，「水勢驟

▶▶一九三八年六月，蔣介石下令炸開花園口的黃河大堤

猛，似萬馬奔騰。」

當時正值大雨，決口愈沖愈大，水勢漫延而下。十二日，又與趙口被沖開的水流匯合，沿賈魯河南流，使賈魯河、渦河流域的鄉村、城鎮變成一片汪洋。水流淹沒了中牟、尉氏、扶溝、西華、商水一帶，形成一條廣闊的水障。急流的黃河水注入淮河時，淹沒了淮河堤岸，七月十三日沖斷了蚌埠淮河大鐵橋，蚌埠至宿縣一帶，亦成澤國。整個黃泛區，由西北至東南，長達四百餘公里，途經豫、皖、蘇三省四十四縣。

花園口、趙口決堤，在軍事上取得了暫時的成功，給日軍西進平漢線造成了困難。日軍官方文件中記載，「中國軍隊六月十日左右於鄭州東北掘開黃河堤防，使黃河水向東南方向湧出，採取水淹戰術，淹沒了廣大沃野，形成了經中牟、尉氏、周口、阜陽連接淮河的大地障，給我軍行動造成極大困難。」

日軍各部隊均停止了追擊，第十四師團的一部被洪水圍於中牟縣城；位於氾濫區中心的日軍第十六師團一部來不及撤走的車輛、火炮、戰車等重武器均沉於水底，並沖走、淹死一批士兵。日軍航空兵以飛機投食物、醫藥及救生設備共六十一噸半；位於氾濫區以東的日軍也迅速後撤；被洪水隔於新鄭以南的第十六師團第三十旅團的五個大隊就地組織防禦，也是靠空投解決軍需物資，最後由日軍第二軍派出的船艇隊將其撤回。日軍損失重大，「洪水到處，日軍驚恐萬狀，東奔西突，人馬踐踏，車、馬、人員淹沒不計其數。」

日軍為了援救被滾滾洪水困住的士兵，不得不抽調大批部隊以及汽艇、船隻、彈藥、給養向西運去。日方資料這樣記述第十四師團當時的情形：「華北戰場勇猛善戰的土肥原兵團，頓時陷入一片汪洋之中，顧不得物資和馬匹，紛紛逃向隴海路兩旁路基上和中牟縣城裏避難，以圖喘息，……中國派遣軍、關東軍以至日本全國，為營救土肥原兵團動員了所有的鐵舟部隊工兵隊，與敵彈、洪水搏鬥一月，才救出了土肥原兵團。」二十九日，日軍在徐州舉行聯合追悼大會，僅第二軍死於洪水人數便達到七千四百五十二名之多。

中國軍隊乘機向被圍困的疲憊日軍發動進攻，日軍此時已無力反擊，經常大部潰逃，一直到「七月七日左右，才脫離浸水地帶的難關」。

黃河決口在軍事上達到了預期的效果，粉碎了氣焰囂張的日寇奪取鄭州後迅速南取武漢、西襲潼關的企圖，並且使日軍進行武漢會戰的進軍路線也改變了，退至鄭州一帶的中國軍隊也免去了被追擊之苦。

然而，黃河的氾濫洪水也給下游中國老百姓帶來巨大災難，豫、皖、蘇三省近百萬人喪生水中，無數的住宅被沖垮，不盡良田被淹沒。據統計，「河南民宅沖毀一百四十餘萬家，耕地陸沉八百餘萬畝，安徽、江蘇耕地陸沉一千二百餘萬畝，傾家蕩產者四百八十餘萬人。」

第三章 迎來抗戰相持階段

一、蔣介石鐵心保武漢

徐州戰敗後，軍事委員會重新調整作戰序列，跳出一城攻守戰的圈子，在武漢周圍廣大地區進行了精密的部署，戰線連綿數千公里。陳誠被任命為武漢衛戍總司令，保衛武漢的戰役即將展開。

湖北省居長江中游，北連四戰之地河南，南接山川雄固的湖南，這三省實爲中國這個巨人的腰臍所在。長江從湖北境內蜿蜒東去，可呼應贛、皖，而從宜昌溯江西上，則能背倚巴蜀做

▶▶蔣介石主持會議制訂武漢作戰計畫

大後方。武漢更是水陸交通樞紐，不僅有長江水路聯絡東西，還有平漢鐵路和粵漢鐵路兩大動脈貫通西北，並溝通西南、西北地方，而由廣州北運的從國外購買的各種戰略物資也經武漢三鎮集散，再分頭接濟各戰區。

一九三七年十一月，南京被圍時，國民政府遷都重慶，其軍事統帥部的軍事委員會及許多重要部門遷至武漢領導抗戰，中共也在武漢設有中共中央長江局，發動群眾擁護和支持國民政府抗戰政策。該地實際上成爲當時中國軍事、政治、經濟中心，戰略地位十分重要。

日軍在攻佔南京後，面臨一個嚴酷的事實，就是中國的戰略空間太大，中國抗日作戰的意志極強，中國雖遭到嚴重的戰場挫敗，但就是不肯屈服，因此日本速戰速決的戰略指導原則，根本就失去了作用。在這種情形之下，日軍不得不調整侵華策略，不斷增兵，繼續深入中國的內地，以攻佔中國更多的領土、截斷中國對外的交通補給線，以及摧毀中國所有的抵抗意志與作戰力量。

日本政府研究國策的智囊團——昭和研究會，在提出的《關於處理中國事變的根本辦法》

一文中稱：「爲了徹底打擊國民政府，使它在名義上、實質上都淪爲一個地方政權，必須攻下漢口、廣東（州）以及其他抗戰中樞。」他們尤其重視漢口，認爲摧毀抗日戰爭的最大因素是國共合作勢力，「攻下武漢是絕對必要的」，這樣不僅可以切斷國共統治地區的聯繫，還可能引起兩黨的分裂。

日軍在徐州會戰中撲空，沒有達到圍殲中國軍隊主力的目標，大本營很快就做出了進攻武漢和廣州的兩項戰略決定。日軍統帥部攻佔武漢的意圖是「將蔣政權逐出中原，壓迫到邊陲地區，以取得戰略、政略的有利態勢。」一九三八年六月十五日，大本營的計畫得到日本御前會議批准。

一九三八年，國民政府只剩下極其有限的資源，來進行武漢會戰。中國的稅收與工業區，都已落在日軍的手中，中國軍隊的精銳也在多場戰爭中，傷亡極大。補充徵募的新兵，不但人數不足，且缺乏任何的軍事訓練。軍隊急需的重武器裝備只能選擇性地得到補充。在這樣的背景下，國民政府決策層中部分人有了同日本議和的想法。在全國民眾依然保持高漲的抗日熱情地鼓舞下，蔣介石頂住了同日本妥協的壓力，毅然拒絕了德國人的斡旋，決心繼續誘敵深入，進行武漢會戰。

當平津陷落，日軍分兵沿平漢路南攻鄭州、由津浦路夾擊徐州時，國民政府軍事委員會就開始考慮保衛武漢的作戰方案。一九三八年一月十一日，蔣介石在開封召開的第一、第五戰區團以上軍官參加的軍事會議上，曾對當時的戰略構想及戰術運用做過闡述。他說：我軍的戰略是什麼呢？簡單明瞭地講起來，就是東面我們要保持津浦路，北面要保持道清路，來鞏固武漢核心的基礎。我們如何才能夠鞏固這條道路呢？……一定不好待著不動，坐以待敵，必須積極動作，對威脅我們的敵人採取攻勢，必須嚴密監視敵人，時刻保持主動地位……或從正面冒死突進，或由側面繞道截擊，或迂迴包抄圍攻殲滅，或縱兵深入斷敵歸路……陷敵人於被動，使他顧此失彼，應付不暇。如此我們才能固守，才能夠借津浦、道清兩路來屏障武漢。武漢重心不致動搖，國家民族才有保障。這就是我們的戰略。

徐州會戰雖然消滅了大量敵人，終未能守住津浦路。開封、鄭州一帶的作戰也不盡如人意。為阻止日軍的攻勢，中國軍隊忍痛鑿開了黃河大堤。日軍原計畫由豫東大平原南下，在皖北平原沿淮河西進，都因黃河決口而停止。滔滔黃河水阻止了日軍機械化部隊沿平海路南下的迅猛攻勢，卻沒有改變日軍奪取武漢的野心。

對中國抗戰整個戰局來說，武漢勢在必守。鑒於以前南京保衛戰的慘痛教訓，考慮到武漢三鎮在地理位置上天險可守的實情，國民政府軍事統帥部接受了南京國防會議上中共代表提出的部分建議，於一九三七年十二月十三日在武昌擬定了《軍事委員會第三期作戰計畫》。這個作戰計畫，一改過去守城阻擊的作戰方式，把防守作戰重點放置在武漢外圍地區。為了在武漢迎擊日軍，蔣介石特令設立了武漢衛戍司令部，由陳誠出任司令。武漢衛戍司令部趁徐州會戰緊張之機，在武漢外圍構築防禦工事，整理補充軍隊，加緊備戰。

徐州會戰後，中國守軍第一戰區程潛所部主力退至河南信陽以西，第五戰區李宗仁所部則退守鄂豫皖邊境大別山一帶，第三戰區顧祝同所部駐守九江以下的長江南岸一帶。日軍因黃河決堤被迫改變作戰路線，以主力沿長江兩岸進攻，一部沿大別山北麓西進。戰略形勢大大改變，武漢防禦陣地由對北及東北正面變成對東正面，中方態勢一度穩定。

軍事委員會爲適應當前作戰局勢，調整了作戰序列。

第一戰區，司令長官衛立煌，共轄十二個步兵師，一個步兵旅，一個騎兵師，一個騎兵旅以及其他特種部隊，作戰區域在河南省及安徽省一部。

第二戰區，司令長官閻錫山，共轄三十二個步兵師，十四個步兵旅，五個騎兵師，三個騎兵旅以及其他特種部隊，作戰區域在山西及陝西一部。

第三戰區，司令長官顧祝同，共轄二十二個步兵師，二個步兵旅以及其他特種部隊，作戰區域爲蘇南皖南浙閩兩省。

第四戰區，司令長官張發奎，共轄十八個步兵師，二個步兵獨立團以及特種部隊，作戰區域在兩廣地區。

第五戰區，司令長官李宗仁，共轄二十六個步兵師，一個騎兵師，一個騎兵旅以及其他特種部隊及保安部隊，作戰區域在皖西鄂北豫南方面。

第八戰區，司令長官朱紹良，共轄六個步兵師，九個步兵旅，四個騎兵師，四個騎兵旅以及其他特種及保安部隊，作戰區域甘肅、寧夏、青海及綏遠地區。

第九戰區，司令長官陳誠，薛岳（代），共轄五十二個步兵師以及其他特種及游擊部隊，作戰區域在江西省一部鄂南（長江以南）及湖南省。

第十戰區，司令長官蔣鼎文，共轄九個步兵師，一個步兵旅，一個騎兵師，一個騎兵旅以及其他特種保安部隊，作戰區域在陝西省。

魯蘇戰區，總司令于學忠，共轄七個步兵師，作戰區域在蘇北及山東方面。

冀察戰區，總司令鹿鍾麟，共轄五個步兵師，一個騎兵師，以及其他特種部隊，作戰區域在冀察地區。

一九三八年六月中旬新編第九戰區，以陳誠爲司令長官，主要防禦鄱陽湖西岸及田家鎮要塞以東地區，防止敵人突破防禦陣地，所轄薛岳第一兵團在南昌至德安附近鄱陽湖西岸一線組織防禦，阻敵西進；張發奎第二兵團在德安至九江一線組織防禦，阻止敵人沿長江進攻武漢。

軍事委員會同時決定以第五、第九兩個戰區所屬部隊保衛武漢。第五戰區所轄孫連仲第三兵團、李品仙第四兵團擔任長江以北、大別山東麓地區的防禦；武漢衛戍部隊和江防守備部隊，固守武漢核心地區和武漢外圍沿江要地。這使整個部署戰區的指揮能力和作戰能力得以增強。

軍事委員會這樣的部署，目的在於：一是以空間換取時間，內、外戰線結合，消耗、挫敗敵人；二是及早內遷工廠、內運物資、整備軍隊、加緊生產，做長期抗戰準備；三是爭取國際同情和支援，期待國際戰場的開闢，以徹底戰勝日軍。

跳出了一城之攻守戰圈子的武漢會戰，是以武漢爲中心，以鄂、皖、豫、贛爲廣闊戰場的大戰役。從六月開始，保衛大武漢成爲輿論的中心，各界民眾，國民黨的軍政要員和廣大愛國將士都不同程度地投入到保衛武漢的戰役中來。「保衛大武漢」的口號一時響徹整個大後方。

一九三八年六月，日軍趁我十六軍參加結業晚宴之時，進攻馬當。參宴的十六軍軍長李韞珩貪酒，貽誤戰機，一六七師增援遲緩，馬當要塞輕陷敵手。李韞珩被撤職查辦，一六七師師長薛蔚英被槍決。

一九三八年六月十八日，日本大本營下達了準備武漢作戰的命令，指示華中派遣軍在海軍配合下搶佔黃梅、九江一線，準備進攻武漢，要求華北方面軍進行部分作戰進行策應。

安慶、馬當、湖口、九江是江防要地，一旦被佔領，便將成爲日軍沿江進窺武漢的據點，而日軍又首先著眼於安慶。

六月十二日，日軍第六師團坂井支隊自合肥南下意欲奪取安慶，江淮地區時值梅雨天氣，加上道路已被我方嚴重破壞，前進極其困難，擔任先鋒的坂井支隊行進緩慢，爲增強突擊力，日軍華中派遣軍改變策略，調遣曾駐防台灣適應亞熱帶氣候作戰的波田支隊擔任溯江的先遣部隊，協同海軍沿長江進攻安慶。這樣，負責南路進攻的日本第十一軍在大本營還沒有下達漢口攻略指令前，就搶先發動了序戰攻勢。

六月十一日夜，波田支隊在大雨中偷襲登陸，十五日，安慶淪陷。中國守軍楊森第二十七集團軍隊以一部在安慶西北集關等地繼續阻敵前進，主力則向太湖方向轉移。中國軍隊在淮南的總兵力有九個師之多，加上地方團隊，兵力不算少，但由於裝備、素質欠佳，防禦面過廣，而且戰鬥不力，日軍長驅直入，守軍輕失安慶。之後，又連失潛山、石牌等要地。

日本航空兵原以廣德、蕪湖為前進基地，每當其轟炸機或攻擊機空襲武漢時，護衛的戰鬥機因續航力的關係，在武漢上空的空戰時間限在十五分鐘之內。日軍早就期望佔領安慶，安慶的失守不僅使日軍航空兵獲得了一個攻擊武漢等地中國空軍基地的絕好基地，而且直接導致長江中下游南京到武漢間第一道屏障——馬當封鎖線危急。

馬當（今馬壋）地處江西彭澤縣境內，橫據江濱，是長江最重要的要塞之一。長江江流被水中泥沙一分為二，左水道較為狹窄，淤塞不通，右水道流經馬當山下，是主要航道。此地為長江中游最狹窄的地方，寬不到五百米，水流湍急，形勢險要，具有一夫當關，萬夫莫開的戰略優勢。「七七事變」後，國民政府軍事委員會為阻止敵人向西進犯，力保九江、武漢安全，專門建立了長江阻塞委員會，在此設要塞，築一般工事，在江心建成一條攔河壩式的阻塞線。兩岸山峰險要的地方還設有炮台、碉堡、戰壕等工事，水面佈置三道水雷防線，前後共佈雷一千五百餘枚，同時配置重兵防守。馬當要塞由江防要塞守備隊第二總隊、第四十三軍第二十六師一個營、守備第一營和第二營，以及炮兵第八團、第四十二團、第四十二團各一部等守備。馬當下游之黃山、香山、藏山磯及下隅阪、黃栗樹、馬路口等，由江防軍第十六軍第五十三師和第一六七師守備。同時在馬當江面，中國海軍爲阻止日艦西犯，設人工暗礁三十處，沉船三十九艘，佈雷一千六百多枚。馬當基本上成爲較堅固的封鎖線，對防守武漢而言，防止敵海軍西進，馬當首當其衝。

六月中旬，日本海軍艦艇開始用火力清除江面的魚雷，逐步向馬當要塞靠近。此時正逢當地一期抗日軍政大學班結業，受訓人員很複雜，除了防守湖口、馬當要塞的十六軍的副職軍官和排長外，還有馬當、彭澤兩地的鄉、保長。雖然戰事日緊，十六軍軍長李韞珩仍然決定在六月二十四日上午八時舉行結業典禮，並於二十三日發出通知，令各部隊上尉以上軍官屆時前來參加，會後在司令部聚餐。接到命令後，守衛香口江防的五十三師三一三團連以上軍官和其他十六軍所屬部隊的軍官都於二十三日晚到達馬當鎮，準備參加次日的結業典禮。

當日，混入結業典禮的漢奸向日軍告密，日軍趁守軍各部隊主官參加結業典禮會餐之機，對馬當發起了猛烈攻擊。

二十四日凌晨四時，日軍乘小艇靠岸，沿香口江邊登陸，上岸後，即向負責香口一帶防守的五十三師三一三團發起猛烈進攻，三一三團連以上主官多已奉命離隊去參加結業典禮，對日軍的突然襲擊全無準備，戰鬥無人指揮，陣地亂成一團，香口遂告失守。之後，香山等陣地也相繼失守。負責指揮馬當要塞陣地防守的守備第二總隊總隊長鮑長義，把所屬三個步兵大隊安置在馬當以東的長山，依此處的八個鋼筋水泥構築的堅固工事進行防守。日艦八艘輸送陸戰隊八百餘人在東流登陸，連續攻陷馬當東面的香山、黃山、香口諸要地。

二十四日晨八時，日軍向長山發起了猛烈進攻。日軍步兵組成三個突擊組，擔運重機槍，從太湖口向長山步兵陣地突擊。太白湖至江邊原是一片稻田，因江水上漲，漫過圩堤，變成湖蕩。日軍一進入湖蕩，半截身子就陷入水中，重機槍火力不能發揮應有作用。我守軍長山陣地的輕、重機槍一齊向敵開火，猛烈的火力下，敵軍紛紛中彈。日軍當天上午組織兩次突擊，下午又進行兩次進攻，都是有來無回。步兵進攻要塞幾無進展，便出動十多艘軍艦，向長山步兵陣地炮擊，我守軍陣地上，部分工事被摧毀，人員也有傷亡，戰況十分激烈。香口之敵趁勢再次由湖蕩向長山突擊，企圖憑藉強大火力的掩護突破我守軍防線，但仍被英勇作戰的第二總隊官兵消滅在湖蕩之中。下午六時，蔣介石從武漢來電，對第二總隊官兵予以傳令嘉獎，武漢衛戍總司令陳誠亦來電嘉獎。

六月二十五日，第十六軍第六十師在空軍的配合下，向登陸的日軍展開反擊，試圖收復失地。第六十師在空軍的掩護下，發起反衝鋒，將日軍步兵迫退至長江邊，於當日中午收復香山、香口，擊沉敵艦兩艘，重創一艘。下午，敵軍艦、援兵源源不斷增加，敵援兵在艦炮的掩護下又紛紛登陸，大舉反撲，香山、香口再度失陷。與此同時，敵艦炮火繼續向長山陣地猛烈轟擊。長山守軍與敵海陸空軍鏖戰兩整天，傷亡重大，戰鬥力減弱，急待補充。

馬當此時情況也極危險，然而要塞司令部下轄僅有一營守軍，加上從東方潰退下來的第五十三師潰兵也僅有五百餘人，亟待援軍解圍。

馬當要塞的守軍原來屬於海軍第三艦隊，駐守青島。抗戰爆發後，他們將艦船上的武器拆下，將艦船沉入青島的海灣堵塞通道。一部分官兵隨山東省主席兼第三艦隊司令沈鴻烈在山東打游擊，另一部分由副司令謝剛則率領到武漢整訓，命名為江防要塞守備司令部，分駐在武漢外圍、馬當和湖口要塞負責江防任務。在馬當要塞司令部還有一個馬湖區要塞指揮部，指揮官是第十六軍軍長李韞珩，指揮馬當、湖口兩個要塞區的作戰，但是第十六軍各部卻分散佈置在彭澤各地。

當馬當要塞告急時，李韞珩正為自己主持開辦的「抗日軍政大學班」大擺宴席，飲酒作樂，並不相信日軍已登陸。直到要塞指揮官多次告急催促，他才答應調兵增援，卻又捨近求遠地命令第一六七師支援。

二十六日拂曉，日軍在娘娘廟、牛首磯登陸，大舉進犯，並發射了大量催淚性毒氣彈。援軍第一六七師遲遲未到，要塞守兵雖然進行了英勇頑強的抗擊，但在敵海、空軍猛烈炮火轟擊及優勢兵力圍攻下傷亡殆盡，被迫放棄要塞，馬當遂告陷落。

自中日開戰以來，蔣介石就下令加固沿江各要塞防禦工事。馬當要塞工程更是歷時經年，國民政府投入了大量的人力物力。這個本來能箝制和延緩日軍進攻的重要據點，竟然被敵人輕易地佔據了，消息傳來，蔣介石心中不由燃起熊熊怒火。指揮失誤的十六軍軍長李韞珩被撤職

▶▶中國馬當要塞士兵嚴陣以待

查辦，救援不力的一六七師師長薛蔚英被槍決。

馬當陷落後，日軍勢如破竹，彭澤、湖口、九江等要塞相繼失守。中國軍隊雖然組織了抵抗，但依然沒有抵擋住敵軍的進攻。八月，中日雙方均調集重兵，一場大規模的會戰即將展開。

日軍佔領馬當要塞後，即向彭澤進軍。六月二十九日晨，日軍全力向彭澤進攻，上午十時許，彭澤已經陷於日軍包圍之中，經過一番激戰廝殺，守軍第五十六師、第一六七師損失嚴重，彭澤終陷敵手。

湖口在鄱陽湖通連長江之處，是九江的門戶，如果被日軍佔領，那麼日軍的艦艇就可以直接進入鄱陽湖活動，威脅南潯路守軍側翼和第三戰區後方。因而在馬當、彭澤失守後，第九戰區迅速調整部署，加強湖口的防禦力量。七月一日，中國軍隊與波田支隊一部遭遇，經戰鬥後退守楊家山，而日軍跟蹤追擊，並向守軍施放毒氣，守軍官兵一百餘人中毒。二十六師師長楊雨卿率部下奮力廝殺，死守湖口，敵我雙方連日激戰。七月四日，波田支隊在飛機、艦艇支援下猛攻湖口。

我第二十六師與進攻要塞的日軍反覆爭奪，傷亡甚重，僅團長即傷亡兩名，但部隊仍堅守梅蘭口陣地。日軍波田支隊再次施放大量毒氣，守軍中毒者甚多，導致陣地被日軍突破，僅百餘人守炮台、三百餘人守湖口城外陣地，援軍無法增援。湖口於當晚被波田支隊佔領。

湖口戰鬥期間，絕大多數官兵都英勇奮戰，在陸、海、空部隊協同之下給日軍以重創，其中中國空軍共出動五十六架次支援地面守軍作戰。日本海軍第十一戰隊的「三高速」號炮艦觸雷沉沒，「雁」號艦炮被炸傷，另有三艘汽艇被擊沉。

日軍勢如破竹，一周時間內連陷彭澤縣城、湖口要塞，與湖口唇齒相依的軍事重鎮九江頓時失去了屏障，形勢岌岌可危。二十三日夜半，波田支隊由湖口乘船，在海軍第十一戰隊一部掩護下潛入鄱陽湖中鞋山附近，企圖從姑塘登陸。守軍預備第十一師發現時，日軍已進至灘頭，雖奮力抗擊，擊沉敵汽艇十餘艘，但在日海軍艦炮火力制壓下傷亡甚眾。拂曉後，日軍飛機又飛臨上空，猛烈轟炸守軍陣地，據守灘頭的張文美營全部犧牲。波田支隊大部登陸。

第二集團軍總司令張發奎得到報告，令第十五、第一一八師增援，務於拂曉前殲敵。可第一一八師支援不力，反自潰敗，退往九江、星子。二十四日午後，日波田支隊及第一〇六師團主力已全部登陸，當晚，從東、南兩個方向進攻九江。

駐守九江的李玉堂第八軍處境窘迫，勁旅第四軍歐震部雖匆匆趕至，但因控置機動以防不測事態，未能投入戰鬥。二十五日夜，日軍蜂擁入城，雙方展開激烈巷戰，第二集團總司令張發奎於當晚廿三時下達撤退命令，守軍各部隊按照命令，撤向新陣地。二十六日晚，九江遂告失守。同日，長江對岸的江防要地小池口也告不守。

九江戰略地位極爲重要，守住九江，即可限制日軍沿江西進，確保武漢安全；如被日軍佔領，則日軍西可逕取武漢，南可迂迴取南昌、長沙。因而軍事委員會部署十萬大軍進行防守，但雖集結有十萬大軍卻敗不旋踵，究其原因，武器裝備方面遠遜於日軍是重要原因，同時還有關鍵兩點：一是準備不足，所有部隊開始戰鬥時才進入陣地倉促應戰，對敵情、地形相當不熟；第二是兵力的部署缺乏縱深配備，江、湖岸的防禦多是一線部署，日軍突破後，缺乏反擊能力。

持久抗戰的要訣在於因地因時制宜，靈活打擊敵人，不計較一城一池的得失。針對一些消極言論，蔣介石在指揮武漢會戰期間還時常對外發表講話，聲明中國政府保衛武漢及堅持長期抗戰的決心，以正國際視聽。七月十八日，蔣介石接見了英國《每日先驅報》駐華記者斯諾，他說：「武漢必能堅守，而日軍後方，因中國游擊部隊日趨活躍之故，則將變爲前線。」對於尚未發生的事只能預測，而難以左右，在做最好期望的時候必須做好最壞的打算，蔣介石當然明白這個道理。「縱令武漢將來有不能守之一日，殊亦無損於抗戰之毫末；中國之目的固在長期作戰以消耗敵人力量，而獲得最後勝利，相信保衛武漢之地，必使敵人遭受重大損失也。」

六月中旬至八月中旬是武漢會戰的前哨戰時期。在此時期，日軍一面派兵佔領前進陣地，一面集結主力。七月四日，日方大本營調整了攻擊武漢的戰鬥序列和作戰計畫。日軍共分兵兩路，準備以鉗形攻勢進攻武漢。南路由華中派遣軍的第十一軍岡村寧次中將負責，統帥日軍第六、九、二十七、一〇一、一〇六師團，以及四個支隊和特種作戰部隊，總兵力十五萬人，在九江集結，然後沿長江南北兩岸進攻武漢，北岸的軍隊直攻武漢，南岸軍隊負責包抄粵漢鐵路的賀勝橋與咸寧，以截斷武漢中國軍隊的南下退路，最後再合圍，意圖全殲。

北路軍由原華北方面軍的第二軍東久邇宮稔彥王中將負責，第二軍改由華中派遣軍統一指揮，統帥日軍第三、十、十三、十六師團，以及特種作戰部隊，總兵力十二萬人，在合肥集結。沿著大別山由東向西進攻，在攻克平漢鐵路之後，再向南旋轉切入武漢，與南路日軍會師，合圍中國軍隊。

另外，華中派遣軍控制四個師團做爲預備隊，以及三個飛行團的支援兵力、一個海軍艦隊，兵力爲十四萬人。兩支日軍以南北平行運動的鉗形攻勢，直撲武漢，但是以兵力與支援而言，日軍進攻的重點放在南路的長江作戰上。但日軍部隊分散在各地，北抵晉綏、南達餘杭，還有的部隊遠在日本國內，輸送集中成爲一大難題。「在炎烈的氣候下不斷經歷著非語言所能表達的痛苦，如鐵道船舶的長途輸送，在惡劣道路上行軍，耗費時日的渡河，補給嚴重不足，霍亂、瘧疾流行等，以致人馬疲憊不堪，發病者占了大多數，還未戰鬥，野戰病院中就充滿了患者，並有不少人死亡。」

日軍集中緩慢，加上中途發生張鼓峰事件，遲至八月下旬才集中完畢。八月二十二日，日軍下達進攻武漢附近的命令，其要點爲：「華中派遣軍與海軍協同，攻佔漢口附近之要地，在此期間，力爭擊破多數之敵。攻佔漢口附近後，應力求緊縮佔據地。」

八月末，日軍華中派遣軍根據所屬第十一軍及第二軍大致完成戰略展開情況，遂按原計畫全面發起向武漢的大規模進攻。

這時，中國政府決定的戰略防禦方針是保持現態勢，消耗敵軍兵力，確保大別山黃麻間之陣地，先摧破敵包圍武漢企圖，爾後集中兵力，由南北方向沿江夾擊突進之敵。第五戰區防禦大別山主陣地，第九戰區阻止敵沿長江西進，並根據日軍進攻重點在長江以南，遂將防禦重點放在長江以南沿岸地區。

蔣介石決心在武漢與日軍大戰一場。國民政府軍事委員會將凡能動用的部隊全部調往武漢參戰，共一二九個師一百一十多萬人，僅存的一百多架戰鬥機、轟炸機，四十多艘戰艦也全部投入了會戰。

八月，中日雙方調動重兵，在以武漢爲中心的數千里範圍內，展開了一場空前規模的大戰。整個武漢會戰在長江南岸和北岸同時展開，交錯進行。中國第五、第九戰區部隊從六月到十月底同日軍展開一系列激戰。第九戰區主要於鄱陽湖以西沿南潯路一線、瑞武公路一線與日軍激戰，在江北第五戰區主要於大別山南麓、大別山北麓與日軍激戰，其間大小戰鬥數百次。

武漢會戰關係到整個抗日戰局，是中日戰場走向相持階段的關鍵。

二、百萬大軍激戰大江南北

九江失守後，陳誠重新調整第九戰區作戰部署。中國軍隊對進犯之敵英勇抗擊，進行了著名的金官橋防禦戰和德星路防禦戰，為中國軍隊的正面主力戰場贏得了時間。日軍損失慘重，岡村寧次無計可施。

九江及鄱陽湖西岸的西、南地區爲第九戰區囤積重兵的主陣地。

當日軍突破馬當、湖口要塞，兵鋒直指九江時，國民政府軍事委員會和第九戰區司令部就判定日軍有兩種包圍武漢的可能：如果兵力充足進展順利，日軍將沿南潯路南攻德安、南昌，然後直趨湘北攻佔長沙，截斷粤漢線進行大包圍；如兵力不足時，日軍將會由贛北進軍鄂南，封鎖咸寧地區，對武漢實施小圍攻。

基於這樣的判斷，九江失守後，陳誠立即調整了第九戰區的作戰部署：由薛岳指揮第一兵團防守南潯路正面，阻敵南進，屏障南昌，同時側擊西進日軍；張發奎指揮第二兵團擔負九江、瑞昌一帶作戰任務，守衛瑞（昌）武（寧）路、瑞（昌）通（山）路，阻敵西進，並掩護南潯路正面守軍的西側翼。

八月三日，佔據九江的日本第一〇六師團奉岡村寧次的命令，沿南潯路南下，在炮兵、戰車、空軍協同下向金官橋一線守軍發起攻擊。同時沿江北進攻廣濟、黃梅的第六師團也加緊進攻。長江南北兩岸，第十一軍的兩個先頭師團，向南、向西以「八」字之狀猛攻而來。

攻陷九江後，岡村寧次沒有直接向西猛攻，直接震懾武漢。而是自九江、湖口南下，企圖攻佔德安、南昌，再西進長沙，截斷粵漢鐵路，對武漢實行戰略大包圍。這一計畫不僅能消除左翼薛岳的數十個師的威脅，還能先斷武漢退路，徹底動搖中國守軍意志，以最終圍殲中國數十萬重兵。蔣介石看出岡村寧次的計畫，爲避免武漢重演南京悲劇，決定疏散撤退。八月三日，武漢衛戍總司令政治部發佈文稿勸導百姓疏散。四日，湖北省黨部發表了《爲疏散武漢人口勸告民衆書》，要求市民百姓和除軍委會外的政府及其他機構撤離。

守衛金官橋一線的歐震第四軍、李覺第七十軍、李漢魂第六十四軍、李玉堂第一軍早有反擊準備，中日雙方在南潯線正面展開激戰，薛岳組織守軍進行了有效的持久防禦。鑒於越往後

▶▶ 岡村寧次

岡村寧次，一八八四年生，日本東京人。一九三二年任日本上海派遣軍副參謀長，一九三三年代表日本政府同國民黨政府簽訂了《塘沽協定》，是侵華戰爭中的日軍主要將領。

退，防禦正面越大，越不易守，薛岳命令金官橋一線現有陣地必須堅守，陣地屢失屢得。進展緩慢的日軍開始大量使用毒氣，雖然給守軍造成很大損失，但始終難以突破守軍陣地。金官橋一線的防禦戰就這樣打了一個多月，雙方傷亡都很大。

在金官橋一線的防禦戰中，李覺指揮第十九師團固守序山險峻地形，發揮血戰不退的作戰精神，堅守陣地長達四十一天，對進攻日軍造成近乎殲滅性打擊。淞滬會戰時，第十九師是國民黨戰績最優的十個師之一，作戰英勇。八月四日，日軍田中大佐親率一一三聯隊主力及配屬的一個大隊對十九師團發動了新一輪的正面猛攻。中國軍隊第五十七旅陣地一度告急，新升旅長周昆源在危急情況下，率衛隊連投入戰鬥，十九師陣地重新恢復，但是雙方損失都相當慘重。

八月五日，田中大佐率增援部隊再次攻擊十九師金官橋陣地，並施放大量毒氣彈。中國軍隊前沿陣地一陣混亂，李覺急令一一四團反擊前沿陣地，戰鬥中，一一四團團長不幸中彈犧牲，士兵失去指揮，加之對毒氣彈的畏懼，反擊失利，軍隊撤至主陣地。日軍拿下第七十軍前沿陣地。李覺在援軍到來之前，做了局部兵力調整，在日軍的再次進攻中發揮了重要的阻擋作用。

金官橋一戰，日軍損失慘重。後來繳獲的敵軍日記記載：「幾次進攻中，廬山上的迫擊炮彈如雨點般從天而降，皇軍大受威脅，死傷可怕。」還有一士兵日記寫道：「廬山是支那名勝地，『不識廬山真面目』名不虛傳，皇軍在此遭到支那軍精銳部隊第十九師的堅強抵抗，前所未有的激戰，中隊、小隊長死亡很多，戰鬥仍在艱苦進行，與家人團聚的希望是困難的。」

第一〇六師團在金官橋等陣地前屢遭挫折，一籌莫展。八月中旬，整個師團的中小隊長傷亡近半數，戰鬥力和士氣大為低落。岡村寧次見正面強攻不下，於是調第一〇一師團從東側助攻。

八月十九日，第一〇一師團協同進入鄱陽湖的日軍艦隊，在空軍支援下由鄱陽湖西岸的星子登陸，企圖沿德星公路攻佔隘口、德安，包抄南潯路正面守軍的後路。冷欣指揮一個師奮勇迎戰，但獨力難支，二十一日，星子失陷。日軍繼續進攻，在東西孤嶺與守軍發生激戰。薛岳急令葉肇第六十六軍在隘口一線佈防，協助王敬久第二十五軍擋住日軍攻勢。兩軍將士浴血奮戰，一直到九月十二日，日軍才佔領東西孤嶺。

為了迅速在贛北推進，八月十六日，岡村寧次又調集了第九師團登陸九江，並迅速西進。二十三日，攻佔瑞昌後，第九師團派丸山支隊出擊岷山，企圖迂迴到中國守軍金官橋線陣地後方圍攻。薛岳立即電令駐德安附近的第七十四軍往岷山佈防。二十九日，雙方在岷山發生遭遇戰，第七十四軍一部被擊潰，次日，增援的另一部又被擊潰，一線守軍形勢突然嚴峻起來。三十一日，薛岳一面令金官橋線守軍向黃老門線轉移，一面督令第七十四軍全部開往岷山作戰。

時任七十四軍軍長的是蔣介石奉化同鄉俞濟時，他在一九三二年淞滬抗戰中，便率領第八十八師重創日軍第九師團和久留米混成旅團的進攻，作戰中被敵子彈穿腹負重傷。俞濟時自侍與蔣介石關係密切，而且資歷老，剛歸屬薛岳指揮時，時有怠慢之舉。這一次，薛岳正色警告他：「你要再向後退，就軍法從事。」第七十四軍果然一改嬌驕二氣，拚死抗敵，岷山一戰，傷亡最慘重的是該軍第七十九師。

九月三日，在第七十四軍和左翼守軍第四軍力戰下，金官橋全線守軍安全撤下來。鑒於黃老門線不夠鞏固，薛岳又將守軍撤退到德安以北的烏石門陣地，重新穩定了陣線，與日軍第一〇六師團對峙。

九月間，在南潯線雙方都有顧忌，初期很謹慎，戰況沉寂。蔣介石下令把他的嫡系俞濟時第七十四軍調回長沙休整，薛岳鑒於贛北各軍作戰時間更長傷亡更重大，堅決拒絕把這支生力軍調走。後來，蔣介石又調六十四軍赴粵作戰，薛岳再次強留下該軍一個師。薛岳留下這兩支部隊是有成效的，在九月中旬的瑞武路作戰和緊接著的萬家嶺大捷中，該部發揮了重大的作用。

沿德星公路西進的第一〇一師團在付出了重大傷亡代價後，於九月十二日佔領西孤嶺。隨後，日軍開始向隘口街發起攻擊。薛岳對德星路守軍的作戰指示是防守越久越好，越久越有利於南潯路方面主力殲敵。隘口街是由星子通往德安的孔道，第二十五、六十六兩軍就在這個孔道佔據了一個凹形陣地，繼續貫徹持久防禦的作戰方針。守軍據險而守，頑強作戰，將西進日軍拖住一個月，直到十月九日隘口街才被敵佔領。這一戰，守軍擊傷了日軍伊東師團長，將其佈施聯隊幾乎全殲，德星路的持久防禦為南潯路正面的主力作戰贏得了時間。

岡村寧次對於在贛北作戰一直無法擊敗中國守軍十分不安，九月中旬，他開始策畫一次大迂迴行動。岡村寧次一面繼續對德安戰線施加正面壓力，一面出動第二十七師團，先猛攻右翼的瑞昌、武寧，然後向南迂迴突進，企圖包抄中國軍隊德安戰線的後方，以圍殲在此力戰不退的守軍。薛岳果斷地決定出兵攻擊瑞武路日軍後方聯絡線。九月二十七日，雙方在麒麟嶺發生激戰，日軍鈴木聯隊大部被殲。日軍第二十七師團各部在群山中遭到張發奎和薛岳部的阻擊。中國軍隊在贛西的防禦戰，雖以失敗告終，卻大大打擊了日軍，阻擋了日軍的進一步攻擊，為正面主力作戰贏得了時間。

一九三八年九月，岡村寧次指揮一〇六師團進攻德安，企圖扭轉贛北戰局。中國軍隊在薛岳總指揮下，機動靈活，英勇作戰，取得萬家嶺大捷，幾乎殲滅日軍一〇六師團，受到中外關注。

瑞武路發生激戰時，岡村寧次從空中偵察得知，南潯路和瑞武路之間中國守軍兵力薄弱，於是命令第一〇六師團以主力向西推進，試圖從此空隙突入，「迅速進入德安西南地區，從側背攻擊德安周圍之敵」。企圖切斷潯南路和武寧路之間的聯繫。九月二十五日以後，日軍第一〇六師團奉命行動，在十月初悄悄繞過守軍左翼白雲山區進到萬家嶺附近。

擔任烏石門線陣地左翼防守任務的是歐震第四軍，經歷了岷山之圍，所以對日軍的迂迴包圍有較高警惕性。當他們偵察到日軍的行動時，立刻反向作戰，攔腰一擊，將第一〇六師團抑留住了。

薛岳和司令部認爲第一〇六師團孤軍冒險鑽入中國軍隊南潯線和瑞武線兩大主力之間，是將其殲滅的好機會。於是，薛岳立即請示軍委會和第九戰區，擬抽調大軍，殲滅突入之敵，決心調集德星路、南潯線、瑞武線三方面的第六十六軍、第七十四軍、第一八七軍、第一三九軍的一個旅，第九十一師、新編第十五師的一個旅、第一四二師、第六十師、預備第六師、第十九師，正面阻擊深入萬家嶺的日軍一〇六師團第四軍，四面包圍，將其全部殲滅。

收到薛岳的請示，求勝若渴的蔣介石迅速回電表示同意，並表示將再調遣部隊支援作戰。

十月二日，薛岳命令南潯、德星兩線上的第七十四軍、第一八七師、第一三九師會同正與日軍激戰的第四軍，包圍萬家嶺地區日軍第一〇六師團東半面；命瑞武線的新十三師、新十五師、第九十一師、第一四二師、第六十師、預六師包圍萬家嶺地區日軍的西半面。十月一日到三日間，第七十四軍第五十八師團向佔領萬家嶺、嘩嘰街的日軍連續攻擊，雙方傷亡很重。四日，雙方在小金山、萬家嶺、張古山、箭爐蘇一帶激戰，陣地幾度易手。到五日，各部援軍紛紛趕到，準備攻擊。

岡村寧次發現情況不妙，急令第一〇六師團向北轉進，力圖靠近第二十七師團。第二十七師團也奉命採取策應行動，但很快就被從瑞武路轉進的中國軍隊李漢魂部阻擊。岡村寧次又調十一軍所屬空軍增援，依然難解困境。由於中國軍隊兵力大，攻擊精神旺盛，包圍圈逐漸縮小，十月五、六日，第一兵團主力第七十四軍（後號稱國民黨五大主力之一的整編第七十四師）等部在長嶺、背溪街、張古山、獅子岩等處與日軍一〇六師團激戰。激戰到十月六日，第一〇六師團半數被殲滅，日軍彈糧告急，全靠空投，隨時都有被全殲的可能。第一〇六師團的窘境經中方廣播後，日本朝野震驚。

華中派遣軍司令畑俊六只有親自介入指揮，他不但把所有能出動的空軍，都派到萬家嶺上空，支援與掩護受困的一〇六師團，並且緊急出動所有華中派遣軍所控制的預備隊，組成三個支隊，不惜一切代價投入戰場，以救援被困的日軍。日軍馳援部隊萬餘人由鈴木春松少將統一指揮，由箬溪地區經武（寧）永（修）大道及其北側向東進攻，在十月六日到達柘林以北地區，薛岳不得不從包圍萬家嶺的部隊中抽掉五個師南下武永路阻止日軍東進。爲了迅速殲滅萬家嶺的日軍，薛岳又從德星路抽調第六十六軍參加作戰。

十月七日傍晚，我第四軍、第六十六軍、第七十四軍相繼發起進攻。截至九日，各部經過激戰，進展範圍雖不大，但大量殺傷了日軍，特別是日軍基層軍官傷亡慘重。第一〇六師團長松浦淳六郎中將，沮喪至極，已經做好焚燒軍旗、剖腹自殺的準備。華中派遣軍司令官畑俊六親自組織，向萬家嶺地區空投了二百多名聯隊以下軍官，以加強力量，這在整個侵華戰爭中是絕無僅有的。因此陣地對日軍突圍至關重要，日軍以飛機重炮攻擊，經過五個晝夜的反覆爭奪，張靈甫帶傷堅持戰鬥，最終守住了陣地。

▶▶張靈甫

張靈甫，原名張鐘麟，一九〇三年生，陝西長安人。抗日名將，國民黨高級將領。抗日戰爭中，跟隨王耀武南北征戰，血戰日寇。一九三七年赴上海參加淞滬會戰。一九三七年十二月率三〇五團在淳化鎮阻擊日軍，掩護五十一師退入南京。戰鬥中中彈受傷。一九三八年五月率三〇五團參加蘭封會戰之三義寨攻堅戰。一九三八年四月，萬家嶺大戰，張靈甫奉命對駐守德安張古山的日寇進行反擊，幾乎全殲日軍一〇六師團。一九四〇年冬，出任七十四軍五十八師副師長。一九四一年十月接任五十八師師長。一九四二年浙贛會戰中，率五十八師在衢州與日軍血戰三天，擊斃八十六聯隊第三大隊隊長長島田仁次郎。一九四三年參加鄂西會戰，收復公安。之後又參加了常德會戰、第四次長沙會戰、雪峰山戰役等，均有英勇表現，被視為「常勝將軍」。後升任七十四軍軍長。一九四七年孟良崮戰役中犧牲。

薛岳在整個戰役進行期間，始終堅守在指揮崗位上，他讓部下安置一張行軍床，疲倦至極就在床上小睡一下。戰事緊張或遇到苦戰，他便親臨前線指揮，「硝煙起前，彈雨紛集」，隨從們都萬分緊張，他依舊「指揮泰然」，全然不顧任何危險。

萬家嶺戰役的前敵總指揮爲第九集團軍司令吳奇偉，和薛岳一樣，也是身先士卒，親臨第一線指揮。有次他正與第四軍軍長歐震通電話，敵機俯衝掃射，吳奇偉毫不理會，直至敵機把他的電話機打碎。

進攻的各部都有出色表現，其中俞濟時第七十四軍尤爲英勇。該軍第五十八師腹背受敵，兩面作戰，全師幾乎傷亡殆盡。師長馮聖法爲守住陣地向軍部求援，俞濟時只得將軍部警衛營抽調兩個連增援，第五十八師終於阻斷日軍的退路，保證了萬家嶺合圍成功。王耀武指揮的第五十七師奉命攻佔張古山，那是全區制高點，易守難攻。數度攻擊無效後，第三〇五團團長張靈甫親率一支突擊隊效法鄧艾輕裝出發，攀木掛樹，穿過艱險的老林惡水，配合正面部隊進攻，飛奪張古山。而後日寇不甘失敗，出動飛機與重炮狂轟濫炸，幾乎將張古山夷為平地。張靈甫率部浴血死戰，與日寇鏖戰五天五夜，陣地得而復失、失而復得，反覆拉鋸。親臨死線指揮的他身中七塊彈片，鮮血直流也沒有退下火線。後來，因戰績輝煌，王耀武提升為第七十四軍軍長，張靈甫提升為旅長。

萬家嶺戰局的發展，受到了中外媒體的廣泛注意，蔣介石急切希望在十月十日之前圍殲萬家嶺日軍，為國慶獻禮。薛岳收到電令後，在九日又下令各師組織敢死隊合力攻擊，終於衝破日軍最後防線。到十日晨，日軍第一〇六師團絕大部分被消滅，漏網者不足千人。一〇六師團遭此殲滅性打擊，已徹底失去戰鬥能力，即在南潯路北段擔任守備任務，進行休整補充，原定與一〇一師團進攻南昌的任務被迫取消。

葉挺將軍對萬家嶺戰役作出高度評價：「萬家嶺大捷，挽洪都於垂危，作江漢之保障，並與平型關、台兒莊鼎足而三，盛名永垂不朽。」

薛岳將軍指揮的萬家嶺戰役取得了輝煌的勝利，雖然中國軍隊在整個武漢會戰期間最終未能保住武漢，但實現了蔣介石預定的消滅敵軍有生力量的目的，徹底粉碎了日軍妄圖將國民政府變為地方政府的陰謀，奠定了持久戰的基礎。日軍自一九三七年七月至一九三八年底，共傷亡十四餘萬人，陷入持久戰中無法脫身，直至戰敗投降。

萬家嶺一戰，殲敵三千，給日軍第一〇六師團以近乎毀滅性打擊，為一九三八年的國慶獻了一份厚禮，但在日軍增援部隊的反攻下，萬家嶺在十三日又失陷了。薛岳命各部撤出戰鬥，全軍退守永豐橋、郭背山、柘林一線。

萬家嶺之戰，雖然在最後的關頭未能組織強大的力量，徹底殲滅一〇六師團，但中國軍隊在此次戰役中表現出的機動靈活、組織嚴密的作戰特點，還有中國士兵英勇頑強、不怕犧牲的精神，大大震驚了日軍上下、日本朝野和國際社會。而日軍整整一個師團幾遭滅頂之災，在歷史上從未有過。

長江北岸，日軍第六師團在湖北東南地區進攻，直接威脅武漢。日軍佔領廣濟、梅川，李品仙兵團在田家鎮堅決拒敵。一九三八年九月田家鎮失陷，武漢保衛戰進入困難時期。

在長江北岸，日軍佔領安慶、潛山後，打開了沿江北岸西進的通道，在日軍中向有精銳之稱的第六師團在海空軍的直接支援下，從大別山南及長江北岸間的長條地段大舉西犯，直接威脅武漢。

鄂皖交界處的潛山、太湖、黃梅、廣濟一帶地區丘陵起伏，湖沼錯雜，構成天然的守勢地區。第五戰區司令長官李宗仁本來準備集中戰區主力部隊，在此聚殲孤軍突進的日軍第六師團。但在六月下旬偵察到日軍有分兵四路沿大別山進攻第五戰區的企圖，而當時中國軍隊主力集中於第九戰區，第五戰區兵力遠不及徐州會戰時期雄厚，面對日軍來路甚多，第五戰區只得分頭抵禦。

六月二十六日，日軍佔領太湖縣城，然後以主力移至江南，支援九江、湖口方面的戰鬥。李品仙指揮第四兵團各部乘機反攻，順利控制了潛山、太湖、宿松、黃梅一線的西北方山麓，以劉汝明第六十八軍守備宿松、黃梅正面及沿江要點，覃連芳則指揮剛組建的第八十四軍控制廣濟（今梅川）方面。中日雙方軍隊在這一線對峙，直到七月二十六日日軍第三師團在海軍配合下溯江而上攻佔小池口，鄂東戰事發生劇變。八月初，第六師團由太湖進攻宿松，同第三師團會合，進逼黃梅。劉汝明軍與日軍激戰兩日，被迫在八月四日退出黃梅縣城。黃梅、廣濟爲鄂東門戶，得失至關重要，第五戰區司令部決定反攻，江北戰事開始呈激烈狀態。

▸▸李品仙

李品仙，一八九〇年生，廣西蒼梧人，抗日名將，國民革命軍陸軍上將。抗日戰爭爆發後，率四十八軍參加上海保衛戰。十一月，升任第五戰區副司令長官，協助李宗仁、白崇禧進行徐州會戰戰略部署。一九三八年三月到四月，在津浦路南端正面戰場圍殲孤立之敵，延緩了日軍南北夾擊徐州的計畫，為台兒莊戰役創造有利條件。一九三八年六月下旬，被任命為第十一軍總司令，擔任大別山及以南地帶的防守任務。一九三九年指揮隨棗戰役，迫使日軍撤退。一九八七年卒於台北。

黃梅、廣濟作戰開始前，李宗仁因病離職，由軍委會副總參謀長白崇禧代理第五戰區司令長官職權。白崇禧極具軍事才幹，素有「小諸葛」之稱。他見長江北岸日軍過於深入，於是以一部反攻黃梅，另一部攻擊太湖、潛山，切斷日軍補給線，準備包抄第六師團。各部遵令而行，與日軍在鄂皖交界的黃梅、潛江一線展開激戰。日軍第六師團背受中國山地部隊箝制，西南為長江和湖沼地區所限，漸入困境，主力徘徊在宿松、黃梅之間一籌莫展達一個月之久。八月二十六日，李品仙兵團一部收復潛山、太湖，切斷日軍陸上補給線，白崇禧下令江北中國軍隊向集結黃梅的日軍第六師團發起猛攻，準備造成另外一次「台兒莊大捷」。

這次白崇禧的佈局雖然高明，但是同台兒莊之戰不同，中國軍隊已在鄂、豫、皖、贛廣大地區同日軍全線激戰，沒有重兵可以投入圍攻了。更為不利的是，長江對於中國軍隊是天險是障礙，對於擁有優勢海軍的日本而言，卻是救命的動脈。在中國軍隊成功切斷第六師團陸上後路的過程中，日軍開始改由小池口方面通過長江水路獲得補給和支援。岡村寧次也非等閒之輩，在第六師團漸入困境之時，他立刻從預備隊調集三個支隊加入第六師團，並發起反擊。

八月三十日，擔任黃梅正面主攻任務的第六十八軍、第八十四軍久戰不支，在日軍增援部隊反擊下被迫撤往廣濟及其西北山區防禦。得到支援的第六師團乘勢跟進，雙方在廣濟再度陷入苦戰。白崇禧親臨前線指揮，但中國守軍在日軍重炮和空軍威脅下，傷亡劇增，陣地連失。李品仙兵團的預備隊使用殆盡，仍然無法扼制日軍攻勢。九月六日，白崇禧令各部守軍撤出廣濟梅川城。

九月十三日，李品仙兵團調整部署，對廣濟發動全面反攻。部分陣地上，中日雙方殊死搏殺，陣地易手六、七次之多。李品仙兵團反覆圍攻廣濟，直到九月底，損失異常慘重。在空前激烈的反攻戰鬥中，正值中秋前後，陰雨連綿、雲霧瀰漫，日機不敢出動。中國軍隊各部趁此良機一度包圍了部分日軍據點，不料日軍竟大量施放濃性芥子毒氣彈，給中國軍隊造成巨大傷亡。

日軍在侵華戰爭中，幾乎在每個戰場都曾使用過毒氣彈。當時中國軍隊，十之八九的作戰裝備只有步槍與手榴彈等輕武器，根本沒有任何對付化學戰的防護裝備。面對毒氣攻擊，唯一的辦法是以毛巾泡水，掩住口鼻，這種做法當然不能抵擋日軍的化武攻擊，因此每當日軍以毒氣攻擊中國軍隊之時，戰場狀況是極其悲慘的，常常整個陣地就成爲了屍骨堆積場。

廣濟失守，嚴重影響到田家鎮要塞的安全。田家鎮爲武漢鎖鑰之地，是在沿江要塞中最堅固、最大的堡壘。富池口要塞與其夾江對峙，共扼長江航路。在這兩個要塞的北岸有黃梅、廣濟，南岸有瑞昌、陽新，均爲重兵把守的地方，掩護著它們的側背。蔣介石即指出田家鎮、富池田兩要塞「爲大別山及贛北我主陣地之鎖鑰，乃五、九戰區會戰之樞軸，亦武漢最後之屏障」，「而崇山對峙，江面狹窄，復有相當工事及備炮，洵我國最堅之要塞」。因而日海軍雖橫行江中，但當其陸軍未能突破田、富兩要塞側背的陸上陣地時，卻也奈何不得這道堅固的封鎖線。而廣濟一失，田家鎮要塞側背受敵。

九月十六日，由廣濟南下的日軍攻陷武穴，迂迴攻擊田家鎮。同日，江南岸的波田支隊在佔領馬頭鎮後，開始攻擊富池口。田家鎮的江防要塞雖然堅固，但在設計時有嚴重缺陷，只考慮到迎擊長江一面的作戰需要，而在側後的防禦上，幾乎沒有任何堅固的防禦設計。中國守軍在江防要塞上，對於正面進攻的日軍，產生極大的殺傷力，但是當日軍從廣濟迂迴攻擊田家鎮之時，整個要塞無法發揮應有的防禦功能。江南富池口要塞設計也有同樣的問題。

防守富池口的第十八師官兵與日軍血戰一周。到二十三日，師長李芳彬喪失鬥志，不顧張發奎令其堅守的命令和下級軍官的勸阻，擅自丟下部隊棄職潛逃，富池口要塞在次日失陷。富池口要塞過早陷敵，極大影響了江北田家鎮的保衛戰。不過，同富池口失陷情形不一樣，田家鎮的守軍自始至終都進行了頑強的抵抗。

面對日軍從北、東北、東南三個方向進攻田家鎮的戰局，爲統一指揮作戰，軍委會在九月十七日將原屬第九戰區的田家鎮要塞守軍李延年第二軍畫歸第五戰區指揮。白崇禧一面令李品仙兵團依託廣濟西北面山區攻擊日軍，牽制第六師團主力，一面令蕭之楚第二十六軍、張義純第四十一軍、何知重第八十六軍等協同李延年軍夾攻南下日軍，一度圍擊日軍今村支隊，迫使第六師團分兵增援。第二軍在李延年指揮下拚死抗敵，當時整個陣地硝煙瀰漫，血肉橫飛。顧作明指揮第九師用機槍和迫擊炮防空，奇蹟般地打下一架日機，極大地鼓舞了守軍士氣。守軍奮不顧身，頑強應戰，陣地常失而復得。陣地被敵炮炸毀了，就用彈坑做掩護繼續戰鬥。彈藥用盡了，就同敵人展開白刃戰和肉搏。

九月二十八日，日軍海軍增援部隊到達田家鎮長江水面。日軍出動飛機七十餘架，集中火炮一百多門，對田家鎮實施襲擊，摧毀了田家鎮防禦工事。日軍第六師團與今村支隊在海軍支援下，向田家鎮發動波浪式進攻。要塞主陣地多處被突破，守軍各部表現出頑強的鬥志，適時組織預備隊逆襲，陣地多次易手，雙方屍首遍地。在一處重機槍陣地上，激戰到只剩下少尉排長袁次榮，子彈用盡後，他將陣地上的手榴彈都收集到一塊戰鬥。面對包圍上來的日軍，袁次榮從容將最後一顆手榴彈放進重機槍匣，拉斷火索，緊抱槍身，滾向日軍。如此壯舉，讓進攻的日軍驚得目瞪口呆。

李延年爲了避免全軍覆沒，在二十九日下達撤退命令，第二軍轉移到大冶、陽新山區。在田家鎮要塞防守的第五十師施中誠部撤出時只剩下幾個連的兵力，田家鎮保衛戰慘烈之壯可想而知。

日軍第六師團攻佔田家鎮後，已元氣大傷，部隊休整補充，遲至十月十七日補充完畢後，才繼續西進，於十月二十二日佔領上巴河，二十四日晚攻佔漢口以北的黃陂，於二十五日首先攻進武漢。

二十九日晚，田家鎮要塞被日軍控制，守軍主力退至浠水、羅田之線，田家鎮失陷。至此，武漢保衛戰進入困難階段，軍委會放棄以一部死守武漢三鎮的計畫，而將武漢衛戍部隊分調增援第五、第九戰區。

日本華中派遣軍於一九三八年八月分兩路大舉西進合肥等地。中國軍隊奮起抵抗。孫連仲率部在大別山阻擊北路日軍，宋希濂部堅守富金山、張自忠部血戰橫川、孫震部力戰羅山，日軍損失慘重。

大別山位於鄂、豫、皖的邊境，其北麓的霍山、金寨、商城一線以南全爲險峻的山區，以北則逐漸變爲丘陵地帶。自六安經固始、潢川、羅山至信陽的公路就處於這一丘陵地帶之中，其間富金山至峽口段最爲險要。

當李品仙兵團在黃梅、廣濟一線同日軍第六師團等膠著之際，日軍華中派遣軍第二軍於八月二十二日開始從合肥等地大舉西犯。一路企圖沿大別山北麓直衝信陽，然後沿平漢線南下攻佔武漢；另一路則準備突破大別山進犯鄂東黃陂一帶地區，策應第六師團的作戰，從東北方向進攻武漢，完成對武漢中國軍隊主力的戰略包圍。

負責大別山北路防務的是孫連仲第三兵團。六安、霍山位於大別山東麓，爲鄂豫皖三省要衝，日軍要沿大別山西犯，必先攻佔這兩地。孫連仲兵團駐紮商城地區，將于學忠第五十一軍、馮治安第七十七軍部署在六安和霍山。

北路日軍第二軍在攻打武漢的戰略規畫中原先只是助攻的任務，但其司令官稔彥王中將認爲，大別山麓地形，並不適合大兵團運動作戰，預料中國軍隊在此兵力可能最爲薄弱。因此，

稔彥王決定以充足時間集結兵力，再大舉進攻，力圖後發先至。所以到八月下旬才以第十師團攻六安，第十三師團攻霍山。

孫連仲兵團轄四個軍共十三個師，約十萬人，面對有四個師團兵力的日本第二軍，力量顯得有些單薄。不過，第五戰區代理司令長官白崇禧判斷日軍在六安、霍山方面的進攻是支線作戰，況且黃梅、廣濟戰事正酣，他沒有也不可能從黃廣方面抽兵鞏固大別山防務。第五戰區兵力不敷分配，白崇禧只得請示軍委會，調駐紮信陽一帶休整的張自忠第五十九軍前往潢川一帶佈防，呼應孫連仲兵團作戰。

日本第二軍在六安、霍山方面的進攻進展很快，八月二十八日，第十師團攻佔六安，次日，第十三師團攻佔霍山。其後，第十師團向固始、潢川方向發動進攻，第十三師團則攻向商城方面，第十六師團、第三師團也相繼跟進。「小諸葛」白崇禧開始意識到北路日軍的大膽企圖，他們真要走地形複雜險要的地區大迂迴進攻武漢，於是急令孫連仲兵團據險阻擊，令胡宗

▶▶孫連仲

孫連仲，一八九三年生，河北雄縣人，著名抗日將領。抗日戰爭期間因堅守台兒莊而聞名中外。一九三七年率第二集團軍在河北與日軍激戰。一九三八年春，參加徐州會戰。一九三八年夏，孫連仲部開到湖北麻城至河南潢川之間的小界嶺、兩路口一帶，節節阻止日軍的進攻。一九九〇年去世。

南部迅速在信陽、武勝關一帶集結佈防。

孫連仲急令兵團精銳第七十一軍宋希濂部到葉家集以西、峽口以東地區設防，阻擊西進的日軍第十三師團，同時將擅長防守的第三十軍田鎮南部部署在商城一帶，掩護宋希濂軍的側翼。第七十一軍自八月下旬奉命開赴商城地區後，就留意到防區內的富金山便於防守。富金山有如扇形，離葉家集很近，在公路的南翼，居高臨下可以控制西進信陽的公路，是一個天然的防守堡壘。宋希濂決定以富金山爲主陣地拒敵，部署了兩個師的兵力扼守，另一個師防守固始。

八月底，第七十一軍在葉家集前沿陣地同日軍第十三師團遭遇，發生零星戰鬥。九月二日，日軍佔領葉家集，並開始向富金山陣地發起進攻。日軍集中火力，猛攻山腰中第三十六師的陣地，戰況極爲激烈。第三十六師呈梯形配備，日軍沿山脈的稜線向上仰攻，陳瑞河指揮全師官兵英勇抵抗，日軍每進一步都要付出重大傷亡。

日軍既用飛機輪番轟炸，又用大炮密集轟擊，守軍傷亡很大但鬥志頑強，毫無退意。五日開始，日軍發起更猛烈的攻勢，到六日中午，我富金山三面受敵，第三峰一度被日軍佔領，陳瑞河師長親自率領預備隊猛烈反攻，才打退日軍，雙方在半山腰上對峙。整整十天，日軍始終沒有攻到第三十六師在山腰一帶的主陣地。宋希濂將軍部設在山頂，可以清晰地看到日軍的活動。可惜沒有炮兵，否則可以予敵以毀滅性打擊。

日軍久攻富金山不下，於是派第十師團一部進行支援，增援日軍趁夜行動，企圖從側翼迂迴包圍山頂宋希濂的軍指所。日軍的秘密行動被守軍偵察部隊發現，宋希濂迅速指揮第八十八師一部前往伏擊，擊斃擊傷日軍五百多人，殘敵狼狽而退。

日軍第十三師團被守軍第三十六師全力阻擊在富金山一帶，傷亡過半，五次補充兵員，依然沒有進展，增援的第十師團一部同樣被第七十一軍阻擊，無法前行，日本報紙開始驚呼遇到了強手。稔彥王司令官實在無法想像中國軍隊如此頑強，緊急將第十六師團投入戰鬥。第七十一軍在富金山的阻擊戰也受到了後方軍民和軍政當局的關注，「第一夫人」宋美齡曾親自帶隊赴前線慰勞，帶去大批彈藥，大大鼓舞了守軍士氣。

九月十一日，日軍援兵源源開進，守軍戰況漸漸不利，第三十六師和第六十一師結合部被日軍攻破。陳瑞河率三十六師餘部做了最後抵抗，因此時兵力只剩八百多人，力不從心，在黃昏時奉命撤離富金山。九月十六日，日軍第十六師團在同守軍第三十軍激戰後佔領商城。

富金山一役中，日軍第十、第十三、第十六等三個師團之眾在富金山被阻十天，戰死四千餘，屍體皆「運葉家集焚化，臭聞十餘里」。

當日軍第十三師團受阻在富金山時，第十師團主力北犯，九月六日攻佔固始，直逼潢川，第三師團向潢川以北的息縣迂迴。張自忠奉命率領第五十九軍在潢川地區全力抵抗。日軍進展緩慢，推進到潢川城下時，便以密集炮火攻城，並大放毒氣，一時毒氣瀰漫全城。五十九軍官兵抱必死之決心，同瘋狂的侵略者展開了巷戰肉搏，一時屍橫遍地，濠水盡赤。直到九月十八日，日軍才攻佔潢川。二十日，光山淪陷。張自忠率部與日軍血戰十日之久，如期完成掩護大軍在信陽、武勝關佈防的任務，軍委會傳令嘉獎，並升任張自忠爲第三十三集團軍總司令。

日軍攻佔商城後，第十三、十六師團南下攻擊沙窩、小界嶺，企圖突破大別山正面防禦陣地，沿商城、麻城間的公路，走捷徑攻擊武漢東北方。宋希濂第七十一軍、田鎮南第三十軍來不及休整，匆忙裹創再戰，在沙窩到小界嶺等處層層設防。兩部密切協同，在友軍配合下，利用險要地形，長期頂住了日軍頻繁的進攻。日軍兩個師團在二百多公里的山間公路中受阻達一個月之久，死傷達四千五百多人。中國守軍也付出了重大犧牲。到十月十日，第七十一軍三個師只剩下四個團，第三十軍更慘，只剩不足三千人，直到十月下旬，日軍才通過小界嶺進入湖北境內。沙窩、小界嶺的防守戰沉重打擊了日軍氣焰，迫使北路日軍改變了進攻路線，即增加部隊迂迴信陽方面進攻。

第七十一軍在富金山和小界嶺的阻擊戰中戰績卓著，軍委會通令全國軍隊進行嘉獎，宋希濂也因此獲得軍委會頒發的華胄榮譽獎章。

繼宋希濂部堅守富金山，張自忠部血戰潢川之後，胡宗南集團軍孫震部又力戰羅山，沉重打擊了第十師團。不過日軍憑藉優勢裝備，於九月二十日攻佔羅山，第十師團和第三師團相繼進逼信陽，朝切斷平漢路的作戰目標接近。

信陽爲平漢路重鎮，北部爲河南大平原，南面則是丘陵起伏的地帶，距其南方四十二公里處有著名的三關險要，武勝關居中，東側的九里關和西側的平靖關與它互爲犄角。軍事委員會考慮到信陽地區戰略位置重要，恐胡宗南的兵力不足以阻擊日軍，爲防止日軍從平漢路迂迴武漢，加強了這方面的兵力。第五戰區中國軍隊在信陽、大別山地區，同日軍第二集團軍所屬部隊展開激烈的攻防戰。十月十二日，日軍在優勢炮兵火力和坦克掩護下猛攻信陽，中國守軍進行頑強抵抗，殲滅日軍二千六百一十人，激戰至中午，守軍撤出，信陽城為日軍佔領，平漢線被切斷。

十月十六日，日軍第十師團從信陽南下，沿平漢線西側向武漢推進，二十四日，佔領了應山。二十六日，又佔領了安陸。平漢線方面羅卓英、劉汝明等部在三關一線與日軍反覆爭奪，依據有利地形遲滯日軍南下，掩護路東部隊撤退，直到十月二十八日，日軍才控制了平靖關和武勝關，一度給平漢路以東還未撤走的中國守軍西撤造成混亂，但因日軍兵力不足，路東的中國軍隊仍能分散退往平漢路西側的桐柏山和大洪山堅持抗戰。

中國軍隊在武漢外圍戰中奮力抵禦來犯日軍，雖最終失守，但是各防禦戰為中國軍民從武漢全面撤退贏得了時間。

三、戰略相持階段的到來

一九三八年十月，日軍佔領廣州、武漢後，武漢保衛戰結束。國民政府無力進行反攻，日軍也喪失了進攻能力，抗日戰爭進入相持階段。日軍對國民政府的策略轉為「政治誘降為主，軍事進攻為輔」。

十月中旬，長江南北日軍都已逼近武漢，會戰接近尾聲，軍事委員會開始佈置全面撤退事宜。事實上，鑒於困守南京的慘痛教訓，國民黨軍政當局自始即無死守武漢三鎮的打算。八月份，大戰開始不久，蔣介石就下令，除軍委會繼續留武漢指揮作戰外，各機關團體、廠礦、企業、學校都要相機撤往重慶、昆明、宜昌、西安、湖南等地。由於武漢外圍戰頗有成效，全面撤退日期才得以後延。田家鎮要塞失陷後，人員和重要設施的轉移開始加快。信陽失守後，武漢的民眾開始疏散。不過，直到十月二十日，蔣介石都還在武漢。

促使國民黨軍政當局加緊撤離武漢的重要原因，是十月十二日日軍在廣東登陸並進攻廣州。

廣州淪陷之前，日海軍在閩粵沿海已佔領了廈門、福州口外的馬祖島，廈門附近大小金門、汕頭外的南澳島、東沙群島及其他島嶼。這不僅實現了封鎖中國東南沿海的企圖，同時也爲日後南進埋下了伏筆。日本極欲攻佔廣州，切斷中國經香港的戰略補給線，只是因爲顧忌英法才有所克制。因爲廣州臨近英屬香港，廣州灣又是法國租借的水域。也正由於廣州與英法的特殊關係，國民黨最高當局也不相信日本會冒與英法翻臉之險和軍事戰略上分兵之嫌而在廣東另闢戰場。所以武漢會戰期間，有防守廣東之責的粵軍精銳才一再被抽調北上作戰。

然而一九三八年九月英法在慕尼黑會議上對納粹德國的妥協，使日軍看透了他們的色厲內荏，於是在九月七日做出了攻佔廣州的決定。十月十二日，日軍在大亞灣登陸，十月二十一日，攻佔廣州。隨後，日本第二十一軍以廣州爲中心，部署在三水、佛山、石龍一線同粵軍余漢謀部對峙。

廣東是國民革命的發源地，民眾的愛國情感素來深厚，粵軍也以勇敢善戰著稱，在「一二八」淞滬抗戰、「八一三」淞滬會戰及南潯線上作戰均有良好表現。但在保衛廣州的戰鬥中，粵軍卻一敗再敗，輕失名城。粵軍精銳半數抽調北上當然是一大因素，但主要原因在於中方誤以爲日軍會顧忌英美在華南的利益，暫時不敢在廣東大動干戈，結果痲痺輕敵，疏於防範，致爲日軍所乘。廣東地方軍政當局政出多門，事權不一，高級軍官腐化頹唐更使局勢無可挽回。

廣州的淪陷更使軍委員會決定盡快結束會戰。十月二十四日，中國守軍全線總撤退，第九戰區的主力向湘北和鄂西轉移，第五戰區的主力向平漢路以西的漢水沿岸及大洪山區轉移，整個武漢只留下一個旅做象徵性的抵抗。

由於日軍來不及照原計畫形成包圍作戰，切斷中國軍隊的撤退路線，因此中國軍隊主力仍然可以保持完整建制退出武漢地區，並沒有出現大規模潰散的局面。同時這次大軍撤退之時，對於武漢的重工業與軍火工廠，都做了較有系統的破壞，使武漢的建設不至於大量「資敵」。

十月二十四日晚，蔣介石夫婦乘飛機離開武漢飛往衡陽。

十月二十六日，日軍第六師團佔領漢口，波田支隊同日佔領武昌。二十七日，日軍第一一六師團與第六師團又一部佔領漢陽。此時，第九戰區的主力已向湘北和鄂西轉移，最後退至岳陽、通城以南新牆河南岸至修水一線。

至此，中國軍隊保衛武漢的作戰宣告結束。

日軍佔領武漢後，爲擴大其佔領區及保障武漢的安全，日本大本營於十月二十六日給華中派遣軍下達命令，要求其將佔領地區保持在信陽、安陸、岳州（岳陽）一線之內。第二軍奉令負責肅清安陸、應城以東地區的中國軍隊，第十一軍進行追擊，於十一月十一日晚攻佔了岳陽城。通山、崇陽於一周之前被日軍佔領。日軍進攻武漢的作戰，至此暫告結束。

武漢保衛戰，從日軍攻佔安慶開始到武漢失守爲止，長達四個半月。論地域，它不像淞滬會戰局促於長江三角洲一隅之地，而以廣闊的長江中下游地區和淮河流域爲戰場，包括江西、安徽、河南、湖北四省。論兵力，日軍投入十二個師團，補充四十五次，人數有四十萬之眾。

武漢會戰結束時，日本投入中國內地的兵團多達二十六個半，國內只留下一個近衛師團，還準備必要時來華作戰。大會戰中，日軍死傷近二十萬人，有十五萬人病倒，其戰略進攻勢頭大大減弱。

特別值得一提的是中國的空軍，在此一階段的戰役中，有著不少傑出的表現，這主要是因爲前蘇聯支援的飛機與志願隊到達，雖然在數量與品質上，中國空軍仍然處於極大的劣勢，但是由於中國軍隊的士氣極高，因此屢次對日軍發動攻擊。中蘇空軍自保衛武漢以來，前後五個月，共計炸傷日艦六十七艘，炸沉二十三艘，炸毀日機十六架，擊落六十二架，擊傷九架。武漢會戰期間，中國海軍先後擊沉、擊傷日軍艦艇及運輸船等共五十餘艘，擊落日機十餘架。不過，中國海空軍經此一役也遭受重創，海軍幾乎不復存在，殘存的空軍難以再戰，撤往昆明、重慶等地休整。直到一九四一年後美國提供大量飛機及「飛虎隊」來華，中國空軍才得以復出作戰。

日軍攻佔廣州、武漢後，日本本土一度舉國同歡，日本還下令台灣全島鳴汽笛慶祝，許多台灣人民更是傷心地認爲，中國在武漢會戰的失敗，將使他們永無脫離日本統治的一天。

但是，他們都錯了，中國並沒有因此而投降，反而是日本由於陷入中國軍民持久的抵抗中日益焦灼。

十月三十一日，蔣介石發表《爲中國軍隊退出武漢告全國國民書》，對於爲什麼保衛武漢和從武漢撤退作了說明：

保衛武漢之軍事，其主要意義原在於阻滯敵軍西進，消耗敵軍實力，準備後方交通，運輸必要武器，遷移我東南與中部之工業，以進行西南之建設。……今者我中部及東西之人力物力多已移植於西部諸省，西部之開發與交通建設，已達初步基礎。此後抗戰，乃可實施全面之戰爭，而不爭區區之點線。同時我武漢外圍五個月之苦戰惡鬥，已予敵人莫大之打擊，而樹立我民族復興之自信心，與發揚我軍攻守戰鬥再接再厲之新精神。故我守衛武漢之任務已畢，目的已達。

對於戰局的階段轉換，蔣介石也做了積極的預測，他認爲：「吾同胞應知此次兵力之轉移，不僅爲我國積極進取、轉守爲攻之轉機，且爲徹底抗戰、轉敗爲勝之樞紐。」

日軍佔領岳陽後，距離岳陽尙有一百三十多公里的長沙駐軍，根據蔣介石十一月十二日上午九時的密令，爲實行「焦土抗戰」，竟於十三日凌晨二時半，在長沙城內數百處同時放火，使該城成爲一片火海。大火燒了三天三夜，全城被焚十分之九，燒毀房屋五萬餘棟，燒死百姓兩萬餘人。不過日軍也成強弩之末，沒有力量乘機攻佔長沙。蔣介石從中真正感覺到一個新階段真真切切地走近了。他一面處理大火災的善後和長沙重建工作，一面加緊總結一期抗戰的經驗教訓並整訓全國軍隊，迎接新階段的到來。

日本侵略者佔領武漢的興奮不久便開始消退。他們雖然佔領了平漢、粵漢以東中國大部分領土，但並沒有消滅中國軍隊主力，特別是中共領導人民武裝壯大使日軍在佔領區也不安全。由於國力有限，補給線過長，日本不得不承認陷入持久戰的泥潭，停止了戰略性進攻。一九三八年十二月，日本大本營畫佔領區爲治安區與作戰區兩部區，大部分兵力用於維持治安區的殖民統治，掠奪資源，以戰養戰。作戰區行動也有所收斂。日本侵華策略轉爲「政治誘降爲主，軍事進攻爲輔」。

日軍無法速戰速決，這意味著軍事委員會的持久消耗戰略取得了相當成功，但是，中國方面爲此付出了慘重的代價。截至廣州、武漢失守，中國沿江、沿海各工商業中心城市盡被日軍佔領。至一九三九年初，淪陷區的面積占全國領土的百分之二十三，而且這些地區均屬中國政治、經濟和文化的發達地區。中國還喪失了百分之九十一的關稅、百分之九十七的機器製造工業、百分之七十五的麵粉工業、百分之七十五的紡織工業。抗戰中的中國幾乎完全倒退到農業時代，這對持久抗戰並無致命妨礙，但要積蓄能夠用於反攻的力量便極爲困難了。中國抗戰的新階段並不比第一階段容易。

李宗仁題「焦土抗戰」

武漢會戰結束後，國民政府軍事委員會召開軍事會議，總結抗戰以來的得失教訓，確定以後的戰略方針和軍事部署。在第一次南岳軍事會議上，蔣介石做出全面整訓軍隊的決定。

武漢失守後，國民政府軍事委員會爲適應新的戰爭形勢，在南岳、西安、武功等地召開軍事會議，目的在於總結從抗戰全面爆發至武漢、岳陽失守時期的得失教訓，確定以後的戰略方針與軍事部署，其中以第一次南岳軍事會議最爲重要。

十一月二十五日至二十八日，蔣介石在南岳主持召開了第一次南岳軍事會議。第三和第九戰區的司令長官、軍團長、軍長、師長等二百餘人出席會議。中共代表周恩來、葉劍英等也應邀參加。

蔣介石把召開軍事會議的地點選在南岳，主要還是考慮到湖南戰略地位的重要性。佔領武漢的日軍逞其餘威，也爲確保武漢佔領地區，興兵佔領岳陽。華南的日軍也蠢蠢欲動，意圖北犯。處於腹背受敵狀態中的湖南既成了抗日的前哨陣地，又成了聯結東西南北戰場的紐帶，戰略地位極其重要。

按照蔣介石以空間換時間、將戰線穩定在平漢線東西兩側和長江南北兩岸的戰略意圖，武漢失守後，國民政府的控制區域已經不能再收縮了，剩下的問題是如何穩定住這條戰線，其中的關鍵又在於守住湖南。

只要守住湖南，北上可以直取武漢，東出江西、安徽、浙江，從而保住了東南半壁江山的聯絡線；西屏川黔，把守戰時首都重慶的大門；南護兩廣，阻止日軍打通大陸交通線，截斷日軍南北兩個戰場的聯繫，從而達到堅持持久抗戰的目的。所以，在南岳召開軍事會議，實際上是為保衛湖南這一戰略要地做準備。

蔣介石希望南岳軍事會議能成為中國軍隊振興的起點。軍事會議的主要議題是，總結第一期作戰經驗教訓，確定第二期抗戰的戰略方針。長沙大火當然是不能迴避的內容，張治中做了沉痛的檢討，表示自己對這一浩劫應負全部責任。會後，張治中含著眼淚，懷著永遠的內疚，離開了湖南。

岳陽淪陷與長沙大火僅相隔一天，日軍並沒有趁亂向南進攻長沙，蔣介石由此判定日軍已是強弩之末。他認為，從盧溝橋事變到武漢退軍岳州淪陷為止，是抗戰第一時期，從今以後是第二時期，也就是轉守為攻、轉敗為勝的時期。六個月前毛澤東發表的《論持久戰》一文，對此就有高瞻遠矚的論述。蔣介石的觀點為會議所接受，從而統一了國共對抗戰時期的畫分。在此基礎上，蔣介石闡明了第一、二期抗戰的戰略上的區

一九三八年十一月二十五日，蔣介石在南岳召開軍政官員聯席會議

別，提出抗戰必勝的信念。

蔣介石對從淞滬抗戰到武漢會戰的歷史做了回顧，對於一些大的失誤做了自我批評，如日軍在杭州灣登陸、南京失敗、馬當要塞失守及日軍的大亞灣登陸等。總結經驗教訓是為了更好開創未來，蔣介石提出了「要堅忍持久以濟遠大」；「要忠誠樸拙，和衷共濟」；「要提高道德之修養，改造軍隊與社會」三項轉敗為勝的要道。

全面整訓軍隊是這次會議的重要議題。根據各師的戰鬥總結發言，蔣介石指出了國民黨軍隊存在的十二大缺點。除了前面提出的，還包括部隊不能機動使用，往往被動挨打；部隊與友軍不能協調行動；保密性差；偵查工作不完備；監視封鎖不嚴密，敵探和漢奸深入我軍陣地刺探軍情等。他強調這是導致初期抗戰中失敗的原因，也是國民黨軍隊的恥辱，不僅影響官兵的精神和士氣，而且影響民眾的精神和鬥志，影響中國軍隊的前途。蔣介石要求與會將領本著「要雪恥必先知恥，知恥必須負責的原則，效法先哲前賢的精神，將自己失敗致恥的缺點徹底改革，力圖轉弱為強，轉敗為勝」。

針對抗戰以來中國軍隊各種戰鬥減員、裝備損失、編制殘缺、補給不足等嚴重問題，會議強調了整訓全國軍隊的必要性，決定分三批輪流整訓全國軍隊。三分之一配備在敵後擔任游擊，三分之一部署在正面前線作戰，剩下的三分之一到後方整訓，每期整訓四個月，整訓的內容為加強教育和調整編制及指揮機構。關於編制，撤銷了兵團和軍團建制，基本戰略單位由師級變更為軍級，廢旅級改行一師三團制。為了統一指揮南北西戰場各戰區，蔣介石取消廣州、西安、重慶各行營，改設在桂林和天水。這些調整增強了戰略戰術操作的靈活性。

基於這些分析總結，國民政府軍事委員會在一九三九年一月制定了第二期作戰指導方針：中國軍隊應以一部增強被敵佔領地區內力量，積極展開廣大游擊戰，以牽制消耗敵人。主力應配置於浙贛、湘贛、湘西、粵漢、平漢、隴海、豫西、鄂西各要線，極力保持現在態勢，不得已時，亦應在現地線附近，盡量牽制敵人，獲取時間之餘裕，俟新戰力培養完成，再行策動大規模攻勢。但第四戰區應盡先集中有力部隊，轉移攻勢。

關於具體作戰原則，蔣介石在南岳軍事會議上指示：正面第一線戰場連續發動有限度的攻勢和反擊，牽制消耗敵人，策應敵後游擊部隊，化敵人後方為前方，粉碎日軍以華制華、以戰養戰的企圖。後來蔣介石又提出了「游擊戰重於正規戰」的口號。

這一方針的主要特點在於注意到游擊戰爭的作用，重視了對敵控制權的掌握，對正面戰場的主力部隊，則側重於整訓部隊，恢復和培養戰鬥力。可以說這一方針的調整是有著一定的客觀依據的，注意到了當時中國的客觀情況，使得國共兩黨在堅持持久戰略方針的認識上開始趨於一致，從而為國共兩黨在相持階段的抗戰中，在南北兩個不同的戰場互相配合、協同作戰提供了可能。從這種意義上說，相持階段的持久，不是單方面造成的，而是國共兩黨兩軍共同努力的結果。

共產黨開展敵後游擊戰的成就，使得國民黨軍政當局也認識到喚起民眾比單純作戰更重要。會議決定設立戰地黨政委員會、直屬軍委會，負責淪陷區的工作，發動群眾，一致抗日。

會議還接受了中共代表周恩來、葉劍英等人的建議，決定設立南岳游擊幹部訓練班，聘請共產黨人擔任教官。一九三九年二月，在國共共同努力下，南岳游擊幹部訓練班正式成立，由蔣介石、陳誠、白崇禧分任正副團長，李默庵、葉劍英任正副教育長，聘請中共人士邊章五、薛子正等人擔任教官。參加南岳游幹班訓練的成員除了國民黨官兵外，還有大批進步知識青年，他們結業後，深入敵後，積極開展游擊戰爭，給日寇以沉重打擊。

爲適應變化了的戰場形勢和新的戰略方針，會議重新畫分了全國的戰區：第一戰區，負責防守河南和安徽一部，司令長官衛立煌；第二戰區，負責山西和陝西一部，司令長官閻錫山；第三戰區，負責蘇南、皖南和閩浙兩省開展游擊戰，司令長官顧祝同；第四戰區，防地爲兩廣，司令長官張發奎；第五戰區，皖西、鄂北、豫南爲其防地，司令長官李宗仁；第八戰區，轄甘、青、寧及綏遠方面，司令長官朱紹良；第九戰區，轄江西一部、鄂南及湖南，司令長官陳誠（薛岳代理）；第十戰區，以陝西爲防地，司令長官蔣鼎文。並且在敵後新設立兩個戰區：魯蘇戰區，司令長官于學忠，轄區爲蘇北及山東；冀察戰區，司令長官鹿鍾麟，轄區爲冀察方面。這兩個戰區的設立是重視游擊戰的表現，但在實際作戰中，並未表現出其應有的戰鬥力，因爲脫離群眾、沒有根據地的游擊戰是不可能取得勝利的。

南岳軍事會議是在抗戰主題下進行戰略機制大調整的會議，蔣介石及時抓住了抗戰形勢的轉化，分析了新階段中敵人的不利形勢和我方的有利條件，極大地鼓舞了全國軍民的鬥志。會議把游擊戰提高到戰略的高度，也進一步完善了既定的「持久消耗戰」戰略，國民政府在敵後的游擊戰爭發展到高潮，敵佔區又多了一支重要的牽制和打擊日軍的力量。部隊的分批整訓，恢復和強化了戰鬥力，正面戰場的抗戰也進入了一個新階段。

然而，隨著國際、國內形勢的變化，兩個月後的國民黨五屆五中全會「反共」傾向日益加劇，這樣，派往敵後執行游擊作戰任務的國民黨部隊逐漸成爲與中共抗日武裝摩擦的主力，整訓部隊往往成爲了保證實力消極避戰的藉口。不過，由於日本侵華政策不變，國民黨軍隊的主力依然擔負著正面戰場抗戰的責任，一九三九年發起了兩次規模較大的反攻作戰，即春季攻勢和冬季攻勢。

日軍佔領廣州、武漢後，因戰線拉得過長，導致機動兵力匱乏，已停止大規模戰略進攻。但由於日軍控制著津浦、正太、同蒲、京滬、滬杭、江南（南京至蕪湖）各鐵路幹線及平漢路北段（新鄉以北），淪陷區被分割成條條塊塊。

正面戰場上的中國軍隊處於戰略防守尚有餘勇，戰略反攻則力不從心的狀態，從而形成了在華北以包頭、大同、運城、博愛、開封、淮陽、亳縣之線爲作戰線，在華中及華東以合肥、黃梅、信陽、岳陽、寧武、蕪湖、杭州之線爲作戰線的敵我戰略相持態勢。雖然日軍在此後數年也不斷地發動局部性進攻，保持戰略主動性，但到一九四四年豫湘桂戰役前，這一對峙格局並沒有重大改變。

此後，正面戰場中國軍隊官兵英勇抗戰，同活躍敵後的八路軍、新四軍遙相呼應，互爲補充，終於讓驕橫的日本侵略者走上敗亡之路。

第四章　三湘大地築起天爐

一、長沙之虎取得湘北大捷

一九三九年，歐洲大戰爆發，國際形勢急劇變化。日本為早日結束對華戰爭，應付新的局面，在武漢會戰後，一面實施政治誘降，一面進行戰略部署，對湖南長沙進行攻擊。

廣州、武漢相繼陷落後，粵漢間的湖南成為遏制日軍屏障大後方的前哨地帶。湖南古稱「湘」，因南北貫穿全境的湘水得名。湘水發源於廣西桂林的興安縣，向東北流到湖南永州與瀟水合流，稱「瀟湘」；過衡山回雁峰後又與蒸水合流，稱「蒸湘」；再北流至岳陽匯入沅江，稱「沅湘」，所以古人常以「三湘」指稱湖南。湖南省內多水，有湘、資、沅、澧四大河及無數支流構成四大水系，素來爲中國中南部的魚米之鄉，有「湖廣熟，天下足」的美譽。在富庶的江浙地區和富足的江漢平原淪陷後，湖南便是堅持持久抗戰所仰賴的產糧基地和原料基地，其得失關係重大。

當武漢還處於數路日軍圍攻中的時候，蔣介石就意識到湖南在將來戰局中具有重要的作用。所以，一九三八年十一月，蔣介石選擇在南岳召開軍事會議，總結第一期抗戰的經驗教訓，規畫第二期抗戰，實際上也是爲保衛湖南這一戰略要地做準備。

國民政府軍事委員會爲守衛湖南，設立了第九戰區，轄贛北、鄂南和湖南，以「天子門生」陳誠爲司令長官，由薛岳代理。軍委會爲第九戰區配置了五十二個步兵師及特種部隊、游擊隊等，占全國各戰區總兵力的四分之一強。而且，在五十二個正規師中，多數是中國軍隊的精銳，包括杜聿明的第五軍、王耀武的第七十四軍等。針對日軍陳重兵於武漢、九江等地，國民政府軍事委員會賦予第九戰區的任務是保衛湘、贛，尤其要確保長沙附近要域，以湘北、贛北爲持久作戰地區，尤以湘北爲主。

湖南處於抗日前線，所以第九戰區和湖南軍政當局對群眾抗日力量的宣傳、組織和訓練較爲注重，工、農、商、學各界都有一些抗日自衛組織，可向中國軍隊提供多方面支援；戰區內可能被敵機械化部隊利用的道路，如粵漢鐵路北段、湘贛鐵路東段及湘贛公路、湘鄂公路等都已破壞，對贛江上游及湘江北段可能被敵利用的水道也採取了封鎖措施。所有這些，都爲第九戰區提供了較好的戰場條件。

日軍自從在一九三八年十月底攻佔武漢之後，就把兵力沿長江水道向前推進到岳陽一帶。由於戰線長，兵力有限，日軍無力繼續大規模南攻，雙方相持於新牆河一帶。其後，日軍雖不時轟炸衡陽、株洲、沅陵、芷江、常德、桃源、益陽、湘陰等地，但相持線並未發生大的變化。

一九三八年底，日軍大本營已深爲陷入中國戰場的持久作戰泥沼所苦。雖佔據半壁江山，卻沒有消滅中國軍隊的主力，而且日軍已經無法再增加兵力，繼續深入中國進行攻擊。另外，由於中國軍隊逐步重視游擊戰爭，特別是中共領導的敵後游擊戰的發展，日軍佔領區也並不安穩。日本軍政兩界不少人漸漸意識到，日本很難在戰場上擊敗中國，於是提出了兩個選擇：其一是採取以戰養戰的策略，設法長期搜刮佔領區內的資源，以維持日軍在中國境內的開支；其二就是設法與中國進行停戰談判，減少日軍在中國境內的數量。

日軍大本營原先是有意從一九三九年起，逐年減少在中國的駐軍，希望到一九四一年能夠將在華日軍的總兵力，從八十萬人調整到四十萬人，以減少日本在中國戰場的戰略損耗。日軍大本營甚至有這樣的意向：縱使日本無法與中國完成和議，日軍也要撤退到長江三角洲與華北地區，大幅減少在中國戰區的消耗，以保持日軍應付前蘇聯的戰鬥力。

但是在華日軍強烈反對大本營的減縮計畫，特別是當時第十一軍的中將司令官岡村寧次，曾經多次以進攻四川的作戰計畫上報日軍大本營，要求不但不能減少，反而應該設法大幅地增加在中國的駐軍。只要日軍增加兵力，他有信心可以深入中國作戰，擊敗重慶政府。

最後日軍大本營做了個折中決策：既不增兵繼續發動戰略進攻，也不減兵收縮，而是將佔領區畫分爲以確保安全爲主的治安區和以粉碎抗日勢力爲主的作戰區，以有限的軍事行動輔助政治上的誘降。根據這一決策，華北各地和包括上海、南京在內的華東地區，爲需要迅速恢復治安的地區；武漢和廣州地區則是作戰區，分別配置一個軍的兵力，形成對湖南的夾擊之勢，以在戰略和政略上壓制抗日力量。

日本駐武漢的第十一軍扮演著插入華中心臟地區的戰略機動部隊的角色，第十一軍是當時日本在華日軍中戰鬥力最強的部隊之一，擁有七個師團與數個獨立旅團的兵力，兵力在十萬人以上。第十一軍爲確保武漢，佔領周圍要點，東至九江，北到信陽，西至鍾祥、安陸，南爲岳陽、南昌，沿鐵路、水路和公路警戒，保持各點之間的聯繫。根據大本營的指示，以上列各點之間爲作戰地區，與中國軍隊作戰，主要作戰對象是江北第五戰區和江南第九戰區。

武漢周圍雖是侵華日軍兵力密度最大的地區，但第十一軍面對著中國第一、第三、第五、第九戰區的包圍和威脅，仍感兵力單薄，只能逐次轉用兵力，輪流實施戰役進攻。每當需集中兵力發動局部攻勢作戰時，通常都只能使用一半兵力，因另一半兵力須擔任其佔領地區的警備任務；如果使用的兵力超過半數以上時，就必須臨時放棄一些佔領地，以免陷於被動。

日軍第十一軍司令官岡村寧次極欲同第九戰區中國軍隊主力進行決戰，以達到擊毀中國軍隊主力、早日解決中國問題的目的。一九三九年春，兵力得到了補充的第十一軍大舉進攻南昌，在三月底攻陷南昌，並乘勢將兵力向贛西北滲透，對湖南省會長沙構成側擊之勢。緊接著，岡村寧次又利用部隊換防、兵力暫時增加之機會發動了隨棗會戰，打擊了第五戰區的軍事力量，暫時削弱了第五戰區對武漢的威脅。岡村寧次隨即著手準備進攻湖南省會長沙，再給第九戰區以有力打擊。

此時，日軍大本營也在考慮發動一次超出既定作戰區域的攻勢作戰。一九三九年五月，由重慶逃到越南河內，並在河內陰謀從事投敵活動半年的國民黨原副總裁汪精衛轉入公開活動。他於五月六日乘日輪由河內抵上海，五月三十一日，乘日本海軍飛機由上海飛抵東京，先後與日本首相平沼麒一郎、陸軍大臣板垣征四郎、海軍大臣米內光政、外務大臣有田八郎、大藏大臣石渡莊太郎（以上即日本戰時最高決策機構——五相會議成員）和樞密院議長、前首相近衛文麿舉行會談，加緊成立僞中央政府的密謀。日本政府和日軍大本營都企圖以軍事打擊結合政治謀略，迅速解決中國問題。

同樣是在五月，日軍同前蘇聯軍隊在諾門檻發生武裝衝突，關東軍遭遇重大打擊，震驚日本本土。當時納粹德國爲了進攻波蘭，與前蘇聯簽訂了互不侵犯條約，日政府因而覺得，在中國事變解決之前不是日蘇發生衝突的時機。於是日本設法以低姿態與蘇聯達成了停戰協定。關東軍在日蘇衝突中的敗績，造成日軍更不敢在中國戰區進行裁軍，爲了支撐皇軍無敵的神話，日本也決定繼續拿中國軍隊開刀。

九月一日，德國進攻波蘭，英、法向德國宣戰，歐洲大戰爆發。日本政府痛感國際局勢正處於急劇變幻之際，更希望早日結束對華戰爭，以便抽出身來應付新的局勢。新上台的阿部信行內閣一再表示：「決以全力解決中國事件。」於是在南京成立了中國派遣軍司令部，任命西尾壽造大將爲總司令官，板垣征四郎中將爲總參謀長，全盤負責對華的軍事行動。

西尾壽造和板垣征四郎就職後的第一個軍事行動，就是發動對湖南長沙的進攻。因爲長沙是中國中南地區的軍事重鎭，攻佔長沙，一方面可以南攻衡陽，西指常、桃，扼兩廣之咽喉，控四川之門戶，將中國軍隊壓迫在川黔境內；另一方面長沙是中國第九戰區的指揮中心，當時第九戰區爲中國戰場的主體，所轄五十四個師的兵力中有很多精銳之師。日軍企圖通過進攻長沙，達到消滅中國軍隊主力之目的，來對中國政府施加壓力，促成中國問題早日解決。爲此，日軍從一九三九年到一九四一年間，先後三次對長沙用兵。

三次長沙會戰中，日軍的主要戰略目標不是攻城掠地或掠奪物資，而是著意打擊和削弱中國軍隊的實力，挫敗中國政府抗戰的意志。所以，每次會戰時間都不超過一個月。中國軍隊則是利用有利地形，節節抵抗，保存實力，消耗敵人，然後決戰。

一九三九年九月，第一次長沙會戰開始，蔣介石鑒於南昌會戰的教訓，決定放棄長沙、逐次抵抗，派陳誠、白崇禧向薛岳傳達軍令。薛岳認為日軍氣數已盡，抗命堅守長沙，蔣介石最終同意。

長沙大火後，薛岳以第九戰區代理司令長官的身分，接替張治中出任湖南省主席。擔任湖南省主席後，薛岳提出了「安、便、足」的施政方針。所謂「安」，就是安民使人民安居樂業；「便」即便民、便國、便戰；「足」即足糧、足兵、足智，並依此制訂了「六民之政」，即生民、養民、教民、衛民、管民、用民。這些措施使湖南戰時經濟得到了相當發展，糧食連續獲得豐收，同時也極大地調動了人民參加抗戰的積極性和主動性。

一九三九年八月中旬，日本第十一軍制定了《江南作戰指導大綱》，其作戰目的是：「爲擊敗第九戰區的粵漢路沿線敵中央直系軍主力，乘蔣軍衰退之形勢進一步挫傷其繼續戰鬥的意志，同時加強確保軍作戰地區內的安定。」八月

第一次長沙會戰，軍民化路為田以阻止日軍使用重兵器

下旬，日軍開始集結兵力，頻繁調動。到九月十日，岡村寧次集中了第六、第三十三、第一〇一、第三、第十三等師團，及長江艦艇三百餘艘，海軍陸戰隊一個聯隊，飛機百餘架，化學兵隊若干，約十八萬之眾，準備從贛北、鄂南、湘北三個方向同時進攻，圍殲第九戰區中央軍精銳，並計畫於九月三十日以前佔領長沙城。

在岡村寧次潛心籌劃進攻湘北打擊第九戰區時，薛岳也組織參謀人員，在長沙城潛心研究本地區的地理環境特點、日軍企圖和敵我雙方兵力、戰力、武器、裝備等等情況。薛岳曾因三月失守南昌受到蔣介石的嚴厲訓斥，決心在長沙地區與敵人較量，以雪前恥。

湘鄂贛三省相交地區，山岳縱橫，水系交錯，地形複雜。長沙城至岳陽間一百多公里的地段，右有幕阜山、九嶺山，自北而南側峙而立；左有八百里洞庭湖水和澧水、沅水、湘江三大河流做屏障；中間形成一狹窄的通道，大多數也是山丘地帶，並有新牆河、汨羅河、撈刀河和瀏陽河四條水系，同山丘交替起伏，形成天然的四道防線。第九戰區決定利用這些良好的地理條件，採用誘敵深入、後退決戰的戰略戰術對付敵人進攻。

薛岳命令第九戰區湘北各部沿新牆河、汨羅河、瀏陽河構築數道陣地，於幕阜山和湘江西岸構築側面陣地；在贛北方面，也指示各集團軍在各自防區內構築至少三線陣地，將部隊縱深梯次配備，準備逐次抵抗；消耗日軍後，適時轉入反擊，予以殲滅。

第九戰區雖制定了較爲正確的作戰指導大綱，卻沒有判定日軍將從哪個方向發動主攻。

當時，日軍進攻湖南的方向大致有三個，即湘北、贛北、鄂南。按當時的形式分析，湘北應該是日軍的攻擊作戰重點，但是日軍卻大肆宣傳他們要進攻宜昌，同時在贛北方面積極動作。九月上旬，第九戰區根據各方情報，確定日軍主力正向湘北集結。鑒於湘北、贛北、鄂南三個方向中僅湘北較適於大兵團運動，距長沙近，便於突擊，且歐戰方起，日本極可能在德國「閃電戰」影響下，速攻長沙，第九戰區因而判斷「敵似在九月中旬開始南犯，將以主力由湘北直趨長沙，於贛北、鄂南施行策應作戰」。

第九戰區據此而擬定的戰役方針是：以主力「在湘北方面利用逐次抵抗，引誘敵於長沙以北地區，捕捉而殲滅之」，「贛北、鄂南方面，應擊破敵策應作戰之企圖，以保障主力方面之成功」。薛岳電令各集團軍適當調整部署，嚴陣以待。

九月十四日，南昌西面靖安、奉新、高安等地，日軍第一〇六、第一〇一師團各一部，在飛機的配合下，向西進攻，企圖奪取修水、銅鑼，進逼平江、瀏陽，從而與湘北入侵的日軍相呼應，第一次長沙會戰的序幕被拉開。第十九集團軍司令官羅卓英指揮中國軍隊，進行逐步抵抗、相機轉進，因此日軍在剛開始進攻的時候，並未遭到中國軍隊強烈地抵抗。所以日軍就越發大膽地深入進兵，到十九日佔領高安，並以主力轉向西北，企圖進至修水、三都，一舉包抄贛北中國軍隊的後路。羅卓英指揮第一集團軍和第四十九軍、第七十四軍，以及第三十集團軍王陵基指揮的第七十二軍、第七十八軍，與日軍在高安地區進行激戰，到二十二日，高安陣地失而復得，日軍進攻被阻。

岡村寧次下令在湖南北部的日軍第六師團於九月二十二日，開始強渡新牆河，對中國軍隊第十五集團軍的關麟征部發動攻擊，同時也出動助攻的上村支隊，從洞庭湖登陸，組成包抄中國軍隊左翼的西路軍，以壓迫中國軍隊向東撤退；並且下令日軍三十三師團與奈良支隊，組成中路軍，從湖北南部的中國軍隊陣地之間，進行大膽穿透作戰，一舉越過通城與麥市，直驅湖南平江，企圖包圍中國軍隊第十五集團軍，迫使後退的中國軍隊主力與日軍進行決戰。九月十八日，日軍第六、第十三師團向新牆河北岸警戒陣地進攻時，中國第十五集團軍在新牆河北前陣地、新牆河陣地、新牆河至汨羅江中間陣地，以及新牆河至湘陰的江防陣地都做了一定抵抗。

日軍大舉進攻後，陳誠和白崇禧根據湘北戰情，擬定了死守長沙和主動放棄長沙兩個作戰方案，送呈蔣介石抉擇。蔣介石鑒於南昌會戰的教訓，決心給薛岳非常有彈性的作戰空間，「取不守長沙方案」。

考慮到薛岳固執的性格，蔣介石決定派陳誠和白崇禧前往湘北，傳達統帥部不守長沙城的作戰方案：以保全中國軍隊的作戰主力爲最高原則，必要時可以放棄長沙，在衡陽進行決戰，以求中國軍隊主力避免被日軍盯牢，而遭到嚴重的打擊。但是薛岳卻看出日軍軍力不足，決心確保長沙，給日軍一個重大的打擊。

陳、白二位「欽差大臣」趕到湘北淥口，正值日軍主力大舉進攻，守軍第十五集團軍正與日軍在新牆河、汨羅江一帶節節抵抗、節節後退，陣線彷彿呈不支狀態。陳誠原以爲自己的到來會解薛岳於危難之中，哪知薛岳聽說蔣介石要他放棄長沙，竟質問二位大員：「我九戰區幾十萬大軍駐在湘北，竟然不守長沙，這軍人的職責哪兒去啦？」

陳誠、白崇禧雖爲薛岳愛國心和殺敵熱情所動，但鑒於一線戰況險惡，而且是委員長親自下的命令，不敢不執行，所以他們都竭力勸薛岳執行撤退長沙，逐次抵抗的命令。

薛岳抱定「將在外，君令有所不受」之心，拒不執行棄守長沙再圖反攻的命令。在日軍強渡新牆河，守軍傷亡慘重的緊急情況下，薛岳依然指揮湘北各部在汨羅河地區頑強抵抗，準備將敵誘至撈刀河以南，左翼依託湘江，右翼依託瀏陽大山，在長沙外圍與敵決戰。

日軍繼續傾全力向長沙方向猛攻。陳誠和白崇禧十分著急，一方面擔心第九戰區精銳被包圍殲滅，或在長沙城下與敵拚光打完；另一方面也爲薛岳本人捏著一把汗，公開違抗統帥命令，稍有閃失，這小子的腦袋準掉無疑。那天夜裏，陳誠、白崇禧連續給薛岳打了九次電話，嚴令他立即執行蔣委員長的命令，馬上把長沙的守軍撤出，其他部隊也盡快做轉移。

薛岳從險象環生的戰局中看到的卻是另外一種前景，他認爲日軍已近強弩之末，如果在這緊要關頭撤守，前期已做的巨大犧牲都將付諸東流，沒有任何意義。他在電話中慷慨陳詞，誓與長沙共存亡。

白崇禧不由想起南昌會戰死守與拚死反攻的那一幕幕往事，耐心勸薛岳保存實力以圖反攻，不要因一城一地而與敵死拚，要吸取南昌會戰的教訓，但是薛岳仍沒有聽從白的建議。陳誠與薛岳共過事，了解他堅毅的性格，不輕易下決心，但當他一拿定主意，就是掉腦袋也斷難改變。再說，第九戰區部隊和作戰情況，做爲司令長官比別人要熟悉得多，他堅持要守必有一定的把握，於是陳誠接過電話探詢第九戰區戰場現狀。薛岳的報告果然沒有讓他失望：「除少數部隊失去聯繫外，絕大多數都在英勇作戰或有計畫地調動轉進。全軍殺敵熱情非常高。」於是陳誠同白崇禧商議決定：先尊重薛岳堅守長沙的意見，但要馬上把這裏的情況向蔣介石報告。

正好蔣介石也收到薛岳的電報，對第九戰區戰況有了新的認識，最終批准了薛岳的堅守計畫。

一九三九年九十四日至十月十日，第一次長沙會戰在湘北激烈進行。薛岳指揮中國軍隊追擊日寇，給日軍以重創，並迫使日軍第一次放棄已佔領地帶，取得了湘北大捷。

第一次長沙會戰，日軍動員了第六、第三十三、第十一、第一〇六、第一〇一團的全部和第三、第十三集團的一部，以及特種兵、海軍陸戰隊和艦艇部隊，共十萬餘人。中國軍隊先後出動三十多個師團，約四十萬人左右。

關於長沙的攻守問題，薛岳自擔任湘省主席一職後，就堅決主張防守長沙。他的理由是：湘江流域和洞庭湖濱各縣是湖南的主要糧棉產區，這一地區生產的糧棉對支援持久抗戰有重要作用，如果不守長沙，就等於放棄了湘省的主要糧棉產區，這不僅對我們自己是一個損失，而且這些物資也是日軍所缺少的，它將反過來增強日軍的戰鬥力。無論是蔣介石，還是白崇禧和陳誠也都明白這個道理，他們之所以提出棄守長沙再圖反攻，只是因爲日軍從贛北、鄂南、湘北三個方向大舉進攻，聲勢遠甚於半年前的南昌會戰，而且湘北戰場從一開始就險象環生。

一九三九年九月十四日至九月二十二日，是第一次長沙會戰的第一階段。這一階段的主要戰場集中在新牆河與汨羅江之間。從發動攻勢之刻起，日軍就在飛機、大炮掩護下企圖強渡新牆河，兩次都被中國守軍擊退，最後在大量使用毒氣彈後才強行打開一個缺口。

新牆河防守戰中，中國守軍第五十二軍表現異常英勇。日本第六師團強渡新牆河同時，兵力相當於一個旅團的奈良支隊也在比家山、草鞋嶺一帶強渡，當時守軍只有一個營。營長史思華率全營迎戰，當全營傷亡過半時，第一九五師師長覃異之以電話命令史說：「如無法支持，不得已時可向東靠。」史回答道：「軍人沒有不得已的時候。」最後，因寡不敵眾，營長與士兵全部英勇戰死。

日軍突破新牆河防線後，關麟征指揮的第十五集團軍並沒有立即後退，而是在新牆河與汨羅江之間頑強阻擊。直到由水路進攻的中村支隊

▶▶ 第一次長沙會戰時的中國軍隊

在營田登陸以後，薛岳才電令關麟征部撤往汨羅江第二線陣地。日軍也緊追而至，數次強渡，最後在二十五日傍晚佔領了汨羅江南岸重要據點新市。岡村寧次立刻命令第六師團、奈良支隊和中村支隊往新市集結，企圖尋機圍殲中國守軍。

正是在這樣嚴峻的戰況下，薛岳同白崇禧、陳誠爲守不守長沙城大吵了一架。與此同時，贛北的戰局開始好轉。自九月十四日起，日軍第一〇六師團和第一〇一師團一部在空軍配合下，由贛北的奉新、靖安、高安向西猛攻，企圖奪取修水、銅鼓，進逼平江、瀏陽，而與湘北入侵之敵相呼應。在奪取高安後，日軍第一〇六師團主力於九月二十日向修水轉進，途中受到第九戰區第三十集團軍王陵基部層層阻擊和側擊，行動困難。而第七十四軍會同第三十二軍則趁日軍主力轉移時發起反擊，二十二日，攻克高安，並乘勢尾擊日軍。第一〇六師團遂被前後夾擊的中國守軍包圍，陷入苦戰，會師長沙的希望落空。

二十三日拂曉，會戰進入第二階段。敵軍在飛機、重炮的支援下，由新牆以西正面強渡，迅速突破守軍防線。同時，日軍海軍陸戰隊及第三師團一部，在新牆河及汨羅江口附近登陸。守軍英勇抵抗，血戰至中午，被迫放棄陣地。二十四日，敵軍由洞庭水路突襲守軍防線西翼要點營田，二十六日，敵軍主力強渡汨羅江。

從鄂北、崇陽、通城南下助攻的日軍第三十三師團作戰時，也是「泥菩薩過河——自身難保」。從十八日南下攻擊以後，第三十三師團一度將楊森第二十七集團軍逼向險境，在形勢異常危急之時，薛岳令樊崧甫率鄂南游擊挺進縱隊由北向南尾擊日軍，調關麟征第十五集團軍一部從正面配合楊森部阻擊和側擊，反而形成對日軍南北夾擊和反包圍之勢。

日軍越過汨羅江後，第一次長沙會戰進入第三階段。

正是在如此戰局下，薛岳判定日軍兵力分散，並且其分進合擊的計畫難以實現，於是大膽決定在長沙外圍陣地與日軍進行決戰。在勉強說通白崇禧、陳誠之後，薛岳立即給軍委會發電彙報了第九戰區戰況並提交了利用汨羅江等節節阻擊，誘敵至長沙郊區決戰的作戰計畫。

軍委會經綜合考慮，表示原則同意，九月二十六日以蔣介石的名義命令薛岳：「著手準備六個師兵力，位置於長沙附近，親自指揮，乘敵突入長沙之際，側擊而殲滅之。」薛岳接到軍委會命令後，指示第五十二軍、第七十軍各留兩團兵力繼續阻擊日軍南下，其餘部隊全部退到長沙附近及以北地區，準備在側面陣地打擊日軍。

第五十二軍各部在軍長張耀明指揮下，在福臨鋪、上杉市一帶設伏，側擊南侵日軍，遲滯了日軍的前進速度。三十日上午，日軍進到撈刀河畔，架浮橋南進，第五十二軍兩個師乘敵半渡之際，突然前後夾擊，日軍受到沉重打擊，不敢貿然再進。與此同時，在鐵道沿線西側設伏的中國守軍也將另一部日軍阻擊在達栗橋、三女橋一帶。

經過守軍的伏擊、阻擊，日軍進展不如開始那樣順利，而且戰線越來越長，岡村寧次擔心繼續深入下去，戰鬥將對自己不利，同時他已接到派遣軍總部停止戰鬥的命令。於是，他下令各部於十月一日開始撤退。

第九戰區偵知日軍開始撤退後，薛岳立即發出全線追擊的命令。湘北日軍撤退時，主要在汨羅江南岸和新牆河南岸遭到第九戰區追擊部隊的打擊，受到一些損失。總的來看，由於追擊發起較遲，日軍撤退還是比較從容的。湘北日軍主力於十月九日退到新牆河北岸地區。

其他兩路日軍撤退則沒這樣容易。平江方面，日軍第三十三師團自陷入包圍到十月二日奉命撤往修水方面，同中國守軍血戰一周，損傷嚴重。贛北的日軍第十六師團更慘，自向修水、三都轉進後就遭到中國軍隊的南北夾擊。在上富、甘坊、旱橋、黃砂橋、九仙池一帶苦戰二十多天，才在由長壽街折返修水的第三十三師團接應下，突出重圍，於十月十三日退回靖安、奉新，據守不出。

在追擊潰退日軍時，湘北民眾起了很好的配合作用。十月三日上午，平江縣嘉義鄉自衛隊百餘人，事先潛伏在嘉義汽車站背後的高地上，當日軍兩千餘人向東潰竄，路經該地休息時，他們當即向日軍射擊，日軍以小鋼炮還擊後，他們又轉移他處森林內繼續擾亂日軍行動。下午三時，他們突然向日軍鳴槍鳴鑼，嚇得日軍「倉皇奔竄，遺棄輜重甚多」。別的地方也是這樣。

在這次會戰中，第九戰區代理司令長官薛岳敏銳洞察戰機，決心堅守長沙外圍陣地，而在江西的羅卓英部，也善用地形，成功地阻擊日軍的運動，造成岡村認爲日軍會師無望，反而將要遭到中國軍隊的轉攻，因此才立刻下令日軍迅速地抽身撤退。中日兩軍這回算是打個平手，但是日軍的作戰目標可以說是完全落空，既沒有吃掉薛岳的主力，也沒有打下主要的戰略目標，在江西還差點被中國軍隊吃掉一個師團。這是自發動「七七事變」全面侵華以來，日軍第一次放棄已佔領地帶，回復到戰前態勢，暴露了日本兵力不足的弱點。

日軍一開始撤退，薛岳立即抓住時機向軍委會報告：「日軍分三路進攻長沙，我誘敵深入，於長沙附近予以痛擊，敵傷亡慘重，向北潰逃。」宣傳報告經過誇張傳到蔣介石那裏，再到重慶的廣播電台，就成爲「長沙大捷」了。而一經電台廣播，各報爭相登載，於是湘北大捷的消息便飛向全國各地，並形成了舉國歡騰的局面。

一九三九年十月十三日，《新中華報》發表《湘北戰役的偉大勝利》一文，說出了其中的意義。

第一，敵人力量，在我們堅持抗戰下，是大大削弱了，尤其是敵軍進攻能力，比諸武漢會戰時，是更加衰落下去了。相反的，我軍的戰鬥力在繼續抗戰中，愈戰愈強。湘北戰役的勝利，清楚地告訴了我們：在堅持抗戰、堅持團結、堅持進步的條件下，我們不僅能獲取戰役上的極大勝利，而且能夠奠定準備戰略反攻爭取最後勝利的堅固基礎。同時，這一勝利，對於那些對抗戰失去前途及妥協投降份子又是一個當頭棒喝。因爲在全中國前線上與敵浴血抗戰的數百萬將士以及全體人民，是要繼續堅持抗戰的。並且他們自信：中華民族必能獲得最後解放的。他們的英勇行爲，就是勝利信心的最好鐵證。

第二，這一戰役上的勝利，僅僅是我們勝利的一部份。我們決不要因這一勝利而沖昏頭腦，以爲敵人已不可能再向長沙進攻了。

湘北大捷雖有誇張宣傳的成分，但第一次長沙會戰的確鼓舞了全國軍民的士氣，證明了戰爭相持階段確實到來。

二、第二次長沙大捷

第一次長沙會戰後，中日在新牆河對峙，沒有發生大規模衝突，雙方都進行了一定的休整。一九四一年，阿南惟幾制定「加號作戰」計畫，日軍開始準備第二次長沙會戰，湘北戰火再次燃起。

第一次長沙會戰後，中日雙方在湘北仍隔新牆河對峙，沒有發生大規模的衝突。薛岳利用這段相對緩和的時間訓練軍隊和民眾，發展湖南經濟，頗有成效。第九戰區的部隊得到修整和補充，戰鬥力顯著增強，成為日本駐武漢、九江的第十一軍的心頭大患，日軍一直在尋找機會擊破第九戰區的戰鬥力。

繼參加一九三九年底冬季攻勢之後，薛岳在一九四〇年四月組織二十個師，發起夏季攻勢，至六月二十七日攻克奉新、靖安、西山萬壽宮及高郵市等重要據點，擊斃敵混成第十六旅團長藤堂高英少將，有力地配合了第五、第六戰區同期進行的棗宜會戰。不過，日本第十一軍在棗宜會戰中不僅讓中國第五戰區部隊遭受了巨大損失，而且佔領了戰略要地宜昌。接替岡村寧次任十一軍司令官的園部和一郎在該戰中增強了信心，開始策畫攻擊江南的第九戰區。於是在一九四一年初，第十一軍又在贛北發動了上高會戰，因為縱兵輕進，日軍遭受慘重損失。日軍檢討作戰失利原因，認為園部和一郎應該負起主要的指揮責任，因此加以撤換。日軍大本營改派阿南惟幾中將出任十一軍司令官。

阿南惟幾是一名狂熱效忠天皇的年輕將領，特別受到日皇以及宮內女眷的欣賞。因此他帶兵打仗特別凶狠賣力，希望能夠有更好的戰功，以贏得皇室的特別看待。阿南上任之後，立刻研究武漢四周的戰略情勢，決定要在長沙打出一場勝仗，以挫中國第九戰區薛岳的銳氣。阿南惟幾的作戰計畫得到新任中國派遣軍總司令畑俊六的贊同。當時華北的日軍發動中條山會戰，獲得巨大戰果。華北的勝仗進一步刺激了武漢地區的阿南惟幾。不過，日軍大本營卻有另外的考慮，遲遲沒有批准再戰長沙的計畫。

大本營最初是因為準備南進戰略而擱置了長沙會戰的計畫，後來形勢又發生了新變化。一九四一年六月，蘇德戰爭爆發。已同蘇聯簽訂中立條約，積極準備南進的日軍突然又生發了分一杯羹的念頭。七月，日本御前會議決定秘密進行對蘇戰爭準備，大本營於是考慮從第十一軍抽兵到東北加強對蘇戰備。畑俊六和阿南惟幾強烈反對大本營這一考慮，力陳徹底摧毀中國繼續戰鬥的企圖、解決中國問題，才是日本的根本國策。經過一番折騰，直到八月，大本營最終決定放棄對蘇使用武力後，第十一軍的長沙作戰計畫才得到批准。雖沒有從中國派遣軍抽調兵力去東北，但爲了準備南方作戰，第十一航空艦隊和第三飛行師團於九月上旬陸續調走，減少了海軍和空軍的支持。

而此時的中國開始得到美國的援助。一九四一年三月，美國《武器租借法案》對華生效；四月，美、英分別增加對華貸款五千萬美元和五百萬英鎊；美國爲中國空軍配備五百架飛機及美國技術人員；六月九日，陳納德志願航空隊抵華；七月三日，美國決定對華派遣軍事代表團。相反，美國對日本的限制逐步升級。三月開始的美日談判中，美國始終堅持要求日本撤軍。

自八月下旬起，日軍第十一軍開始準備第二次長沙會戰，阿南惟幾制定的作戰計畫稱「加號作戰」。兵力準備方面，阿南決定以四個師團、四個支隊、一個坦克聯隊、兩個重炮聯隊、兩個工兵聯隊、兩個飛行團一百八十架飛機、三十多艘軍艦、二百多艘汽艇參加作戰。這些部隊逐漸向岳陽地區集中，規定九月中旬必須進入攻擊出發地。九月十日，阿南下達攻擊令，十八日，開始進攻。

第九戰區自一九三九年秋第一次長沙會戰後，繼續在橫跨湘、鄂、贛三省的長江以南地區與日軍第十一軍形成正面對峙。在一九四〇年七月，由於宜昌失陷，常德以西部份畫給新成立的第六戰區，陳誠出任司令長官。薛岳也成爲第九戰區正式司令長官。薛岳和第九戰區長官部認爲日軍還會繼續進攻，因而對日軍的舉動有所警惕。一九四一年三月，日軍第十一軍發動上高戰役時，薛岳對第一次長沙戰役的防禦計畫進行修正，準備繼續使用。此後，他還進行了一次陣地攻防演習，並進行過實地勘察，認為修正後的方案是可行的。

依據這個修正方案，對於贛北、鄂南非主攻方面之敵，該方面守軍應力求將之夾擊在贛北、鄂南山區各個擊破；對湘北主攻之敵，則在新牆河、汨羅河地區節節抵抗，遲滯疲勞敵人；一步步將敵誘至撈刀河、瀏陽河地區進行決戰。對這個方案，薛岳是有必勝信心的，不僅由於有在長沙和上高挫敗敵人的經驗，還在於兩年時間以來第九戰區對日軍的進攻有了防禦準備。一方面他對各部進行了整訓，補充了武器、兵員，使參戰各兵團具有較完備的戰鬥力；另一方面他加強了陣地工事構築，認為經過兩年時間修築的工事是相當堅固的。

薛岳和第九戰區的應戰準備還是比較充分的。但是，知己知彼，方能百戰不殆。薛岳百般推敲，依然錯算了一步，那就是阿南惟幾這次並不準備分進合擊。阿南惟幾認為上次長沙會戰失敗在於兵力分散，這次他一反「兩翼迂迴」的常規方式，決定採取中央突破的強攻戰術，想仗恃著日軍強大的火力與攻堅的兵力，一路攻下長沙，並且狠狠地修理薛岳的部隊。所以，阿南惟幾將準備參加作戰的六個多師團兵力都秘密集結在新牆河以北地區。遺憾的是，薛岳對諜報工作抓得不力，在開戰前夕，前線部隊派出的偵探很少，有的根本就沒派偵察員，以至於沒有及時摸清日軍動向和兵力情況。後來，戰鬥進行了許久，還不知在與哪個師團作戰，也不知道陣地前面有多少日軍。

日軍為掩護其主力集中，解除後顧之憂，決心在攻擊湘北前，先對大雲山的中國軍隊進行掃蕩。大雲山位於新牆河以北數公里處，海拔九百六十米，是第九戰區的重要前進陣地之一，這一帶守軍有一個團外加兩個營。會戰前，守軍不斷派小部隊向日軍後方襲擊，破壞其交通設施。九月七日，第六師團分別由桃林、忠坊出發，從東、西、北三面圍攻大雲山。中國部隊奮起迎擊，日軍攻勢甚猛，並有空軍的火力支援。經兩天激戰，日軍包圍大雲山，形勢非常緊張。

第二十七集團軍總司令楊森並未意識到這是日軍總攻的前奏，僅以反掃蕩爲作戰目的，調集了三個師馳援，不僅阻止了第六師團的進攻，而且利用第六師團和第四十師團換防的空隙發起反攻，重創第四十師團和後來增援的荒木支隊。日軍派援軍後，楊森也派了一個師趕赴大雲山。日軍第四十師團陷入中國守軍的包圍之中，吃到了沒有預想到的苦頭。日軍在大雲山戰鬥中的傷亡幾乎占整個會戰傷亡的一半。不過日軍掃蕩大雲山的軍事行動以一個師團牽制了中國四個師的主力，爲全線進攻起了掩護作用。到十四日，薛岳和第九戰區都還以爲日軍掃蕩大雲山是一次孤立行動。軍令部派駐戰區的聯絡參謀也沒有什麼高見。

九月十五日，楊森在指揮大雲山反掃蕩作戰中獲知岳陽方面已集結了四個師團的日軍，這才意識到日軍有大規模進犯第九戰區的可能，於是急電第九戰區司令部，並命令第四軍餘部在新牆河防線加強戒備，積極偵察敵情，命令通城方面的第二十軍準備參加新牆河戰鬥。不過薛岳太想全殲陷入包圍的日軍第四十師團了，急令已渡河參戰的第四軍、第五十五軍各部於十七日拂曉發動總攻，務必全殲進犯大雲山的日軍。當日我軍攻克剩下的兩高地，全殲日軍在望，但是集結在湘北的日軍也相繼轉入進攻陣地。大戰在即，薛岳不得不忍痛命楊森將大雲山的部隊撤回新牆河防守。

日軍第四十師團危在日夕之際，阿南惟幾在九月十八日晨下令發起全面進攻，四十四個大隊及三百二十二門火炮和迫擊炮展開於新牆河以北僅二十公里寬的正面上。僅派平野支隊（一個大隊的兵力）乘船沿湘江南下，進攻青山、營田，掩護其右側翼，並策應正面主力作戰。新牆河一線陣地遭到強大火力攻擊。湘北大地，再次燃起大戰的烽火，硝煙瀰漫了整個湘北上空。

一九四一年九月，第二次長沙會戰開始，日軍全線進攻。因日軍破譯薛岳電令，汨羅江戰線瓦解。二十七日，日軍進入長沙。此戰中雙方損失慘重，阿南惟幾考慮到潛在危險，很快又從長沙撤出。

九月十八日拂曉，日軍發起全線攻擊，在炮兵、航空兵火力支援和戰車協同下強渡新牆河。第九戰區在新牆河南岸防守的，只有歐震的第四軍及陳沛第三十七軍各一師。日軍四個師團的兵力猛攻新牆河，很快就突破了守軍防線。

正在新牆河北岸的楊森，看到日軍進擊如此迅猛，被迫丟下被圍困的日軍第四十師團一個支隊，急令第四軍主力和孫渡第五十八軍迅速趕赴南岸抵擋日軍。無奈戰機已失，第一線陣地已全線崩潰，第四軍於是轉入新牆河與汨羅江間的第二線陣地倉促迎戰。日軍跟蹤而至，第五十八軍尚未進入陣地。第四軍的新防線當天下午又被突破，無法再事正面抵抗，只能轉移到右翼山地待機。

正面強攻的同時，日軍故技重演，由海軍護衛一部穿越洞庭湖，在位於湘江口的青山強行登陸，以圖腰襲、夾擊中國守軍，策應主力的正面攻勢。守軍一個營奮勇抵抗，血戰兩日，全部犧牲。敵軍也付出極大傷亡，屠殺無辜群眾三百多人以示報復。

九月十九日，阿南惟幾命令留下第四十師團將第四軍繼續壓迫於山地，另三個師團繼續南進。日軍的進攻異常順利，到十九日中午，各師團均已抵達汨羅江北岸各要點，開始強行渡河，速度最快的第六師團已有一部在上午即從長樂街過了汨羅江，佔領了南岸的顏家鋪、浯口。

日軍只用兩天就完全突破了新牆河防線，攻抵汨羅江北。而第一次長沙會戰時，同樣的路程卻耗用了日軍八天時間。日軍大規模地快速推行，一舉打破了第九戰區原來的部署。

薛岳久經沙場，並未因之驚慌失措，他在十九日一面電令據守在既設陣地上的四個師守住汨水南岸陣地，一面調集戰區主力從東側進攻日軍，同時急電報告軍委會，請求派三到四個軍支援作戰。

對這種在汨羅江地區與敵決戰的部署，戰區參謀處的趙子立等人是有疑義的。因為當時戰區精銳部隊第七十四軍王耀武部及第十軍李玉堂部都還在馳援途中。趙子立等人主張將現有三個軍的兵力在汨羅江至瀏陽河間縱深部署，交替抵抗，等援軍到來再圖反攻決戰。軍委會在同一天也制定了節節抵抗，避免主力決戰的戰略方案，並在二十日下達到第九戰區。軍委會的方案是：在新牆河、汨羅江利用既設陣地節節抵抗，主力保持於外翼，尋找機會攻擊日軍側後，同時分令第三、五、六各戰區向本戰區日軍發動攻擊，迫使日軍回援。

薛岳再一次表現出他頑強的個性。求功心切的他將參謀處的建議和軍委會的方案擱置一邊，不僅要與日軍決戰，還要提早與日軍決戰。單就他的應急部署看，是無可厚非的，如此執行得力，將會重現一戰長沙時他力主堅守成大功的輝煌。可是在這樣一個生死攸關的時刻，日本特種情報部門破譯了第九戰區長官部發給各部隊的命令。

利用無線電通信，是當時第九戰區長官部對其下轄各集團軍以及軍、師一級指揮的主要方式。無線電通信有優點也有弱點，優點是指揮靈活、架設方便，缺點是保密性不強，易被敵方偵破。日軍之所以能夠輕易破譯守軍密碼，主要是因爲第九戰區使用的密碼過於簡單，而且只有一種密碼，沒有備用的。這次戰役中薛岳對下所發出的指揮命令，均被日方電台截獲破譯。日軍的電台偵察和空中

第二次長沙會戰中，中國軍隊指揮員在觀察敵陣地

偵察相互印證，對第九戰區各部行動瞭若指掌，所以在第二次長沙戰役中能夠始終處於主動地位，而守軍則一直處於挨打的地位。

日軍破譯薛岳的電令後，改變將主力放在湘江方面的計畫，決定對企圖自東側擊日軍的第二十六軍肖之楚部等進行包圍。第二十六軍是一支頗有戰鬥力的部隊，師一級指揮官戰鬥素質較高，第三十二師師長王修身原是西北軍能征善戰的將領，曾擔任過馮玉祥衛隊旅旅長；第四十一師師長丁治盤機警過人；第四十四師是肖之楚的基本力量。但是各部在轉進中都遭到優勢日軍的包圍，經歷一場惡戰，全軍被打得七零八落。幸虧有友軍一個團因失去聯繫進入被轉困地，才幫助肖之楚殘部突出重圍，但經此打擊，肖部已失去戰鬥力。繼肖部之後，陳沛第三十七軍和李玉堂第十軍也在汨羅江南岸佔領陣地時，被日軍一一擊破，向南潰退。這樣，汨羅江以南防守的三個軍，在尚未完全進入陣地時即被日軍各個擊破。中方的汨羅江防線完全瓦解。

面對敵人的猛烈進攻，部份國民黨軍隊呈渙散之勢，貪生怕死，「不戰而走者，不在少數」。日軍突入汨羅江南岸後，即有部隊「望風披靡，官長全失掌握，士兵四處潰散，紛紛到平江、瀏陽，絡繹不絕，甚至團長亦有隻身後遁者。」而潰散的逃兵普遍軍紀敗壞，欺擾百姓，奸擄燒殺，無惡不作。薛岳爲此下令各軍、師組織「督戰隊」，專門負責收容逃跑士兵，「如有不服從收容者，就地槍決」。但效果極爲有限，收容者僅爲逃亡官兵的十分之一，據楊森戰後概算，當時在前線作戰的部隊，「其實作戰未終傷亡者不過十分之一、二，潰散逃亡者十分之五、六，在戰場作戰者亦不過十分之二、三而已」。

汨羅江防線的失利意味著長沙北方門戶已洞開，形勢嚴峻。桂林行營主任白崇禧曾前往衡陽督戰，薛岳也在二十四日把戰區司令部從長沙撤往湘潭，並部署在撈刀河一線做最後的抵抗。

正當日軍渡過汨羅江南下之時，王耀武第七十四軍從江西趕來增援。第九戰區命令七十四軍去撈刀河，重點保持長沙市街。這一重要情報又為日軍特種情報機關於二十二日獲悉。日軍立即將原定在傍晚開始攻擊的時間提前到中午，接著改變了第六師團攻佔平江的任務，令其和第四十師團一起對付第七十四軍。

九月二十六日，日軍第三師團向長沙南側發起追擊，剛到撈刀河就和第七十四軍遭遇，進行激烈的遭遇戰。不久，第六師團也加入了這一激戰。第七十四軍由東往西進，日軍由北往南擊，正好打在七十四軍的側背。七十四軍長途跋涉，途中又遭敵機襲擊，還沒有來得及喘口氣，就受到日軍兩個師團的襲擊，激戰一開，損失較重，面對日軍的合圍之勢，被迫向南撤退。這樣，日軍通往長沙的屏障已全部掃清了。在這次戰鬥中，日軍一反其夜間不輕易出擊的常規，以大部隊摸黑襲擊了第七十四軍軍部，將軍直屬部隊打散。王耀武率衛士排倉皇逃跑，衛士排長被俘，死於日軍戰刀之下。相距數步之遠的王耀武，幸得夜黑方才僥倖逃脫。

就在兵員齊備、武器精良、戰鬥力較強的王牌中國軍隊第七十四軍被日軍擊潰的當天，第九戰區長官部接到了蔣介石的電令：湘北之敵，經各部隊奮勇截擊，其勢已疲，其兵站線亦不易推進，此爲我軍截斷敵人後方、覆滅敵寇之良機，希我全體將士，抱定必須滅敵之決心，縱敵進抵長沙附近，更須再接再厲，抱定必勝信念，猛烈向敵截擊，迫使敵人無法立足而擊潰之，以爭取勝利，發揚湘北再捷之光輝。

遺憾的是，王耀武軍一敗，湘北已無有力部隊可有效完成這一任務。薛岳只得一面催促第六、第七戰區增援部隊火速馳援長沙，一面令敵後的第四、二十、五十八軍赴長沙救援，同時令被日軍重創的其他各軍殘部也向長沙方面的日軍攻擊。敵後的襲擾戰因爲兵力不強，雖也有斬獲，但對整個戰局沒有多大影響。

九月二十七日晨，南下速度最快的日軍早淵支隊在飛機火力的支援下，突破王甲本第九十八師的陣地，渡過瀏陽河，開始攻擊長沙。剛從前線敗退下來的守軍不能組織有效抵抗，被日軍擊退，往湘江方面轉移。當晚，早淵支隊攻進了長沙。二十九日，第四師團也開進長沙。第六師團、第四十師團，荒木支隊相繼佔據長沙周圍要地，到此，日軍基本佔領長沙。自全面抗戰爆發以來，日軍第一次進入長沙城內。

在早淵支隊和第四師團相繼進入長沙後，進度稍後一點的日軍第三師團爲爭戰功，向軍部提出：「長沙已空虛，攻佔意義不大，莫如一舉挺進株洲，遠出捕捉敵之退卻部隊，並迅速破壞該地軍事設施，方爲適合之措施。」尚未獲得上級批准，第三師團便逕自向長沙以南的株洲挺進，二十九日上午，日軍衝入株洲，破壞了軍事設施後自行回撤至金潭附近。

此次長沙會戰，可以說是失敗的。但因中國守軍浴血奮戰，致使日軍傷亡較大，供應線也復遭中國軍隊和民眾襲擾，後勤不濟。而國民政府為援助第九戰區的失利狀態，命令第三、五、六戰區分別向日本第十一軍佔領區發動攻擊。阿南惟幾意識到潛在的危險，很快又從長沙撤出，沒有繼續深入。

日軍主力進攻長沙時，陳誠趁機克復敵人力量薄弱的宜昌。期間「飛虎隊」第一次參戰。此戰最終因日援軍趕到而失敗，但重創了日軍，國民政府稱之為「第二次長沙大捷」，雙方恢復到戰前狀態。

九月二十日，當日軍強渡汨羅江，威逼長沙的時候，軍事委員會電令第九戰區固守湘江兩岸及汨羅江南各既設陣地，加強抵抗，保持主力於外翼，力求攻擊敵之側背；令第三、第五戰區乘虛向當面敵人攻擊，以策應第九戰區作戰。同時令第六戰區向荊州、宜昌地區日軍積極襲擊，相機收復宜昌，二十三日開始實施。各戰區向各自當面之敵發動範圍廣泛的襲擾行動，第三戰區全面襲擊日軍據點，第五戰區以破壞日軍鐵路、公路交通線為重點，這些對日軍都構成了一些威脅。影響最大的是第六戰區對宜昌的反攻作戰，使日軍受到了震撼。

第六戰區是棗宜會戰後設立的，轄區為鄂西北、湘西和川東地區，所轄部隊有二十七個師。當面日軍原有兩個師團和一個混成旅團。但在第二次長沙會戰中，日軍從守備宜昌和當陽的第十三師團抽調了早淵支隊參戰，將掩護交通線的獨立混成旅團調往他處，所以，第六戰區當面日軍大大減少。

宜昌位於長江上游，是長江交通的咽喉要地，日軍第十一軍在一九四〇年六月佔領了宜昌，希望能夠以此「南北分割敵（中國）第五、第六戰區，確保攻擊敵後方的空軍基地，對重慶軍從物質和精神雙方施加壓力。」此後從宜昌起飛的日軍飛機不斷襲擊重慶，宜昌日軍成爲中方急欲拔除的眼中釘。

日軍主力會攻長沙，宜昌頓顯空虛，只留建制不全的第十一師團守備，周圍也只有第三十九師團。軍事委員會於九月二十日、二十一日、二十二日連續電令第六戰區司令長官陳誠乘機克復宜昌，並限於二十三日開始發起攻勢。這一重大行動既是策應第九戰區作戰，又是解除日軍對重慶和西南後方重大威脅的舉措。爲加強第六戰區進攻兵力，軍事委員會應陳誠的請求，將第五戰區所轄第三十三集團軍六個師暫歸第六戰區指揮。

九月二十三日，第三十三集團軍被撥歸陳誠指揮，開始切斷日軍後路，隔離第三十九師團的行動。陳誠決定用十四個師進攻宜昌城內大半個師團的日軍，這是一場有足夠把握的仗。

遺憾的是，陳誠指揮作戰忽視了時間因素。日軍抽調鄂境兵力南攻長沙，如果宜昌方面發生危機，必將返回解救，其中可以利用的空隙時間並不多，應該速戰速決。但是，陳誠調動參戰的其他各軍，距離宜昌較遠，最遠的有五至七天的路程。擔任作戰主力的江防軍本來可以於九月二十五日發起進攻，陳誠卻瞻前顧後，想等到各參戰部隊到齊後開始圍攻，一舉拿下宜昌。因而，一直拖到日軍大部隊開始從湘北撤退時還沒有發起強攻。這樣，攻擊宜昌不再具有減輕第九戰區壓力的意義，反而需要第九戰區盡力遲滯日軍主力回撤速度，保證第六戰區順利攻打宜昌。

日軍決定從湘北撤退是在九月二十八日。當時，日軍已攻佔了長沙，一部逼近株洲。第十一軍司令部認爲已達到擊潰第九戰區主力的作戰目的，況且，戰線長、護衛供應線路的兵力較少等弱點已暴露，且正被中國軍隊頻繁襲擾，所以阿南惟幾認爲，「以後的最大目標就是如何巧妙地進行反轉」。這一天，第十一軍司令部下達了反轉命令，確定九月三十日半夜爲反轉的開始時間。所以二十九日，第三師團襲佔了株洲後很快又撤回。

九月二十九日還發生了一件讓日軍不安的事。沉寂了很長時間的中國空軍再次露面並轟炸了日軍佔領的長沙。很快，日軍就搞清楚了那八架飛機是美國援華志願飛行團的，這讓他們更加不安。轟炸長沙日軍是陳納德指揮「飛虎隊」在華第一次實際參戰。

日軍在十月一日開始後撤。薛岳立即命令馳援長沙的第二軍、第七十九軍各向當面日軍跟蹤追擊，命令位於撈刀河、汨羅江南北地區的第七十四軍、第二十七集團軍和第九十九軍各依現在位置截擊、側擊日軍，務使其不能安全渡過新牆河。蔣介石也發電報要求，「第九戰區應乘敵疲憊，果敢追擊，乘機佔領岳陽，並應積極破壞武岳鐵路……牽制防守，滯其向武漢方面轉移，以利第三、第五、第六戰區之作戰。」

各部隊按以上命令，對撤退中的日軍展開追擊、截擊和側擊，給予一定殺傷。其中，早淵支隊在撈刀河畔被守軍伏擊，傷亡甚重，有兩個大隊長斃命。但中國軍隊反擊力量過弱，未能打亂日軍的行動。

湘北日軍主力回撤時，第六戰區在十月二日切斷了日軍第三十九師團和宜昌第十三師團的聯繫，清掃了宜昌外圍。同時陳誠也得到了「不顧犧牲務於三日內克復宜昌」的命令。陳誠指揮各部立即開始行動，各部奮力作戰，予敵以很大打擊。六日，攻擊部隊一部利用日軍防守間隙曾滲入宜昌東北，但因日軍殊死抵抗，始終無法得手。

日軍第十三師團沒有料到會遭受如此大規模地攻擊，在四方被圍的情況下，頑強作戰。兵員不足時，由勤務隊、衛生隊、輕傷患組成「宜昌防衛隊」，投入戰鬥。守備荊門、當陽的日軍第三十九師團也遭到中國軍隊圍攻，不能向宜昌增援。到十月九日，宜昌東郊的慈雲寺、東山寺各要點均被中國軍隊攻佔，宜昌北面的據點也多處被突破。十月十日晨，宜昌日軍燒毀了軍旗和秘密文件，師團長以下軍官們做好了自盡準備。但這時日軍返轉部隊爲解宜昌之危，緊急車運，其先頭已抵荊門附近。

同日，我第六戰區突擊部隊又攻佔宜昌郊區多處據點，並從東面突入宜昌城，與日軍展開巷戰。日軍以飛機二十架向中國軍隊猛烈轟炸，並施放毒氣。突擊部隊傷亡很大，被迫撤到城外。這時日本援軍已近，第六戰區奉蔣介石命令停止進攻，利用大雨和陰天擺脫日軍的圍擊，撤回原陣地。

第六戰區圍打宜昌十二天，殲敵頗多，給日軍不小的震撼。但因行動遲緩，致使十四個師的兵力未能攻下日軍一個不完整師團固守的宜昌，充分暴露了國民黨軍隊缺乏進攻作戰精神的弱點。

在第六戰區開始圍攻宜昌的同時，中國派遣軍總司令畑俊六爲策應湘北戰事，命令河南的第三十五師團進攻鄭州，與日軍第一戰區第三集團軍發生激戰。湯恩伯爲配合第三集團軍作戰，派兵進襲開封、中牟。日軍第三十五師團經過三天戰鬥，於十月六日攻陷鄭州。進而，日軍佔領中牟和邙山頭黃河大橋橋頭堡，擊退了我第一戰區多次反攻。此後，第一戰區已不能構成有效的黃河防線了。

隨著湘北戰事在十月上旬結束，軍事委員會下令第三、五、六戰區相繼停止了對敵攻勢。除鄭州失守，黃河河防出現大的缺口外，中日之間基本恢復了第二次長沙會戰前的狀態。

第二次長沙會戰的結果十分明顯地反映了戰略相持階段中日雙方的實際戰略與戰力。日軍雖不能像抗戰初期那樣進展順利，攻城掠地，但他們依然保持了強大的戰鬥力，集中有限兵力突擊奔襲，常能對中國軍隊造成災難性打擊。中國軍隊雖經休整，敵人的壓力也大爲減緩，但畏敵心理依舊，戰鬥積極性不高，且內部許多固有的弊端又蔓延開來，積極的戰略決策往往難以全面執行。

爲及時總結第二次長沙會戰的經驗教訓，以指導今後作戰，中國最高軍事當局於十月中下旬在衡山召開了第三次南岳軍事會議。第九戰區的高級將領及相關的軍事首長參加會議，蔣介石主持會議並發表了一系列講話。會議結合會戰過程國民黨軍隊的積弊，對第二次長沙大戰各部隊依表現進行賞罰。第七十四軍第五十八師師長廖齡奇臨陣脫逃，予以槍決。第三次南岳軍事會議還針對日軍相持階段作戰的弱點，制定了一套以對重點地域的頑強防守與集中使用戰場兵力相配合的「磁鐵戰」。薛岳在會議上深刻反省「磁鐵戰」原則，設計出一套可以誘敵深入加以圍殲的「天爐戰法」。

第二次長沙會戰，薛岳實際上是倉促應戰。大雲山之戰轉移了第九戰區視線，牽制了第二十七集團軍的主力，使日軍輕易地突破防線南下，接著密碼被日軍破譯而薛岳卻渾然不知，導致我軍處處被動。在此戰中，第九戰區中國軍隊傷亡及失蹤者達七萬多人。這是抗戰進入相持階段以來，中國軍隊損失最爲慘重的一次戰役。對日軍來說，是「在激烈動盪的國際局勢中受到極嚴格制約的條件下作戰的」，其參謀本部要求盡早結束作戰，以便準備對南方用兵，因而第十一軍攻佔長沙僅兩天便迅速返轉，退回原防。

三、天爐熔「太陽」

南岳會議後，薛岳創造了一套「天爐戰法」，並著成《天爐戰》一書，在第九戰區下發給軍官學習。依據此戰法，第九戰區調整兵力部署，利用有利地形，積極準備，迎戰集結而來的日軍。

第九戰區在第二次長沙會戰中受到重創，薛岳和第九戰區高級將領在十月中下旬的南岳軍事會議上，受到最高統帥蔣介石嚴厲訓斥。會後，他們痛定思痛，總結前兩次會戰的經驗教訓，不僅加緊佈置了長沙地區防禦工事的構築，而且提出了一套在湘北進行後退決戰的戰略方針。薛岳著成《天爐戰》一書，下發給各軍官學習，以待日軍再攻長沙時大展身手，一洩積怨。幸好，國民政府宣傳機器大肆頌揚「第二次長沙大捷」，一般士兵的士氣和湘北民心，並沒有因第二次長沙會戰慘敗而受大的影響。在第九戰區，特別是湘北，軍民都充滿取得更大勝利的信心，這是極欲復仇的薛岳所欣慰的。

日軍方面，阿南惟幾同樣憋有一肚子的火氣，也在尋機再與薛岳打一仗。第二次長沙會戰中，中國方面相關戰區開展的有限協同作戰消滅日軍一定有生力量的同時，也打擊了日寇囂張氣焰。日軍上層因此非議不斷，十一月二十三日，阿南中將在南京參加軍級司令官會議時，聽到「長沙作戰，反而給予敵人以反宣傳的材料，很爲不利」的批評性結論，不得不提出長篇申訴。經此一番風波，阿南惟幾對薛岳和第九戰區恨之入骨，時刻幻想著全殲第九戰區的中國部隊。

當時，國際形勢和日本國內形勢開始發生重大變化。第二次長沙會戰的進程顯示了中國抗戰的決心和實力，給美國人以鼓舞。十月一日，日軍開始從長沙撤退，二日，赫爾國務卿即拒絕日本建議，堅決要求日本從包括中國在內的東南亞撤軍，並中止了談判。日本內閣接到美國的強硬表態後發生嚴重分歧，近衛首相主張對美國讓步，軍部極力反對。十三日，召開五相會議，東條陸相堅決反對從中國撤軍。十六日，近衛內閣在東條的要求下總辭職，東條英機就任首相。十八日，東條英機發表首次內閣會議聲明：「解決中國事變，確立大東亞共榮圈，以期對世界和平做出貢獻，乃帝國之堅定國策。」

主張對美、英採取強硬態度的東條內閣加快了「南進」戰略的實施進程。根據第二次長沙會戰前夕的御前會議通過的《帝國政策實施要領》，日本所謂「南方作戰」的目的是摧毀並佔有美、英、荷等國在遠東的根據地，作戰部隊約爲陸軍總兵力的百分之二十，其中主要部份由中國戰場抽取。爲了全力對抗美、英，日本迫切需要盡早從中國戰場抽身。十二月三日，東條指示軍部給中國派遣軍下達命令：「爲建設大東亞新秩序，在攻略南方要域的同時迅速處理中國事變。」阿南惟幾從中發現了再攻長沙的機會。

一九四一年十二月七日，日軍偷襲珍珠港，並攻佔馬來亞、菲律賓等地，太平洋戰爭爆發。兩天後，國民政府正式對日本宣戰，同時對德、意宣戰。太平洋戰爭的爆發，不僅使中國的抗日戰爭與世界反法西斯戰場開始緊密相連，而且日軍在中國戰場的舉動，也直接與其南方作戰密切相關。因此，日軍大本營在發動南方作戰時，把攻佔香港的任務交給了中國派遣軍。大本營認為，攻佔香港，不但可以接收英、美等國的權益，消滅其勢力，還可以和整個南方作戰的成果相配合，完全切斷援蔣各國與重慶的聯繫。這樣就可以促進中國問題的全盤解決。

進攻香港的日軍第二十三軍，原在蘇德戰爭爆發時就做好了戰鬥準備。十二月八日凌晨四點，當得知南方軍在馬來群島方面登陸的確實消息後，立即開始攻擊。

日軍準備進攻香港時，國民政府軍事委員會下令從第九戰區抽調第四軍、第七十四軍增援粵桂，並令第四戰區與第七戰區一起向廣州方面日軍進襲，以牽制日軍對香港的進攻；同時調遣第五軍、第六軍、第六十軍由廣西、四川向雲南方面移動，準備入緬協助英軍作戰，保衛滇緬國際通道。

十二月十二日，駐武漢的日軍第十一軍發現我第九戰區部份兵力開始向南調動，立即同廣州方面的日軍聯繫，當時日本第二十三軍已攻佔九龍半島，準備進攻香港島。於是，阿南惟幾主動向中國派遣軍總部提出建議，為牽制第九戰區中國軍隊向廣州方面轉移，保證第二十三軍對香港英軍攻擊的勝利，武漢地區日軍應向湘北方面發動攻勢。阿南惟幾的建議得到中國派遣軍總司令畑俊六的支持，並很快被大本營批准。這樣，在第二次長沙戰役結束後僅僅兩個多月，又發生了第三次長沙戰役。

經過第二次長沙會戰，日本第十一軍上下普遍輕視中國軍隊的戰鬥力，所以才敢於在距上次大規模會戰僅兩個月，部隊的補充休整尚未完成，準備不充分的情況下便決定作戰。十二月十三日，阿南惟幾下達作戰命令，調集第六師團全部和第三、第四十師團主力共約七萬人迅速向岳陽以南集結，準備第三次席捲湘北。

日軍原計畫在汨羅江兩岸擊殲中國守軍第二十軍和第三十七軍後結束作戰。不過阿南早有深入湖南進攻長沙腹部的意圖，他是不會輕易放過這個進攻第九戰區的機會的，他有旺盛的企圖心，希望有更爲傑出的戰果表現。所以，只要等待作戰時機到來，他就會先斬後奏，從牽制作戰轉變爲攻佔長沙的會戰。

日本第十一軍在不到三個月時間內，竟再度興兵進攻長沙，給薛岳抓到一個有利的反擊機會，因爲日軍是採取攻勢作戰，軍隊比較疲勞，在如此短暫的時間內，難以完成整補，有著疲兵再戰的不利。而中國軍隊則不同。太平洋戰爭爆發，使全國軍民受到巨大鼓舞，對抗戰前途充滿信心，部隊戰鬥力恢復較快。薛岳總結了一套利用湘北複雜地形與敵後退決戰的「天爐戰法」，專等著日軍來犯。薛岳一刻也沒放鬆對武漢方面日軍的監視。

天爐戰法，指的是一種「後退決戰」的戰術。將兵力在作戰地帶佈置成網狀據點，以伏擊、誘擊、側擊、尾擊等方式分段消耗敵軍兵力與士氣，最後將之推到決戰地區，實施圍殲。

天爐戰法因薛岳在第三次長沙會戰中挫敗日軍而出名，因此被日軍稱為「長沙之虎」。

十二月初以來，第九戰區發覺日軍調動頻繁，向湘北、贛北集中兵力，其飛機不斷偵察守軍陣地，並搶修白螺機場及南昌機場，薛岳判斷日軍將再攻長沙，於是積極進行備戰。到十二月二十日，日軍進攻企圖已極明顯，軍委會決定把彭位仁的第七十三軍、夏楚中的第七十九軍畫歸第九戰區指揮，並迅速開往長沙附近；同時電令已南下的第四軍和第七十四軍速返湘北，第九戰區的戰鬥部隊大為增加。

薛岳在判明日軍將大舉進犯湘北後，精神為之一振，立刻調整兵力部署，並要求各部始終按照天爐戰要領指導作戰。薛岳引以為豪的天爐戰充分利用湘北山丘河流交錯縱橫的地形特點，具體內容是：「挺進兵團」在敵後進行游擊戰，襲擾破壞敵佔區內主要交通、通信並阻擊日軍增援部隊；「警備兵團」擔任第一線守衛作戰，節節抵抗遲滯消耗敵軍，爾後轉為「尾擊兵團」，等敵人通過第一線陣地後，銜尾猛攻，參加決戰，特別要注意截斷敵人補給和後援；「誘擊兵團」佔領決戰地第二、三網形陣地帶，遲滯消耗敵軍，爾後轉為「側擊兵團」，在決戰時適時側擊敵軍；「守備兵團」擔任決戰地的守備，頑強抵抗，等到敵人攻勢頓挫，立即展開反擊；「預備兵團」佔領決戰地

▶▶中國軍隊使用天爐戰法作戰

後方要點，必要時參加決戰，擴張戰果，或者依情況佔領預備陣地，收容決戰地部隊，轉移作戰。

薛岳和第九戰區官兵，摩拳擦掌，嚴陣以待，準備一雪前恥。十二月二十三日，日軍第四十師團主力開始向楊漢域第二十軍下轄第一三四師設在新牆河北岸的前沿陣地進攻。第三次長沙會戰由此揭開了大幕。

十二月二十四日，日軍向湘北守軍發動進攻，中國軍隊依計邊防禦邊向長沙方向撤退。日軍指揮誤以為中國軍隊抵抗不住，輕敵之下決定攻打長沙，一步一步地走向薛岳佈置好的「天爐」。

湘北十二月的天氣，通常是晴朗乾燥的，氣溫也不是很低，可日軍進攻時，卻突降雨雪，氣溫驟降至零度以下。道路泥濘，河流變得又深又急，這對於長途奔襲、機械化程度高的日軍是極端不利的。烏雲鎖天，連日不開，日軍飛機無法配合地面作戰，空中優勢不能發揮。不利的天氣變化，是日軍在前兩次湘北作戰中所未曾遇到的，給其行動帶來了很大的困難。

十二月二十四日，首先發起攻擊的日軍第四十師團在猛烈的炮火掩護下，擊破中國守軍第一三四師在河北岸的前進陣地，強渡新牆河，激戰到傍晚時日軍全部抵達河南岸。右翼第六師團在二十四日傍晚也發起強攻，並乘大雨和夜色突破了中國守軍第一三三師的陣地，從新牆附近過了河。二十五日晨，第三師團也徒涉過新牆河，沿粵漢路東側攻擊前進。

渡過新牆河的日軍在破壞殆盡的泥濘道路上，向中國軍隊的二線陣地追擊前進。中國士兵冒著風雨嚴寒與優勢之敵浴血激戰，「有凍餒死於陣地者，有全營共陣地俱亡者，傷亡雖重，士氣未衰」。雙方激戰一天後，日軍仍未能完全攻破中國軍隊防線。

二十六日，日軍以一部兵力圍攻中國軍隊第二十軍陣地縱深內的各據點，抗擊第五十八軍的側擊。日軍第六師團、第四十師團主力則利用中國守軍防線的間隙，繞出守軍的背後，撲向汨羅江北，與先沿粵漢路南下的第三師團會合，準備渡過汨羅江，擊潰江南的第九戰區主力。

夜半，薛岳獲悉前線戰況，一方面令陳沛率第三十七軍加強汨羅江南岸防守，阻止日軍渡河；另一方面令第二十、五十軍向東南山區轉移，準備爾後反擊。在新牆河防守作戰中，中國守軍表現出了頑強的鬥志。奉命固守傅家橋陣地的王超奎營在敵軍層層包圍、猛烈攻擊之下，利用頹垣彈穴做殊死的阻抵，戰至全營官兵壯烈殉國。另一個營在副營長呂海群的率領下，依託工事頑強抗敵，多次擊退日軍衝擊，在優勢敵人猛攻下，最後也全部壯烈犧牲。

奉命守衛汨羅江一線陣地的是不久前剛受嚴重打擊而稍事整補的陳沛第三十七軍和傅仲芳第九十九軍。兩軍以新市爲界畫定防區。吸取前次會戰中平行設置防線、敵人擊破一點全線即潰的教訓，以實現逐次抵抗爲目標，兩軍注意了工事的堅固，並在主陣地後面構築了可以互相支援的縱深陣地。

正常情況下，汨羅江一帶從十月到第二年三月為枯水季節。但是，因為當時天氣反常，這裏竟連日下雨下雪，河水陡漲，氣溫驟降，加大了日軍渡河的困難。

沿粵漢線南下，先期抵達汨羅江北岸的日軍第三師團在二十六日著手清理江北，準備渡河，同第九十九軍發生血戰。阿南惟幾通過航空兵偵知中方在江南部隊有撤退跡象，可能使其圍殲企圖落空，便強令先頭部隊不待後援，立即提前渡河。二十七日中午，第三師團主力強渡汨羅江，第九十九軍雖很頑強，但不敵日軍的密集火力，主力後撤至牌樓峰、栗橋一線。

二十九日，日軍第三師團突破了第九十九軍二線陣地後，立即轉向東面的新市，準備完成在汨羅江圍殲我第三十七軍的預定任務。

負責主攻中國第三十七軍的日軍第六師團、第四十師團於二十八日也分別在新市、磨刀灘等處渡過了汨羅江。

日軍第十一軍在湘北的攻勢，拖住了我第九戰區部隊，使之無法向南參加香港作戰，於是在十二月二十五日，日軍第二十三軍比較順利地佔領了香港，近萬英軍成為俘虜。按十一軍原定計畫，此時已抵達汨羅江南岸的日軍應全力合圍中國守軍第三十七軍，將其擊潰後相機結束作戰。

阿南惟幾認為第九戰區中國軍隊的戰力已被抽調而顯得空虛，南調的部隊回防速度比較慢（中國軍隊的運動在抗戰期間幾乎全靠徒步行軍），只要日軍堅持挺進，中國軍隊是擋不住的，日軍即可攻佔長沙。日軍第三師團長豐島房三郎中將，也有同樣的想法，他剛剛接到的調任近衛師團長命令，因此也想攻佔長沙立下戰功。豐島房三郎的支持，更加堅定了阿南惟幾向長沙深入的決心。

十二月二十九日，阿南接到航空兵的偵察報告，說「中國軍隊已向長沙退卻」，認為正是乘勢攻佔長沙的良好戰機，於是獨斷決定改變原作戰計畫，向長沙追擊，並分別向中國派遣軍總司令部和大本營陸軍部申訴理由，請求批准。阿南司令官當晚下達了進攻長沙的命令。為了保障進攻主力的側背安全，他急令岳陽以北的第九混成旅團迅速南下配合主力作戰。派遣軍總司令官畑俊六對阿南惟幾的行動頗為不滿，但因他們已經在開始行動，不好追回，只得勉強承認現實，並報請大本營予以追認。

日軍作戰計畫的驟然變更，使在艱苦條件下連續作戰的第一線官兵疑惑不解，沒有理解作戰目的，士氣自然受到影響。負責後勤供應的參謀副長二見秋三郎和負責偵察中國軍隊調動情報的作戰主任參謀島村矩康均對進攻長沙有異議，二見秋三郎更直言進攻長沙是「自暴自棄之作戰」。

為了早日攻下長沙，日軍前線各部接到進攻長沙的命令後，於十二月三十日對汨羅江南岸的中國守軍第三十七軍發動全線猛攻。激戰到下午，日軍第六師團以一部繼續圍攻，主力則從守軍防禦空隙間穿過，繼續南進，第四十師團也突破了守軍陣地。當薛岳得知日軍第三師團已突進至第三十七軍後方的情況後，立即令第三十七軍向金井以東的山區撤退，轉至外線待機實施反擊。

日軍全力南進，到三十日晚上，第三師團渡過撈刀河向長沙挺進，第六師團也快速渡河前進，第四十師團進至金井一帶，牽制東面山區的中國軍隊，緊急增援的第九混成旅團二十九日到達岳陽，立即向關五橋前進，以保障進攻主力的側背安全。不過，這一次不同於第二次長沙會戰，雖然日軍兵臨城下，卻是在中國軍隊的預料和計畫之中的。

這時薛岳對長沙會戰所有的軍力部署，早已是瞭若指掌，因此下令第十軍李玉堂堅守長沙市區，特別在市區的東南高地，布下巷戰的陣勢，並且將重炮兵旅放在岳麓山，設立了俯視全城的炮兵陣地。

十二月三十日晚，薛岳向蔣介石報告日軍當前的動態，蔣介石為防止過早使用第二線部隊，致電薛岳：「敵似有沿鐵道線逐步推進攻佔長沙之企圖。該戰區在長沙附近決戰時，為防敵以一部向長沙牽制，先以主力強迫我第二線兵團決戰，然後圍攻長沙，我應以第二線兵團距離於戰場較遠地區，保持外線有利態勢，以確保機動之自由，使敵先攻長沙，乘其攻擊頓挫，同時集舉各方全力，一舉向敵圍擊。以主動地位把握決戰為要。」薛岳根據原定決戰計畫和軍委會指示，當天晚上向戰區各部發出決戰命令：「戰區以包圍殲滅進攻長沙之敵為目的，決以各兵團向長沙外圍敵軍，行求攻擊殲滅之。」長沙外圍各部立即開始行動。

十二月三十一日，日軍主力已分別到達長沙外圍附近。薛岳當即命令各部在一九四二年一月一日開始第一次攻擊。同時，他向蔣介石立下了軍令狀，並訓令各部力行下列三事：「第一，各集團軍總司令、軍長、師長，務確實掌握部隊，親往前線指揮，俾能適時捕捉戰機，殲滅敵軍；第二，岳（薛岳自稱）若戰死，以羅（卓英）副長官代行職務，按照預定計畫圍殲敵人，總司令、軍、師、團、營、連長如戰死，即以副主官或資深主官代行職務；第三，各總司令、軍、師、團、營、連長，倘有作戰不力，貽誤戰機者，即按革命軍連坐法議處，決不姑寬。」此電顯示薛岳之決心，不但保證了預定計畫毫不含糊，而且激勵了廣大官兵的戰鬥熱情與積極性，也警戒了任何畏縮或保存一己的企圖。

一九四二年一月一日，中國首次做爲世界四大國之一簽署《聯合國家宣言》，世界反法西斯統一戰線正式形成，中國從此開始以大國的身分出現在國際政治舞台，任何一個有民族自尊心的國人都爲之激動和感慨。

同日凌晨，日軍第三師團從榔梨市和東山附近渡過瀏陽河，在二十餘架飛機支援下向長沙東南的阿彌嶺、林子沖、金盆嶺等中方陣地發起進攻。慘烈的長沙保衛戰開始。

經過激烈的戰鬥，薛岳的「天爐」終於熔化了驕縱的「太陽」兵。三戰長沙，中國軍隊終於取得了一次真正的大捷，進一步堅定了中國軍民抗戰必勝的信心。薛岳被日軍稱為「長沙之虎」。

從戰役開始到十二月三十一日，日軍的攻擊行動基本是按照第九戰區預定計畫進行的，而且日軍在長沙外圍三面展開，擺出了攻擊長沙的架勢。下一步的計畫能否實現，關鍵就在於長沙防禦戰打得如何了。

薛岳特別重視長沙的防禦，很早就讓李玉堂的第十軍接替了長沙防務，並將長沙的炮兵和工兵盡數撥給了李玉堂指揮。同時他還多次親臨現場督促第十軍切實加強長沙的防禦工事。

爲了有效削弱日軍，第十軍還盡量向遠方派出警戒部隊或前進部隊，加大防禦層次。一九四二年一月一日凌晨四點，日軍第三師團乘霧氣濛濛之際渡過瀏陽河，首先發起攻擊。佈置在外圍陣地的預備第十師與日軍展開激戰。預十師師長方先覺在上次會戰中也受到處分，同樣以戴罪之身迎戰，抵抗相當頑強。第十師官兵與日軍血戰一天，多次打退日軍進攻。當日下午，在工事被敵人炮火摧毀，戰士傷亡很重的情況下，縮短第一線陣地繼續抵抗。

日軍以飛機、大炮掩護，連夜輪番進攻。擅長夜戰的日軍精銳加藤大隊（大隊長加藤素一）曾一度攻下鄔家莊和軍儲庫附近陣地，威脅到長沙市區。預備第十師迅速派兵反擊，日軍依託民房頑抗，守軍放火焚燒，四處逃竄的日軍加藤少佐等一百多人全部被擊斃。從加藤身上搜出的文件顯示日軍彈藥已嚴重不足，這更激勵起中國官兵的鬥志

一月二日，中日兩軍仍在長沙東南郊激烈爭奪，幾乎所有據點都反覆易手，得而復失，失而復得，陣地前沿屍橫遍地。中國守軍裝備火力不及敵人，但岳麓山上的重炮陣地用猛烈炮火轟擊日軍，有力地配合了友軍作戰，戰鬥呈膠著狀態。

在這期間，美國總統羅斯福已電告蔣介石，設立中國戰區，並任命蔣介石爲中國戰區最高

統帥，負責統一指揮中國、泰國、越南區域內的盟軍作戰。第三次長沙會戰的國際意義劇增，蔣介石更加關注戰事的發展。二日晚，蔣介石為鼓舞守城將士士氣，給第十軍軍長李玉堂及周慶祥、方先覺等師長發電報，號召堅持抗戰。次日，蔣介石又命令前線各軍師長，應勇猛前進徹底殲滅敵人，如敵軍由各部之作戰境內安全逃竄者，即嚴懲該部各級主管及幕僚長。

日軍第三師團在攻城戰中遭遇前所未有的抵抗，攻勢受挫，而中國守軍外線兵團正向長沙逼近，阿南惟幾開始意識到形勢嚴峻。但他並不甘心就此甘休，仍企圖在中國外線兵團到達前攻下長沙，於是在二日夜半，他下令把第六師團主力投入攻城作戰。

一月三日拂曉，日軍兩個師團從東、南、北三個方向同時發起攻擊，第十軍官兵英勇抵抗，敵人死傷慘重卻進展甚微。第六師團雖有一部從北郊衝入城區，但在中國重炮轟炸之下無法立足，被守軍反攻驅出城外。

當晚，薛岳命令第七十七師渡過湘江進入長沙城，歸李玉堂指揮，為第十軍的預備隊。此時，處在外圍的中國各軍也由遠處向長沙逼來，基本上到達了戰區規定的第一次攻擊線。

日軍主力攻城三天，死傷慘重，仍未能入城，阿南惟幾不得不放棄攻佔長沙的計畫，於一月三日夜間下令停止掃蕩長沙，準備四日夜間撤退。

一月四日，日軍在撤退之前又對長沙進行了一次猛烈攻擊，用以隱蔽其撤退企圖。經過數日血戰的雙方軍隊都以殘疲之師做最後一搏，戰況空前慘烈。一些陣地，在中國官兵傷亡極重的情況下，不得不以傳令兵、雜務兵、擔架兵組成戰鬥隊抵擋日軍的攻勢，陣地易手多次。激戰一天，第十軍不僅頂住了日軍的瘋狂進攻，還對敵人陣地進行逆襲，頗有斬獲。日軍第三師團及第六師團於當晚撤離戰場，由長沙市郊分別向東山、榔梨市撤退。此時，中國軍隊正在向長沙開進，準備對敵實行圍殲。薛岳獲知日軍已開始後撤，立即變更作戰部署，命令各部隊從不同方向對敵軍展開圍追堵截，要在汨水以南撈刀河以北地區全殲日軍。

由於日軍在長沙周圍時間過長，使中國軍隊有了從容佈陣的機會。日軍第四十師團主力由金井退往春華山，遭到猛烈阻擊而一度被迫折回，其留守金井掩護主力的龜川部隊為中國第三十七軍所圍攻，被增援部隊救出時，傷亡已近四百人，戰鬥人員僅餘二十多人，幾乎是全軍覆滅。第三師團剛離開長沙，即在金盆嶺、林子沖一帶遭到中國第四軍的截擊，苦戰一天，始得突圍，並被迫改變退卻路線，與第六師團合流。日軍兩個師團並列退卻，中國軍隊三個軍緊緊追擊。

八日，在撈刀河北岸地區，日軍遭中國守軍三個軍的截擊。我第九戰區截擊部隊和追擊部隊將日軍第三、第六師團包圍。日軍陷入苦戰，損失慘重，期間，南下接應的第九混成旅團遭中國守軍截擊，一個大隊被圍殲。第六師團企圖向北突圍，復遭第二十軍和五十八軍的分割包圍，在日軍第三師、第四十師團、第九混成旅團和空軍的全力配合和營救下，才得以突圍。

日軍在中國軍隊的不斷阻擊和追擊之下，且戰且退，處境相當艱難，後撤速度緩慢。經過十天苦戰，日軍各師團主力才陸續渡過汨羅江。過江之時，由於受到中國軍隊的追擊，日軍爭相後撤，亂作一團，「多自相踐踏，因此落水溺斃者甚眾」。十四日，日軍在汨羅江北集結完畢，一齊向北撤退。中國軍隊仍繼續以各種方式攻擊敵軍，但因日軍主力已經相對集中，漏洞較少，到一月十六日，日軍基本上回到新牆河以北的陣地。

當日本南方軍爲勢如破竹地深入東南亞和南太平洋地區而興高采烈之時，侵華日軍中國派遣軍卻在長沙遭遇了慘敗。從長沙城下到汨羅江畔，到處都有日軍遺棄的屍體。第九戰區發表的戰報是日軍傷亡多達五、六萬人。日本第十一軍經此一役，兩年多都不敢再攻長沙，可見受打擊之重。薛岳的「天爐」終於熔化了驕縱的「太陽」兵，日軍開始稱薛岳爲「長沙之虎」。

三戰長沙，中國終於取得了一次真正的大捷，進一步堅定了全國軍民抗戰必勝的信心。前兩次長沙會戰，均處於世界反法西斯戰線烏雲密佈之時。自太平洋戰爭爆發以來，日軍曾勢如破竹，曼谷、關島、威克島、馬尼拉、香港均陷日軍之手。唯獨長沙會戰首開勝利，讓世界輿論皆刮目相看。

英國《泰晤士報》稱：「際此遠東烏雲密佈中，惟長沙上空之雲彩，確見光耀奪目。」紐約《先驅論壇報》社論道：「華軍之勝利，即爲同盟國之勝利，並使民主集團認識此次之勝利，爲最合時機，且確信全球抵抗侵略之戰爭，爲一不可分性之整個戰爭。」美國著名遠東問題專家斐教授評論道：「長沙三次大捷，華軍之援緬，及太平洋戰事爆發以來，華軍幾次發動有利於同盟國之反攻，已使敵人對東南亞之壓迫，大爲減少。竟至壓倒了因香港、馬尼拉失守所引起的憂慮情緒。」

美國國會議員在此鼓舞下，於一九四二年二月七日，一致通過向中國提供五億美元財政援助，同時英國也提供五千萬英鎊的貸款。羅斯福致電蔣介石說：「貴國軍隊對貴國遭受野蠻侵略所進行的英勇抵抗，已經贏得美國和一切熱愛自由民族的最高讚譽。」

第三次長沙會戰之後，薛岳獲得當時最高榮譽獎章——青天白日勳章。一批作戰有功將領也獲得嘉獎，其中李玉堂升任第二十七集團軍副總司令，方先覺升任第十軍軍長。

四、虎賁之師血戰常德

一九四三年，日軍為消滅鄂西中國軍隊主力，興兵十萬對常德外圍進行攻擊。第六戰區遵照軍委會指揮，在暖水街、石門等要點逐次抵抗。石門一戰，彭士量師長陣亡，中國軍隊又失良將。

常德位於湖南西北，居沅江下游，近鄰宜昌、岳陽、益陽、湘潭、長沙等重鎮，溯沅江而上可達貴州，歷來是湘西北水陸交通的樞紐。抗戰進入相持階段後，常德戰略地位更顯重要，因爲從常德南出可攻長沙等地，北上可扼長江，進逼宜昌，東可攻擊粵漢鐵路，西進可威脅川黔。宜昌在一九四一年淪陷後，常德畫歸新成立的第六戰區防守。

一九四三年五月，日軍爲消耗在鄂西的中國第六戰區軍隊主力，興兵十萬發起鄂西會戰。中國軍隊依託要塞工事和長江天險，在宜昌以西的石碑至石首以南的南縣、沿長江一線及其縱深地區同日軍激戰月餘，斃傷日軍近萬人。六月中旬，會戰結束，雙方恢復戰前態勢，第五、六、九戰區仍然同駐武漢侵華日軍第十一軍對峙。日軍在鄂西的攻勢作戰雖給中國軍隊造成陣亡官兵達二萬五千四百多人的巨大損失，卻難以挽回它在整個太平洋戰爭中由盛而衰的事實。

事實上，日本南方軍在一九四二年九月的中途島之戰慘敗後，就被迫由戰略進攻轉入了戰略防禦。進入一九四三年後，日本南方軍日子更加難過，盟軍在太平洋上發起反攻，中國戰區也積極準備反攻緬甸。鄂西會戰結束後，國民政府軍委會先後從第六、第九戰區抽調部隊，轉用於緬北、滇西方面。

日軍爲策應太平洋作戰，牽制中國軍隊向滇緬方面轉用兵力，於一九四三年八月二十八日制訂的《一九四三年度秋季以後中國派遣軍作戰指導大綱》，要求剛發動鄂西會戰不久的第十一軍在湖南發動常德作戰。《大綱》規定常德作戰的目的是：「進攻常德附近，搜索並殲滅敵中央軍，摧毀第六戰區根據地，以削弱敵繼續抗戰的企圖，同時爲派遣軍在減少兵力之後能順利完成任務創造條件，並牽制可能調往雲南方面重慶軍的機動兵力，以策應南方軍作戰。」

九月底，日軍開始實施作戰準備，先後在華容、石首、藕池、閘口、湖堤、彌陀寺、涴市、江陵、沙市等地，集中了第十一軍的第三、第十三、第三十九、第六十八師團，第十三軍的一一六師團，及古賀支隊、佐佐木支隊、宮脅支隊、柄田支隊、飛行第四十四大隊，合計兵力十萬以上。同時在監利、沙市間江面，集泊船艦三十餘艘，濱湖各河汊集泊汽艇三百餘艘，民船千艘以上，坦克、汽車也均大量增加。至十月底，日軍已完成戰備，有彎弓待發之勢。

日軍頻繁調動的現象引起中國方面的重視。十月二十八日，國民政府軍委會判斷日軍將進攻長江、洞庭湖三角地帶，並可能進攻常德，於是電令第五、六、九戰區作應戰部署。

湖南是中國稻米產區中產量既大又能大量輸出的唯一區域，擔負著湘鄂兩個戰區數十萬部隊的軍糧和鄂西、川東、貴州、廣西、廣東等省幾千萬人口的民食供給。湖南輸出的大量稻米，主要於洞庭湖濱地區和湘江流域。如果常德失守，不僅洞庭湖濱地區難保，湘江流域亦將受到日本襲擾和掠奪。這對於僅有西南數省轄區的國民政府來說，無論對經濟還是軍事都將產生重大影響。因此，中國必須竭盡全力抗擊日軍對常德地區的進攻。

第六戰區遵照軍事委員會的命令，決心以部份兵力佔領既設陣地，逐次抵抗，預期將日軍誘至澧水及沅江兩岸地區後，實施反擊。具體部署是：以第一線的第二十九集團軍王纘緒部於華容、藕池口間，第十集團軍王敬久部於藕池口、宜都間，江防軍吳奇偉部於宜昌以西，第二十六集團軍周嵒部於當陽西北，第三十三集團軍馮治安部於荊門以西，各對當面之敵行持久抵抗，予以阻擊，並摧毀其攻擊威力後，即向側後轉移；再以第七十四軍固守常德核心陣地，頑強抵抗，以第八軍、第一百軍與第七十四戰區增援之歐震兵團、李玉堂兵團機動攻擊，協力外轉部隊之回師反擊，壓迫日軍於洞庭湖濱而殲滅之。第五、九戰區各以兩個師爲策應兵團，分別向京山、岳陽方面日軍的弱點進行深入攻擊；中、美空軍立即向沙市、監利、石首、華容之敵及沙市、岳陽之間的敵艦轟炸。

從應戰部署看，中國軍隊考慮倒是很周全的，但是不少中國部隊尚未完全開進預定陣地，日軍便發起了猛烈進攻。

十一月二日傍晚，日軍分兵四路，在松滋到華容間的漫長戰線上，發起全面進攻。其中第三十九、十三師團攻擊松滋附近地區，第三師團進攻公安，第一一六師團從藕池口發動進攻，第六十八師團從華容攻擊安鄉。中國軍隊第六戰區第一線部隊先後於南縣、官壋、甘家廠、公安、磨盤洲、新江口之線，及大堰、張家廠、街河市、西齋各附近地區，予敵堅決抵抗，斃敵頗多。敵雖備受打擊，仍挾其優勢，在攻佔南縣、公安、松滋後猛進。不到六日，第六戰區第一線戰地被突破，戰區調整部署，形成了外線態勢。

當時，第十集團軍逐漸退至聶家河、棉馬城、暖水街、王家廠一線陣地，第二十九集團軍退至永鎮河至安鄉一線陣地。以後，日軍的主要攻擊力量放在暖水街、王家廠方面。這樣，雙方激烈戰鬥就集中在洞庭湖西面的山岳地區，尤其是石門、慈利等地。

暖水街位於湖北清江至湖南澧水之間的山岳地帶邊緣，如果日軍要進攻常德的話，必須首先佔領該地，這樣才能掩護其右翼側後安全。於是，在暖水街一帶，中日雙方展開了一場激烈的爭奪戰。

王敬久指揮第十集團軍五個師在以暖水街爲中心，南北寬約九十公里的廣大正面內，憑藉陣地抵抗日軍。日軍進攻主力是第三、十三兩個師團和佐佐木等三個支隊。日軍倚仗優勢火力不斷猛攻，守軍頑強抗擊，血戰三晝夜，守軍陣地屹然未動。十一月九日，王敬久奉命調整部署反守爲攻，這時日軍先發制人，除留一部同守軍對峙外，以主力迂迴到暖水街以南地區南進，敵我雙方陣線交錯，在暖水街地區呈混戰狀態。鑒於澧縣、津市正面和石門以北地區都已發現日軍，第六戰區副司令長官下令王敬久部被圍各部向西面山地漁洋關方面撤退。日軍於十二日佔領暖水街。

南下日軍主力約兩個師團在十二日夜，借助茫茫夜色集結在桐子溪、林家橋一線，準備攻擊石門。石門位於澧江北岸，處於湘西山地邊緣，是常德北面的戰略要點。十三日，雙方激戰竟日，傷亡皆巨。十四日早晨，日軍援軍在炮火掩護下強渡澧水，南北夾擊石門。

防守石門的是王纘緒集團軍的第七十三軍。該軍自五月參加鄂西會戰以來，兵員武器的損失都還沒有補充齊備，戰鬥力較弱。石門防禦要點位於澧水北岸，背水作戰撤退十分困難，日軍抓住這一弱點，大膽穿插迂迴，於十四日將守軍全面包圍。軍長汪文斌奉命率部突圍，令暫編第五師堅守要點，掩護主力撤退。從十四日晚至十五日黃昏，師長彭士量親率所部在日軍進攻的重點地區與敵短兵相接，白刃搏鬥，官兵傷亡殆盡，陣地幾乎全毀，彭士量亦壯烈殉城，時年三十八歲。以後在收殮遺體時，發現一紙遺囑：

茲奉令守備石門，任務艱巨，當與我全體官兵，同抱與陣地共存亡之決心，殲彼倭寇，以保國土；倘於此次戰役中，得以成仁，則無遺恨。唯望我全體官兵，服從副師長指揮，繼續殺敵，達成任務。

奉命突圍的兩個師行動也不順利，經過一天一夜激戰，除軍、師部部份人員衝出重圍外，大部陣亡。據軍令部長徐永昌戰後總結，石門一戰第七十六軍損失兵力達百分之八十。

十一月十八日，日軍第十三師團主力及戶田支隊共約三萬人，由石門向慈利西面附近地區集結，然後向南急進，對剛到達戰場的第七十四軍兩個師進行包圍，同時以一部攻擊慈利縣城。當天上午，慈利失守。次日，蔣介石致電孫連仲，令第七十四、四十四、一百軍盡全力在常德西北地方與敵決戰，拚死保衛常德。中國軍隊於是在常德西北地方同敵展開了鏖戰。但南渡澧水的日軍第三師團卻一路急進，在傘兵配合下，於二十一日攻佔了常德的西南門戶桃源。

▶▶彭士量

彭士量，一九一四年生，湖南瀏陽人，號秋湖，抗日名將。黃埔軍校第四期、陸軍大學第十一期畢業，歷任排、連、營長、參謀處長、團長、參謀長、副師長等職。「七七事變」後，積極參與抗戰。一九四三年十一月，常德會戰，日軍進攻石門，彭士量率部抵抗，壯烈殉國，國民黨追贈他為陸軍上將。

在石門、慈利淪陷的同時，濱湖方面的日軍第一一六師團和六十師團在與中國守軍第四十四軍激戰一周後，也相繼攻佔澧縣、津市，進逼常德。二十三日，第三師團攻佔陬市，守軍第一五〇師師長許國璋殉國。至此，日軍迂迴包圍常德的計畫具備了實施的條件。

十一月，日軍進攻常德，守軍第五十七師在余程萬的指揮下，奮勇殺敵，幾乎全部陣亡。「虎賁」官兵浴血抗戰，誓死不降。一九四四年一月初，中國軍隊收復常德，中日雙方恢復了戰前狀態。

駐守常德的是第七十四軍第五十七師余程萬部。五十七師上至師長，下至士兵，所有的人都在軍服的左臂上佩戴一個品字形符號，上面印有「虎賁」二字。這是他們一九四一年春血戰上高贏得的榮譽代號。

余程萬

余程萬，一九〇二年生，廣東台山人，抗日名將。一九四〇年任七十四軍五十七師師長，一九四四年任七十四軍副軍長，一九四八年任二十六軍軍長。上高會戰中，英勇作戰，所率五十七師獲得「虎賁」稱號。一九四三年五十七師八千餘人參加常德會戰，阻擋日軍第十一軍主力五個師團約十萬餘人的進攻。力量懸殊下，堅持戰鬥到最後一刻，八千餘人的部隊僅八十三人生還。余程萬被敬稱為「忠骨英魂」。一九五五年去世。

在五、六月間鄂西會戰之時，第五十七師就駐防在這一帶。十一月四日，日軍進攻常德的企圖明朗，余程萬奉命率師入城接防，抓緊修築工事，積極備戰。當時，蔣介石正代表中國政府赴開羅參加盟國會議，中國戰區備受國際矚目。蔣介石和國民政府軍委會急電第六戰區，一定要守住常德。余程萬將守城部署分為三個時期：一是城郊防禦時期。以德山、牛鼻灘、黃土山、河洑山等為主要外圍據點。日軍進攻時，各部應盡量利用外圍據點消耗日軍。如果日軍突破一點，各部應乘其立足未穩之時進行反攻，相鄰據點和炮兵部隊應及時以火力支援；二是城牆防禦時期。如果日軍突破城郊陣地，城垣守備隊應堅持抵抗，待外圍各軍對日軍形成球心包圍並迫近日軍時，配合外圍反攻；三是城巷街道防禦時期。如果日軍突入城內，各部應根據房屋據點和街巷堡壘依次抵抗，待外圍部隊對敵進行包圍時，配合反攻。

十一月十八日，日軍第六十八師團先頭部隊，在飛機掩護下進攻牛鼻灘，與第五十七師警戒部隊交戰，常德保衛戰即開始。守軍憑藉工事，打退了日軍初期數次進攻，士氣大受鼓舞。但是，二十日，日軍第三、第十三師團加入戰鬥，守軍陣地開始吃緊。激戰到中午，守軍一連官兵全部犧牲，牛鼻灘陷落。接著，進至常德附近的日軍兵分五路，攻擊常德外圍重要據點德山、新民橋、七里橋、黃土山及河洑山。

二十一日拂曉，日軍第六十八師團主力開始全力進攻德山。德山雄踞常德東南方，俯瞰沅江，是常德與沅江南岸聯繫的要點，也是常德的東南門戶，欲取常德，必須先奪得德山。

防守德山的是第一百軍第六十三師第一八八團，十八日，撥歸余程萬指揮。二十一日下午，陣地被突破後，德山守備團便擅自撤退，向黃土店方向逃跑。德山失守的後果是嚴重的，攻佔德山之敵得以同由陬市東進的第三師團合攻常德外圍另一據點河洑山。中國守軍一個營與合圍之敵激戰兩日，幾乎全部犧牲，二十三日，河洑山失守，由德山南下的另一路日軍也於同日攻佔常德汽車站。日軍對常德的包圍圈合攏，常德守軍退路被切斷了。常德保衛戰從外圍的攻防轉入了城內外的鏖戰。

得知常德陷入重圍，第六戰區代司令長官孫連仲和軍委會都電示余程萬要堅守陣地。十一月二十四日，日軍全線猛攻，五十七師同侵略者展開血戰，余程萬親臨前線指揮，「虎賁」勇士與敵反覆搏鬥，陣地多次易手。激戰到中午，城南的岩凸陣地經過敵我五次易手後陷落，守軍退至陡碼頭再戰。在城東北方的七里橋、城西的落路口，戰況也異常慘烈，激戰至夜間，城南告急。在蔡碼頭及南站的日軍，白天曾由南站強渡沅江攻城，被擊退。夜間再次強渡，守軍一排士兵全部戰死。日軍強渡過沅江後，一部由城東南角水星樓間攀登城垣，突入城內沅清街附近，余程萬立即調整兵力馳救，分路合擊水星樓日軍，經激烈拚殺，將敵逐出城外。日軍潰逃途中，守軍又予以伏擊，殲敵數百人。五十七師同日軍激戰的同時，第七十三師也阻止了日軍增援常德向慈利發起的猛攻，克復了慈利縣城。

十一月二十五日，遭到沉重打擊的日軍，動用飛機對常德城進行狂轟濫炸，並投放燃燒彈。在轟炸後，日軍從東、西、北三門附近地區全面進攻。雙方在七里橋南側反覆拉鋸。西門外，雙方在船碼頭激戰。此時，中國守軍炮彈已經耗盡，火力大減。日軍則乘機發揮火力優勢，猛轟猛攻，逐步逼近城垣。第五十七師在深夜重新佈置了各城門的守備隊。同時，城內的師部，也築起了石頭防線，迎接最後的決戰。

十一月二十六日，日軍再次發起猛攻，北門賈家巷一連守軍全部戰死，西門一排守軍壯烈陣亡，日軍乘勢逼近西大門。五十七師官兵的頑強抵抗，沉重地打擊了侵略者的囂張氣焰。除火力，日軍還施用了大量毒氣彈。後統計，常德會戰中，敵「使用毒氣次數之多，爲抗戰以來所僅見」。至此日，第五十七師參戰的八千三百一十五名官兵，僅剩五百名，彈藥消耗殆盡，形勢異常嚴峻，但是「虎賁」部隊仍然堅持戰鬥。

在此期間，中國守軍各部在以常德爲中心的廣大地區與敵激戰，到二十六日，對常德、桃源之日軍形成了反包圍。這時，中國軍隊芷江、衡陽、白市驛、梁山等五個空軍基地出動飛機輪番助戰和轟炸，壓制日軍的火力。

二十七日，敵機對常德狂炸更緊，日軍再次全線出擊。東門外日軍三次衝入城內，均又被守軍逐出城外，北門外日軍五次撲進城垣，也被守軍擊退。敵雖受重創，仍傾全力猛衝，並不斷使用毒氣。同一天，守軍第一百軍克復桃源縣城。

中國援軍不斷地向常德逼近，日軍一面組織部隊阻擊，一面加緊對常德的攻勢。二十八日，日軍二十餘架飛機輪番狂轟濫炸，城內火海一片，房屋、碉堡皆成灰燼。東門外日軍在炮火掩護下步步爲營，推進城內，守軍剩餘兵員，與敵白刃格鬥，拚死肉搏，將日軍逐出東門。日軍乃改變戰術，調集炮火毀滅性猛攻，步兵逐次跟進。東門失守後，守軍利用斷壁殘垣分點固守，同日軍展開巷戰。在北門，日軍施放毒氣後，以五路向城內猛攻，守軍一營與敵肉搏，所剩兵員不足一班，守軍退至天主堂、體育場等巷戰工事。在大、小西門，日軍亦衝鋒多次，均被守軍擊退。至此日，守軍第五十七師各級指揮官傷亡達百分之九十五，後勤兵員均到一線作戰，大部犧牲。日軍曾向城內空投勸降書，愛國將士斷然拒絕。

十一月二十九日，日軍在飛機、大炮協同下攻進城內。日軍一面對城中心地帶進行猛烈炮擊，一面以汽油澆民房，點火焚燒，常德成了火城。「虎賁」勇士們陷入「彈盡，援絕，人無，城破」的絕境。余程萬一面電告第六戰區區長官部，一面組織剩餘官兵做最後的準備。接下來的兩日，日軍繼續轟炸五十七師師部所在地中央銀行，節節緊逼。余程萬和各級幕僚親任指揮，誓死爭奪。守軍官兵，全部戰死在作戰位置上。

此時，由衡陽增援的方先覺軍進至常德附近與日軍第三、第十三師團一部遭遇，已激戰了四晝夜。十一月三十日，第十軍佔領了德山，先頭部隊進抵常德南站，因無法渡過沅江，難入城與第五十七師會合。十二月二日，日軍攻陷常德城中的興街口，守軍僅餘三百多人。三日凌晨，余程萬率殘部一百多人渡江突圍，向德山方向移動，以圖與增援友軍會合。常德城內，仍留少量部隊由第一六九團團長柴意新指揮，繼續在城內抵抗，掩護突圍。柴意新率少量官兵作決死之戰全部犧牲。常德城陷落。

常德失陷後，日軍南下，於十二月六日再次攻佔德山。余程萬率殘部退往毛灣尋援軍，在次日同第九戰區援兵歐震兵團會師。

十二月七日，第六戰區外線部隊反攻常德，掃除常德四郊日軍。九日，中國軍隊渡過沅江，從東、西兩面夾擊常德，魯道源率第三十八軍從西門攻進常德城內，日軍倉皇突圍北逃，常德克復。十日開始，日軍全線退卻，中國軍隊尾追不捨，乘機殲敵，克復了此役日軍佔領的失地。至一九四四年一月初，會戰雙方恢復了戰前態勢。

常德會戰歷時五十天，共斃傷日軍兩萬多人。中國軍隊亦陣亡第一五〇師師長許國璋、暫編第五師師長彭士量、預備第十師師長孫明瑾，傷亡官兵約五萬餘人。在會戰中，中國軍隊除少數部隊外，均極爲努力認真，勇往直前，即使迭經戰鬥，損失甚重者，亦能鬥志旺盛，反覆進擊。尤其是第五十七師官兵，在敵飛機狂炸，火炮猛轟，毒氣瀰漫下，與敵血戰十六晝夜，兵亡官繼，彈盡肉搏，寧可戰死，決不投降，表現了大無畏的愛國主義精神。

第五章　相持階段的大會戰

一、日漸增強的防禦戰

一九三九年三月到五月，日軍根據《對南昌作戰要領》進攻南昌，中國軍隊開始攻勢防禦作戰。南昌會戰是相持階段的首次戰役，南昌雖最終陷落，但中國軍隊英勇抗戰，意志堅不可摧。

南昌是江西省省會，濱江帶湖，位於贛江下游注入鄱陽湖的三角洲地帶。浙贛鐵路和南潯鐵路在這裏交會，向塘公路也同京湘國道及各支線相連，暢通於浙、閩、湘、粵、皖、鄂等省。南昌扼水陸要衝，居鄱陽湖盆地中心，是中國第九戰區和第三戰區後方聯絡線和補給線的樞紐，具有重要的戰略地位。中國空軍以南昌機場爲基地，經常襲擊九江附近在長江中航行的日軍艦艇，對九江及武漢日軍的後方補給交通線威脅甚大。日軍要改善其在華中的態勢，必然要進攻南昌。

一九三九年二月六日，日軍華中派遣軍向第十一軍下達《對南昌作戰要領》，要求第十一軍「以急襲突破敵陣地，一舉沿南潯一線地區攻佔南昌，分割和粉碎浙贛線沿線之敵。同時要以一部從鄱陽湖方面前進，使之有利於主力作戰」。

二月中旬，日軍第一〇一師團、第一〇六師團和配屬炮兵開始向德安以南地區集結，戰車隊在德安以北集結。下旬，第六師團開始向箬溪、武寧方面行動，村井支隊開始打通鄱陽湖水路。

日軍第十六師團、第九師團在湖北安陸漢水左岸和粵漢路北段開始佯動，試圖牽制和迷惑中國軍隊。由於二月中旬開始，接連下了一個多月的雨，河水氾濫，道路難行，日軍不得不推遲了原定於三月十日「陸軍紀念日」發動攻擊的計畫。

守衛南昌一線的中國軍隊是薛岳第九戰區和顧祝同第三戰區的部隊。三月八日，蔣介石指示薛岳先發制人，預定三月十五日發動攻勢，以攻爲守挫敗敵人攻佔南昌的計畫。因第九戰區部隊整訓還沒結束，加上補給困難，薛岳提請延期實施。在此期間，日軍已搶先於三月十七日開始發動蓄謀已久的攻擊，這樣一來，南昌會戰變成了中國軍隊的防禦作戰。

三月十七日，村井支隊乘軍艦從星子出發，在永修東北約三十公里的吳城附近登陸，向中國守軍進攻。防守這一帶的是羅卓英第十九集團軍第三十二軍等部。雙方苦戰四天，日軍仍未突破守軍防線。二十三日晨，日軍在飛機和炮火掩護下，繼續發動猛攻，並不斷投射燃燒彈、化學彈。守軍蒙受重大損失，於二十四日撤出吳城鎮，向後轉移。村井支隊佔領吳城後，繼續實施打通贛江及修水的作戰，排除中國方面敷設的水雷。

三月十八日，日軍第一〇一、第一〇六師團主力及其炮兵、戰車隊等依次向修水北岸推進。二十日，日軍炮兵向修水南岸守軍第四十九軍、第七十九軍陣地猛烈射擊，這次總攻前的炮火急襲長達三個小時，其中雜有大量毒氣彈。緊接著，日軍野戰毒氣隊又在十二公里進攻正面上施放了中型毒氣筒一萬五千個，修水河中國守軍陣地的兩公里縱深內完全爲毒氣所籠罩，守軍傷亡極重。當時中毒的團以上軍官即有第二十六師師長王凌雲、旅長龔傳文、團長唐際遏和第一〇五師的團長佘禬源等。守軍缺乏防毒手段及措施，處於驚慌之中，指揮失靈，致戰鬥力幾近喪失，日軍得以順利渡過修水河。

由德安方面進攻的日軍第一〇六師團渡河後與中國第七十九軍展開激戰。夏楚中指揮第七十九軍奮力抗敵，一度壓迫日軍向北退縮。但日軍憑藉其地空優勢火力和機械化部隊，很快增調兵力繼續向南強攻，終於突破了守軍防線。三月二十二日，攻佔安義，二十六日，攻佔奉新，控制了湘贛公路，然後折轉向東，迂迴進逼南昌。第七十九軍各部節次抵抗，官兵傷亡近半，佘部被迫南撤，軍部在高安不幸被敵包圍。參謀長王禹九爲了掩護軍部突圍，親率軍部特務連攻擊日軍陣地，他身先士卒，連中三彈，壯烈殉國。

永修方面的日軍第一〇一師團主力強渡修水後，在涂家埠遭到中國守軍第三十三軍頑強阻擊，激戰數日，形成膠著狀態。但由於守軍左翼友軍失利，側後方受到威脅，第三十二軍自動轉移陣地，日軍迅速逼近樂化。

兩路日軍逼近南昌，而南昌城只有保安部隊，防務空虛。軍委會桂林行營主任白崇禧急電第三戰區長官顧祝同火速調一師兵力至南昌加強守備，調兩師兵力至南昌東南的東鄉、進賢，警戒鄱陽湖南岸，並策應南昌方面的作戰，同時電令第十九集團軍，以有力部隊約兩個師的兵力分路向敵後方的馬回嶺、瑞昌、九江、德安等要點襲擊，破壞鐵路、公路，斷敵後方交通，阻止敵後續部隊增援。但由於種種原因，計畫未能實施，而戰場情況已發生變化。

此時，蔣介石已感到日軍攻佔南昌，志在必得，因此產生予敵以殺傷，然後放棄南昌的意圖，於二十六日致電第九戰區司令長官薛岳、第十九集團軍總司令羅卓英和江

▶▶王禹九

王禹九，一九〇二年生，浙江黃岩人，一九三二年入中央陸軍軍官學校。畢業後任九十八師五八四團中校副團長，後升任團長。抗戰爆發後，九十八師參加淞滬會戰在虹口、江灣、寶山、月浦、廣福等地與日軍激戰。常熟之戰，中國守軍失去聯繫，王禹九率部出擊，挽救危局。之後調任七十九軍七十六師二二六旅副旅長。一九三八年，升任七十九軍少將參謀長。一九三九年三月二十日，七十九軍參加南昌會戰，全軍陷入敵人重重包圍，王禹九率部堅決抵抗，二十七日中彈犧牲。

西省主席熊式輝：「此次戰事不在南昌之得失，而在予敵以最大之打擊。即使南昌失守，我各軍亦應不顧一切，皆照指定目標進擊，並照此方針，決定以後作戰方案。」

第十九集團軍雖做了緊急部署調整，日軍第一〇一師團仍於二十七日佔領了南昌，並奉命固守。第一〇六師團則回師，於四月二日佔領高安。

國民政府軍事委員會為保衛南昌，曾計畫派出有力部隊從武寧向東，向虬津、德安間進擊，襲擾沿南潯路南下之敵的後方和側背，破壞敵之交通。三月二十日，日軍發動全線攻擊後，防守武寧方面的第三十集團軍和湘鄂贛邊挺進軍利用山地進行了頑強抗擊，一度使日軍進展極為艱難。為突破守軍防線，日軍使用了大量含有窒息性毒藥的特殊發煙筒，致守軍官兵五百人遭烈性毒氣傷害，全部被日軍刺殺。三月二十九日，傷亡巨大的守軍撤至修水南岸，日軍進佔武寧。又經激烈戰鬥，至四月五日，日軍第三十六旅團進至修水南岸。

日軍攻佔南昌後，東沿鄱陽湖東南岸，南至向塘，西在高安、奉新、武寧一線與中國第三、第九戰區保持對峙。國民政府軍事委員會判斷日軍雖佔領南昌，但消耗較大，尚未整補，守備兵力不足，於是下令第九戰區和第三戰區乘日軍立足未穩時進行反攻。為了牽制消耗日軍，防止其繼續西犯長沙，軍委會同時下令各戰區發動「四月攻勢」。反攻南昌的兵力，預定為第九戰區的第一、第十九、第三十集團軍及第三戰區的第三十二集團軍，共約十個師，由第十九集團軍總司令羅卓英統一指揮。反攻作戰的方針是：「先以主力進攻南潯沿線之敵，確實斷敵聯絡，再以一部直取南昌。」

四月二十一日，第九戰區部隊首先開始行動，雙方激戰至二十六日，日軍退守奉新、虬嶺、萬壽宮一帶。第十九集團軍攻克大城、高安、生米街等據點。但爾後進展困難，攻擊受阻，攻擊部隊均未能按照計畫挺進至南潯鐵路。

第三戰區也派出三個師的兵力於四月二十三日渡過撫河，進攻南昌。到二十七日，日軍集中第一〇一師團主力實施反擊，在猛烈炮火及航空兵火力支援下，與中國軍隊在南昌東南、正南郊區展開激戰，反覆爭奪該地區內的各村莊據點。蔣介石不顧戰場的實際情況，仍限令於五月五日前攻下南昌，以致部隊遭到大量不必要的傷亡。

第二十九軍一度突入火車站和新龍機場，並擊毀日軍飛機三架，但很快就遭到在飛機、坦克支援下的日軍的反擊和包圍。五月六日，軍長陳安寶犧牲。參謀長徐志勳和師長劉雨卿爲避免部隊被全殲，冒著違反軍令被殺的危險，指揮部隊突圍。化裝便衣已潛入城中的另一個團因沒有後續部隊接應，也被迫撤出。

五月九日，在薛岳、白崇禧等人的建議下，蔣介石下達停止攻擊南昌的命令。日軍此時也因損失慘重而無力回擊。南昌會戰至此結束。

南昌會戰是進入相持階段以後，正面戰場第一次大規模的會戰。儘管中國軍隊未能在防禦中守住南昌，也未能在反攻中奪回南昌。但南昌會戰表明日軍雖然佔領了武漢三鎮，卻不能迫使國民政府屈服，也未能殲滅中國軍隊的主力，更沒有摧毀中國廣大軍民的抗戰意志。中國軍隊開始實施戰役範圍的反攻，這是「七七事變」以來的新發展，同時也證明國民政府軍事委員會在戰略指導上確有改單純防禦為攻勢防禦的意圖。

一九三九年五月一日，隨棗會戰爆發，李宗仁指揮第五戰區各部抗擊敵軍。日軍連續作戰二十天，傷亡較大，卻未能達到作戰目的。二十四日，日軍除佔領隨縣縣城外，其餘退回原駐地，雙方恢復到戰前態勢。

武漢會戰後，鄂中沙市至巴東一段長江防務，鄂北、豫南、皖東大別山區劃歸第五戰區防守。調整後的第五戰區，東與第三戰區毗連，北與第一戰區相鄰，西扼川陝，南臨長江，與第九戰區相望。其位置居各戰區中央，控制著長江上游入川門戶。戰區內山脈縱橫，大別山雄峙於東，桐柏山橫亙於北，大洪山展布於中，武當、荊山山系則聳峙於襄水之西，東與大別山成犄角之勢，對武漢形成瞰制之利。第五戰區進可攻退可守，對該地日軍構成了直接威脅。

戰區內配備有五個集團軍和江防軍，共有三十七個步兵師，一個騎兵師，六個游擊縱隊，及其他特種部隊和保安部隊。但各部隊因在前期作戰中傷亡消耗較大，整補工作正在進行，約有半數以上的師員額、裝備不足編制數的二分之一，戰力堪虞。一九三九年三月下旬，國民政府軍事委員會將湯恩伯第三十一集團軍（轄六個師）從鄂南的崇陽、通山等地北調，加強第五戰區，接替第二十二集團軍在隨（縣）棗（陽）間的防務，將第二十二集團軍調至襄樊附近為總預備隊，準備發動「春季攻勢」。不久，又應第五戰區之請，將原屬第一戰區的孫連仲第二集團軍從臨汝南調至桐柏山區，與第五戰區協同作戰。這樣，第五戰區實力得到加強，對武漢地區的日軍構成了更大威脅。

以武漢、九江為基地的侵華日軍第十一軍四面都受到中國軍隊包圍，特別是受第九戰區和第五戰區南北夾擊，經常疲於奔命。為了確保對武漢的佔領，第十一軍極欲對第五、九戰區的中國守軍進行毀滅性打擊。

只是苦於兵力不足，加上經過武漢會戰，兵力疲乏，久久沒有付諸行動。進攻南昌是日軍在武漢會戰後期的既定決策。一九三九年三月底，第十一軍分兵佔領南昌後，戰線拉長更覺兵力不足。國民政府軍事委員會也洞察到日軍的困境，命令第五戰區加緊準備在四月中下旬發動春季攻勢，第九戰區會同第三戰區準備反攻南昌。

就在第五、九戰區調整部署，積極準備執行攻勢作戰的時候，日本第十一軍的兵力發生變化，新編成的第三十三、第三十四師團奉命編入第十一軍序列，預定六月以後替換第九、第十六師團回國。這樣，在四、五月間，第十一軍便轄有了九個師團、一個混成旅團的兵力，臨時增加了機動兵力。同時，日軍也得知湯恩伯第三十一集團軍將由江南調往江北，和中國軍隊將於四月發動春季攻勢的情報。第十一軍在攻佔南昌、武寧後，基本上解除了第九戰區部隊對九江及長江航道的威脅後，岡村寧次即決定先發制人，利用新兵團到來之機，在第五戰區發動攻勢之前進攻隨縣和棗陽，以期消滅該地區中國軍隊主力。

鄂北的隨縣、棗陽處大洪山、桐柏山的谷地，襄（陽）花（園）公路貫通其間，西蔽荊襄，北障洛河，中國軍隊佔據該地，東出可切斷平漢路交通，南進可以威脅漢（陽）宜（城）公路，西扼漢水交通，而且可以控制武漢三鎮的側背，是重慶的前衛門戶。隨棗地區由此成爲持久抗戰中的戰略要地，第五戰區對附近日軍活動十分關注。

四月，第五戰區根據軍事委員會發動春季攻勢的命令，正向隨縣以南安陸、應城、天門及平漢路南段的信陽、廣水、花園等地發動攻勢時，偵知日軍調動頻繁，在應山、安陸附近集結較大兵力，有向戰區腹地發動進攻的跡象，於是在四月二十五日下令停止春季攻勢，調整部署，做抗擊日軍進攻的準備。

第五戰區司令長官李宗仁決定以大洪、桐柏兩山爲據點，依靠設置縱深陣地持久消耗敵人，伺機深入隨棗盆地相機圍殲日軍。本著這樣的意圖，第五戰區以主力左、右兩集團軍配置地大洪山、桐柏山之彰襄河以東地區，先以守勢阻止敵人，相機轉入反攻，以求長期保持襄河東岸地區。左集團軍轄李品仙第十一集團軍和湯恩伯第三十一集團軍，司令李品仙；右集團軍轄張自忠第三十三集團軍和王纘緒第二十九集團軍。戰區兩翼的廖磊第二十一集團軍從大別山向西對平漢路南段要點信陽、廣水等進擊，江防軍郭懺部向鐘祥、京山間公路要點進擊，要求切斷日軍後方交通線，威脅武漢，以牽制日軍。

同時，第五戰區還請求軍事委員會令第一戰區的第二集團軍孫連仲部南移桐柏、唐河，以鞏固兩戰區的結合部，並保障第五戰區側背的安全。命令發出後各部隊正在調整部署、進行準備，第二集團軍尚在兼程南下途中，但日軍於五月一日便開始了進攻。

五月一日，日軍第十一軍司令官岡村寧次指揮三個師團，一個騎兵旅團共計十二萬餘人的兵力，沿襄（陽）花（園）公路和京（山）鐘（祥）公路向五戰區防地隨縣、棗陽地區大舉進犯。第五戰區以四十多個師計二十餘萬人迎戰。雙方在隨棗地區展開廝殺。

日軍按計劃首先向第五戰區左集團軍的左翼發動進攻，第三師團自應山沿襄花公路出發，一舉突破李品仙部第八十四軍徐家河以東警戒陣地，繼續向西北的郝家店、塔兒灣攻擊。同時向高城方面的第十三軍張軫部攻擊。第八十四軍臨危不亂，英勇抗擊。日軍連續猛攻，並多次施放毒氣。雙方激烈爭奪，陣地失而復得六、七次。

因襄花公路沿線均爲平原，日軍充分發揮了機械化部隊的威力。中國軍隊因無充分補充，且缺乏重武器，無法抵禦日軍的猛烈攻擊。但廣大官兵士氣高昂，據壕死守。血肉之軀終無法抵抗日軍坦克、大炮，守軍傷亡慘重。日軍坦克經過之處，戰壕幾乎全被壓平，守壕士兵大部犧牲。但由於中國軍隊的奮力抗擊，日軍進展遲緩。直到五月六日，日軍才在戰車部隊和優勢炮火支援下突破塔兒灣、高城一線，逼進隨縣。由於湯恩伯部未從桐柏山側面出擊，傷亡慘重的第八十四軍無友軍支援，隨縣在七日失陷。

在這期間，第五戰區江防軍和右集團軍一部曾向鐘祥以南舊口等日軍後方要點襲擊，破壞漢（口）宜（城）公路和京（山）鐘（祥）公路，以求牽制日軍主力，但因兵力不足，沒能破壞日軍的進攻計畫。

五月五日，第十三、第十六師團與騎兵第四旅團從京山、鐘祥、黃家集附近出發，向大洪山西南麓至襄河左（東）岸間發起猛攻，迅速突破長壽店、流水溝及附近陣地。第五十九、第七十七軍節節抗擊，逐次向北轉移；原在襄河西岸的部隊則渡河增援，側擊日軍。但日軍在強大炮火掩護下推進甚快，於八日攻佔棗陽，將第五戰區左、右兩集團軍割裂開來，對左集團軍已構成夾擊之勢。此時，日軍急令駐信陽的第三師團鈴木支隊迅速佔領桐柏一帶，岡村寧次企圖對桐柏山、大洪山的中國軍隊主力實施大包圍。

第五戰區指揮部很快就查明日軍企圖，及時將主力向北轉移，以一部兵力堅持大洪山、桐柏山游擊陣地，以右集團軍保持在襄河以東機動位置，保持便於進退的渡河口，對意圖向北突進的日軍主力形成側擊態勢。

▶▶ 隨棗會戰中中國軍隊渡河作戰

五月十日，在各路日軍構成合圍之前，第五戰區左集團軍主力第八十四軍、第十三軍等向方城、泌陽轉移，第三十九軍等部則在大洪山內展開游擊。日軍未捕捉到中國軍隊主力，便繼續向西北追擊，於五月十二日攻佔唐河、南陽，但遭第五戰區地方部隊牟庭芳部和第二集團軍的反擊，不得不退出南陽，向後收縮。

此時，中國軍隊第二集團軍五個師已由河南臨汝全部到達南陽、唐河至桐柏一線集結，第五戰區乃及時轉入反擊。湯恩伯會同第二集團軍孫連仲部從豫西南下，出擊唐河一帶。

日軍因連續作戰二十天，部隊疲憊，兵力分散，傷亡消耗較大（日軍統計為二四五〇人），未能達到捕捉第五戰區左集團軍主力的目的，在中國軍隊的反擊下，被迫於五月十三日、十四日開始後撤。第五戰區利用有利態勢，尾隨追擊和側後阻擊，給日軍以重創。至五月二十二日，第五戰區先後收復唐河、棗陽、桐柏，逼近隨縣。二十四日，日軍除佔領隨縣縣城外，其餘均退回原駐防地區，恢復會戰前態勢。第五戰區各部隊轉入休整。

隨棗會戰後，日軍認爲已給第五戰區以有力打擊，於是開始準備進行長沙會戰，力圖再給南面的第九戰區以有力打擊。九月，岡村寧次集合十八萬餘人會攻長沙。第九戰區以四十多萬人迎戰，挫敗了日軍佔領長沙的計畫，取得第一次長沙會戰的勝利。

一九四一年三月，被稱為抗戰以來「最精彩之戰」的上高會戰爆發。中國軍隊始終掌握著戰場主動權，終獲「上高大捷」。第七十四軍五十七師被命名為「虎賁」部隊。

日軍第十一軍自一九三九年三月攻佔南昌後，以第三十一、第三十四師團等部隊守備南潯鐵路和南昌附近，與中國第九戰區第十九集團軍各部隊形成對峙，兩年來無大的行動，而中國軍隊曾幾次向南昌和南潯路發動襲擊，使日軍感到威脅。爲了鞏固南昌外圍據點，保證佔領區安全，日軍第十一軍在一九四一年初決定對第九戰區南昌方面的部隊進行打擊，擴大其在贛北的佔領區，從而逼近長沙側翼。羅卓英第十九集團軍司令部所在地上高便成爲日軍進攻的主要目標。

上高居錦江上游，在南昌西南，相距一百二十公里。它東臨鄱陽湖平原，西倚萬載山地，扼南昌經瀏陽入長沙的古道交通；北連宜豐憑九嶺山，南以湘贛鐵道通醴陵、長沙，並托武功山，形成長沙的東方屏障。既便於西進長沙，也便於東出南昌，是一處戰略要地。南昌失守後，中國軍隊爲阻礙日軍機械化部隊運動，已將贛東北境內的主要道路大部破壞了。日軍欲佔領上高，以便相機側擊長沙，或進一步向贛南拓展，只是由於機動兵力捉襟見肘沒有大規模行動。

一九四一年二月下旬，中國派遣軍總司令部將獨立混成第二十旅由上海調到南昌，同時準備將第三十三師團於四月間由安義地區調往華北。久欲攻佔上高打擊中國第十九集團軍的日本

羅卓英

羅卓英，一八九六年生，廣東大埔人，抗日名將。國民黨陸軍上將。抗日戰爭期間，率部先後參加了上海抗戰、南京保衛戰、南昌會戰、長沙會戰、平滿納會戰等重大戰役，歷任第十六軍團長、第九戰區副司令長官、第十九集團軍總司令，太平洋戰區中國遠征軍第一路司令長官、國民黨最高軍事委員會軍令部次長、青年軍總監、國民黨第六屆中央執行委員、國民大會代表。

第十一軍發現時機成熟了，決定乘第二十旅團已經調來、第三十三師團尚未調走的機會組織一次進攻作戰。其計畫是：以第三十三師團爲右翼（北路），由安義向西南進攻；以獨立混成第二十旅團爲左翼（南路），由南昌西南約十五公里的望城崗沿錦江南岸向西進攻；以第三十四師團爲中路，由南昌西山、萬壽宮沿錦江北岸向西進攻。三路部隊分進合擊，壓迫、包圍中國第十九集團軍主力於上高地區。日軍戰史把這次作戰稱爲「錦江作戰」或「鄱陽作戰」。

三月初，日軍放棄武寧縣城的據點，集中兵力，縮短防線，加緊西犯的準備。三月中旬，三路日軍夜行晝伏秘密地向預定攻擊地轉移集結。

此時，第十九集團軍也已偵知日軍獨立混成第二十旅團運抵南昌的情報，並發現南昌及錦江南北各點日軍集結的跡象，由此判明日軍有近期發動進攻的可能。

早在一九四〇年四月，第九戰區針對日軍可能攜攻佔南昌之餘威進犯贛南的可能性，制定了一個反擊作戰計畫，即「敵如向高安、萬載進犯時，則誘敵於分宜、上高、宜豐一帶地區反擊而殲之」。

據此，第十九集團軍制定了上高會戰的計畫：採取誘敵至預設戰場而殲滅的方針，依託市汊街、錦江南岸、祥符觀、米峰、來堡、塘里之第一線陣地和仙姑嶺、老坑嶺、龍團圩、華林寨、泉港之第二線陣地，節節抗擊，遲滯與消耗日軍；待誘其進至上高附近鉤石嶺、石崗、泗溪、棠浦、上富、九仙湯第三線陣地時以主力反擊而殲滅之。

三月十五日，日軍發起攻擊，先以第三十三師團主力約一萬五千人，在炮兵和空軍掩護下，由安義沿潦河盆地向西進攻，很快佔領奉新，獨立混成旅團八千餘人由河口嘎附近西渡贛江，沿錦江南岸西進。繼兩翼發動攻勢後，中路日軍第三十四師團主力約兩萬多人於十六日開始行動，由西山、萬壽宮沿湘贛公路和錦江北岸向西突擊，當日佔領祥符觀、蓮花山。三路日軍主要作戰目標在消滅第十九集團軍主力第七十四軍，並佔領上高。在開始進攻的兩、三天時間內，三路日軍都進展順利，更有了驕傲情緒。

三天後，戰場形勢逐漸發生變化。中國守軍第七十軍依據作戰計畫，在潦水兩岸地區逐次抵抗日軍第三十三師團，日軍佔領奉新後繼續追擊第七十軍。這時，第七十軍由西轉北，實行了離心退卻，三月十七日退至上富、甘坊、苦竹坳之間山地。日軍第三十三師團跟蹤追擊，反而遭到中國第七十軍、第七十二軍圍攻。激戰兩日，日軍第三十三師團受到重大傷亡，突圍而出，十九日返回奉新，認為配合第三十四師團作戰的任務已經完成，遂轉入休整，準備調往華北。

中路日軍第三十四師團佔領高安後，在右翼失去掩護的情況下，繼續西進，遭到王耀武率領的第七十四軍越來越堅韌地抵抗，前進緩慢。

日軍南路混成旅團在佔領曲江、泉港後留下一個步兵大隊（稱「贛江支隊」）掩護左翼，主力繼續西進，三月二十日，

戰鬥勝利後，中國第七十四軍指揮員在官橋視察

佔領灰埠，然後北渡錦江，與第三十四師團會合，以加強上高正面的突擊力量。羅卓英抓住這個機會，急令位於南昌以南的第四十九軍由市汊街等地西渡贛江，在泉港附近截擊日軍贛江支隊，殲其大半。然後尾追獨立混成第二十旅團，擊其側背。從此，日軍只有分進，沒有合擊，造成了中國軍隊包圍日軍的有利態勢。

三月二十一日起，日軍第三十四師團在得到獨立混成第二十旅團加強後，以三十多架飛機掩護轟炸，向官橋、泗溪第七十四軍主陣地連續猛攻。中國軍隊第七十四軍各部隊英勇奮戰，反覆爭奪，陣地多次易手。戰鬥極爲慘烈，雙方傷亡嚴重。

三月二十四日，日軍師團長大賀親自督戰強攻，並出動百餘架飛機反覆轟炸第七十四軍主要陣地，投彈達一千七百多枚。守軍陣地大部被毀，人員傷亡慘重，情況十分危急。這時王耀武指揮預備隊先後發起七次衝鋒，與敵人肉搏，斃敵兩千多人，才使七十四軍脫離險境。次日，第七十四軍全線出擊，轉守爲攻。

第七十四軍在上高東正面頑強抵抗的時候，第七十八軍攻擊棺材山，牽制住北路日軍第三十三師團，第七十、第七十二軍則迅速南下，會同北渡錦江的第四十九軍，對第三十四師團和獨立混成第二十旅團構成合圍，並逐漸壓縮包圍圈，與正面第七十四軍協同，展開圍攻。

置兩翼側背於不顧而一味恃強進攻的日軍第三十四師團突然感到處境不妙：左右失去掩護，成了孤軍，幾百名傷患還未來得及運送，新的傷患又在不斷增加，中國軍隊九個師的圍攻越來越緊。

武漢日軍第十一軍總部急令第三十四師團在飛機掩護下突圍後撤，並令第三十三師團和其他後方部隊緊急出動接應。但接應部隊途中也遭到中國軍隊阻擊，前進困難，直到三月二十七日才在南茶羅、畢家、龍團圩等處打開缺口，與第三十四師團取得聯繫。而此時，連下幾天大雨，主要道路已被破壞，雨後更加難行。中國軍隊尾隨追擊，日軍炮兵第八中隊在途中全被擊斃。到四月二日，第十五集團軍先頭收復高安、奉新、萬壽宮及安義外圍要點，恢復了戰前態勢。

上高會戰到四月九日結束，歷時二十五天。中國軍隊傷斃日軍少將指揮官岩永、大佐聯隊長濱田以下一萬五千多人，軍馬二千八百多匹，擊落日機一架，俘虜日軍一百多人。對中國軍隊來說，這是一次難得的，始終掌握著戰場主動權而獲勝的會戰，何應欽稱此為抗戰以來「最精彩之戰」。在當時稱為「上高大捷」。在上高會戰中，第七十四軍作戰勇敢，獲「抗日鐵軍」稱號，國民政府為之頒授中國軍隊中最高榮譽——飛虎錦旗，王耀武也被授予青天白日勳章。第七十四軍五十七師在師長余程萬指揮下堅守主陣地，頑強抗敵，表現異常英勇，被命名為「虎賁」部隊。

上高會戰的勝利，沉重打擊了日寇，體現了中國軍隊正確的作戰指揮，和全體官兵奮勇向前的戰鬥精神及視死如歸的英雄氣魄。上高大捷，體現了中國軍民團結一致，同仇敵愾的民族氣節和抗戰必勝的信心，極大地鼓舞了中華民族的抗日鬥志！

二、力不從心的攻勢

一九三九年，日軍為切斷中國西南交通線，向桂南進攻。十二月攻佔崑崙關，中國軍隊奮起抗擊，在空、炮、坦、步等軍兵種協同配合下，於三十一日攻克崑崙關，殲滅該地日軍大半，取得崑崙關大捷。

抗戰伊始，中國與法國駐越南總督府達成協議，開闢了由越南海防、河內經滇越鐵路、桂越公路通往雲南、廣西的國際運輸線，進口作戰物資和各種設備。日軍封鎖中國沿海之後，由滇越鐵路和桂越、滇緬公路構成的西南國際交通網，便成了國民政府取得國際援助的重要通道。

日本曾多次通過外交途徑向法國提出交涉，要求法國封閉海防港和中越交通。法國迫於日本壓力，採取了一些限運措施，但並未完全封鎖這條通道。

一九三九年二月，日軍攻佔海南後，便頻頻出動海空軍到東京灣地區游弋，威脅西南國際交通線，並策劃進攻桂南，從南寧直接切斷桂越公路。

在武漢、廣州失守後，中國抗戰的政治、軍事、經濟、文化重心已轉向西南的情況下，廣西已處於第一線。廣西不僅有通往越南的國際交通線，而且也是通往西南大後方的交通樞紐和屏障，是第三、第四、第九各戰區的後方基地，地位相當重要。

一九三九年九月，歐洲戰爭爆發。英、法對德宣戰，無力顧及遠東。日軍遂決定乘機發動桂南作戰，佔領中越交通線上的咽喉南寧和龍州，陳兵中越邊境，以求斷絕中國的海外補給，並便於爾後伺機侵入越南。十月十六日，日本大本營下達了由欽州附近登陸，攻佔南寧的作戰命令。

日本大本營特別重視這次作戰。當時，負責執行桂南作戰任務的日本中國派遣軍第二十一軍兵力不足，其編制內僅有第十八、第一〇四兩個師團和台灣混成旅團，除用於廣州周圍及珠江三角洲地區守備外，還在準備進攻中國第四戰區司令官部所在地韶關，已無機動兵力可用。於是大本營決定將新編成的第三十八師團從日本本土運往廣州，接替台灣混成旅團在佛山的防務；將剛由華北調到東北的第五師團調出，編入第二十一軍序列；而由第五師團、台灣混成旅團和海軍第五艦隊、海軍第三聯合航空隊組成參戰兵力。日軍選擇在欽州灣登陸，是由於欽州離南寧不到二百公里，可較快推進，也便於佔領南寧後進行海、空運輸補給。

爲隱蔽作戰意圖，第二十一軍決定所有參戰部隊都在海南島三亞地區集結。第五師團是七月間關東軍和蘇軍發生諾門檻衝突被挫敗後由華北調去增援的。九月，日、蘇之間達成了現地停戰協定，第五師團到十月中旬才得以調出，緊急車運至大連、旅順，轉乘輪船南下，於十一月七日到達三亞。其他參戰部隊也在三天後完成了集合。

日軍的隱蔽行動是成功的，國民政府軍事委員會、桂林行營（主任白崇禧）和第四戰區（司令長官張發奎）認為日軍在華南的兵力有限，對日軍由欽州灣登陸攻取南寧的行動都估計不足，缺乏必要的準備。經過九月第一次長沙會戰的勝利，軍委會把注意力仍放在武漢方面的日軍行動上，並計畫發動冬季攻勢，牽制和打擊日軍，特別是牽制武漢方面的日軍。桂林行營負責指揮長江以南第三、第四、第九戰區的作戰，為貫徹軍事委員會意圖，也在湘贛方面集結重兵，準備採取攻勢，而令第四戰區採取守勢。

為了防止日軍進攻韶關，南北夾擊湖南，第四戰區大部兵力集結於廣東，只部署了第十六集團軍第三十一軍、第四十六軍共六個師又四個獨立團守備桂南及東興至陽江一帶海岸。因為從欽州灣登陸較困難，而且欽縣至南寧的道路已被破壞，沿途多山，第十六集團軍據此認為日軍從欽州灣登陸的可能性較小，而從雷州半島電白或北部灣的北海較易，可能性大，所以兵力分散部署於各方面，難以形成堅強的防禦。

十一月十五日晨，日軍第五師團利用疾風暴雨的天氣，突然在欽州灣企沙、龍門登陸，分路北上。

由於桂南守備兵力空虛，未能組織有效的抵抗，日軍迅速深入，先後佔領防城、欽縣、小董、大塘、百濟，兵鋒直指南寧。

第十六集團軍在有限兵力內緊急調整部署，一部守備南寧和邕江北岸，一部在邕欽鐵路兩側襲擊日軍後方，破壞其運輸補給線，另一部在崑崙關以北集結為預備隊，每部兩個師。軍事委員會也緊急調動在湖南衡山的精銳第五軍馳援南寧，令在湘貴的第九十九軍和在重慶鄂西的三十六軍增援廣西。

但是中國方面調整部署還沒有到位，日軍就迅速於十一月二十四日攻佔南寧。十二月一日，日軍推進至高峰隘，四日，奪取崑崙關，控制了南寧北通內地的兩條交通道路的要隘。十二月十七日，日軍一部又向鎮南關、龍州突進，達到了戰役預期目的。

南寧失守，國際交通線被切斷，如日軍繼續北上，直搗柳州、桂林，將割裂各戰區後方聯絡幹線，日軍航空兵還可以此為基地，轟炸內地重要目標，威脅西南大後方之安全。因此，國民政府軍事委員會決心收復南寧，責成桂林行營主任白崇禧到遷江親自指揮作戰。至十二月上旬，先後到達崑崙關、賓陽附近的部隊有第五、第九十九、第六十六、第三十六軍等十四個師，並加強有炮兵和戰車部隊，駐桂林的空軍第二路（約一百架飛機）也奉令歸桂林行營指揮，支援桂南作戰。

崑崙關在南寧東北五十公里處，雄踞於蜿蜒起伏的賓（陽）（南）寧公路上，周圍是連綿的山嶺，地形險要，構成南寧的屏障。日軍以一個騎兵聯隊和一個步兵大隊駐防崑崙關。擔任崑崙關正面攻擊任務的是當時中國唯一一個全機械化軍——杜聿明第五軍。

十二月十八日拂曉，中國軍隊的反攻作戰正式打響。鄭洞國指揮榮譽第一師在炮兵和戰車掩護下向崑崙關發起攻擊，迅速突破前沿，向日軍主陣地推進，與日軍在各據點展開激烈爭奪。同時邱清泉指揮新二十二師向日軍側後迂迴，當夜攻佔五塘、六塘，破壞了五塘附近的公路橋，切斷了崑崙關日軍的退路，並阻止南寧日軍增援。戴安瀾第二〇〇師爲全軍總預備隊。

此後三天的時間裏，第五軍榮譽第一師、第二〇〇師擊破日軍增援部隊第二十一聯隊反擊，坦克一度衝入崑崙關，割裂九塘與崑崙關日軍的聯絡；第九十九軍攻佔山心和七塘，切斷了崑崙關日軍的後方交通。中國空軍出動飛機支援地面部隊的攻擊，日軍第二十一聯隊和崑崙關騎兵第五聯隊已完全陷入包圍。日軍連日激戰，後方被切斷，得不到補給，糧彈極缺，狀況極差。

與此同時，中國西路軍一部也向高峰隘發起攻擊，雖未能突破敵人陣地，卻分兵迂迴到四塘、綏淥等地，切斷了日軍由南寧、龍州向北增援的道路。東路軍也向大塘、小董、欽縣襲擊，破壞日軍後方交通聯絡，策應崑崙關方面的作戰。

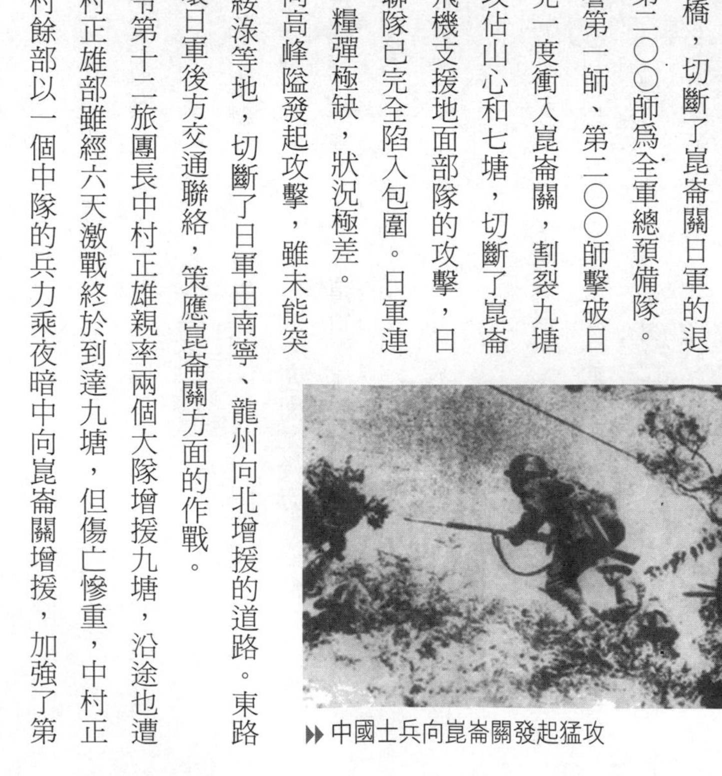
中國士兵向崑崙關發起猛攻

十二月二十日，日軍第五師團令第十二旅團長中村正雄親率兩個大隊增援九塘，沿途也遭中國軍隊堅強阻擊，進展困難。中村正雄部雖經六天激戰終於到達九塘，但傷亡慘重，中村正雄途中中彈斃命。二十五日夜，中村餘部以一個中隊的兵力乘夜暗中向崑崙關增援，加強了第一線守備力量。

中國軍隊在崑崙關強勁的反攻讓日軍措手不及。十二月二十三日，爲支援在崑崙關地區陷入困境的日軍，第五師團急令佔領龍州的第九旅團主力不分晝夜回師南寧。第九旅團增援途中，被中國西路軍一部包圍截擊，直到二十九日才艱難進至南寧。奉命馳援崑崙關的台灣混成旅團主力在東路軍阻擊下，雖經南寧進入七塘、八塘，亦再無力前往救援。

此時，由江西前來增援的中國軍隊第六十六軍全部到達戰場，桂林行營遂於二十八日調整部署。次日，第五軍以步、炮、坦克協同再對崑崙關猛烈攻擊。第五軍第二〇〇師、榮譽第一師、新二十二師和第六十六軍第一五九師一起投入攻擊。困守崑崙關多日的日軍精銳第五師團雖仍舊頑抗，但不足以抗拒中國軍隊的強大攻勢。十二月三十一日，中國軍隊攻克崑崙關，該地日軍大部被殲，殘部突圍向九塘退卻。

第五軍和第一五九師乘勝前進，繼續圍攻九塘、八塘。但因日軍增援部隊台灣混成旅團和第九旅團各一部已進抵九塘集結，守備力量增強，中國軍隊連攻七日，未能奏效，雙方形成對峙。一九四〇年一月十一日，第三十八集團軍命令第三十六軍接替第五軍防務，將第五軍撤往後方休整補充。持續五十多天的崑崙關激烈爭奪戰暫時平靜下來。

攻取崑崙關，是中國軍隊以空、炮、坦、步等軍兵種協同配合，對日軍攻堅作戰的首次重大勝利。中國方面調集十五個師的援軍，特別是將當時中國唯一一個機械化軍和正在重建的空軍投入作戰，表明中國政府軍事當局對此方向作戰的重視，也顯示出武漢會戰後中國方面整軍已初見效果，戰鬥力有所恢復和加強。

日軍攻佔武漢後，中國軍隊退守平漢線。一九三九年底至一九四〇年初，中國軍隊發動了冬季攻勢，這是相持階段後，國民黨軍隊發動的一場規模宏大的進攻性戰役，在國民黨的抗日史上佔有重要地位。

日軍在佔領武漢、廣州後，由於戰線太長、兵力不足，不得不停止全局性的戰略進攻，轉而致力於保守和鞏固已佔領的地域，中、日兩軍沿平漢線在其偏西一帶對峙。平漢線是國民政府持久抗戰戰略中能退能守的最後一條界線。蔣介石在全面抗戰爆發後，多次對將士發表談話稱，退到平漢線之後，中國軍隊就應該轉守為攻了。日軍佔領武漢的確開始暴露衰退之勢，而中國軍隊雖有重大傷亡，主力和抗敵意志卻依然保存，所以一九三八年十一月的第一次南岳軍事會議上，蔣介石就指出二期作戰應該發動有限的攻勢。為了保證防禦力，增強攻擊力，第一次南岳軍事會議還決定分期整訓全國軍隊。

進入一九三九年以後，國民政府軍事委員會根據第一次南岳軍事會議精神，先後指示各戰區抽調部分兵力發動春季攻勢、夏季攻勢和秋季攻勢。其中除春季攻勢尚具規模外，夏、秋季攻勢均未投入有生力量，效果甚微。不過，值得肯定的是，這種有限度主動出擊的戰略指導仍是武漢棄守前所未曾有過的。

一九三九年十月，全國已完成第二期軍隊整訓，部隊的戰鬥力得到恢復和增強。這一年，大後方風調雨順，農業喜獲豐收，中國軍隊給養相對充裕。此時，歐戰已經爆發，世界形勢發生了積極的變化。九月十九日，繼七月廢除《美日通商航海條約》之後，美國在東京公開表示堅決反對「東亞新秩序」。一連串國際事態發展，對國民政府產生了積極影響。而九、十月間第一次長沙會戰的勝利，更使國民政府看到了中日力量正發生有利於中國的轉變。所以在十月的第二次南岳軍事會議上，蔣介石指出，中國要乘國際、國內絕好的時機組織大規模反攻，以「奪回重要據點，樹立最後勝利之根基」。

第二次南岳軍事會議最後決定發動冬季攻勢，預備將第二期整訓部隊主力加入攻勢，反攻規模將遠遠超過春季攻勢等歷次反攻。十一月十八日，蔣介石正式向各部隊下達了冬季攻勢命令。

根據軍事委員會軍令部於十月制定的《中國軍隊冬季攻勢作戰計畫》，軍事委員會準備將全部兵力的三分之一約八十個師投入反攻。規定第二、三、五戰區為主攻方面，第二戰區的使命是肅清同蒲線南段晉南三角地帶日軍；第三戰區攻擊荻港、貴池等沿江日軍，切斷長江交通。長江為湘鄂贛華中日軍的主要補給線，切斷它，整個華中地區的日軍便陷於孤立，難以立足；第五戰區則負責掃蕩平漢線南段武漢、信陽間的日軍。

其餘各戰區則擔任助攻，牽制各地日軍，使主攻方面作戰容易，同時全面破壞各地交通動脈。該計畫確定的作戰重點是晉南和華中地區，尤其是華中地區為攻勢的重心，如有可能的話，就努力佔領武漢、信陽、九江等要地。計畫策定者顯然是樂觀和雄心勃勃的，意欲一舉扭轉中日戰局的形勢，使其從根本上有利於中國。

蔣介石也對冬季攻勢寄予莫大期望，親自確定了各戰區應努力奪取的戰略要地和重要城市，其中有武昌、漢口、信陽、開封、包頭、南寧等，並規定了完成任務應得的賞金，如佔領漢口或武昌便獎賞一百萬元。

日軍偵知中國軍隊將發起冬季攻勢後，一方面加強各要點的防禦，增強其兵力裝備和工事，一方面組織出擊，以進行牽制。同時各師團均組成機動部隊，準備隨時投入不利的地點，並將十二月初已撤離南昌、安義，奉命準備回國、集結於九江候船的第一〇一、第一〇六師團暫留該地，做爲應付冬季攻勢的戰略性機動兵力。

第一戰區爲助攻方面，主要任務爲破壞隴海路等重要鐵路及公路線，消耗牽制日軍，聲援第二戰區肅清晉南三角地區日軍。該戰區的主要對手爲日第十四、第三十五師團及騎兵第四旅團等。

十二月一日，司令長官衛立煌指揮一戰區首先發起冬季攻勢。到一九四〇年一月，第一戰區共斃傷日軍五千餘名，繳獲機槍五十餘挺，一度還攻入省城開封，並破壞了隴海、平漢、道清等鐵路交通及公路交通。第一戰區司令長官衛立煌指揮部屬，堅決執行了軍事委員會交付的作戰任務。

晉南三角地區素爲中日兩軍激戰不已的區域，也是中國軍隊冬季攻勢計畫的進攻重點，由第二戰區一部與第一戰區第四、第五、第十四集團軍協同進攻，預定十二月十日開始行動。但

第一戰區部隊尚未開始行動，日軍第三十七師團即搶先向中國軍隊主要集結地中條山發起進攻，打亂了中國軍隊的部署，反使中國軍隊改取守勢。第五集團軍曾萬鍾部同一萬多名日軍在聞喜、夏縣以東地區激戰，戰鬥極爲慘烈。十二月八日，衛立煌親赴前線督戰，指揮各部分頭迎戰。經九晝夜苦戰，中國軍隊守住了中條山，擊斃日軍大隊長以下官兵兩千餘人，中方傷亡官兵二千八百人。

當由第一戰區部隊組成的南路軍同日軍在中條山區血戰時，第二戰區司令長官閻錫山卻在晉西、晉西北、晉東南等地發動了反共的「十二月事變」，以主力攻擊以共產黨員、進步青年爲骨幹的抗戰最積極的新軍、決死隊等部隊，因而戰區主力發動冬季攻勢的計畫未能付諸實施，僅第二十七、第四十等軍攻擊了晉東的日軍，並一度攻入黎城、涉縣、潞城。

顧祝同指揮的第三戰區在華中地區的冬季攻勢中處於關鍵性的地位，它的戰略任務爲截斷長江交通，使武漢方面日軍陷於孤立，從而易於第五、第九戰區對日第十一軍

▶ 衛立煌

衛立煌，一八九七年生，安徽合肥人，字俊如，著名抗日將領。國民黨陸軍二級上將。一九一四年入湖南都督湯薌銘部學兵營。一九一五年到廣州投粵軍，歷任排、連、營、團、旅長。一九二七年任國民黨第九軍副軍長。一九三〇年升任第十四軍軍長。「七七事變」後，任十四集團軍總司令兼第一戰區前敵總指揮。一九四一年因主張國共合作被撤職。一九四三年任中國遠征軍司令，一九四四年指揮部隊收復滇西。一九四五年一月與中國駐印軍在孟尤會師。四月，任同盟國中國戰區中國陸軍副總司令。一九六〇年卒於北京。

發動攻擊。軍事委員會爲使第三戰區能順利完成作戰和封鎖長江的任務，特地增撥了許多門重炮。第三戰區則計畫以十四個師的兵力達成截斷長江的任務。

十二月中旬，第三戰區在長江方面、南昌方面和杭州方面相繼發起攻勢，但是不少高級將領爲保存實力，總以小部隊進攻，而以大部隊主力爲預備隊，幾方面攻勢幾乎都是稍挫即止。

第三戰區在冬季攻勢中斃傷日軍數千人，重傷日軍中型運輸艦四艘，輕傷日軍船隻五艘。但未能完成截斷長江的主要任務。尤爲嚴重的是，長江攻擊軍以四倍於日軍的兵力和火力，攻勢僅僅持續三天即告停頓，致使整個華中地區冬季攻勢蒙受不利影響，戰後受到重慶方面的嚴厲批評，第五十軍軍長郭勳祺受到撤職處分。

張發奎指揮的第四戰區在冬季攻勢中本居於助攻地位，由於日軍在第四戰區的粵北、桂南兩大戰場陸續引發桂南會戰和粵北之戰，第四戰區在冬季攻勢中便充當了極重要的角色。

中國軍隊在桂南方面對南寧、崑崙關日軍的反攻作戰，不僅是第四戰區，也是所有各戰區冬季攻勢中最積極、戰果最大的行動。遺憾的是第四戰區廣東方面的守軍，沒有乘日軍分兵同時在粵北、桂南作戰之機果敢出擊，反而使其在粵北作戰之後從容抽調部隊赴桂南增援，以致在桂南已被包圍的日軍得以逃生。

第五戰區爲主攻方面，負有攻擊平漢線南段武漢、信陽方向日軍的任務。十二月十二日，李宗仁指揮第五戰區各部向各自當面日軍發動了較爲廣泛的攻勢。第二集團軍和鄂豫邊區游擊總隊頻頻對信陽及其南北地區日軍發動了進攻；第三十一集團軍進攻廣水、花園間地區；第

二十二、三十三、二十九集團軍分別向襄花公路、漢宜公路、京鐘公路沿線地區日軍據點發起攻擊，戰鬥約一個月，予敵以沉重打擊，所得戰果在參戰各戰區中居優，但是都打成了對峙，未能攻克。

日軍戰史也說，在第五戰區約四十天的攻勢作戰期間，日軍第一線部隊由於配置分散，幾乎一個個都成了孤島，在中國軍隊重兵包圍下孤軍作戰，缺糧少彈，傷亡很大，官兵忍受著困苦，盡力防守，依靠空中補給，才保全守備。

薛岳指揮的第九戰區與第五戰區同時對日軍第十一軍正面展開反攻。但因有數十個師的主力軍南下馳援桂南，影響了第九戰區的冬季攻勢威力。各集團軍挺進部隊，對粵漢鐵路、南潯鐵路及湘、鄂、贛邊區交通設施進行了破壞。作戰期間，第九戰區部隊圍攻據點，打擊日軍增援部隊，給日軍以較大的消耗。

中國軍隊的冬季攻勢雖對日軍造成了一定的消耗，但因一些將領缺乏進取精神，抵抗不力，各部隊為保存實力一步步撤退，中國軍隊的進攻並未達到預計效果。

在整個冬季攻勢中，傅作義指揮的第八戰區在綏西表現出色，取得意外收穫。五原三失三得，終被我軍收復。中國軍隊在五原和綏西地區多次重創日軍，使其此後再無侵犯綏西的行動。

整個冬季攻勢中，有意外收穫的是傅作義指揮的第八戰區。第八戰區在冬季攻勢中的任務是協助第二戰區作戰，但晉北的北路軍趙承綬部忙於圍攻新軍，未對歸綏附近日軍發動攻勢，而擔負配合任務的傅作義部在綏西則有出色表現。

傅作義決定在戰略上各部同時展開攻擊，以牽制各地日軍，主力則奇襲包頭。其中東北挺進軍馬占山部襲擾歸綏，門炳岳指揮騎六軍襲擊薩縣附近日軍，馬鴻賓指揮第八十一軍襲擊安北，阻敵增援，傅作義則指揮主力第三十五軍進攻包頭。十二月中旬，日軍騎兵集團發現第三十五軍有進攻包頭意圖，於是決定先發制人，派出一個聯隊迎擊。傅作義部便衣隊乘虛潛入城中，迅速抄襲了日軍騎兵司令部，繳獲大量檔案和戰利品。設在張家口的日本駐蒙軍司令部聞訊，急令薩縣的騎兵第一旅團增援包頭。安北和固陽的兩個騎兵聯隊則自動率主力赴包頭增援，在包頭城外遭到中國軍隊第三十五軍主力迎頭痛擊，傷亡慘重，從安北赴援的聯隊長小村一男被擊斃。十二月二十三日，當薩縣過來的騎兵團會同兩個步兵大隊及騎兵集團其他增援部隊相繼趕到包頭以後，第三十五軍經過激戰，撤出包頭方面戰鬥。

▶▶傅作義

傅作義，字宜生，山西榮河（今山西省臨猗）人，民國時期著名軍事家，國軍革命軍陸軍二極上將，保定軍校畢業，原為閻錫山部屬，隸屬晉綏派系。一九三〇年參加閻、馮反蔣戰爭，任津浦線總指揮。抗日戰爭時期，歷任第七集團軍總司令，第八、第十二戰區副司令長官、司令長官兼綏遠省、察哈爾省政府主席。解放戰爭時期，任華北「剿總」司令。一九四九年一月，他響應中國共產黨「停止內戰，和平統一」的主張，毅然率部起義，促成北京和平解放，使古老的文化故都北京及其全部珍貴歷史建築完好地得到保存，二百萬北京市民的生命和財產免遭兵燹。解放後，傅作義擔任水利部（後來的水利電力部）部長長達二十二年之久，為新中國水利事業的發展做出了重要貢獻。一九七四年四月十九日因病在北京逝世，終年七十九歲。

日軍爲消滅傅作義部主力，在一九四〇年一月下旬，調集五個聯隊、汽車一千二百多輛，直撲傅作義部根據地五原。五原屏障西北，爲塞上名城。它面黃河，背陰山，東襟綏包，西控寧隴，管道縱橫，沃野千里，是河套的糧倉，大西北的抗日前哨，處於十分重要的戰略地位。

傅部空室清野，日軍僅得一座空城，日軍尋主力決戰不成，只得留下四個師的偽蒙軍留守五原，日軍主力撤防包頭。

一九四〇年一月，日軍調集了平綏、同蒲兩線的日偽軍三萬餘人，汽車千輛、坦克數十輛，配合空軍，由黑田重德中將親自率領第二十六師團，由小島率騎兵集團、第二混成旅團以及王英的偽綏西聯軍，分三路犯我綏西，妄圖將我軍圍殲於河套地區。日軍所到之處，燒殺淫掠，無惡不作。傅作義針對敵軍行動制定了縝密的作戰計畫，根據當時敵強我弱的特點，制定了「避不利，找勝利」、「集小勝爲大勝」

的作戰方針。在廣闊的河套平原上，中國軍隊全體官兵冒著零下四十度的嚴寒與日軍戰鬥七十多天，發生了上百次的戰鬥。其中比較有名的有步兵三十五師及騎兵師在烏鎮的阻擊戰；一〇一師在折桂鄉、狼山灣的反擊戰；新三十一師在敵側烏拉壕、黑石虎之戰；以及各部隊先後在臥羊台、蓿亥灘、馬七渡口、鑾可素等地的戰鬥。

在這一階段的戰鬥中，中國軍隊斃傷日軍二千一百餘人，摧毀敵軍汽車一百餘輛，坦克五輛，獲得戰馬三百多匹。中國方面也付出了慘重代價，一〇一師團長王贊臣負傷，連長高炳讓及排長多人犧牲，士兵傷亡一百餘人。大批官兵遭敵人施放的毒瓦斯而面部受傷，在冰雪中凍傷的更多。

一九四〇年三月十九日，傅作義率主力奇襲五原，反攻五原開始。新三十一師師長孫蘭峰爲攻城總指揮，與新三十二師同時奇襲五原新舊兩城。攻新城的突擊隊，秘密渡過義和渠，穿過十大股，攻奪城關隘口，搶佔制高點，封鎖日軍退路。中國軍隊以掏心戰，分塊圍殲的戰法，協同一致，浴血奮進，經過激烈的爭奪，攻佔了日僞軍在五原城精心構築的大部分據點。日軍憑藉鋼筋水泥構築的平市官錢局和屯墾辦事處等指揮據點，做垂死掙扎，拒不投降，企圖守點待援。傅作義不顧敵軍轟炸，親臨前線指揮。新三十一師副師長王雷震、團長安春山、五臨警備旅團長曹子謙，身先士卒，在敵人炮火中率部前進。在中國軍隊的炮火摧毀敵人的牆堡工事後，終於攻佔了敵人的最後據點，全殲守敵。日本特務機關長桑原中佐當場被擊斃，水川中將及僞綏西聯軍中將司令王英，在混亂中乘隙逃竄，水川被我游擊部隊擊斃。敵司令部被徹底摧毀，敵軍全面崩潰。

三月二十二日，五原新城全部光復。袁慶榮率新三十二師在三月二十日深夜進攻五原舊城、前後補紅和廣盛西等處的日僞軍，遇到頑強抵抗，雙方傷亡均重，袁師長負傷，賈晏如團的營長趙壽江及連長張步青陣亡，營長楊廷璧胳臂被打斷，裹傷而前，趙壽江營僅餘官兵七名，依然冒著日軍炮火奮戰到底，戰況極爲慘烈。後一〇一師三〇一團馳援，守敵被中國軍隊全部擊潰。

三月二十一日下午，五原舊城全部爲中國軍隊克復。在五原攻城的同時，一〇一師師長董其武指揮的烏加河支援部隊，迎著敵僞陸空軍的聯合攻擊和猛烈轟炸，消滅了烏加河守橋之敵，破壞敵人賴以通過汽車、坦克的三座大木橋。新六旅炸開烏拉壕大堤，河水淹沒了交通道路。中國軍隊據守毛庵子渡口的全體官兵，以血肉之軀與敵拚搏，數次擊退日僞軍的強渡烏加河行動，阻滯了日僞援軍於烏加河北岸，有力地支援了其他部隊攻克五原，殲滅頑敵。中國軍隊的傷亡也是極爲慘重的。各部隊在戰鬥中犧牲的官兵達一千一百餘人，他們的鮮血，灑遍了五原大地。

五原一戰，中國軍隊取得巨大勝利，振奮了中國軍民。傅作義部隊擊斃綏西警備總司令水川伊夫中將、步兵聯隊長大橋大佐、特務機關長桑原荒一郎中佐及其特務人員、警務指導員官內久保作、特務長官池田濱崎及尉官以上的警官、到五原勘礦的技術官員等三百餘人，日僞軍三千餘人。日軍再度進犯，傅部又撤守。傅軍與日軍反覆周旋三次，至四月一日再度收復五原。

綏西戰役前後歷時四個多月，與日軍作戰五十七次，五原三失三得，經過反覆較量，終於收復五原及綏西地區，多次重創日軍，使日軍此後再無侵犯綏西地區的行動。傅作義部受到軍事委員會軍令部嘉獎。

第十戰區、冀察戰區、魯蘇戰區均無較大動作。整個冬季攻勢至一九四〇年二月初結束，共殲日軍數萬人（日軍戰史承認僅第十一軍即傷亡八千多人），進一步加劇了日本兵力、財力、物力的消耗。

一九四〇年三月底，國民政府軍事委員會令各戰區停止冬季攻勢作戰行動。此次冬季攻勢，北起綏遠，南至桂南，在軍事委員會的統一計畫、統一號令下全線出擊，具有相當規模的聲勢，是國民黨在戰略相持階段乃至整個抗日戰爭期間，主動發起的唯一一次全面性攻勢行動。日軍在中國軍隊冬季攻勢期間死傷五、六萬人。日軍戰史承認：「敵人的進攻意志極為頑強，其戰鬥力量不可輕視。在戰術上，鼓勵採取夜戰，隱蔽中接近和包圍我軍據點，善於利用工事和以手榴彈進行近戰。武器彈藥充足，補給能力也很強。中國事變八年間，彼我主力正式激戰並呈現決戰狀態，當以此為最。」中國軍隊也付出了重大代價，共傷亡七萬多人。

冬季攻勢雖然給日軍以重大打擊，但在整體上並沒有達到預定的目標，沒有從戰略上改善正面戰場的態勢。為了檢討冬季攻勢作戰的成敗得失，國民政府軍事委員會於一九四〇年三月四日至十一日，在重慶召開了全軍參謀長會議。桂林、天水兩行營，各戰區、各集團軍參謀長分別報告了此次冬季作戰各自的作戰經過及成敗得失的原因。除了敵我之間戰鬥力存在一定差距外，蔣介石在總結中也承認，「此次冬季攻勢失敗，最大的一個原因，即由於前方部隊逐漸使用兵力，而非集中全力攻擊，以致沒有一個縣城被我們打下來。」所以，蔣介石再一次強調「戰略戰術要主動」，「現在則不能再消極，因敵人已到粵漢、平漢以西地區，乃我們轉守爲攻時期。唯有積極犧牲，始有成功希望。以後須以全力取攻勢。」

冬季攻勢本來是中國轉守爲攻、轉被動爲主動的良好開端，但由於各種複雜因素綜合影響，蔣介石及軍事當局其他領導人並沒有把這種勢頭保持下去。在後來的六年中，直到抗戰結束，再沒有發動過一次這樣的攻勢。

三、艱苦的拉鋸戰

一九四〇年，日軍為進一步掃蕩武漢外圍，對棗陽、宜昌等地發動攻擊，史稱「棗宜會戰」。中國軍隊頑強抵抗，第三十三集團軍總司令張自忠在戰鬥中拔劍自戕，成為抗戰時期中國軍隊殉國的最高將領。

一九三九年底至一九四〇年初，中國方面發動的冬季攻勢和對南寧崑崙關的反攻，使日軍感到中國方面保持著很強的抗戰意志和作戰能力。爲了進一步掃蕩武漢外圍，並對中國軍隊的冬季攻勢進行報復，一九四〇年五月一日，日軍第十一軍發起了攻佔棗陽、襄陽、宜昌等地的作戰，史稱「棗宜會戰」，日本稱「宜昌會戰」。

四月十日，日軍大本營批准了第十一軍的作戰計畫，但對攻佔宜昌後是否長期佔領並沒有明確指示。接替岡村寧次任十一軍軍長的園部和一郎將所屬七個師團、四個旅團各以小部兵力留置現地擔任守備，盡可能多抽出主力投入進攻作戰。日本中國派遣軍司令部從長江下游抽調了兩個支隊（相當於旅團）配屬給十一軍，此外還調來海空軍各一部協同作戰，參戰兵力近二十萬人。棗宜會戰就成了武漢會戰以來，日軍在正面戰場所發動的規模最大的一次戰鬥。

園部和一郎將進攻宜昌的作戰分兩個階段進行：先打擊棗陽地區的第五戰區主力，再渡過襄河攻打宜昌。爲了牽制和迷惑中國軍隊，江南各師團在進攻開始前，對當面的中國軍隊發動攻擊；在棗陽地區作戰時，宣傳此次作戰結束後即返回原防，使中國軍隊放鬆第二階段作戰的準備；製造並散佈虛假命令。

中國軍事委員會判斷日軍西進企圖不在於佔領宜昌或襄、樊，而是要在襄河以東棗陽一帶尋殲第五戰區主力，然後即行回撤，恢復戰前態勢。基於此，蔣介石致電李宗仁，明確要求第五戰區不要消極待敵，而應以一部積極行動，爭取先機，襲擾日軍後方，牽制與破壞日軍西進；而置主力於襄河以東至大洪山一帶，伺機殲擊西進或東退的日軍主力。

第五戰區和第六戰區根據指示制定了作戰計畫，具體部署是：郭懺指揮江防軍防守荊沙、宜昌一帶，依託襄河、東荊河右岸陣地，極力阻止日軍渡河。右集團軍總司令張自忠指揮第二十九、三十三集團軍和第五十五軍，以一部固守襄河兩岸陣地，鞏固大洪山南側各隘路口，以主力控制長壽店以北，伺機擊破進犯日軍。中央集團軍總司令黃琪翔指揮第十一集團軍、第四十五軍等，在高城至隨縣以西阻擊日軍，不得已時轉移至唐縣、環潭間，與預備兵團協同，從兩翼包圍、擊破日軍。左集團軍總司令孫連仲指揮第二集團軍等，攻擊牽制信陽之敵，並準備以有力部隊向襄花路作戰。湯恩伯第三十一集團軍為機動兵團，集結棗陽東北待機。孫震第二十二集團軍暫駐雙溝，為預備兵團。李品仙指揮第二十一集團軍襲擊沿江日軍據點和交通線，並出擊平漢路南段，威脅日軍後方。

五月一日，日軍在第十一軍司令官園部和一郎中將和第十三軍司令官藤田進中將的指揮下，分三路進犯：第三師團和第四十師團石本支隊由信陽、明港向桐柏山、唐河進犯；中路第三十九師團和池田支隊由隨縣沿襄花公路向襄陽進犯；第十三師團由鐘祥沿漢水東岸北上向棗陽進犯。

中國守軍在各自陣地與日軍激戰近一周時間，但防線終被日軍突破。李宗仁迅速變更部署，決定以一部兵力固守桐柏山、大洪山，戰區主力則迅速向左右兩翼外側移動，爭取在外線反擊。五月七日，日軍第三師團佔領唐河，第十三師團北進至王集，第三十九師團進抵隨陽店，對棗陽構成合圍之勢。但各路日軍之間空隙較大，守軍逐次抵抗後，在日軍包圍圈尚未合攏時及時轉向外線。只有第八十四軍第一七三師在棗陽附近掩護主力轉移，遭日軍圍攻。

五月十日以後，孫連仲、湯恩伯率部由北向南，張自忠、王纘緒率部由南向北，江防軍及右集團各一部由西向東，將日軍第三師團、第十三師團分割包圍在襄東平原。日軍傷亡慘重，陸續向東北撤退。中國軍隊跟蹤追擊、側擊，在五月十六日一度克復棗陽。

第三十三集團軍總司令張自忠本來率部防守襄河以西。五月六日，當日軍攻破第五戰區第一道防線直撲襄陽、棗陽時，張自忠毅然率領預備七十四師和軍部直屬特務營渡河參戰，截敵後路同時阻敵西進。

同日，第五十九軍其他兩師已經奉命赴河東與日軍作戰。渡河後，張自忠指揮第三十三集團軍五個師的兵力截斷隨棗公路，堵住日軍南退和西進的去路。第五戰區其他部隊也奉命相機轉入反攻。

日軍截獲中國軍隊情報，獲悉張自忠部的具體位置。五月十日，園部和一郎決定：集中第十三、第三十九師團的兵力，反擊張自忠集團軍，令在新野以南的第三師團撤至棗陽附近，掩護後方。張自忠率部渡河後一直在同日軍激戰，沒來得及與另外四個師會合。在優勢日軍圍攻下，第七十四師漸漸不支。

十六日下午，第七十四師和總部特務營僅剩下百餘人，張自忠多處受傷，最嚴重一處是右胸中彈，雖血流如注，他仍從容指揮殺敵。到下午四時，部隊僅餘隨從數人，張自忠負傷六處，自知難以生還，便勸隨從突圍，旋即拔佩劍自戕。彌留之際，張自忠留下的最後一句話

▶▶張自忠

張自忠，一八九一年生，山東臨清人，字藎忱，著名抗日將領。一九四〇年棗宜會戰中，壯烈殉國，時任中華民國上將銜陸軍中將，犧牲後被追授為陸軍二級上將。他是八年抗戰中，中國軍隊犧牲的最高將領，同時也是第二次世界大戰中同盟國犧牲的最高將領。

是：「我力戰而死，自問對國家、對民族、對長官可告無愧，良心平安！」待援軍第三十八師趕到時，一代名將張自忠已戰死沙場。此戰，所部兩千餘名官兵幾乎全部陣亡。

張自忠是抗戰時期中國軍隊中殉國的最高級別將領。張自忠的浴血奮戰給敵軍以沉重打擊，日軍亦為他的忠勇所感佩。

蔣介石驚聞張自忠殉國，下令右翼部隊不惜一切代價奪回張自忠遺骸。第五十九軍餘部與日軍激戰兩晝夜，終於在方家集奪回張自忠遺骸，先在宜城祭悼三天，爾後經宜昌轉運重慶，途中成千上萬的人們在路上哭拜英靈。五月二十八日，蔣介石在重慶率文武百官隆重接靈，舉行國葬，追贈張自忠為陸軍上將，列入祀忠烈祠首位。

日軍第十三、第三十九師團在宜城東北地區反撲得逞後，再度乘機北上，與集結在棗陽地區的第三師團會合，大舉反擊，進至鄧縣、樊城、老河口以東一帶。二十一日，偷渡白河時遭守軍迎頭痛擊，日軍才停止追擊。

五月三十一日，經過短期休整，並得到了軍需和人員補充的日本第十一軍，從宜城以北和襄陽東南強渡漢水，向宜昌方面進攻。中國方面估計日軍不會進攻宜昌，因而在第一階段作戰時，將擔任河西守備的第三十三集團軍和江防軍主力大部調往河東，以致河西兵力空虛。日軍乘虛而入，輕取襄陽、南漳、宜城。四日，日軍南北夾擊荊門、當陽。

日軍對宜昌的攻勢讓第五戰區猝不及防，為挽救危局，第五戰區將部隊分為左右兩兵團，李宗仁指揮左兵團攻擊襄花路、京鐘路及漢宜路日軍後方，斷其補給聯絡，並以有力部隊向襄陽、宜城間攻擊渡河日軍，策應右兵團作戰；軍政部長陳誠指揮右兵團防守宜昌，六月三日，陳誠到達宜昌後，對宜昌防務作了緊急調整。

到六月六日，沙洋、荊門相繼失陷。九日，日陸空軍聯合猛攻，突破中國軍隊右翼陣地，中國軍隊退至宜昌外圍陣地，激戰數日，中國軍隊傷亡甚重。十二日，宜昌陷落。十七日，中國軍隊乘日軍撤退之機會收復宜昌，日軍匆匆撤出旋即又回師再次攻佔了宜昌。

日軍在棗宜會戰中雖佔領了宜昌，但未能解除中國軍隊對武漢的威脅。中國軍隊仍在江陵、宜昌、當陽、鐘祥、隨縣、信陽以北一線與敵對峙，並頻頻襲擊日軍後方補給線。日軍在兩個月的會戰中傷亡一萬多人。爲了確保宜昌，日軍大本營不得不增派第四師團從東北到武漢增援。

國民政府爲保衛重慶，屏障四川，重設了第六戰區，防禦鄂西、湘西、川東等地。陳誠所轄部隊有第三十三集團軍、第二十九集團軍、江防軍和第十八軍等。

棗宜會戰，中國軍隊傷亡多達五、六萬人。日軍因佔領宜昌，而得以修建飛機場轟炸我四川大後方。對我軍構成極大的威脅。棗宜會戰還丟掉了鄂北、鄂西江漢平原富裕的產糧區，以致第五戰區不得不以鄂北山區爲根據地。

一九四一年五月，日軍向中條山發動進攻，軍長唐淮源殉國。中條山戰役是太原會戰後，日軍對華北正面戰場發動僅有的一次大規模進攻，以近一比二十的極小代價「掃蕩」了中條山地區的所有國民黨軍隊。

中條山位於山西省南部，橫亙黃河北岸，東西約一七〇公里，南北約五〇公里，東至太行山、太岳山，俯控豫北；西接呂梁山，屏障潼關、西安，扼秦晉之要衝；向南屏障洛陽，向北俯控同蒲路，是華北、中原和西北的戰略樞紐地帶。太原淪陷後不久，日軍繼而佔領了晉南長治。中國軍隊爲了減少損失，不以扼守城鎭爲目的，分散在晉南山地進行游擊作戰，建立了以中條山爲依託的游擊根據地，對華北方面日軍構成了很大威脅。截至一九四一年四月，日軍已先後進行過十三次大規模進攻，但在中國守軍的頑強抵抗下，來犯之敵均失敗而還。

一九四一年一月，日本首相東條英機奏准裕仁天皇詔許，選調侵略野心極大的後宮淳一充任總參謀長。後宮淳一從三月初開始，就調集兵力，準備作戰物資，調遣戰地指揮官，準備以壓倒性的優勢兵力，對中條山發動代號爲「中原會戰」的第十四次大規模進攻。

後宮淳一在短短兩個月的時間裏，就傾其魯、豫、冀、晉與蘇北一帶的兵力，計六個師團、二個旅團及特種部隊共約十多萬人，飛機四百餘架，於五月七日發動對中條山的立體進攻。

中條山是華北淪陷後，中國正面戰場在黃河以北所保有的唯一一塊較大而突出的陣地。駐守在這裏的中國軍隊，自一九三九年以來主要任務是伺機反共，而對日軍並不主動出擊，對黃河北岸各渡口也疏於防範。其儘管駐紮中條山已近三年之久，但並未在險要地構築堅固工事，相當一部分軍隊防禦鬆弛，鬥志衰微。

一九四一年三月，日軍第一軍進行了準備性作戰，擊退了集結在晉東陵川一帶的中國第二十七軍，同時在翼城以南、絳縣以東地區襲擊了與主力脫離的中國第十五軍。此時蔣介石仍不顧敵情緊急，一再敦促衛立煌所屬龐炳勳、高樹勳部，限期由晉南、豫北入冀，繼續進攻八路軍。直到四月中，日軍開始向中條山周圍地區集結，國民政府軍委會才電令黃河沿線各戰區應速加強陣地及河防工事。

四月十八日到二十日，何應欽在洛陽召開黃河沿線第一、第二、第五戰區軍以上長官軍事會議。最終，何應欽提出了一個計畫：第一步應相機攻取高平、晉城、陽城、沁水間地區，以恢復一九四〇年四月前的態勢；第二步與晉西軍及第二、第八戰區協力包圍晉南三角地帶的敵人；最低限度亦須確保中條山。爲此，要求第一戰區晉南作戰部隊應迅速備戰；防守中條山的各部隊應依山地特性，以火力封鎖各道路口；利用中條山縱深地帶，多構築斜交陣地，以對付敵人強攻等。

四月二十八日，國民政府軍事委員會判斷日軍有由濟源、橫臯大道集中進攻垣曲的企圖，於五月二日急電第一戰區加強陣地工事，破壞阻塞主陣地前道路。軍委會還指示第一戰區以一個軍出擊高平、博愛方面，另以一個軍攻擊聞喜、侯馬、夏縣，先敵出擊而打破敵人攻勢。可惜，這一主動迎敵的部署因指揮系統問題，到五月五日仍沒有全部實施。而日軍已於五月七日下午以鉗形與中央突破的方式，由東、北、西三個方面發起了進攻。

五月七日下午，道清路西段之敵約二萬五千多人，分三股進攻濟源、孟縣，而分段防守濟源地區的第三戰區第九軍郭寄嶠部並未加強陣地工事構築，見日軍來勢凶猛，西撤至封門口既設陣地。封門口爲日軍西進的要道隘口，敵增兵對其猛攻，激戰一天一夜，防線被攻破。第九軍大部由狂口南渡黃河。十二日，分路攻進的日軍在邵源附近會合，很快就封鎖了黃河沿岸各渡口，豫北退路被切斷。

晉南方面是日軍主力，共七萬多人分四路經陽城、絳縣、聞喜、夏縣、平陸一帶，對中條山發起攻擊，日軍分編多數縱隊，成廣正面鑽隙迂迴，將重兵分置於各要點，構築工事，封鎖山口、渡口，逐步緊縮包圍，並利用漢奸，快速小部隊襲截我通信聯絡及各指揮部。開戰不到兩天，中國守軍師以上司令部通信多數被敵人破壞。敵人來勢之猛遠非戰前所估計，其中沿橫皋大道南犯的日軍約兩萬多人，矛頭直指黃河最重要的渡口垣曲。防守這一線的第四十三軍趙世鈴部歷來戰鬥力弱，一經日軍中間突破，紛紛後退，八日黃昏，垣曲失陷。

佔領垣曲後，日軍分東西兩路分別包圍劉茂恩、曾萬鍾兩集團軍。由於狂口渡口被佔，豫北通道被封鎖，劉、曾兩集團軍陷於背水困戰的危局。

五月十日，曾萬鍾全軍陷入重圍。戰區雖命令其向北轉移，但因當時通訊工具全毀，與各部已失聯絡，命令無法下達。面對四面逼近的日軍，曾萬鍾決定以團為單位向西北突圍。到十三日，只有第三軍、第十七軍各四個團突破日軍重重包圍，向汾河西岸轉移。沒有突圍出來的部隊，一部份被日軍消滅，一部份化整為零留於中條山內游擊。第三軍軍長唐淮源因無法突圍而自殺殉國，其第十二師師長寸性奇也在激戰中犧牲。

第三軍在中條山血戰日軍時，還犧牲了第三十六團團長黃仙谷，第三十四團副團長潘爾伯，官兵傷亡數千人，打死日軍旅團長，聯隊長六人，日軍傷亡千餘人。

中條山中國各軍主力在五月十三日奉命突圍。劉茂恩第十四集團軍奉命渡河南撤，沿途受到日軍截擊，加上缺乏渡河船隻，只有一小部份人撤到了南岸。第十四集團軍總部及第十五軍軍部就是靠僅容七人的兩隻小船往返數十小時，才於二十六日脫險南渡的。

中條山戰役中，八路軍對友軍進行了積極配合。會戰初期，陳賡太岳部應衛立煌之約進入中條山及汾南三角地區，擔任了同蒲、白晉路南段破襲任務，從側面牽制日

▶▶唐淮源

唐淮源，一八八六年生，雲南江川人，抗日名將。畢業於雲南講武堂丙班，原為清末新軍，後轉入蔡鍔與唐繼堯部。抗日戰爭期間升任至國民革命軍第三軍軍長，官至上將。一九四一年三月，第三軍被日軍合圍中條山，唐淮源下令全軍戰鬥到底，犧牲到底。唐淮源早在一九三九年四月回滇奔母喪返晉前，向省主席龍雲告別時就說道：「本人此去晉南，回守原防，已抱定必死決心。前有母親所念，尚存顧慮，今已安埋就緒，戰死無他矣！」戰至五月十二日中午，全軍各師均已殘破不全，唐淮源令其他部突圍，自己被困懸山，三次突圍受挫，傷亡慘重，彈盡糧絕，飲彈自盡於懸山之嶺。

軍。五月二十二日以後，八路軍為團結對敵，應蔣介石要求，在平津、平保及太原北鐵路線部署了較大規模的游擊戰，並在臨汾、安陽南北，進行靈活出擊，使日軍交通中斷二、三日，拔除了中條山根據地日軍的一些據點，有力地牽制了日軍，掩護了南撤的國民黨軍隊。第九十三軍第十師，第十五軍、第九十八軍各一部就是在八路軍太岳部策應下突圍而出的。

六月十五日，日軍才宣布中條山會戰結束。會戰中，我方數萬名官兵流血犧牲，表現了極強的愛國精神和民族正氣。當第一戰區的部隊被肅清以後，八路軍的部隊又逐漸深入中條山區，繼續開展游擊戰爭，攪得日軍不得安寧，連日軍華北方面軍也不得不承認：「中條山會戰以後，在新佔據的地區內，以前的不安定勢力即重慶軍，被中共勢力取而代之，逐漸浸透到各個方面，治安反而惡化了。」

中條山會戰是繼太原會戰後，日軍對華北正面戰場發動的僅有的一次大規模進攻。中國軍隊陣亡四萬二千餘人，被俘三萬五千餘人，日軍傷亡二千八百多人。日軍稱：「這是事變以來罕見的戰果。」蔣介石則痛心地稱之為「抗戰史上最大之恥辱」。

一九四二年，日軍為打擊國軍第三戰區主力，對浙贛地區發動了進攻。先後在金華、蘭溪、衢州、上饒、廣豐、臨川、溫州、松陽等地發動了進攻。浙贛會戰中國兵敗，日軍開始「以戰養戰」。

太平洋戰爭爆發後，中、美兩國共同對日作戰。一九四二年四月十八日，美軍十六架B-25轟炸機在杜立特中校率領下，從太平洋上的美軍航空母艦起飛，轟炸了日本東京、橫須賀、橫濱、名古屋、神戶等城市後，在中國浙江的衢州等機場降落。日本本土第一次遭到美機轟炸，民心恐慌，社會騷動，朝野震驚。日軍大本營為解除美軍繼續實施穿梭轟炸的威脅，一方面正式批准進行中途島戰役；另一方面於四月二十一日命令日軍中國派遣軍第十三軍，立即停止原定於四月二十五日開始在安徽廣德、寧國進行的作戰，改為準備進行浙江作戰，摧毀中國浙贛線上的空軍基地和前進機場。

四月下旬，軍事委員會從第九戰區調第七十四軍、第二十六軍兩個主力軍及裝備精良的預備第五師加強第三戰區，做為其機動部隊。第三戰區司令長官顧祝同根據掌握的敵情，制訂了一個預計在金華地區與日軍決戰的保衛金、蘭、衢的作戰指導方案。但是蔣介石不同意第三戰區在金華地區決戰的方針，軍委會於五月十七日指示應在衢州地區決戰，並明確要求顧祝同將王耀武第七十四軍、丁治磐第二十六軍和王鐵漢第四十九軍集結衢州附近。

五月十四日至十七日，展開在奉化、上虞、紹興、蕭山、富陽的日軍第十三軍第一線部隊先後發起進攻，其主攻方向在浙贛路東段。

守衛這一線的中國軍隊是暫九軍、第八十八軍和預五師等。日軍在進攻途中遭到守軍不同程度的節節抵抗，至十七日分別進至大市聚、長樂、諸暨以東、以西和新登附近地區。日軍第十三軍司令官澤田茂作率領軍戰鬥指揮所人員乘大型機艇，從杭州溯浦陽江向臨浦前進，在義橋附近觸雷，機艇沉沒，指揮所人員死傷數十人，指揮所於是停留於義橋。

此時，第三戰區收到軍委會放棄在金華決戰而在衢州與敵決戰的指示，迅速調整兵力部署，決定逐次抵抗後，以一部轉進敵人後方游擊，主力向金華、蘭溪東西之線撤退。

戰鬥至五月二十四日，守軍暫九軍在長樂、東陽附近各既設陣地，第八十八軍在安華、義烏及浦江各既設陣地給予日軍以一定的打擊，後分別向東（陽）永（康）公路兩側和金華以北地區轉進，對進攻日軍實施側擊、伏擊，進行牽制；守軍預五師在蘭溪、芝廈南北之線以堅強的阻擊戰遲滯日軍後，向建德東南轉移。

日軍各路跟蹤直進，佔領義烏、東陽、武義、建德。五月二十五日，日軍各以一個師團兵力向金華、蘭溪進攻，另以有力部隊從武義、湯溪大道及蘭江以西地區直趨湯溪、龍游，企圖

浙贛會戰上的中國軍隊

切斷金、蘭後方聯絡線。中國守軍以第七十九師固守金華，第六十三師固守蘭溪，依託既設陣地，頑強抵抗，與日軍形成對峙。

五月二十六日，日軍一部攻陷湯溪。守衛湯溪的第四十師和暫十三師被迫向龍游轉進，經苦戰，龍游被日軍攻陷，金華、蘭溪後方受到嚴重威脅。

湯溪淪陷同日，日軍第七十師團及第二十二師團、河野旅團一部在二十架飛機掩護下猛攻金華。五月二十八日，守軍核心陣地工事全被摧毀，日軍突入城內，與守軍展開巷戰。血戰三日，蘭溪也於二十八日陷入敵手。

日軍攻陷金華、蘭溪後，除留一部留守，主力進至龍游南北之線集結，準備攻佔衢州。中國守軍第八十八軍指揮的各部已到達預定地域，繼續以側擊、伏擊截斷日軍增援及補給路線，策應衢州戰鬥。

當金華、蘭溪一帶中國守軍節節抵抗日軍時，第三戰區制定了在衢州與敵決戰的計畫，作戰方針是：以第八十六軍固守衢州，誘敵膠著於衢州外圍，爾後以四個軍實施南北夾擊，圍殲日軍。預定擔任夾擊任務的第二十五、二十六、四十九、七十四軍，分別部署於衢州的北、西、南三面。

六月三日拂曉，日軍四個師團及一個旅團的兵力在衢州南北同時發起全線攻擊。守軍第八十六軍各部外圍陣地相繼被攻破，日軍逼近衢州城。負責固守衢州城郊的第八十六軍軍長莫與碩見形勢嚴峻，竟以收容第十六師潰散部隊為藉口擅離職守，出城向江山方向逃去，軍直屬部隊亦大多隨之離去。副軍長陳頤鼎繼續指揮餘部拚死抗敵。第三戰區認為衢州主力戰鬥已經開始，決戰時機成熟，於當晚下令各部轉移攻勢。

此時，南昌方面的日本第十一軍會同第十三軍在浙江作戰，於五月三十一日夜從南昌附近渡過撫河，向第三戰區西部第一百軍防線發動進攻。六月三日，當日軍第十三軍開始對衢州發動總攻時，第十一軍佔領了進賢，並逼近臨川。到十二日，臨川、三江口、南城相繼失陷。

蔣介石和軍事委員會對敵人的多頭進攻部署做出了錯誤的判斷，採取了單純的守勢作戰。當時，中國遠征軍在緬甸作戰失利，日軍已從緬北攻進雲南。蔣介石認為滇邊戰勢比浙江前線更為嚴峻，為了長久抗戰計，六月四日，在衢州方面的戰鬥發展到緊急關頭時，軍委會為保存實力電令第三戰區「避免在衢州決戰」。

第三戰區按軍委會意圖，逐步向衢州以西鐵路兩側地區轉進。衢州城外各軍接到戰區指示後交互掩護，逐漸脫離接觸，向指定的位置轉移。日軍攻陷衢州後，並沒有停止攻勢，繼續西進，到六月十四日，連陷江山、玉山、廣豐、上饒等地，並繼以一部西進。七月一日，日軍第二十二師一部與由南昌方面東進日軍會陷橫峰。至此，日軍已打通浙贛鐵路，遂轉取守勢，從事破壞機場，拆遷鐵路，掠奪物資等惡行。

第三戰區為保存實力，將主力撤往福建仙霞嶺、武夷山南北地區，沒有採取攻勢作戰以殲滅、消耗日軍的任何措施，結果許多重要戰略點基本上是不戰而被日軍佔領，部隊大量傷亡多是在突圍潰退時發生的。

在日軍主力西進的同時，日軍小園江混成旅於六月二十四日由龍游進陷麗水，在破壞麗水機場後，於七月九日沿甌江進佔青田，十一日再佔溫州。此時，溫州灣日軍海軍陸戰隊於十二日在溫州登陸，十三日侵佔里安。

浙贛路西段方面，第九戰區抽調出的第四軍在六月中旬發動反攻，連克崇陽和宜黃。但是由於第五十八軍沒有全力配合，第四軍在進攻臨川日軍的行動中失利，遭日軍包圍，經苦戰才突圍而出。而日軍也在六月底再次攻陷宜黃、崇陽，同中國軍隊在這一線相持到七月上旬。

日軍打通浙贛路並掃蕩了沿線的中國飛行基地，沉重打擊了第三戰區中國守軍，於是準備在七月中旬撤軍。但在會戰進行期間，日軍偵知金華地區盛產螢石（冶金助熔劑），日軍參謀次長田邊盛武於是趕到杭州通知日軍第十三軍，「在這次作戰中，中央最期待的物資是螢石和鐵路器材」；至佔領上饒之後，日本大本營又給第十三軍增加了「破壞並沒收敵方軍事設施和軍需資源，以削弱敵方物資的抗戰能力」的任務。爲了掠奪和運走鐵路器材及各種物資，又決定將主力撤退的時間延長到八月中旬。

八月十二日，日本第十三軍各部按照日軍大本營的意圖進行撤退準備。爲掩蔽撤退，各師團首先在周圍地區進行了反擊作戰。國民政府軍事委員會和第三戰區果然被敵所惑，沒有發覺日軍主力即將回撤的企圖。爲保存實力，蔣介石於八月中旬指示第三戰區「將戰區重心西移」。

當第三戰區調整部署時，日軍於八月十九日分別從玉山、廣豐、上饒同時向衢州撤退，浙贛路西段之敵向南昌撤退。第三戰區發覺日軍撤退後，於八月二十日下令各部跟蹤追擊。各部接到命令後未採取積極攻擊行動，僅派出小部兵力與撤退之敵保持接觸。中國軍隊雖相繼收復了一些地區，但沒有給敵人強有力的打擊。

八月二十九日，日本第十三軍根據大本營指令，留下第二十二師團固守諸暨、浦江、蘭溪、金華、武義、義烏、嵊縣地區，一方面可以此爲前進基地，「保持對第三戰區再進攻的態勢」，一旦發現修復機場，可從此發動進攻；一方面，也是更重要的方面，可以對這一地區掠奪重要的戰略物資——螢石。據日軍獲得的資料，該地區螢石的蘊藏量約爲三百五十萬噸，僅武義一地即占百分之九十，且是遠東少有的優質螢石。九月十日全部接替完畢，其他部隊九月底前均回到原駐地。浙贛會戰結束。

此次會戰，日軍集中九個師團以上的兵力，經苦戰實現了預定的目的，但也遭到一定損失，中將師團長一人被炸死，傷亡官兵一萬七千一百四十八人，中國軍隊也遭受了重大損失。抗日戰爭進入相持階段後，中日進行了多次會戰，但基本都以中國軍隊的退守丟城陷地告終。日本方面因爲太平洋戰爭的爆發而不斷改變在華的政策，希望盡快結束對華戰爭。但是中國軍隊的英勇抵抗使其計畫難以徹底執行。日軍轉而「以戰養戰」，不斷加強對國民政府的政治作戰。

第六章 同室操戈相煎何急

一、消極抗日，積極反共

相持階段到來，國共關係發生變化。國民黨重唱「反共」老調。一九三九年，國民黨召開五屆五中全會，重申抗戰決心，同時制定了「溶共、防共、限共、反共」方針，頻頻製造反共摩擦，破壞國共合作抗戰。

抗戰進入相持階段以後，國共兩黨的關係開始發生新的變化，國民黨軍隊也重新承擔起「反共」的任務。不過，在這之前，國共兩黨、兩軍還是有一段風雨同舟的真誠合作。

中國有一句老話：兄弟鬩於牆，外禦其侮。一九三七年，日軍全面侵華的狂風驟雨終於把國民黨和共產黨逼到了守土抗戰的同一條船上，相逢一笑，不計前嫌，在患難中攜起手來。紅軍主力改編成國民革命軍第八路軍，開赴華北前線同國民黨軍並肩殺敵，江南紅軍游擊隊改編成國民革命軍新編第四軍在華中、江南與友軍攜手拒寇，共產黨在各地的組織紛紛發動群眾，擁護和支持國民政府抗日救亡。這是一次令人欣慰和感懷的同舟共濟。

國民黨軍隊對日軍的猛烈進攻死拚硬擋，但是血肉難抵日軍槍炮，平漢線、粵漢線以東的國土相繼淪陷。幸在武漢、廣州失陷後，中國軍隊也把戰線穩定在平漢、粵漢線附近。在正面戰場血肉橫飛，戰線不斷向內地收縮的同時，中國共產黨利用接近群眾的優勢，深入已淪陷的地區，廣泛發動民眾，展開了人民游擊戰。先後建立了晉察冀、冀南、冀魯豫、蘇南等多塊根據地，就是在林海雪原的東北也活躍著中共領導的抗日聯軍。八路軍和新四軍的敵後游擊戰，有力地支援了國民黨軍隊在正面戰場組織的抗戰。兩個戰場互相配合，互相依存，分別牽制著大量日軍，使狂妄不可一世的侵略者處於腹背受敵的境地。

蔣介石對中共領導的敵後游擊戰是頗爲欣賞的。一九三八年十一月召開的第一次南岳軍事會議上，國民政府軍事委員會調整全國戰區，重設了冀察和魯蘇兩個游擊戰區。會議還接受了中國共產黨的建議，決定設立南岳游擊幹部訓練班，聘請共產黨人擔任教官。大批國民黨軍官和進步青年受訓，然後到各地領導和開展了游擊戰，沉重打擊了入侵的日軍。

但是，對於抗戰中日益發展壯大的中共和人民武裝，蔣介石始終心存忌憚，不斷謀畫對策。進入相持階段以後，蔣介石對共產黨的疑心越來越重，不僅縱容一部份頑固反共的軍隊製造反共摩擦，而且開始積極策畫和鼓動更大規模的反共行動。這一方面是出於對不斷壯大的中共和人民武裝的恐懼；另一方面是由於日軍在侵佔武漢後停止了戰略性進攻，正面戰場形勢相對緩和。

隨著日本侵華方針的改變和汪精衛的叛黨叛國事件的發生，爲了研究確定之後的抗戰方針和對內對外政策，一九三九年一月二十一日至三十日，中國國民黨召開了五屆五中全會。這次會議重申了繼續抗戰的意向和決心，但在聯共問題上卻出現重大轉向，確立了「溶共、防共、限共、反共」的方針，決定成立專門的「防共委員會」。

此後，由國民黨中央及其各部門制定的反共密件紛至遝來，如《限制異黨活動辦法》、《異黨問題處理辦法》、《共產黨問題處置辦法》、《處理異黨實施方案》、《運用保甲組織防止異黨活動辦法》、《防止異黨兵運方案》、《淪陷區防範共黨活動辦法草案》、《第八路軍在華北、陝北之自由活動應如何處置》等等。這些檔案在「國家至上，民族至上，軍事第一，勝利第一，意志集中，力量集中」的口號下，力圖利用國民黨的執政黨地位，對中國共產黨進行防範、限制、排斥甚至打擊。這些檔案經由國民黨黨政系統或軍事系統下發。蔣介石飭令「加緊努力，切實執行」，「縱因此而發生摩擦亦應無所避忌」。

隨著反共密件紛紛下達，各地反共摩擦也就愈演愈烈。一時間，華北、華中慘案迭起。

在陝甘寧邊區，從一九三八年十二月到一九三九年十月，國民黨先後製造了一百五十一起摩擦事件，其中軍事進攻就有二十八起。一九三八年十二月，國民黨軍隊侵佔隴東赤城、白馬鋪等地。五月，國民黨侵佔關中栒邑縣。

在華中地區，一九三九年六月十二日，湖南國民黨第二十七集團軍楊森部襲擊了駐平江嘉義鎮的新四軍通訊處，殺害中共江西省委副書記、新四軍平江通訊處主任涂正坤等幹部戰士十多人，並將通訊處財物搶劫一空，製造了平江慘案。一九三九年九月，湖北國民黨桂軍第一二七師和鄂東程汝懷部相配合，圍攻新四軍獨立旅第五大隊，殺害了中共黃岡中心縣委組織部長張良卿等一百多人，後又逮捕五百一十多人，槍殺了二百餘人，製造了駭人聽聞的鄂東慘案。

華北地區是八路軍的主要活動區域，也是國民黨進行反共的主要地區。爲限制當地共產黨的發展，一九三八年六月，國民政府派鹿鍾麟爲河北省主席，同時還將石友三、高樹勳等部由魯南調至冀南。鹿鍾麟與沈鴻烈（山東省主席）結成「冀魯聯防」。一九三九年六月，國民黨河北省保安司令兼河北民軍總指揮張蔭梧親率三千餘人襲擊冀中深縣八路軍後方機關，殘殺八路軍指戰員四百多人，製造了深縣慘案。早在一九三八年十二月，他就曾率部向冀中博野的八路軍軍區司令部進攻，後又令其參謀長率部在安國龐各莊活埋共產黨員多人。一九三九年四月，在沈鴻烈指示下，山東國民黨軍秦啓榮部在「寧亡於日，勿亡於共」、「日可以不抗，共不可不打」的喧囂聲中，襲擊了博山八路軍山東縱隊第三支隊，殺害幹部戰士四百多人，製造了博山慘案。

鹿鍾麟

鹿鍾麟，一八八四年生，河北定州人，是西北軍著名將領，馮玉祥馳騁西北時的主要助手。在一九二四年，率部直入紫禁城，將末代皇帝溥儀驅逐出宮，廢為平民。一九三八年五月，出任河北省主席、國民黨河北省黨部主任兼河北游擊總司令。抗日戰爭進入相持階段以後，秉承蔣介石旨意壓制抗日民主政權的發展。一九四九年天津解放後，定居天津。

一九三九年十一月，河南國民黨第三十一集團軍司令部少將參議耿明軒、確山縣縣長許工超，糾集確山、信陽、汝南、沁陽等縣常備軍及第一戰區豫南游擊司令戴民權部，共一千八百多人，圍攻確山縣竹溝新四軍後方留守處，槍殺竹溝醫院抗戰有功的傷病殘疾人員及抗日軍人家屬二百餘人，並將留守處財物搶劫一空，釀成了確山慘案。

除了頻頻製造反共軍事摩擦外，在國統區內，國民黨軍政當局大肆進行反共宣傳，加強「中統」、「軍統」等特務機構的活動，在一些地方設立集中營，囚禁和殺害共產黨員、愛國人士和進步青年。對國民黨製造的反共摩擦，共產黨採取了嚴正的自衛立場，進行了艱巨的反摩擦鬥爭，以鞏固抗日民族統一戰線。

在策動一些國民黨軍隊和地方頑固勢力製造反共摩擦和慘案的過程中，國民黨當局利用了當時國際政治形勢的重大變化和部份人對蘇聯的惡感以及由此對中共產生的誤解。

一九三九年八月下旬，歐洲上空已是戰雲密佈，突然傳出蘇聯和納粹德國簽訂互不侵犯條約的消息，舉世震驚，國際輿論對蘇聯備加指責。九月初，解除後顧之憂的德國入侵波蘭，引發歐洲戰爭。蘇聯認爲那是「帝國主義之間的掠奪戰爭」，宣布對雙方「嚴守中立」。

最引起中國民眾反感的則是蘇日之間在諾門檻衝突後簽訂的停戰協定，因爲該協定直接涉及中國，它規定由日、「滿」、蘇、「蒙」「四國」組成委員會，勘定所謂「滿」、「蒙」邊界。此舉充分表現出日、蘇以中國主權和領土做交易的國際強權政治，引起「國人議論紛紛」，尤其是中國中間黨派對蘇聯犧牲中國利益換取與法西斯暫時和解，嫁禍於人的極端民族利己主義行爲產生強烈憎惡。

國民黨當局對這一連串事件態度是複雜的，對蘇聯的惡感和敵意陡增，但考慮到獲取蘇聯援助對抗戰至關重要，沒有直接譴責蘇聯，但對日蘇條約侵犯中國主權提出強烈抗議。由於中共和蘇聯素來關係密切，並在當時發表了理解和支持蘇聯的言論，心存積怨的國民黨當局便把矛頭轉向共產黨，刻意在民眾思想認識領域製造對共產黨的誤解，希望以此爲自己的反共行動辯護。由此，國民黨軍政當局掀起了一股同室操戈、豆萁相煎的反共逆流。

一九三九年十一月，國民黨召開五屆六中全會，確定把「政治限共爲主」改變爲「軍事限共爲主」的政策，並發出進攻八路軍、新四軍的密令。國民黨頑固派的反共活動迅速擴大，他們由製造小規模的軍事摩擦，發展到在幾個地區向抗日根據地軍民發動較大規模的武裝進攻，從而掀起了第一次反共高潮。

國民黨五屆六中全會確立了「軍事限共」的方針，在陝甘寧和華北地區開始了較大規模的軍事反共行動，矛頭直指中共中央和八路軍總部。共產黨果斷出擊，維護了抗日民族統一戰線。

國民黨五屆六中全會確立「軍事限共爲主」的方針之後，較大規模的軍事反共迅起，首當其衝的是中共中央所在地陝甘寧邊區。

陝甘寧邊區北起陝北府谷、橫山，南達陝中的淳化、旬邑，長四百五十公里；東臨黃河，西至甘肅固原和寧夏的預旺堡，寬約四百公里，包括陝、甘、寧三省的二十三個縣。全面抗戰爆發後，陝甘寧邊區成爲全國抗日根據地的戰略中心和八路軍的總後方。國民黨首先選中邊區進行大規模軍事反共，主要因爲那是中共中央的駐地，而且當時八路軍主力已深入華北戰場抗日，只有少數留守兵團負責邊區治安。雖然是乘人之危，國民黨卻找了個體面的藉口——維護全國政令統一。

陝甘寧邊區政權本來是國共關於合作抗日的歷次談判中都涉及到的重要問題之一，並一度達成諒解。一九三七年十月十二日，南京國民政府行政院第三三三次會議通過決議：丁惟汾（代表國民黨）爲邊區行政長官，林伯渠爲副長官，丁未到之前，由林代理。該決議同時又注明：因邊區問題「尙無章制以資依據」，故此決議「俟章制規定再發表」。由於所謂邊區章制未見下文，所以國民政府一直沒有正式任命邊區政府的行政長官，關於邊區的經費和保安隊問題也沒有承認。因此，自抗戰以來，陝甘寧邊區政府一直是處於被默認狀態中。

事實上，國民黨當局對邊區政權還是有很大戒心的。很早就藉口戰時經濟統治，封鎖進入邊區的物資。還在一九三七年十二月十二日，蔣介石即親令甘肅省主席朱紹良，阻絕由新疆輸送人員和物資的汽車開赴延安。密電內稱：「無論飛機、汽車或貨物，到蘭後必須由戰區司令部接收經營。向各地出運，必須請示，於中正許可後，方得放行。如其有欲飛向陝北飛機、物品，更非得中正之許可與中央之護照，切勿擅自放行。」後來，蔣介石又連續密電蔣鼎文、朱紹良：「以後凡有令准自新疆來汽車之人、物，無論何項必須在蘭州為止境，不得再允東開。」國民黨當局企圖封鎖所有運往邊區的糧、油、棉、布、藥品等生活必需品，從經濟上困死邊區。

經濟封鎖困死邊區的辦法沒有奏效，國民黨當局便希望從政治方面加以限制。抗戰進入相持階段以後，國民黨有了較多時間來考慮內政，邊區政府問題再次成為國共兩黨談判的重要內容。國民黨當局藉口政令統一，要求取消陝甘寧邊區行政區劃，中共對此堅決反對。一計不成，蔣介石又生一計，他密令胡宗南全面封鎖陝甘寧，企圖切斷邊區同外界的各種聯繫。

胡宗南沒有讓蔣介石失望，從一九三九年五月起，他糾合陝西省保安處和甘肅駐軍等部以約三十萬人的兵力，西起寧夏，東至黃河，南沿涇水，北接長城，綿延千里，形成對陝甘寧邊區的包圍圈。同時在邊區周圍修築由五道封鎖溝牆與堡壘組成的封鎖線，抓獲了大批投奔延安

▶▶胡宗南

胡宗南，一八九六年生，浙江孝豐人，字壽山，別號琴齋。黃埔一期生，復興社「十三太保」之一，因辦事勤懇深受蔣介石賞識。胡宗南也以「校長的好學生」自得。在整個抗戰中，胡宗南的腦袋是長在蔣介石肩膀上的。蔣叫他抗日，他就領兵抗日；叫他「安內」，圍攻陝甘寧邊區，他就去打共產黨的部隊。武漢會戰結束後，胡宗南奉命率第十七集團軍開回陝西，駐守西安，一方面阻敵西進，一方面防範陝甘寧邊區的中共和民眾力量壯大。一九六二年病逝台北。

的有識之士、熱血青年，因禁在西安和天水等處的「青年勞動營」中。胡宗南還經常指使下屬襲擾邊區，僅一九三九年一年就達五十八次，出動兵力一萬多人。

在國民黨五屆六中全會前後，國民黨軍事當局制定了大舉進襲邊區的軍事計畫，並下令取消陝甘寧邊區行政區畫。經何應欽批准，綏德專員何紹南制定了一個《調整陝北軍政辦法》，提出「可利用各種不同的方式收回各縣政權並逐漸縮小以至於消滅赤化區域」。

十二月，在空軍的配合下，胡宗南率部襲佔了邊區淳化、旬邑、寧縣、正寧、鎮原五座縣城，並集結大軍準備進攻延安。同時，蔣介石還指使國民黨綏德地區專員何紹南襲擊八路軍軍政機關，企圖迫使八路軍退出綏德地區，以此配合胡宗南的進攻。

對國民黨頑固派的反共活動，中共中央從抗戰大局出發，一再忍讓，派謝覺哉爲代表同國民黨當局談判，力求避免衝突。蔣介石一意孤行，談判沒有任何結果。

隴東地區軍民被迫進行自衛還擊，堅決打退來犯頑軍，恢復了部份被佔地區。由雁北返回陝甘寧邊區的八路軍第一二〇師第三五九旅進駐綏德，迅速平息綏德警備區內的武裝叛亂，趕跑了反共分子何紹南。第三五九旅趁機解放了綏德、米脂、葭縣、吳堡、清澗五縣，使五十萬人民獲得了解放，將陝甘寧邊區和晉西北抗日根據地連成一片。至此，國民黨在陝甘寧邊區的軍事挑釁被邊區軍民奮勇擊退了。

八路軍總司令部所在地的太行山地區，是國民黨頑固派製造反共摩擦的另一個重點地區。華北淪陷後，國民黨於一九三八年十一月南岳軍事會議上增設冀察游擊戰區，名義上是開展敵後抗日游擊戰，暗裏卻是要監視和限制中共力量的發展。

自冀察游擊戰區成立以來，國民黨軍不斷地在根據地邊界發起軍事挑釁。當胡宗南率軍進攻陝甘寧邊區時，冀察游擊區的國民黨軍也對太行山區的八路軍總部發起攻擊。

一九三九年十二月初，第九十七軍朱懷冰部進入冀西，逼近八路軍陣地，破壞抗日政權，頻繁製造摩擦。爲維護團結抗日大局，彭德懷副總司令、劉伯承師長先後到冀西，同國民黨冀察戰區總司令鹿鍾麟和朱懷冰等人會談，勸告他們以大局爲重，停止摩擦，一致對敵。但朱懷冰置若罔聞，指使侯如墉部和喬明禮部向平漢路以西的游擊縱隊大舉進攻。一九四〇年一月，石友三又指揮第六十九軍一萬七千餘人，在冀南、冀魯豫地區向平漢路附近的八路軍進攻。這兩起進攻都被擊退。

一九四〇年一月，給養困難的鹿鍾麟下令朱懷冰一同南撤。到洛陽後，鹿鍾麟將所有事務移交給第一戰區司令長官衛立煌，並辭去一切職務，飛回重慶。二月，朱懷冰、石友三等部再次從平漢路東西兩側向太行、冀南地區八路軍進攻，其矛頭指向八路軍總部所在地。八路軍第一二九師被迫自衛還擊。在平漢路東，八路軍集中二十五個團的兵力，在宋任窮、程子華的統一指揮下，先後發動冀南戰役和衛東戰役，殲滅石友三部大部，其餘部逃往黃河故道以南。三月五日，八路軍集中平漢路西各部主力十三個團，在劉伯承、鄧小平指揮下，發動磁（縣）、武（安）、涉（縣）戰役。四天中，消滅朱懷冰軍部及其主力兩個師的大部。在鬥爭中，八路軍堅持自衛原則，利用頑固勢力間的矛盾，集中力量打擊朱懷冰、石友三部，力爭其他部隊保持中立，從而得以迅速粉碎朱、石兩部的進攻，鞏固了太行、冀南、冀魯豫等根據地。戰役結束後，中共中央及時命令八路軍停止追擊朱懷冰殘部，主動後撤，並提出休戰。

國民黨頑固派在遭遇重大打擊後，一面在太行南部繼續集結九個軍的兵力，由龐炳勳指揮，準備新的進攻；一面讓衛立煌出面同朱德談判，表示願意談判解決爭端。爲了避免新的摩擦，爭取國民黨官兵的多數繼續抗戰，晉東南八路軍做了必要的讓步，自動退出陵川、林縣、長治、壺關、晉城、陽城、高平及豫北一帶大片地區。雙方議定，以漳河爲界，其南爲國民黨軍駐地，其北爲八路軍駐地，各軍各守防地，分區抗日。

在頑固派執行國民黨五屆六中全會「軍事限共」反動方針，把槍口對準中共中央和八路軍總部所在地時，正面戰場的中國軍隊正發動聲勢浩大的冬季攻勢。由於國民黨軍政當局把相當一部份兵力投入限共、反共第一線，冬季攻勢在華北並沒有達到預期的目標。

國民黨「防共、限共」的反動方針導致的一個惡果是冀察戰區名存實亡。石友三部、朱懷冰部、張蔭梧部都在反共軍事挑釁中遭受重大損失。一九四〇年底，重慶當局、第一戰區司令部利用石友三與其部下高樹勳的矛盾，將其捕殺。

國民黨頑固派對華北八路軍的進攻失敗後，又將反共摩擦的重點逐漸轉向華中，製造了「皖南事變」。

面對國民黨的進攻，共產黨進行了反擊：粉碎了閻錫山的晉西「十二月事變」，討伐了石友三部，發動了磁、武、涉、林戰役，鞏固了根據地，打退了國民黨的第一次反共高潮。

在胡宗南率部進攻陝甘寧邊區的同時，閻錫山發動了進攻山西青年抗敵決死隊以瓦解山西犧盟會的「十二月事變」。

全面抗戰爆發前後，犧盟會（中共領導的山西抗日民族統一戰線的組織形式）開始籌建新軍。最初只成立了一個團，閻錫山命名為「山西青年抗敵決死隊」，後來逐漸擴充到四個縱隊。日寇進犯山西，大同、平型關、雁門關相繼失守，山西的舊行政官吏聞風而逃，犧盟會又逐漸掌握了一部份政權。隨著淪陷區不斷擴大，閻錫山不得不依託堅強站在敵前敵後的犧盟會中堅幹部分區領導地方行政，於是建立了七個新的行政專員區，委任薄一波等人為專員。

忻口、太原又相繼淪陷，晉綏軍難敵日軍進攻，大部潰散。新成立的七個專區動員民眾收容潰軍，決死隊發展到二十多團，共四萬人。閻錫山與外界相處的原則，向來都以不危及他統治山西爲前提。因此，當他看到中共抗日力量在山西蓬勃發展起來後，又企圖瓦解和消滅新軍及共產黨在山西的力量。

一九三八年五月底，臨汾失陷，閻錫山退往呂梁山西南角，在宜川和吉縣間機動。舊軍政力量日顯頹敗，而新軍和新的犧盟會政權卻日益壯大，閻錫山大感不安。一九三八年七月，閻錫山在吉縣召開的秘密高級幹部會議上說：抗戰以來，晉綏軍「抗光了」，唯獨八路軍不但不減少，反而增加，再加上犧盟會、決死隊和共產黨、八路軍合作，今後還有晉綏軍立足之地嗎？從此以後，山西形勢開始逆轉。閻錫山表示對日本侵略軍再不能打下去了，不能再讓共產黨力量壯大起來。

武漢失守後，閻錫山害怕共產黨的壯大會危及自己的統治，於是日益公開地與日本勾結起來，陰謀消滅抗日進步勢力。

▶▶閻錫山

閻錫山，字百川，號龍池，漢族，山西五台縣河邊村人，日本陸軍士官學校第六期畢業生，出任山西陸軍小學教官、監督。並應考中舉。任山西陸軍第二標教官。同盟會員，組織與領導了太原辛亥起義。民國時期，歷任山西省都督、督軍、省長、北方國民革命軍總司令、國民黨中央政治委員、軍事委員會副委員長、太原綏靖公署主任、第二戰區司令長官、山西省政府主席、國民政府行政院院長、國防部部長。一級上將。一九六〇年於台灣去世。

閻錫山的辦公室常備著三套照片。與日本代表打交道，他掛出日本天皇的照片；國民黨系統的人來了，他掛出孫中山或蔣介石的照片；與共產黨代表談判，他又掛出毛澤東的照片。他提出過「守土抗戰」、「民族革命」的口號，但他又說「抗戰只是手段」，我「不能抬著棺材抗日」。面對中共和民眾力量的發展壯大和日本人的示好，已血本無幾的閻錫山決定轉向，尋求新的平衡。他不想直接把矛頭指向共產黨和八路軍，於是選擇了犧盟會和新軍決死隊，因爲兩者在名義上都隸屬於山西地方政權。

國民黨五屆五中全會藉口統一軍令、政令制定了一系列防共、限共的密件，身爲第二戰區司令長官的閻錫山大受啓發，也決定在山西統一軍令和政令，瓦解犧盟會，收編新軍。

一九三九年三月，閻錫山在宜川縣秋林鎮召開高幹會議，史稱「秋林會議」，將其意圖表明。時值歐戰爆發，納粹德國在歐洲橫衝直撞，打得英法聯軍無還手之力，侵華日軍也受到鼓動，氣焰重新囂張起來。九月中旬，華中日軍三路會攻長沙；華北日軍加強掃蕩，其中，在山西方面，日軍分三路向韓鈞領導的決死二縱隊防區進攻。就在日軍進攻抗日軍民之際，閻錫山以王靖國和陳長捷的名義派代表同日軍於十一月一日在臨汾舉行了試行「和平談判」，就共同反共、日軍確保閻系部隊在山西統治達成了初步諒解。十一月下旬，日軍突然撤離了決死二縱側面部份區域，而閻系第十九軍王靖國部、趙承綬騎兵軍、第六十一軍呂瑞英部，再加上新一旅和教導師立即進駐。如此一來，便將決死二縱隊和八路軍晉西支隊都置於日軍和閻軍的包圍圈內。

十二月一日，閻錫山以第二戰區司令長官的名義，電令二縱隊立即集結部隊，務必於十二月五日向同蒲線大舉進擊日軍。意圖在二縱隊執行命令時，閻軍、日軍同時發起進攻，包圍、夾擊二縱隊和八路軍晉西支隊。

決死二縱隊拒絕執行，而陳長捷第六十一軍等部於十二月三日、六日、七日相繼向決死二縱隊發動偷襲。閻錫山還指使舊軍摧毀晉西各縣的抗日政權和抗日救亡團體，慘殺十七個縣的進步縣長，殺害犧盟會幹部和八路軍後方醫院傷病員，新軍被迫進行自衛反擊。

最先電告閻錫山，發表自衛聲明的是決死二縱隊隊長韓鈞和第七新行政區專員張文昂。響應的部隊是決死第二、第四兩縱隊和兩個政治保衛團，總共八十九個團，人數較多，每團約二千四百人。韓鈞、張文昂脫離舊軍，堅持主張抗戰到底的宣言和行動，使閻錫山對日動搖妥協的陰謀昭然若揭，閻錫山反誣「決死隊叛變」，這就是「晉西事變」的開端。國民黨方面也極力煽動和支持閻錫山的這次反共行動，誣稱新軍「十餘團叛變」。

決死二縱隊和八路軍晉西支隊經過二十餘天的苦戰，在八路軍第一二〇師新三五八旅的接應下，突破閻軍、日軍的包圍，於十二月二十八日轉抵晉西北。閻軍繼續反共進攻，迫害民主人士。新軍和八路軍領導機關於一九四〇年元旦發動了反摩擦戰役，賀龍、關向應率第一二〇師主力由冀中返回晉西北，八路軍第三八六旅和總部特務團進入太岳區，協同當地部隊，堅決消滅來犯者，遂將閻軍擊退，粉碎了「十二月事變」。

一九四〇年一月下旬，石友三主力第六十九軍及孫良誠等部共一萬餘人，集中於南宮一帶，高樹勳部主力集結於關中地區，準備向八路軍進攻。根據中共中央軍委的指示，八路軍決定集中冀南、冀魯豫地區的十八個團、冀中地區七個團，在宋任窮、程子華的統一指揮下，從二月十一日開始，經過六天激戰，殲滅和擊潰石友三部五千餘人。石友三在日軍掩護下渡過漳河，逃往清豐一帶與高樹勳部及濮陽保安司令丁樹本匯合。同時，孫良誠部在遭到我軍打擊後也逃過衛河，在南樂地區與丁樹本會合。國民黨反共軍隊全被趕出冀南。石友三在遭到打擊後，繼續勾結日軍，企圖再犯冀南。三月初，八路軍集結部隊，對石友三總部發動總攻。五月底，石友三餘部向隴海路逃去。

一九四〇年二月中旬，國民黨頑固派軍隊在反共軍事進攻不利的形勢下，調集兵力，向太行、冀南等抗日根據地進行更大規模的進攻。冀西地區的國民黨軍第九十七軍軍長朱懷兵，率先南攻武安，襲擊第一二九師先遣支隊、青年縱隊，使該兩部傷亡一百餘人，被襲擊部隊撤出原駐地。八路軍總司令朱德、副總司令彭德懷致電國民黨當局，呼籲消除摩擦，團結對敵。國民黨頑固派置之不理，繼續進攻。第一二九師師長劉伯承、政治委員鄧小平奉命在磁縣、武安、涉縣和林縣地區對第九十七軍發動的進攻進行反擊。

三月五日凌晨，反擊開始。中央隊的青年縱隊自冶陶、警備旅自石泊鎮同時進攻廟莊、南坡、桃花山及前後牧牛池地區的第九十七軍補充團，經激戰，補充團大部被殲滅，餘部向牧牛池東南方向逃竄。挺進支隊由石泊鎮進攻前後何家、禪房、青陽山等地的第九十七軍新編第二十四師第七〇團，戰至中午，該團一部被殲滅，其餘向關防，南、北岔口撤退。夜晚，部隊繼續向第九十七軍第九十四師攻擊前進。第九十七軍主力在中央隊的打擊下，退集於南、北岔口，東、西花園，南、北賈壁地區。中央隊開始進攻的同時，右翼部隊在峪門口擊潰國民黨軍冀察游擊第二縱隊第四支隊，攻佔南王莊、齊家嶺，殲滅第九十七軍一部，以主力扼守齊家嶺，一部向甘泉、北王莊推進。

六日凌晨，中央隊主力和左翼隊合擊在南北岔口、東西花園、南北賈壁地區的第九十七軍主力。拂曉發起總攻，第九十七軍主力在南北夾擊和右翼隊的堵擊下遺棄輜重及後方機關，向林縣潰退。第一二九師戰役指揮部爲殲滅第九十七軍主力於林縣以北，除留左翼隊於漳河以北監視日軍外，急令中央隊、右翼隊晝夜南追。獨立游擊支隊進至林縣以南的臨淇、西平羅一帶，截擊南逃頑軍。七日，右翼隊於蘆家寨及東、西崗地區殲頑軍一部，並遲滯其南逃，爲中央隊合擊爭取了時間。八日拂曉前，中央隊在姚村以東截擊頑軍主力一部，經七小時激戰，殲其三千餘人。爾後，向孝子莊以東攻擊。青年縱隊於八日拂曉在漳河南側的大河村殲滅頑軍一部，爾後，向南卷、北卷以西攻擊。第九十七軍主力在八路軍各追擊部隊的合擊之中大部被殲，餘部經橫水南逃，在臨淇以北又被獨立游擊支隊截殲一部，所餘約二千人逃入修武境內。此役，共殲滅第九十七軍等部萬餘人。戰役結束後，中共中央命令八路軍停止追擊朱懷兵殘部，主動後撤，並提出休戰。

三月中旬，八路軍和國民黨軍第一戰區駐山西南部地區的部隊，達成了停止武裝衝突的協定，以臨汾至屯留公路和長治、平順、磁縣之線爲界，該線以南爲國民黨軍駐區，以北爲八路軍駐區。至此，國民黨頑固派發動的第一次反共高潮被打退。

二、皖南事變，親痛仇快

第一次反共摩擦失敗後，國民黨將槍口轉向華中，活躍在長江兩岸的新四軍成為首要打擊對象。一九四〇年三月，李品仙、韓德勤不思抗日大業，反而聯合起來，進犯中共皖東根據地。

國民黨頑固派在華北製造的反共摩擦事件失敗後，便將其反共重點由華北轉移到華中，將其打擊矛頭由堅持華北抗戰的八路軍身上，移到活躍在大江南北的新四軍身上。

這有三方面的原因：第一，華中新四軍力量比華北八路軍薄弱。當時華北八路軍有五萬人，而華中新四軍只有兩萬人。第二，國民黨在華中的軍事部署較強。既有顧祝同、湯恩伯、韓德勤等幾十萬嫡系部隊，又有名目繁多的雜牌軍，這不僅大大超過新四軍的力量，而且也大大超過國民黨在華北的軍事力量。第三，華中戰略地位重要。它北枕隴海路，南跨長江三角洲，西起漢水，東瀕黃海，轄蘇、皖兩省的全部，鄂、豫、贛三省的一部，面積約五十萬平方公里，人口稠密，物產富饒，交通發達，有上海、南京、杭州、武漢、徐州等大城市，是連接華北、華南、西南的樞紐。這是國民黨統治最基本的地區，也是第一次反共高潮失敗後，國民黨與中共爭奪的主要地區。

一九四〇年初，蔣介石密令顧祝同、韓德勤、李品仙等部，在華中地區加緊反共，企圖截斷華中新四軍與華北八路軍的聯繫，阻止新四軍在江北的發展。於是同年三月，發生了李品仙、韓德勤聯合進犯皖東根據地的事件。

全面抗戰爆發後，李品仙被任命為第十一集團軍總司令，後又升任第五戰區副司令長官，協助李宗仁指揮第五戰區作戰。一九三九年十月，安徽省主席、第三十一集團軍總司令廖磊因病去世，國民政府行政院決定由李品仙繼任，主持皖省軍政。行前，蔣介石委以全權。李品仙於一九四〇年一月初到任後，果然一反廖磊同中共、新四軍協商合作的方式，大力推行防共措施，積極部署兵力，調動軍隊向東進攻新四軍張雲逸、羅炳輝部，向西進攻豫鄂邊區的新四軍李先念部，企圖挑起大規模武裝摩擦事件。

▶▶韓德勤

韓德勤，一八九一年生，江蘇泗陽人。全面抗戰爆發後，韓德勤任魯蘇戰區副總司令，江蘇省主席，主政蘇北。他在江西曾率部圍剿過工農紅軍，被紅軍活捉。一九八八年卒於台北。

一九三九年，日寇已在蘇北佔領十七座縣城，蘇北人民陷入水深火熱中，韓德勤和江蘇軍政當局卻龜縮到四周一片汪洋的水城興化，很少有積極的反攻或抵抗。一九三九年初，陳毅率新四軍一部渡江挺進蘇北開闢抗日根據地。北渡隊伍一是陶勇領導的蘇皖支隊，一是後來由管文蔚、葉飛率領的「挺進縱隊」。新四軍「挺進縱隊」首先解放了江中的揚中，接著挺進到江都大橋地區。韓德勤不思同新四軍合作抗日，反而視其爲敵。新四軍挺進到蘇北大橋地區以後，韓德勤一天之內對其部隊數次發下手諭：「日人不足爲慮，共匪爲心腹大患」、「一律嚴緝，以遇亂萌」。這也是蔣介石的態度。

蘇北人口眾多，物產富饒，南臨長江，靠近京滬杭三角地區，又接魯、豫、皖，是華北和華中聯繫的樞紐，也是新四軍和八路軍聯繫的樞紐，在華中佔據重要位置。蔣介石絕不能容忍新四軍和八路軍連成一片，所以從一開始就極力將新四軍壓制在皖南一隅。當陳毅率約兩個縱隊三千多人渡江北上，要在蘇北一帶開闢根據地時，國民黨在該地正好有十六萬人的兵力。韓德勤做爲魯蘇游擊戰區副總司令，抗日難建功勞，當然想在打壓共產黨新四軍方面取得成績討得蔣介石歡心。

一九四〇年三月，韓德勤和李品仙各派出有力部隊，在津浦路兩側東西夾攻駐皖東的新四軍江北部隊，直逼中共中央中原局和新四軍江北指揮部所在地定遠縣大橋地區，叫囂要把江北新四軍趕進長江。江北新四軍在中共中原局書記劉少奇和江北指揮部張雲逸領導下奮起自衛反擊，取得了皖東自衛戰的勝利。

為了徹底消滅江北新四軍，在派部隊進攻皖東新四軍的同時，李品仙撕毀廖磊原來與葉挺、張雲逸談判達成的協議，於三月十一日派部進駐皖中無為縣，斷絕江北新四軍與皖南軍部的聯繫。

三月二十日，李品仙部在無為江岸無理扣押從皖南送往江北的新四軍軍餉七萬元，以及奉調去皖東工作的新四軍幹部二十餘人。經葉挺、項英、張雲逸多次向蔣介石、李宗仁、李品仙的嚴正抗議和交涉，最後除張雲逸的夫人和孩子獲釋外，其餘新四軍第三支隊政治部主任曾昭銘以下幹部悉數被害。四月二十一日，李部四千餘人又向駐無為的新四軍江北游擊縱隊發起突然襲擊，雙方激戰六小時。江北游擊縱隊因寡不敵眾，傷亡慘重，參謀長桂逢洲犧牲，部隊突圍到皖東地區。

蘇北的韓德勤頻頻襲擾皖東的新四軍「挺進縱隊」。為擴大實力，韓德勤對雜牌軍李明揚、李長江部則採取拉攏政策。此外，韓德勤又暗中勾結日偽，造成日、偽、韓三面夾擊「挺進縱隊」的形勢。「挺進縱隊」不得不放棄當時駐地吳家橋，移駐到郭村。

五月，國民黨頑固派制定了三路包圍進攻新四軍的計畫：顧祝同、冷欣部進攻皖南、蘇南，韓德勤、李明揚部進攻皖東、蘇北，李品仙進攻皖中。面對這些軍事進攻，新四軍繼續進行自衛反擊。六月，江南新四軍在西塔山戰鬥中，重創了冷欣部隊，保衛了蘇南陣地。

國民黨正規軍冷欣部襲擊蘇南的同時，蘇北地方實力派李明揚、李長江在韓德勤唆使下，也調集四個縱隊兵力，在一個保安旅的配合下，分十路圍攻郭村的新四軍。李長江驕橫地表示：新四軍「是天兵天將，也不過千把人；我們魯蘇皖游擊總指揮部是豆腐渣也有十七、八大堆，也要脹破老母豬的肚皮。」六月下旬，「挺進縱隊」在葉飛等人的指揮下展開郭村保衛戰，重創李明揚、李長江的主力部隊，打開了東進的道路。

七月初，由蘇南渡江北移的新四軍另外兩個縱隊同「挺進縱隊」、蘇皖支隊在吳家橋地區會師，會師後的江北新四軍在陳毅、粟裕領導下揮戈東進。在此期間，李明揚、李長江在新四軍的爭取下，接受了重修舊好協力抗日的提議，答應借路讓新四軍東進，承諾若韓德勤繼續反共，他們保持中立。

聞訊江北新四軍會師，並揮戈東進，韓德勤勃然大怒，密令所屬各部「決將該匪軍就江都及兩泰各縣境及運河東西，……分別包圍而殲滅之」。沒想到南北夾擊的稅警總團和保安四旅很快就被擊潰了，江北新四軍進駐黃橋。九月，韓德勤調集主力第一一七師和保安一旅等部，協同稅警總團進攻黃橋，再遭慘敗，損失了兩個團的兵力。緊接著在運河線上的交通樞紐地姜墊，韓德勤指揮的保安旅又損失了兩個團。

爲了達到在蘇北合作抗日的目的，新四軍在九月底主動撤出了姜埝。行前，陳毅在姜埝各方代表和商民大會上，義正辭嚴地揭露了頑固派反共阻撓抗日的陰謀，最後明確地表明了新四軍的態度：「現在我軍既見逼於江南，又被脅於江北，竟不許中國的抗日人民軍隊在祖國土地上有抗戰自由的權利，那是不行的！……如若韓必欲置我黨我軍於死地，只有出於自衛一途。即是說我軍退到黃橋，決不再退！」

新四軍全部退出姜埝後，蘇北地區的形勢並沒有化干戈爲玉帛，而是越來越惡劣了，韓德勤認爲新四軍退出姜埝是害怕他擁有十幾萬人的反共力量。九月三十日，他孤注一擲，傾其全力，集五萬兵之眾，分三路縱隊從東、西、北三面圍攻黃橋的江北新四軍。然而，陳毅、粟裕集合江北新四軍七千多人抵抗頑固派進攻，一舉殲滅韓德勤主力一萬多人，奠定了蘇北抗日根據地發展的基礎。這個結果出乎國民黨所望，也出乎日本人意料。當新四軍同韓德勤部鏖戰之時，日寇一部也從泰興出發進至黃橋附近企圖收漁翁之利，但當時戰局已定，便沒敢輕舉妄動。李明揚等地方實力派也陳兵於泰州、姜堰一帶觀戰。這樣，一個戰場，四種力量並列，形成兩方苦戰，另兩方觀戰的奇局。

韓德勤秉承蔣介石的旨意，蓄意製造的蘇北戰爭以韓部大敗而告終。蘇北戰爭結束後，「蔣介石捏住鼻子沒有說話」，周恩來說，「但他是要報仇的。在蘇北戰爭結束後，王懋功就到顧祝同那裏去，佈置皖南事變。」

在新的國際形勢下，日本加緊對國民黨的政治誘降。國民黨掀起了第二次反共高潮。在皖南，國民黨軍隊基本圍殲了新四軍，並扣押了軍長葉挺，製造了震驚中外的「皖南事變」。

韓德勤部在黃橋圍攻新四軍不成，反而損兵一萬一千多人，至此，國民黨無力再在蘇北同新四軍較量。為報黃橋損兵之仇，國民黨準備在新四軍軍部所在地皖南大動干戈。

蔣介石準備消滅新四軍的意圖同當時國際形勢的變化也有很大關係。德國在較短的時間裏掃蕩了大半個歐洲。一九四〇年九月，德意日在柏林簽署了重新分割世界的宣言——《三國公約》。日本為了同英美爭奪太平洋地區的霸權，積極準備在東南亞和太平洋地區發動新的侵略。日本急於盡快結束中國戰爭，以鞏固其南進的後方。為此，日本對蔣介石加緊實行誘降政策。為了阻止日軍南進，英美暫時停止了在遠東的綏靖政策，開始加強對國民政府的援助。英國宣布開放被封閉了三個月的滇緬公路，美國以「中美鎢砂借款」再次貸給國民政府二千五百萬美元，蘇聯也繼續對中國國民黨當局進行軍事援助。日本的拉攏和美英蘇的利用，讓蔣介石和國民黨當局做出了錯誤的判斷。

他們認為趁此時機削弱共產黨的力量，把中國命運完全掌握在自己手中，既不會遭到英美的反對，又可取得日本的諒解，遂停止了自六月以來的國共談判，悍然掀起了第二次反共高潮，目標是消滅八路軍和新四軍，至少要將之全部趕進日軍掃蕩最頻繁的華北地區。

十月十九日（皓日），蔣介石指示國民政府軍事委員會參謀總長何應欽、副參謀總長白崇禧，致電朱德、彭德懷、葉挺，將國民黨頑固派在華北、華中發動反共摩擦的責任全推到共產黨頭上，指責八路軍、新四軍所屬部隊，「一，不守戰區範圍自由行動；二，不遵編制數量自由擴充；三，不服從中央命令破壞行政系統；四，不打敵人專事併吞友軍。」同時將國民黨「中央提示案」以最後決定的形式通知，限令八路軍、新四軍於一個月內全部移到黃河以北。這實際上就是要將新四軍以合法名義擠出華中這塊人力資源充足、經濟條件富裕、水陸交通發達的地區，將新四軍軍部擠出退可以進山，進可以向平原發展的地區，使新四軍在羽毛尚未完全豐滿之時，到黃河以北與敵之重兵作戰，以假日本人之手，大量消耗新四軍。

第三戰區司令長官顧祝同在接到「皓電」的第二天，就著手進行圍殲新四軍的部署。顧祝同首先對皖南國民黨軍做

▶▶顧祝同

顧祝同，字墨三，江蘇省安東（今漣水）人。保定軍校第六期畢業。曾任黃埔軍校教官、教導團營長，國民革命軍第一軍師長，素有「馭將之才」聲譽。先後參與東征、北伐、軍閥混戰，圍剿紅軍。抗戰期間，任第三戰區司令長官兼江蘇省主席，奉蔣介石密令，製造震驚中外的「皖南事變」。在黃埔嫡系將領中，顧祝同初為「八大金剛」之一，後又列名「五虎上將」，國民黨軍政高層「軍中聖人」。一九八七年卒於台灣。

了人事調配，當時皖南新四軍的所在位置，是在唐式遵第二十三集團軍的作戰範圍內。一九四〇年夏秋之間，顧祝同將有共產黨員嫌疑的二十三集團軍總部參謀處處長周某槍斃，又把同新四軍有些來往的第五十軍軍長郭勳祺調離部隊，從戰區長官部選派了自己的親信分任集團軍參謀長和第五十軍參謀長，又將自己保定六期的老同學上官雲相從贛東前線調至皖南，由他來負責指揮對皖南新四軍作戰。

上官雲相同顧祝同一樣，具有多年從事剿共的經驗。一九四〇年十月，上官雲相由贛東臨川移駐皖南寧國。

顧祝同在調整皖南中國軍隊指揮系統同時，還大力進行防共反共動員，積極調兵遣將圍堵新四軍。他在接到何、白「皓電」後，就指示第三戰區長官部參謀處長岳星明擬定調集兵力計畫。當時，新四軍在皖南地區約萬餘人的部隊，除正面抗擊蕪湖、繁昌一帶的日寇外，三面均受國民黨軍共四個師四萬多人防範、監視。顧祝同唯恐不夠用，又從別處抽調了五個師開往皖南，後來有三個師及一個團限期開到指定地圍殲新四軍。

十一月九日，中共中央以朱德、彭德懷、葉挺、項英的名義向國民黨和全國人民發表通電，一方面揭露國民黨的反共陰謀，拒絕開赴黃河以北；一方面表示，爲了顧全大局，願將皖南新四軍部隊開赴長江以北，但須寬限時日。

顧祝同借此竭力誣衊新四軍無意北撤，將要「南竄」。在此期間，新四軍曾兩度派政治部主任袁國平去上饒，要求確定渡江防線並盡快補給糧彈器材，以便早日完成渡江準備。顧祝同卻指示手下人員多方刁難，扣發新四軍的彈藥補給。

一九四〇年十一月中旬，上官雲相在宣城周王村會晤新四軍軍長葉挺，上官雲相將北移路線，由蘇南北渡改為由涇縣往北開，然後在蕪湖以西的獲港附近過江到無為，理由是這條線最近。但葉挺認為日軍已嚴密封鎖蕪湖一帶江面，大部隊無法偷渡，為安全計，仍堅持由蘇南北渡。上官雲相表示，皖南新四軍東開進入蘇南，在鎮江附近渡江也可以，但這僅限於非戰鬥部隊，至於新四軍之戰鬥部隊，仍要從駐地往北開，進入淪陷區。

與此同時，國民黨當局又做了圍殲新四軍的部署。十一月十四日，國民政府軍事委員會軍令部擬定了《剿滅黃河以南匪軍作戰計畫》，其主要內容是：以第三、第五戰區主力避免與日軍作戰，集中力量，分期迫使新四軍撤至黃河以北。第一步，以第三戰區司令長官顧祝同所部兵力，於一九四一年一月底以前肅清江南新四軍，然後再肅清黃河以南新四軍。十二月七日，蔣介石批准這一部署與計畫，下令各部隊遵照執行。

十二月九日，蔣介石公然發佈「展期限新四軍北移」的手令：「前令第十八集團軍及新四軍各部限期開到黃河以北作戰，茲再分別地區、寬展時期。凡在長江以南之新四軍，全部限本年十二月三十一日開到長江以北地區，明年一月三十日以前開到黃河以北地區作戰，現在黃河以南之第十八集團軍所有部隊，限本年十二月三十一日止開到黃河以北地區。希即遵照何、白參謀正副總長十月皓電所示之作戰地境內共同作戰，恪盡職守，毋得再誤！」

次日，蔣介石又密令顧祝同，令該戰區「對江南匪部，應按照前定計畫，妥為部署，並準備如發現江北匪僞竟敢進攻興化或至限期該軍仍不遵命北渡，應立即解決，勿再寬容。」

十二月二十九日，上官雲相根據蔣介石和顧祝同的旨意，在徽州主持召開秘密軍事會議，制定了圍殲新四軍的計畫。顧祝同又從浙東前線和浙西調來兩個師。會後，上官雲相召集了幾個主力師師長密談，面授機宜，並要求各部隊在一九四〇年底做好與新四軍作戰的各項準備，指示各軍、師長要絕對保守機密。

此時的皖南已屯集了國民黨軍八個師計八萬餘人的強大兵力，且並有第三十二和二十三兩個集團軍總部，在對日作戰緊張的一九四〇年，如此的兵力部署是極不平常的。國共關係到了極度緊張的時候。

十二月中下旬，中共中央連連致電項英，要求皖南部隊務須迅速渡江，並且做好應付突然事變的一切準備。可惜項英由於多種原因一再遲滯了隊伍的轉移，從而喪失了化險爲夷的有利時機。

一九四一年一月四日晚，葉挺、項英奉命率領新四軍軍部、一個教導團、一個特務團和第一支隊、第二支隊、第三支隊的兩個團，共九千餘人，由涇縣的雲嶺軍部所在地出發繞道北上。一月六日，到達涇縣茂林地區時，突然遭到顧祝同、上官雲相等事先佈置好的國民黨軍的包圍和襲擊。計有新七師、第四十師、第十六師、第五十二師、第七十九師、第一〇二師、第八十三師、第一四五師和臨時從蘇南調來的第六十五師，從太平調來的川軍第一四四師，以及從銅陵、繁昌調來的原爲江防之用的兩個炮兵旅，共八萬餘人。

新四軍被圍後倉促應戰，被迫自衛。廣大指戰員雖經七晝夜浴血奮戰，但終因彈盡糧絕，除約兩千餘人突圍外，一部被俘，大部壯烈犧牲。軍長葉挺和新四軍政治部敵工部長林植夫、政治部秘書黃誠及一部份隨員、衛隊，依約與上官雲相談判時被扣，副軍長項英和參謀長周子昆突圍後被叛徒劉厚總殺害，政治部主任袁國平在戰鬥中犧牲。這就是震驚中外的「皖南事變」。這一事變是國民黨反動派第二次反共高潮的最高峰。

「皖南事變」後，中共立即重建了新四軍軍部。基於國內外的輿論壓力，蔣介石被迫妥協，國共重新開始了終止半年多的談判。經過「皖南事變」，中共在國內的地位進一步提高。

在「皖南事變」中，上官雲相全權負責指揮，在戰鬥最緊張的幾天，使出渾身解數，精心指揮部隊在不到十天的時間內，基本圍殲了皖南新四軍，使蔣介石欣喜若狂，立即嘉獎各「有功」部隊和人員。上官雲相「戰功卓著」，其第三十二集團軍獎法幣五萬元，第二十五軍獎法幣五萬元。第四十師師長方日英，相繼晉升爲副軍長、軍長；第五十二師師長劉秉哲扣押下山談判的葉挺有功，也晉升爲軍長；其他團長、副團長晉升師長、副師長者大有人在，其他戰鬥部隊，則一一准予獎賞。

嚴格說來，「皖南事變」不是一場戰爭，而是蔣介石、顧祝同、上官雲相等背信棄義，密佈陷阱，消滅異己的活動。事變發生後，國民黨封鎖消息，妄圖掩蓋事實真相。可是近萬條人命豈是幾句敷衍的話所能了事的。國民黨軍事當局知道事實真相終難長久掩蓋，於是在一月十七日晚召開軍事委員會會議，做出了撤銷新四軍番號的決議，並發出通令：宣布新四軍為「叛軍」，撤銷其番號，將葉挺革職並交付軍法審判。

「皖南事變」的發生在中共中央的預料之內，其結果卻遠遠出於中共中央意料。新四軍軍部在皖南全軍覆沒，使毛澤東和中共中央其他負責人極為憤怒。共產黨對蔣介石製造「皖南事變」的陰謀和暴行進行了針鋒相對的鬥爭。「皖南事變」爆發後，周恩來接到新四軍在皖南突圍的急電後，立即向國民黨提出抗議，要求國民黨撤軍，想辦法營救新四軍。《新華日報》報導「皖南事變」消息，受到國民黨新聞機關的蠻橫扣壓，在一月十八日的報上開了「天窗」，周恩來在「天窗」上題詞：「為江南死難者致哀！」「千古奇冤，江南一葉；同室操戈，相煎何急！」一月二十日，中共中央軍事委員會發佈了重整新四軍軍部的命令，任命陳毅為代理軍長，劉少奇為政治委員。

一月二十二日，中共中央軍委發言人發表了嚴正駁斥國民黨軍事委員會的談話，指出國民黨在日本軍事壓迫和政治誘降下的反共投降全部計畫。並提出中共關於解決「皖南事變」的十二條辦法：第一，懸崖勒馬，停止挑釁；第二，取消一月十七日的反動命令，並宣布自己的錯誤；第三，嚴懲皖南事變的主要指揮何應欽、顧祝同、上官雲相；第四，恢復葉挺自由，繼

葉挺

葉挺，原名葉洵，字希夷，祖籍廣東省興寧市合水鎮。中國人民解放軍的創始人和新四軍重要領導人之一，是聞名國內外的軍事家。先後畢業於廣東陸軍小學堂、武昌陸軍第二預備學校和保定陸軍軍官學校；一九一九年初在粵軍中任支隊副官，同年加入中國國民黨。曾任國民革命軍第四軍獨立團團長，率師北伐，所向披靡，贏得「鐵軍」美名；後參加南昌起義、廣州暴動，成為中國人民解放軍創始人之一。抗戰爆發後，葉挺出任新四軍軍長，指揮三載皖南抗戰，不幸在「皖南事變」中被俘。抗戰勝利後，葉挺獲救出獄後，被中國共產黨重新接納為黨員，在返回延安途中，因飛機失事而不幸遇難。

續擔任新四軍軍長；第五，交還皖南新四軍部隊的槍支；第六，撫恤新四軍傷亡將士；第七，撤銷華中的「剿共」軍；第八，平毀西北的封鎖線；第九，釋放一切被捕的愛國政治犯；第十，廢除一黨專政，實行民主政治；第十一，實行三民主義，服從《總理遺囑》；第十二，逮捕各親日派首領，交付國法審判。中共中央軍委的發言表現了共產黨堅持團結抗戰的決心。

一月二十三日，新四軍通電陳毅等就職，呼籲全國人民「拒絕內戰，一致對敵」。接著，新四軍軍部在蘇北鹽城正式成立。重建後的新四軍軍部根據中央軍委指示，完成了對部隊的整編：長江南北部隊統一編爲七個師。第一師，師長粟裕、政委劉炎，主要活動區域爲蘇中；第二師師長張雲逸、政委鄭位三，主要活動區域爲皖東；第三師師長兼政委黃克誠，主要活動區域爲蘇北；第四師，師長彭雪楓、政委鄧子恢，主要活動區域爲皖東北及津浦路以西地區；第五師，師長兼政委李先念，主要活動區域爲鄂豫邊區、鄂豫皖、鄂中；第六師師長譚震林，主要活動區域爲蘇南；第七師，師長張鼎丞、政委曾希聖，主要活動區域爲皖中。新四軍軍部的重建和對部隊的整編，開始了新四軍和華中抗日根據地發展的新階段。

「皖南事變」的真相被披露後，國內外輿論均對國民黨進行指責，對共產黨抱以同情和支持。淪陷區上海各人民團體發表通電，呼籲停止內戰。在香港的進步人士宋慶齡、何香凝、彭澤民等，致電蔣介石和國民黨中央，要求撤銷剿共部署，保護抗日力量和抗日黨派。香港的許多大學教授聯名致電蔣介石，呼籲停止內戰，加強團結。海外華僑也紛紛發表通電、文章，反對民族分裂，反對反共內戰。在國際上，蘇聯提出，如果蔣介石不停止反共，蘇聯將不再支援國民黨政府的武裝、貿易和軍事人員。出乎蔣介石意料的是，英、美等國也不贊成國共分裂、中國內戰。國際上主張民主、正義、進步的輿論，包括蘇、美、英各國政府都主張國共兩黨繼續合作抗戰，反對國民黨的反共內戰政策。美國政府通過居里正式向蔣介石表示，美國在國共關係未解決前，無法大量援華，中美間的經濟、財政等各種問題不會有任何進展。

蔣介石在「皖南事變」前，本想通過反共，以強大的軍事、政治壓力，壓迫共產黨及抗日武裝力量就範，並幻想借此獲得英美政府的支持。但結果，中共採取的強硬態度，得到國內外的同情和支持，蔣介石不得不轉向妥協。

在內外責難接踵而至的處境下，蔣介石力圖縮小事件的影響範圍。一月二十七日，蔣介石在國民黨中央紀念周上發表講話稱，制裁新四軍完全爲整肅軍紀，不牽涉到政治。

正當蔣介石等製造同室操戈、豆萁相煎的民族悲劇的時候，日軍集中了五個師團以上的兵力，於一月下旬分數路包圍湯恩伯、何柱國、李仙洲、李品仙的軍隊於平漢路以東，開始發動豫南戰役。日軍的這一軍事行動打亂了蔣介石的反共部署，也給正在醞釀鬥爭策略轉變的中共以重大影響。隨著蔣用於包圍陝甘寧邊區中央軍的部份東調增援，華中地區國民黨軍隊處境困難，毛澤東進一步判斷，國民黨「剿共計畫已經根本打破了」，「內戰已可避免」，國共兩黨「已開始有了妥協的基礎」。

三月，國民參政會在重慶召開第二屆第一次會議，會前國民黨方面曾動員一些小黨派勸說中共參政員出席，企圖欺騙輿論，粉飾太平。中共參政員毛澤東、陳紹禹、秦邦憲、林祖涵（伯渠）、吳玉章、董必武、鄧穎超則向國民黨當局提出十二條善後辦法，做為出席參政會條件。

三月六日，蔣介石在國民參政會上發表的演說雖然仍大談其「軍令」、「政令」必須「統一」，但已不得不表示「以後決無剿共的軍事」。此後，國共兩黨又恢復了終止半年多的談判。

國民黨拒絕答覆中共的要求，三月八日，中共七位參政員重申不能出席參政會理由。對國民參政會的抵制，使國民黨陷於十分被動的地位。這時，救國會領袖鄒韜奮也因不滿國民黨的專制統治，憤然辭去參政員職務，會場也因此而變得異常冷清。

當天，蔣介石親自出面，做所謂「中央七參政員不出席參政會之說明」，再次表明國民黨國共和談的意願。至此，國民黨發動的第二次反共高潮，已被完全打退。

「皖南事變」是國共兩黨關係的重大轉折，毛澤東曾說：「這次戰鬥表現了國民黨地位的降低和共產黨地位的提高，形成了國共力量對比發生某種變化的關鍵。」蔣介石本想以「領袖」身分，對國共間的摩擦進行「仲裁」處理，但是「皖南事變」卻把他直接推到了被告的位子上。此後，中國共產黨以一個全國性的大黨身分，與國民黨當局開始了直接的對等談判，解決雙方之間的問題，共產黨在全國的政治地位進一步提高了。

三、胡宗南準備閃擊延安

「皖南事變」後國共兩黨的關係暫時得到緩和，到一九四三年，兩黨沒有發生重大摩擦。但是國共兩黨之間在一系列重大問題上仍然矛盾重重，為打破僵局，共產黨做了許多方面的努力。

「皖南事變」後，國民黨的第二次反共高潮被打退，國共兩黨關係也暫時緩和下來。中國共產黨爲了爭取民族團結、一致抗戰，進行了很多方面的努力，但是國共兩黨在一系列的重大原則問題上仍存在分岐。

一九四一年四月，朱德、葉劍英接見國民黨聯絡參謀，提出改善兩黨關係的辦法，包括停止逮捕共產黨員和繼續給予第十八軍經費及彈藥補充。五月八日，毛澤東撰寫的中共中央《關於打退第二次反共高潮的總結》的黨內指示，全面地提出了堅持統一戰線、爭取國內團結的正確方針。黨中央還指出，要利用蔣日之間的矛盾，對待國民黨反共頑固派，要堅持政治上的攻勢和軍事上的守勢。在全國和抗日根據地要對頑固派的反共行動發動強大的政治攻勢，同時，共產黨領導的一切武裝力量，包括新四軍在內，必須堅持嚴格的自衛原則，堅定地站在防禦戰的立場上，不主動向一切反共軍隊進攻，不在國民黨後方打反蔣游擊戰。

「皖南事變」後，新四軍已經被剝奪了合法地位，卻依然堅持在敵後活動，不向國統區發展。對國民黨可能發動的全國性的反共事變，共產黨進行了充分的政治、軍事組織準備，在堅持原則的同時，共產黨也在政治和軍事等方面做了一些讓步。此時，共產黨的基本方針是拉住蔣介石堅持抗戰，不使國共矛盾超過中日矛盾。

一九四一年是世界反法西斯戰爭非常關鍵的一年，國際關係發生了重大的變化，國共關係也因此受到影響。二屆一次國民參政會以後，國共兩黨的關係趨向緩和，到一九四三年夏，國民黨第三次反共高潮前的兩年多，儘管雙方有摩擦，國民黨也策畫過大的反共陰謀，但國共關係比較穩定，雙方的商談在不斷地進行著。

國共關係出現緩和局面主要有四個方面的因素：（一）蘇美英簽定三國協定，進一步加強相互之間的合作，更加關注中國戰事，不希望中國發生內戰，期望中國內部團結起來集中力量抗擊日本，並對蔣介石施壓，促使蔣介石改善同中共的關係；（二）日本企圖趁國民黨發動反共高潮之際，加緊正面進攻，爲打通大陸交通線，配合太平洋戰爭，迅速解決中國戰事，爲此發動了多次大規模的進攻，如豫南戰役、中條山戰役和第二次長沙戰役等。這是對蔣介石的當頭一棒，國民黨此時需要中共軍隊配合作戰；（三）國民黨自身在這個時候也面臨著嚴重的困難，特別是經濟上的困難，國統區物價飛漲，人民生活極爲艱難，經常發生農民騷動；（四）共產黨此時也經歷了各種嚴重困難，加上日軍在佔領區實行「以戰養戰」政策，對淪陷區進行瘋狂掠奪，對抗日根據地進行大規模掃蕩，使解放區範圍縮小，人口由一億人減爲五千萬人，第十八集團軍從五十四萬人減少到三十萬人，新四軍從十三萬人減爲十一萬人。

一九四一年五月進行的中條山戰役中，國民黨和共產黨的兩支軍隊進行了較好的配合。中共軍隊進行游擊戰，牽制日軍，掩護國民黨軍隊南撤。十二月，國民黨五屆九中全會指出：國共關係不外僵持、放任、斷然處置、和平解決四途，但僵持不可久，放任非常策，斷然處置又爲國內外形勢不許，則和平解決實爲正當途徑。

會後，蔣介石表示「對共產黨仍本寬大政策」，軍事方面，第十八集團軍完全國軍化，作戰區域在黃河以北，新四軍餘部重新建制，畫歸臨近戰區指揮，取消所有地主武裝。政治上，取消陝甘寧、晉察冀、蘇魯豫等邊區政府。中共取消「割據式」政府，交回「部落式」政府，則承認共產黨員的合法存在及其活動。毛澤東早在一九四一年九月一日會見國民黨駐延安聯絡參謀時，提出了恢復和改善兩黨關係的具體方案，即：中共決不推翻國民政府，決不越過疆界，國民黨承認共產黨在敵後有發展權利，並承認現有防地和邊區，敵後兩軍，雙方下令，停止攻擊；國民黨釋放葉挺，共產黨派董必武出席參政會；何應欽停止反共，中共停止反何，並重新往來，但何若再反共，共產黨必反何等。毛澤東的談話顯示了共產黨願意改善兩黨關係，加強國共合作，鞏固抗日民族統一戰線的願望，以及對國民黨反共活動所採取的堅決自衛的原則立場。

一九四二年七月七日，中共發表紀念抗戰五周年宣言，向國民黨提出按合理原則改善兩黨及一切抗日黨派間的關係，加強國內團結，商討解決過去兩黨間爭論的問題，爲兩黨的談判、協調關係創造條件。

一九四二年八月十四日，蔣介石約見周恩來，提出想同毛澤東談談。周恩來隨即電告毛澤東，並認爲毛見蔣的時機還不到，建議由林彪或朱德代毛見蔣。中共中央採納了周恩來的建議，派林彪到重慶與蔣介石會談。九月十四日林彪從延安出發，十月七日抵達重慶。蔣介石派張治中爲談判代表，會談進行了很多次，前後歷時八個月之久。

十月十三日，林彪在張治中陪同下會見蔣介石時提出：中共有幾十萬軍隊在敵後抗擊日軍，要求擴編軍隊、發給藥品等。蔣答應叫何應欽發給藥品。當林彪提及新四軍問題時，蔣立即拒絕提新四軍之事。爲改善國共兩黨關係，加強抗日統一戰線內部的團結，十二月十四日，林彪、周恩來與張治中談判時提出四項要求：「一、關於黨的問題。在《抗戰建國綱領》下取得合法地位，並實行三民主義，中央亦可在中共地區辦黨辦報。二、軍隊問題。希望編四軍十二師，請按中央軍待遇。三、陝北邊區。照原地區改為行政區，其他各地區另行改組，實行中央法令。四、作戰區域。原則上接受中央開往黃河以北之規定，但現在只能做準備佈置，戰事完備保證立即實施，如戰時情況可能（如總反攻時），亦可商承移動。」林、周並聲明，如果這四項可以談，林彪就可以留下繼續談，如果相距太遠，就請蔣提示具體方針，交林彪帶回延安商量。張治中認為這四項應該是可以接受的，而且覺得中共確已讓步，確實具有合作抗戰的誠意，因此，同意將此四項報告後作答。

十二月二十六日，蔣介石會見林彪，表示：中共是愛國的，是國家的人才，國家愛惜人才，不偏私，希望國共問題迅速地解決。但是在一九四三年一月九日林彪、周恩來與張治中談判時，張說蔣認為中共所提四項與國民黨中央及何、白「皓電」相距甚遠，解決問題須根據「皓電」的指示精神，正式談判須由何、白主持；承認中共合法和邊區政府無問題，第十八集團軍數量必須減少，並且必須遵照「皓電」限期開動。會談後，周恩來，林彪請示中央答覆，同意以「皓電」為基礎，由何、白主持談判，甚至提示具體問題可讓步到李先念部與山東于學忠部對調。三月二十八日，國共兩黨按國民黨提議開始談判，中共代表是周恩來和林彪，國民黨代表是何應欽。何堅持以一九四〇年的中央提示案為依據，並以中共無誠意為由，表示不能超過一九四〇年中央提示案與中共談判。

國民黨對兩黨談判原本就無誠意，提出由何、白主持談判及根據「皓電」精神等，故意為難中共，但是沒料到中共接受了國民黨的條件，於是只好從中作梗，使談判沒有結果。林彪到重慶談判的事實證明了：蔣介石約毛澤東會談並不是要真心解決兩黨關係問題，只是想緩和「皖南事變」後國內外輿論的壓力。一九四三年五月，共產國際宣布解散，國民黨趁機挑起反共摩擦，談判即告中斷。六月七日，周恩來、林彪面見蔣介石，表示談判無法進行，提出近期返回延安，蔣介石表示同意。二十八日，周、林一行離渝返延，談判以毫無結果告終。

一九四一年以後，國共兩黨雖然進行了很多次的談判，但是因爲國民黨並非真心要與共產黨合作，談判均無結果。國民黨所做的這些不過是爲了緩解國內外輿論的壓力罷了。

一九四三年五月，共產國際執委會提議解散共產國際，國民黨趁機發動第三次反共高潮。中共在做好迎戰的同時，發動「宣傳閃擊戰」，在國內外輿論的堅決抗議中，國民黨的第三次反共高潮被制止。

「皖南事變」發生後，國民黨防共、限共，破壞團結的反動政策遭到全國民眾的譴責，加上日本繼續侵略中國，美英盟國也不希望國共合作抗戰局面破裂，國民黨當局的反共行爲不得不有所收斂。一直到一九四三年，雙方再沒有發生大的武裝衝突。

一九四三年是世界反法西斯戰爭發生重大變化的一年。在歐洲戰場，以史達林格勒保衛戰的勝利爲轉捩點，法西斯力量節節敗退。英美聯軍佔領義大利南部，墨索里尼倒台，希特勒陷於孤立。太平洋戰場，日本繼中途島海戰失敗後，已完全喪失了戰略主動權，只是由於美英「先歐後亞」的全球戰略，日本才得以苟延殘喘。

在整個國際形勢發生根本轉變的情況下，國民黨當局喜憂交加。歐戰一旦結束，英、美就可以集中力量打擊日本，中國國民黨就可以在全國恢復統治。但此時中共領導的革命力量發展壯大，成爲國民黨在戰後恢復全國統治的心腹之患。於是，國民黨當局的反共熱情再度高漲，再次把目標選定在陝甘寧邊區，策畫進攻延安。第一步依然是大造反共輿論。

一九四三年一月，美英等國相繼放棄在華特權，廢除對華不平等條約，重訂新約。這是中國近代史上的一件大事，反映了中國人民的意願，符合國家民族的利益。但是，國民黨中央由此受到的鼓舞不是用以勵精圖治，而是借此排斥異己，要求民眾的絕對服從。一月十六日，國民黨中央公布了一份所謂五十年來的外交奮鬥史，宣稱只有國民黨才是領導中國抗日的唯一政黨，全國要絕對服從它的總裁蔣介石等等。國統區慶祝活動的中心內容大都如此。

在這種大背景下，蔣介石在三月拋出了陶希聖代筆的《中國之命運》一書。書中宣稱「中國從前的命運在外交……今後的命運則全在內政」。這裏所指的「內政」主要是指反共。《中國之命運》一書的根本宗旨在於說明三民主義是中國的靈魂，中國國民黨是中國的動脈，而馬克思主義及形形色色的西方思想均爲中國發展的障礙，中國的命運取決於中國人民是否服從中國國民黨及其領袖蔣介石的領導。在書中，蔣介石表示要在「二年之中」解決中國命運的問題。它的發表，是國民黨發動第三次大規模反共高潮的輿論準備和信號。

恰在此時，共產國際執委會從實際出發，於五月十五日做出解散共產國際組織的決定。國民黨趁機發動第三次反共高潮。在蔣介石授意下，戴笠制定了《對中共方案》，提出中國國民黨應把握此有利時機求中共問題之徹底解決。

國民黨在大造反共輿論的同時，也加緊進行進攻陝甘寧邊區的軍事部署。一九四三年二月，駐蘭州的第八戰區司令長官朱紹良，即以絕密件向副司令長官胡宗南，及該戰區所屬駐寧夏的馬鴻逵、駐青海的馬步芳下達蔣介石親自審定的《對陝北奸區作戰計畫》，指令有關部隊「於現在掩蔽，作攻勢防禦」，俟機「轉取攻勢」時，「先迅速收復囊形地帶」，進而「收復陝北地區」。胡宗南即按此計畫部署兵力。

五月中旬，胡宗南調整部署，開始大規模軍事行動前的準備。他將第五十三師由韓城河防線調往洛川。暫編騎兵二師則集結耀縣。第一六七師由河防開至邠縣，趕運糧彈補充宜川、中部、宜君一帶部隊，並調查邊區地形、工事、糧食、交通情形。胡宗南還將淳化、耀縣、栒邑、三原一帶的十個營編為警備師，並調動工兵、炮兵等一批特種部隊開至邊區南線。

五月二十三日，胡宗南向蔣介石呈報具體作戰計畫，準備分三期逐步進佔陝甘寧邊區：第一期以陶峙岳、范漢傑分任總司令，在關中、隴東兩地完成攻防準備，實行封鎖；第二期加強關中地區實力，「收復」囊形地帶；第三期保持重點於咸榆公路，請派空軍及二戰區協助，「收復」馬欄、關中、隴東全部。

不久，共產國際解散，蔣介石關於進攻陝甘寧邊區有了新的主意。他密電胡宗南：共產國際解散對共產黨是沉重打擊，應乘此良機，閃擊延安，一舉攻佔陝甘寧邊區，限六月底完成部署，行動絕對保密。當時內定由范漢傑第三十八集團軍迅速攻佔囊形地帶後，協同陶峙岳第三十七集團軍攻佔陝北地區。

爲避免過早暴露意圖，胡宗南密令各參戰部隊先派少量先遣人員，在大部隊發起進攻前兩日，即七月九日開到指定的前進位置。在此期間，邊區西線北達三邊，南至淳耀這一半月形地帶，國民黨製造的反共摩擦事件有增無減，隴東方面尤甚。

六月，國民黨軍事當局頻繁調動部隊，向洛川方向集結，情勢更加緊張。蔣介石對這次進攻寄予厚望，六月初派何應欽和白崇禧赴西安視察。六月九日，何應欽、白崇禧、胡宗南在耀縣舉行了軍事會議，研究作戰計畫。當時，由於范漢傑第三十八集團軍正値鎭壓甘肅民眾自發武裝不能抽身，蔣介石便令胡宗南抽調李延年第三十四集團軍所屬第一軍和第九十軍，負責攻佔囊行地帶。

六月十八日，胡宗南率第三十七集團軍總司令陶峙岳、第九十軍軍長李文及第六十一師師長鄧鍾梅、暫二十五師師長劉英、新三十七師師長徐堡等北上洛川，召開師級以上指揮官參加的軍事會議，決定調動抵禦日軍的部份河防軍隊，連同原有包圍陝甘寧邊區的部隊約五十萬人，準備分兵九路進攻陝甘寧邊區奪取延安。

會後，在很短的時間裏，有二十多個師趕赴固原、平涼、長武、邠縣（今作彬縣）、旬邑、淳化、三原、耀縣、宜君、洛川、宜川一線，密佈於邊區周圍。此外，還有大批軍隊待命出動。千里河防僅剩第一師、預一師、預三師、第一○九師、暫二十五師等五個師的兵力。七月二日，陶峙岳也限令各軍於七月八日準備完畢，聽候胡宗南手令動作。此時，包圍陝甘寧邊區的國民黨軍隊增至六十萬人。國民黨軍事當局還在與邊區接壤地區，新建飛機場、油彈儲備庫等。

到七月初，國民黨「閃擊延安」的反共軍事部署全部就緒。無論是將河防部隊大部撤出陳置於邊區周圍，還是輜重部隊的配屬、兵站的開設、通訊聯絡的調整、部隊必需品的調補、戰前教育的實施，都表明這一次反共軍事行動是空前的。

七月四日，國民黨軍隊一個營攻打鄜縣（今富縣）峪口村，開始試探性地挑釁進攻。七月七日夜，國民黨第一六五師炮擊八路軍關中分區警戒陣地，落彈二十餘發。此時內戰危機，已是一觸即發。

爲了避免再次豆萁相煎，中共中央根據粉碎國民黨第一、二次反共高潮的經驗，繼續採取針鋒相對的鬥爭方針。一方面針對國民黨的反共活動展開了聲勢浩大的政治攻勢，向全國人民徹底揭露國民黨的反共反人民、破壞團結抗戰的陰謀，迫使國民黨停止正在掀起的反共高潮，爭取避免全國性內戰；另一方面，動員解放區軍民提高警惕，積極備戰，增強戰鬥力，隨時準備粉碎國民黨反動派的軍事進攻。

《解放日報》連續發表文章，質問國民黨，揭露其反共陰謀，批判其破壞團結發動內戰的反共方針。七月四日和六日，朱德分別向胡宗南、蔣介石發出抗議電，揭穿其發動軍事進攻的陰謀，呼籲團結，要求制止內戰。延安、晉冀魯豫、晉察冀等各抗日根據地，紛紛開展了聲勢浩大的反內戰、保衛陝甘寧邊區的群眾運動。這一次，中共主動爭取了國際輿論的支持。中央電令國統區各辦事處將國民黨軍隊大舉包圍陝甘寧邊區、內戰一觸即發的消息迅速傳播到西安、重慶、成都、桂林、昆明等城市，並通過不同管道傳遞給美、英、蘇等國使館和報紙。

七月七日，在國民黨中央宣傳部長張道藩舉行的記者招待會上，外國記者紛紛起而質問張道藩。英美蘇各國大使亦緊急開會，研究中國時局。他們擔心一旦國共合作破裂，日軍將從中國脫身，直接影響到美軍在太平洋的作戰，因而警告蔣不得發動內戰，否則停止援助。

在國內外的一片反對聲中，蔣介石被迫於一九四三年七月十日指示胡宗南停止行動，十一月，蔣介石、胡宗南致電朱德，表示並無進攻陝甘寧邊區之意。十二月，胡宗南下令其第一軍軍部由邰州撤回華陰，九十軍軍部及第二十八師由洛川一帶開回韓城、華陰。這樣國民黨的這次反共摩擦，在還沒有發展成大規模的武裝進攻時就被制止了。

國民黨爲消滅共產黨而掀起的三次反共高潮，先後在國內外輿論的反對聲中不得不被迫終止。

第七章 中國遠征軍在緬甸

一、中英協商衛緬甸

日軍佔領海南島後，開始向東南亞進軍，進行其所謂的建設「大東亞共榮圈」。當時，滇緬路成為中國唯一的國際通道。為保證滇緬路的安全，經中、英協商，國民政府開始部署，準備入緬抗日。

緬甸是亞洲中南半島面積最大的國家，自十九世紀八〇年代起淪爲英國的殖民地。緬甸東北與中國雲南省相鄰，西北同英屬印度交界，東南與泰國和法屬印度支那接壤，西南瀕臨孟加拉灣和安達曼海。緬甸南北最長距離約爲一千九百二十公里，東西最長寬約九百六十公里。地勢北高南低，除南部瀕臨印度洋的部份地帶外，東部、北部及西部國境都是山嶽和高原，中央部份爲平原。三條主要河流南北貫通全境，即伊落瓦底江、薩爾溫江及兩江之間的錫當河，其中前兩條河流都發源於中國雲南省。

全面抗戰爆發後，中國的政治、軍事中心西移，西南諸省成爲全民持久抗戰的大後方。緬甸是出入中國西南的門戶，在中國政府的持久抗戰戰略中有著比較重要的戰略地位。但由於國民政府同英國的密切關係，緬甸並未成爲需要費心的問題。國民政府同英國協商，修築了滇緬公路以便獲取國際援助物資。

緬甸按山川河流及政治經濟情況分爲兩部份：曼德勒以北爲上緬甸，曼德勒爲上緬甸的政治中心，握交通之樞紐，扼水陸之總匯，爲歷史上兵家必爭之地。以南爲下緬甸，下緬甸以仰光爲咽喉，爲新興的商港，有現代化的港口設備。上、下緬甸有鐵路和公路南北貫通。滇緬公路就充分利用仰光至曼德勒的鐵路和曼德勒至臘戍的公路。它東起中國昆明，西到緬甸境內的臘戍，全長一千一百四十六公里，其中中國境內九百五十九點四公里。

公路沿線通過橫斷山脈縱谷區，跨怒江、瀾滄江，山高谷深，水流湍急，路線高差達一千三百多米，地形氣候非常複雜。但是，數萬中國民工和技術人員只用九個月時間便修通全路，得到國外輿論界和專家的高度評價和讚揚。一九三八年十二月一日，滇緬公路正式通車，對中國政府維持大後方經濟、穩定戰場的形勢、重整軍備、堅持抗戰都起到了重要的作用。

全面抗戰開始後，國民黨兵員和裝備損失較大，僅前兩年死傷就達一百零八萬人，飛機、坦克、大炮也損失大半。要維持抗戰的局面，除了當時政治、經濟、軍事等多種因素，沿著國際運輸線輸入大量必需物資，也是重要的因素。滇緬公路的開通，化解了日軍攻陷武漢、廣州從而切斷華南補給線帶來的物資匱乏的困境。

不過到一九三九年春日軍攻佔海南島之後，形勢發生了變化。佔領海南島後，日軍日益暴露出進佔越南、泰國和緬甸的企圖。不僅中越鐵路和滇緬公路兩條國際交通線受到日益嚴重的威脅，西南大後方的安全隱患也越來越大。日軍如攻佔了緬甸，回師北向可以攻擊滇西，不僅威脅昆明，四川也無法安穩。滇緬路的防禦以至整個緬甸的防禦開始牽動中國當局的心。但是，那裏畢竟是英國的勢力範圍，而英國並沒有同日本宣戰，所以中國只能從加強中緬邊境的防務著手。

一九三九年九月，歐戰爆發，雖然日本因中日戰爭前景黯淡而被迫宣布「帝國不介入，專注於中國事變」，但其稱霸亞洲的野心並沒有絲毫減弱。日軍在發動對桂南和長沙的攻勢時，時刻關注著歐戰變化以及東南亞殖民地勢力的消長。

一九三九年十一月，蔣介石致電雲南省軍政首領龍雲，要求他從速加強雲南邊境的防務。到一九四〇年，蔣介石雖然估計美日矛盾會隨日軍南進加深，形勢將對中國有利，卻也未對日軍繼續包抄進攻西南大後方的可能性掉以輕心。五月三十日，蔣介石致電何應欽、龍雲等，督令向滇邊集結兵力，對日本從越南進攻雲南要「有備無患」。一九四〇年夏，日本外相發表建

▶▶龍雲（左）與蔣介石

龍雲，一八八四年生，雲南昭陽人，彝族，字志丹。著名抗日將領。抗日戰爭期間，任國民黨第一集團軍總司令，軍事委員會會長，昆明行營主任兼陸軍副總司令，前後共派遣二十萬滇軍奔赴抗戰前線，參加了台兒莊戰役等二十多次戰役。為抗戰做出了重大貢獻。後與蔣介石矛盾日益尖銳，於一九四八年加入中國國民黨革命委員會，一九六二年卒於北京。

立所謂的「大東亞共榮圈」的演說，入侵東南亞的企圖暴露無遺。

讓蔣介石和國民政府當局最爲憂心的不是日軍的進攻，而是友邦英國在日本面前的軟弱、妥協和退讓。

英國是世界上最早的殖民主義國家，也是最大的殖民地擁有者。它在亞洲擁有新加坡、馬來西亞、緬甸、印度等諸多殖民地，在中國大陸也擁有極大的殖民利益。但到了二十世紀三〇年代，英國已經明顯由盛轉衰，在二戰初期，它幻想以對法西斯國家的綏靖政策來彌補軍事力量的不足，以求自保。

英國的綏靖政策在歐洲首遭惡果。一九四〇夏，德軍在吞併一系列小國後進攻法國。六月四日，英法聯軍在敦克爾克丟盔棄甲大潰退，德軍兵鋒直指英倫三島，全國上下人心惶惶。可是，新上台的邱吉爾政府繼續在亞洲對日本採取綏靖政策。英國沒有在緬甸積極佈防，反而幻想繼續用兩面手法敷衍日本，以保全它在遠東殖民地的大後方，這在滇緬路問題上表現尤爲明顯。

滇緬路修成以後，中國政府全力以赴經營滇緬路，日本則千方百計企圖切斷中國這一重要的對外聯繫通道。日本空軍多次由河內等地出動飛機轟炸滇緬路怒江上的惠通橋、湄公河上的功果橋等咽喉要道，但由於滇緬路穿越於滇西、緬北的高山深谷之間，並有滇西民眾和該路職工的維持搶修，日機的轟炸收效甚微。

一九四〇年六月十四日，法國敗降之後，日本乘機脅迫英國關閉滇緬路，英國政府竟與日本簽訂了封路協定，規定七月十六日起，三個月內禁止武器彈藥及鐵路材料通過緬甸轉道中國。隨即，日本派出渡邊三郎大佐等五名陸軍軍官和大野善隆海軍大佐到達仰光，監督封鎖滇緬公路。

滇緬路被封鎖，中越線直接在日軍威脅之下，僅有的兩條國際通道都陷入癱瘓狀態，中國的抗戰進入更加艱難的階段。英國的軟弱讓國民黨當局更加擔憂後方的安全，蔣介石於八月下旬再次致電何應欽和龍雲，要他們從速向雲南附近集結兵力。九月，日軍進佔越南，中越交通線徹底被切斷，中國軍隊向滇邊集結的步伐大幅度加快。在滇黔邊境有杜聿明第五軍、甘麗初第六軍計六個師及附屬機械化部隊，滇川邊境第七十一軍鍾彬部及新編第二十九師共三個師，滇康邊境有第七十一軍一個師，滇桂邊境有第五十四軍黃維部三個師，川黔境內還有第二軍王凌雲部三個師及稅警總團孫立人部、新編第二十八師劉伯龍部。這些部隊在滇邊集結後，由於蔣介石同龍雲之間矛盾，並沒有很快進駐雲南。

英國企圖以犧牲中國為代價，阻止日本攫取英國在亞洲的殖民地。但這僅僅是一廂情願，日本並不顧及英國的苦心，反而利用英國的畏戰心理得寸進尺。九月，日軍侵入越南，接著又同泰國簽訂「友好條約」，日本擴張的步伐已滲透到英國在南亞的所有殖民地。在緬甸，日本派出大批間諜，利用緬甸民族的反英情緒以動搖英國的殖民統治。日本爭奪英美亞洲殖民地的跡象日趨明朗，這時英國才感到「綏靖政策之在東亞，亦不能收到理想之效果」。一九四〇年十月，在美國遠東政策變化的影響下，英國在封路三個月後又重開滇緬路。

中越交通線隨日軍侵佔越南而全部喪失。英美等國的援華物資除通過有限的中印航空線運輸外，幾乎都通過重開的滇緬線運往內地，中國的農礦產品和工業原料，也通過這條公路出口換取外匯或以貨易貨，用以維持國統區的軍需民用。當時在滇緬公路採訪的記者寫道：「中國對日抗戰以後，沿海口岸受著敵人封鎖，國際交通線端賴滇越鐵道、滇緬公路和西北通蘇聯的公路維持，及至法國戰敗於歐洲，蘇聯受制於德國，中國通越南一線，又受著日寇的堵塞，西北一線又萬里迢迢，剩下最能利用的一條國際交通線，就只有滇緬公路，近兩年來，滇緬路已經成了中國抗戰唯一的輸血管。」

正因爲滇緬路成爲中國最重要的國際通道，而受到中日雙方的高度重視。「緬甸這一地名給日本造成深刻的印象，恐怕是以它做爲援蔣路線之一，突然引起世人注目的時候開始的。」而中國軍隊隨後入緬抗日，也正是從保衛滇緬交通線展開的。

日軍入侵越南之後，開始威脅英國在東南亞的其他殖民地，中英兩國在危難面前，開始協防，走向同盟。經歷了曲折的交涉過程後，一九四一年十二月二十六日簽訂了《中英共同防禦滇緬路協定》。

日軍侵入越南，加緊了對東南亞侵略的步伐，不僅嚴重威脅中國國際交通線滇緬公路和中國大後方的安全，且把侵略的矛頭直接指向緬甸、馬來西亞、新加坡等英國殖民地。不同的利益，共同的需要，使中英兩國在危難之際逐漸走向戰時同盟。

日軍侵佔越南、泰國時，英國剛經歷了敦克爾克大潰敗，德軍正大規模空襲英國本土。英國深感陷於腹背受敵的境地，迫切需要一個強有力的助手，以減輕自己在東線的壓力。而當時，中國的抗日戰爭箝制了一百多萬日軍，並使之深陷泥潭難以自拔。於是，英國一改原來對日妥協政策，於十月間重新開放封鎖已三個月的滇緬公路，主動與國民黨重慶政府握手言歡，改善關係。接著派出一批從敦克爾克撤退下來的英國官兵到中國學習游擊戰。一九四一年一月，英國政府任命鄧尼斯少將爲駐重慶陸軍武官，開始和中國醞釀中英軍事合作問題。爲了保持唯一的國際通道滇緬路的暢通，挫敗日軍轉道緬甸從西南合圍中國的企圖，中國政府也迫切希望與英國在軍事上合作。

一九四一年一月二日，英國駐重慶陸軍武官鄧尼斯少將邀請中國派軍事代表團前往緬甸、印度和馬來西亞進行軍事考察。重慶國民政府欣然同意，並組成了以商震爲團長，林蔚爲副團長的「中國緬印馬軍事考察團」，代表團包括陸海空各方面的人士杜聿明、侯騰、馮衍、唐保黃、劉方渠、周應聰、鄭康祺等，劉耀漢任秘書。

考察團於同年二月出發，對緬甸、印度、馬來西亞考察約三個月之久，搜集有關緬印馬經濟政治軍事材料，編成《中國緬印馬軍事考察團報告書》，洋洋三十餘萬言，其中最主要的是根據對緬甸、馬來西亞地形交通及估計日本會採取的戰略戰術而擬定的中、英、緬共同防禦計畫草案。

考察團認爲，日本同英國開戰以後，勢必先擊敗英軍進而侵佔馬來西亞、緬甸，同時可以封鎖中國，獲得一箭雙鵰的結果。因此考察團提出，中國軍隊的作戰目的應是將主力集結於緬泰邊境，以確保仰光海港。

然而，英國方面對此結論，除駐新加坡總督波普漢、駐華武官鄧尼斯等少數人之外，其他人均持相反態度。他們仍然幻想以大英帝國的招牌嚇唬日本，並斷言，日本要截斷滇緬路，肯定從中緬或中老（撾）邊境，而不會經過緬甸。由於英國始終防範著中國勢力進入它的殖民地緬甸，而且不願擔負中國遠征軍的後勤供應，因此英國最高當局斷然拒絕了中國軍隊盡快進入緬甸，協助英軍在毛淡棉、克耶邦等地構築堅強工事以捍衛仰光的主張。

一九四一年夏，英國韋維爾陸軍元帥以印度戰區總司令的身分到重慶活動時，蔣介石曾當面提出派遣部隊入緬和英國軍隊共同保衛緬甸，但韋維爾態度消極，強調中國軍隊以防守中緬、中老邊界為宜。蔣介石對此大為不滿。

儘管如此，中國方面仍然做了積極的調動和部署，為入緬抗日做準備。一九四一年下半年間，國民政府軍事委員會將正在貴州安順、盤縣整訓的第五軍調至雲南昆明擔任該地區的防務；將正在貴州興仁、興義整訓的第六軍調至雲南開遠附近，並令其第九十三師的第二七七團（劉觀隆支隊）進駐車里、佛里地區，對越、緬方向警戒。不久，又以新編第二十八師、新編第二十九師和稅警總團孫立人部為基礎，在雲南重新組建了第六十六軍，以張軫為軍長。軍事委員會準備將來令在雲南的這三支軍隊，計十餘萬人先期入緬作戰。

為解除龍雲對中央軍開入雲南的顧慮，蔣介石下令駐雲南的兵力全部受龍雲節制。軍事委員會還在昆明設立了以林蔚為團長、肖毅肅為參謀處長的駐滇參謀團，積極籌劃入緬和負責協調中、英共同作戰等事宜。為加強鞏固後方，成立了昆明防守司令部，由杜聿明兼任城防司令，此外在後勤方面也做了必要的準備。

十一月，因滇南情況緊急，軍令部根據蔣介石的旨意，擬定了保衛滇緬的作戰計畫。蔣介石令盧漢、關麟征兩集團軍分別進至滇越鐵路蒙自、河口段以西以東地區部署，第五、第六兩軍向邊境集結，隨時準備赴緬協助英軍作戰。

一九四一年十二月七日早晨，日本海軍航空兵大批飛機突然襲擊珍珠港，幾乎使美國在太平洋解除了武裝。與此同時，日軍先後襲擊了關島、新加坡、香港、馬來西亞和其他美荷英等國領地，太平洋戰爭全面爆發。十二月八日，英國和美國分別對日宣戰，九日至十日，中國分別對德國、日本和義大利等國宣戰。太平洋戰爭的爆發，使中國在亞洲堅持了四年之久的單獨對日作戰，變成了中、美、英、荷、澳等國的聯合對日作戰。

緬甸是英國的殖民地，是通向中國和太平洋的西大門，太平洋戰爭爆發後，其戰略地位日漸重要。日本也把緬甸做為其南方防務的西陲，認爲佔領緬甸「無論是在切斷援蔣公路，對重慶軍施加軍事壓力，還是策動印度反英的政略和戰略施策上，都具有戰爭指導上的意義。」同時，日本佔領緬甸還可以爲其建立「大東亞共榮圈」的西部屏障，並以此爲基地，西進印度，實現與德國會師中東的計畫。

經過周密研究和部署，在珍珠港事件爆發後的第二天（一九四一年十二月八日）凌晨，日軍第十五軍強行進駐泰國，脅迫泰國政府訂立城下之盟，對英美宣戰。十二月十九日，該軍一部又奪取緬甸南部丹那沙林地區的三個英國機場，阻斷了英國從印、緬對馬來西亞的支援，並獲得了空襲仰光的基地。此後，日本軍隊一面在泰國邊境集結軍隊，構築道路，爲入侵緬甸做

杜聿明

杜聿明，一九〇四年生，陝西米脂人，字光亭，著名抗日將領。歷任國民黨第二〇〇師師長，第五軍軍長，率部參加桂南會戰，取得崑崙關大捷。一九四二年三月，任中國遠征軍第一路軍副司令長官兼第五軍軍長，率部參加滇緬對日作戰。一九四九年在淮海戰役中全軍覆沒，在河南商丘被俘。一九八一年卒於北京。

準備；一面對仰光進行空襲，破壞英國的防務。

十二月十日，英國駐華武官鄧尼斯請求中國派軍入緬佈防。軍事委員會於十一日向第五軍、第六軍先下達了動員令。十六日，第五軍將防務交第七十一軍後開赴祥雲、大理、保山地區集結；第六軍向保山、芒市（潞西）集結，編組爲「中國遠征軍第一路軍」，衛立煌任司令長官，杜聿明任副長官（由於衛立煌並未到職，由杜聿明代理），準備入緬援英。與此同時，令第六軍的第九十三師開赴車里，令劉觀隆支隊準備首先進入緬甸景棟、孟洋地區。

十二月二十三日，中、美、英三國在重慶召開聯合軍事會議。中方由蔣介石主持會議，英國印緬軍總司令韋維爾、美國軍事代表團團長馬格魯德及陸軍航空隊隊長勃蘭特參加。傲慢的英國代表再一次拒絕了中國立即派遣大部隊入緬佈防的建議。英國代表韋維爾表示，中國已有一個團的兵力在東緬，將其實力增至一個師就可以了，不用派更多的軍隊入緬作戰。韋維爾對於蔣介石拒絕中國軍隊與英國軍隊混合使用表示不滿，激動地表示：第五軍及第六軍主力暫時毋庸入緬，嗣又表示四十九師開抵畹町之一團暫勿前進。

面對英國代表的傲慢態度，蔣介石大爲不悅，但是在韋維爾的強硬態度下，蔣介石極其克制地表示：「中、英兩國不可有一國失敗，如中國失敗，則英國之印度必危而不保」，「如果英國需要，我國可派八萬人入緬作戰。」但英國始終沒有答應。

英國人也知道緬甸的重要性。一九四二年一月二十一日，邱吉爾在給參謀長委員會的電報中就指出：「緬甸如果喪失，那就慘了。這樣會使我們同中國人隔絕，在同日本人交戰的軍隊中，中國軍隊算是最成功的。」但出於對中國從戰爭中崛起，有可能對英國遠東殖民利益產生威脅的憂慮，邱吉爾對聯華守衛緬甸仍存有戒心。英國政要擔心中國參戰會刺激這一地區民族情緒高漲，鼓勵他們脫離英國的傾向。韋維爾就認爲，「英國在中國的威信已夠低的了，如果承認沒有中國的援助就守不住緬甸，那麼英國的威信將進一步下降。」在這樣的情況下，儘管蔣介石已經命令中國遠征軍整裝待發，但遲遲不能成行。

雖然重慶聯合軍事會議最後於十二月二十六日簽訂了《中英共同防禦滇緬路協定》，準備先以三個軍入緬作戰，但英國一直不同意遠征軍提前入緬，雙方爭執多時，中國遠征軍歷經三次動員和變更行動時間，直到日本陸軍從泰國向緬甸進攻，包圍仰光後，英緬軍隊被圍困且急於逃逸時，英國人才徹底放棄了幻想和傲慢的「自尊」，請求中國政府急速派兵入緬援英抗日。

在日軍的急速推進過程中，英國不得不請求中國軍隊入緬支援。中國派出精銳之師第五軍第二〇〇師率先入緬，引起西方國家關注。仰光失守後，中國其他部隊也源源不斷地被輸送到緬甸。

一九四二年元旦，由美、蘇、英、中領銜的二十六國在華盛頓發表《聯合國家宣言》，世界反法西斯統一戰線正式形成。一月三日，蔣介石正式就任中國戰區最高統帥，負責中國、泰國及越南地區聯合部隊的總指揮任務。無論是從中國自身考慮，還是從整個戰區利益考慮，中國都不得不加倍關注日軍在中南半島的活動，積極籌劃應對日軍全面進攻緬甸後的可能戰局。

在中英之間為協防緬甸的具體問題發生爭論時，日本制定了緬甸作戰計畫。一月十九日，日軍第五十五師團突破泰緬邊境，輕取緬甸南部的戰略要地土瓦。駐緬英軍總司令胡敦感到事態嚴重，直接請求中國第六軍第九十三師派一部兵力前往景棟佈防。二十二日，胡敦又打電報給韋維爾，請求同意中國第六軍第九十三師全部入緬，以擔負泰緬邊境的守備。韋維爾對中國軍隊入緬依然心存顧慮，沒有應允。

就在韋維爾猶豫的時候，日軍於二十二日攻佔伽列，兵鋒直指緬甸第二大港口毛淡棉。同日，日軍大本營命令南方軍司令官：「應與海軍協同，攻略緬甸要域。」同時指出：「緬甸作戰之目的，在擊破駐緬甸之英軍，佔領並確保緬甸要地，並加強對華封鎖。因此，應速以第十五軍向毛淡棉附近之薩爾溫江之線出擊，於整飭作戰準備後，迅以主力沿毛淡棉至勃固道路前進，佔領緬甸中部之要地。」在日軍的凌厲攻勢下，大不列顛的紳士開始低下高傲的頭。

一月二十三日，邱吉爾打電報給韋維爾：「我對你拒絕中國幫助防守緬甸和滇緬路的理由，依然困惑不解。」韋維爾這才同意中國第六軍第九十三師入緬警戒泰緬邊境，但仍然拒絕第五軍和第六軍其餘部隊入緬。二十四日，第六軍劉觀隆支隊由英方用汽車運至景棟接防，第九十三師主力開赴滾欣、蘭河守備。

一月三十一日，日軍進佔緬甸第二大港毛淡棉，另一路日軍三十三師團於二月四日攻佔毛淡棉北面的巴安，強渡薩爾溫江，突破仰光以東的第一道天然屏障。

但是，在日軍向緬甸大舉進攻時，英國的防禦兵力戰鬥力很弱，調澳援軍不成，直到日軍急速向仰光推進時，英國才不得不主動向中國求援。

二月三日，英國政府正式向中國請求派軍火速入緬。二月十六日，駐留在中緬邊境的中國軍隊再一次做了動員。由於交通問題，中國軍隊難以很快在緬甸集中，只有先派一部份精銳部隊入緬，「先依地形之利，行持久作戰，換取時間，待兵力集中後再求決戰，方爲有利。」第五軍第二〇〇師受命即日起程入緬，深入同古（又譯東瓜）一帶直接增援英軍。這是一支戰功卓著的精銳之師，尤其在崑崙關大敗日軍而名揚天下，也是中國第一個全機械化師。

日本利用英軍與緬甸百姓的緊張關係，以幫助緬甸獲得獨立爲幌子，收買人心，組織「第五縱隊」，騷擾偷襲英緬軍後方，給盟軍造成了很大的麻煩。鑒於此，中國入緬先頭部隊曾沿路張貼文告，向緬甸民眾闡明中國遠征軍入緬抗日的意義，揭露日軍的虛假宣傳。三月十二日，中國遠征軍第一路司令長官司令部又發表文告安撫緬甸民眾。

中國軍隊的輿論宣傳，在一定程度上一定範圍內收到了效果。在中國軍隊赴緬途中，受到滇西人民的熱烈歡送和相當多的緬甸人民的歡迎。軍車過處，不少老百姓把水果、餅乾和香菸熱情地扔給車上的官兵。

後來，無論是在雷列姆，還是在棠吉等地，中國軍隊注意軍容軍紀，尊重當地民俗，因而逐步密切了同當地民眾的關係，連英軍司令亞歷山大也說：「華軍在緬紀律甚佳。」當地老百姓說：「軍隊來時，帶槍刀，言語不通，有些害怕，現在大家都來拜佛，我們一點也不害怕了」，「許多佛教徒，爲遠征軍的勝利祈禱」。

中國政府出兵緬甸的消息很快震動了西方世界。對於中國人的這一驚人之舉，世界輿論回響不一。

三月一日，日軍飯田司令官在泰國接到情報，中國遠征軍已進入緬甸。他立即召開軍事會議，要求在仰光登陸的部隊盡快攻克仰光，然後分三路由南向北攻佔緬甸全境。右翼第六十五師團經勃固、東枝，直插臘戍，以切斷英軍與中國遠征軍的後路；中路第十八、第五十五師團沿鐵路向曼德勒進攻；左翼第三十三師團沿伊洛瓦底江向卑謬、仁安羌進擊，以佔領仁安羌油田，從左側包圍曼德勒守軍。飯田命令部隊快速展開行動，與中國軍隊搶時間，將戰線盡量向緬甸北部壓。

▶▶中國遠征軍向緬甸出發

當中國遠征軍陸續進入緬北佈防時，英軍卻在南緬遭遇了更大的挫敗。三月八日，英國名將亞歷山大將軍接替胡敦任英緬軍總司令之職才三天，仰光即被日軍攻陷，獲得了由海路實施補給的良港和新的航空基地，打開了通往緬甸全境的門戶。

英國人從此萌發了放棄整個緬甸而確保印度的思想。而對中國來說，由於失去了滇緬交通線的入口，中國遠征軍在入緬作戰一開始就在戰略上處於被動地位。

仰光失陷及英美在南太平洋的一連串失敗，對中國方面形成很大的心理衝擊。日本人對自己在東南亞風捲殘雲般地進攻得意忘形，他們興奮地宣稱日本一系列軍事行動的成功，「給英、中的合作造成了一大裂痕」。

當時，中國遠征軍僅有第二〇〇師孤軍深入同古、車枝一線，其餘第五軍主力尚在中緬邊境，第六軍在緬東之景棟一線。三月九日，蔣介石下令第五軍暫緩進入緬甸。隨後，在與剛到任的美國派遣中國戰區參謀長史迪威談話時，蔣介石一改此前的積極態度，明確表示，在仰光、同古失守後，中國原定進至同古地區協助英軍在仰光發動反攻的計畫必須重新考慮，強調此後中國軍隊在緬作戰「實有應用縱深配備戰略之絕對必要」。

三月十一日，蔣介石正式下令由史迪威將軍指揮中國軍隊第五、六兩軍，要求「對史迪威參謀長之命令，應絕對遵守」。三月十二日，正式成立了中國遠征軍第一路司令長官司令部。史迪威在軍事委員會辦公廳主任商震的陪同下，對中國遠征軍設防的同古、棠吉（又譯東枝）、曼德勒和臘戍等地進行了一周的考察。三月十九日，他向蔣介石提出了將遠征軍主力向南線的同古推進的建議。鑒於英軍尚未表明堅守決心和切實配合，蔣介石仍堅持將主力集中於中部曼德勒一帶。

至三月十六日，英軍在緬甸的英緬軍第一師、英印軍第十七師及裝甲第七旅已合編為第一軍團，軍團長為斯列姆，歸新任英緬軍總司令亞歷山大指揮。

三月二十五日，亞歷山大親赴重慶晉見蔣介石，信誓旦旦地表示，英緬軍「無論在什麼情況下都要堅守卑謬（又譯普羅美）一線」。

在得到英軍的保證後，蔣介石同意了史迪威將主力南移的計畫，一面命令已抵達同古的中國第一線部隊加強工事，堅守陣地，一面命令後續部隊入緬。從二月至四月上旬，第五軍、六軍和六十六軍先後輸送完畢，遠征軍全軍計約十萬人。第五軍沿鐵路沿線佈防，警戒臘戍至同古一帶，先頭部隊第二〇〇師已堅守著同古要衝。第六軍在第五軍右翼，沿薩爾溫江佈防，下屬第九十三師位置在景棟，向泰越邊界警戒；第四十九師位置在猛畔，向泰國邊境警戒；第五十五師位置在樂可（又譯作羅衣考），警戒仰光方向的敵人。第六十六軍做爲全軍的總預備隊，佈防在曼德勒和曼德勒以北地區。遠征軍的戰略指導思想是：「以支援英軍確保緬甸國際補給線之目的，即深入緬甸境內，力求於曼德勒以南地區，擊破敵軍。狀態不利時，主力以密支那、八莫爲基地，策畫持久戰，以確保國境。」

從中英聯軍總的態勢看，英緬第一軍團部署在卑謬及其以北伊洛瓦江兩岸地區，擔任右翼正面之防禦；中國遠征軍第五軍部署於東籲及其以北鐵路兩側地區，擔任中路正面之防禦；第六軍一部部署於壘固一帶，主力部署於東枝、景棟地區，掩護第五軍左側背及防止泰軍從東面進攻；第六十六軍部署於臘戍及保山地區，爲遠征軍之機動部隊。

爲了策應中國遠征軍出國作戰，軍令部又將國內其他部隊做了相應的調動，調駐西昌之第三十六師向滇緬路駐防，調第二軍接管第三十六師防地，移駐隆昌、樂山和西昌一帶。爲應對戰局可能發生的惡變，又在保山附近沿怒江構築工事，做爲國內抵禦日本北犯的第一道防線，同時確定以瀾滄江做爲第二道防線。

二、中國軍隊揚威異國

一九四二年三月，中國遠征軍第二〇〇師在戴安瀾率領下，防守同古。彪關河前哨戰以事實扭轉了英軍對中國軍隊的輕視，在之後的同古會戰中，中國軍隊與日軍展開血戰，日軍傷亡慘重。

同古是仰光到曼德勒的鐵路要衝，西連卑謬，東接毛奇，戰略地位極爲重要。卑謬和同古地區是緬甸主要的稻米產區，從仰光撤下來的英緬軍主要集結在卑謬一帶；毛奇設有美國空軍基地和加油站，所以同古是阻止日軍北進的一道重要防線。保住同古，不僅可以阻止日軍北進，而且東可以支援美軍，西可以協助英軍，會同英美盟軍出擊西南，則有望收復和鞏衛仰光。正是因爲此地有至爲重要的戰略地位，中國遠征軍從受命入緬之刻起，就不惜冒孤軍深入的危險，派出中國軍隊精銳、全國唯一一支全機械化師——第五軍第二〇〇師直驅同古佈防。

三月一日，入緬視察的蔣介石在臘戍召見了第二〇〇師師長戴安瀾，令他火速率部趕赴仰光北側一百八十公里的同古。戴安瀾在臘戍受命之後，立即揮師南進，先頭部隊在三月七日抵達同古。三月八日，在仰光失陷的那一天，全師開進同古。九日，第二〇〇師即按照亞歷山大的要求，逐次接替英軍的防務。戴安瀾立即率部在同古地區日夜搶修工事，構築火力線，準備迎敵。

連日來，從仰光撤下來的英緬軍如潮水一樣通過第二〇〇師前哨陣地彪關河上的大橋，退往卑謬。據情報，日軍一個師團正尾追而至，另一個師團向西面包圍，企圖一舉殲滅英緬軍主力。

三月十八日，最後一批撤下來的英緬軍通過彪關河附近的警戒陣地後，日軍先頭部隊緊追而來。三月十九日早晨，日軍一個大隊的步兵，行至第二〇〇師騎兵團前哨部隊的伏擊圈，日寇人車盡覆，中國軍隊對擁塞於彪關河南岸公路上的日軍後續部隊進行猛烈的火力射擊，激戰一小時後，日軍向森林深處退去。與此同時，北岸的中國守軍也殲滅了少數日軍的搜索部隊。一直到二十二日，中國遠征軍同日軍在彪關河兩岸發生遭遇戰十多次，擊毀敵坦克兩輛，汽車近二十輛，打死日軍五百多人。

彪關河前哨戰規模雖小，但它以事實扭轉了英軍對中國軍隊的輕視，挫敗了日軍自侵緬以來的銳氣。更爲重要的是，繳獲了一些日軍地圖、作戰日記、檔案和武器、車輛等，使中國初步判明日軍作戰方向，因此杜聿明決定在同古集中主力擊潰中路日軍，進而協助英美軍收復仰光。這個計畫很快得到史迪威和蔣介石批准。

三月十八日，日軍出動飛機四十多架，分三次轟炸同古城，全城終日大火，一片狼藉。三月二十日，日軍集中優勢兵力猛攻前哨陣地彪關河，第二〇〇師騎兵團在完成了掩護英軍撤退任務後，於二十二日按計畫轉移到同古城以南的鄂克春。中國遠征軍將士穩紮穩打，在鄂克春和近旁的丹大賓兩個村莊裏與日軍逐屋激戰，接連打退敵人六次衝鋒。

在日軍以主力進攻鄂克春最激烈的時候，中國遠征軍點燃灌木和野草，火攻被圍的日軍，拚死逃出的日軍衝出火海時遭遇的是中國遠征軍的機關槍和手榴彈，被圍的數百名日軍幾乎沒有生還的。日本軍方在評價此戰時說：「第五十五師團自代庫北進以來，在屋敦（即鄂克春）還是第一次與強敵遭遇。」

三月二十四日，日軍步騎聯合，繼續在坦克、飛機、大炮掩護下強攻同古的同時，派出近兩千餘人兵力，在緬奸的帶領下，從密林中插入第二〇〇師背後，猛攻同古城北部的克永岡機場和鐵路線。警戒城北的工兵團正在破壞鐵路，團長李樹正突遇偷襲之敵，倉皇失措，向後撤退。僅有一個營的兵力奮力抵抗，由於眾寡懸殊，傷亡慘重，到晚上九時，克容岡機場被日軍佔領。該機場和同古以北鐵路是二〇〇師與後方聯繫的唯一通道，日軍佔領該地後，切斷了第二〇〇師退路，同古形勢陡然嚴峻起來。鑒於三面被圍，戴安瀾立即調整兵力部署，放棄丹大賓和鄂克春的前進陣地，中國集中全師兵力保衛同古。

三月二十五日，日軍第五十五師團傾巢出動，由南、西、北三方面圍攻東籲，三十多架轟炸機輪番轟炸遠征軍陣地，中國遠征軍沉著應戰，並火燒森林阻敵前進，夜晚則組織小分隊，衝入敵陣，給敵以突然打擊。

二十六日晚，杜聿明按重慶軍事委員會和蔣介石的指示，向全軍下達在同古與平滿納間與敵會戰的作戰命令，「以第二〇〇師爲防守兵團，固守同古城，吸引日軍。以新編第二十二師，配屬騎、戰、炮、工、戰防炮等爲攻擊兵團」，「主力於二十七日十五時，完成攻擊準備。」然而也在三月二十六日，日軍第五十六師團在仰光登陸，直撲同古，大大增強了正面攻擊力量，這是中國遠征軍沒有估計到的。

三月二十七日開始，日軍對第二〇〇師展開了更加猛烈地進攻，並發射糜爛毒氣。該師雖傷亡猛增，掩體被毀，仍以殘垣斷壁、炸彈坑做掩護繼續抵抗。爲了讓日軍的飛機、大炮、坦克失去用武之地，第二〇〇師官兵義無反顧地採取了百米決鬥的戰術。等攻擊的敵軍到了四、五十米處才從掩壕中魚躍而出，用刺刀、手榴彈與之搏鬥，一些陣地失而復得，得又復

戴安瀾

戴安瀾，一九〇四年生，安徽無為人，著名抗日將領。抗日戰爭爆發後，先後參加了保定、漕河、台兒莊、中條山、崑崙關等戰役。太平洋戰爭爆發後，率二〇〇師做為中國遠征軍先遣部隊入緬作戰。一九四二年三月同古會戰，取得中國遠征軍入緬作戰的首次勝利。五月，參加棠吉之戰，五月二十六日，殞身緬北叢林。

失，官兵戰而受傷，傷而再戰，其情慘烈悲壯，足以動天地泣鬼神。二十八日深夜，日軍又是負創而退。這天戴安瀾的師指揮所也多次受攻，指揮一度中斷，但他仍極鎮定，堅信能將敵人打退，守住同古。

三月二十九日，日軍增援的第五十六師團從同古以東向第二〇〇師發起進攻，並以一部份兵力向同古以北運動。到了三月三十日，日軍第五十五、五十六師團已對同古形成合圍之勢，但第二〇〇師仍然在各處頑強抵抗。

日軍在對同古久攻不破的情況下，於二十九日開始改變方針，對第二〇〇師採取圍而不打，只實行轟炸炮擊，而集中全力去攻打已於二十八日開始進攻南陽車站的新二十二師。這時，第二〇〇師在同古已苦戰十二天，傷亡二千五百餘人，四面被圍，彈盡糧絕無後援，傷患無法運出搶救治療，處境險惡。

中國遠征軍在同古與日軍激戰十餘日，英軍始終沒有採取任何行動加以配合，反而由於英方延誤運輸，使預定參加同古保衛戰的中國遠征軍主力未能及時趕到。與此同時，英軍在西線接連敗退。三月二十九日，日軍在卑謬南面輕而易舉地擊敗英軍裝甲部隊，隨即將所繳獲的坦克、裝甲車和汽車用於進攻。四月一日，日軍進佔卑謬，使同古一線的中國軍隊側翼完全暴露，遭到威脅。英國的軍事評論家們指出：「緬甸方面，日軍沿伊落瓦底江以北推進，可能成爲更嚴重之因素者，即英軍之撤退已使同古以北華軍之側翼暴露，華軍亦必須隨之後退，以免後路被敵切斷。」

英軍沒有按中英雙方的協定堅守卑謬，造成了中國遠征軍同古防線的一大缺口。這樣第二○○師除了要抵禦日第五十五師團、五十六師團外，還面臨著第三十三師團由西向東的威逼，面臨全軍覆滅之危險。為了讓二○○師擺脫險境，保存實力，第五軍軍長杜聿明不顧史迪威的強烈反對，請示蔣介石同意後，下令該師於三月二十九日晚突圍。

第二○○師在廖耀湘指揮的新二十二師掩護下，有條不紊、安全地從日軍鼻尖下退出同古，不但帶走了全部傷患、重炮設備等武器，連炊具也沒有放棄。三月三十日，日軍佔領同古空城一座。

主攻同古的日軍第五十五師團在其記錄中說：「當面的敵人是重慶軍第二○○師，其戰鬥意志始終旺盛。尤其是擔任撤退掩護任務的部隊，直至最後仍固守陣地，拚死抵抗。雖說是敵人，也確實十分英勇，軍司令官飯田中將及其部下對其勇敢均表稱讚。」

與此同時，中國遠征軍也贏得了盟軍的高度讚揚，被譽為「世界上最精良之部隊」。英國《泰晤士報》稱讚說：「華軍以少敵眾，英勇果敢，將使華軍之戰績益增光輝。」美軍戰史也讚揚第二○○師，「是緬甸戰役中防禦最久的部隊，後撤時也是全師而退，很有秩序。」

然而，儘管第二○○師在同古保衛戰中表現出色，但未能實現擊破同古日軍並進而收復仰光的計畫。同古失守，成為中國遠征軍第一次緬甸會戰失利重大轉折。

中國遠征軍同古保衛戰是第一次緬甸會戰中，規模最大、時間最長、殲敵最多的一次戰鬥。中國遠征軍第五軍第二○○師全體官兵與敵鏖戰十二個晝夜，以犧牲八百人的代價，打退了日軍二十多次進攻，殲滅日軍四千多人，俘敵四百多人，這是日本自南進擴張以來所遭受的最頑強的抵抗。

為援救被日軍圍困在亞蘭謬的英國盟軍，中國遠征軍第五軍不得不放棄在彬文那會戰的作戰計畫。新二十二師在師長廖耀湘的率領下，進行了斯瓦河逐次戰，擊敗囂張日軍，獲得勝利。

同古保衛戰結束後，爲了調和史迪威和遠征軍高級將領的關係，蔣介石調整了中國遠征軍指揮系統。四月初，軍事委員會任命資格較老、爲人圓通的羅卓英爲中國遠征軍司令官。羅卓英的職權，按蔣對史迪威的解釋是：「秉承將軍命令指揮在緬甸作戰之第五、第六兩軍以及其他部隊。」爲了加強戰鬥力，滇緬邊境的第六十六軍加快了入緬作戰的步伐。

當時，英軍於四月一日由卑謬沿伊洛瓦底江北撤，主力集結在彬文那（又譯平滿納）西面的亞蘭謬（又譯阿蘭模）。中國遠征軍第五軍第二〇〇師移至彬文那以北，新二十二師在南陽車站以南陣地同日軍第五十五師團對峙，第五軍司令部仍設在曼德勒以南的飄背；第六軍司令部在飄背以東的棠吉。所屬第五十五師已前出到樂可附近佈防，第四十九師駐紮在附近地區，第九十三師則駐紮在景棟控制緬（甸）泰（國）老（撾）三角地帶。東線第六軍要監視長達五百多公里泰緬邊境，防區遼闊，兵力單薄，是遠征軍的薄弱環節。第六十六軍新編三十八師已到達曼德勒，做爲機動部隊接應東西，同時衛戍當時緬甸首都曼德勒。由於英方沒有切實做好運輸保障工作，第六十六軍其他部隊仍在曼德勒以北。

日軍此時則投入了四個師團的兵力，在優勢空軍掩護下，分三路大舉北進，妄圖在曼德勒地區一舉殲滅中英聯軍，主攻方向是中路，日軍以第五十五和第十八兩個師團兵力進攻防守中路的第五軍。中國遠征軍浩浩蕩蕩大規模南下後，無不戰而後撤之理，而在同古會戰失利，英軍戰鬥精神再受打擊的背景下，要使英緬甸軍維持戰線，中國軍隊必須在正面進行有效抵抗，這樣才能鼓起英緬軍繼續作戰的勇氣。根據戰局演變，史迪威和軍委會駐滇參謀團提出了在彬文那與敵會戰以期消滅中路日軍的計畫。

彬文那位於同古以北地區，在彬文那的西北部爲仁安羌油田，這是交戰各方都十分看重的。英緬軍從卑謬沿伊洛瓦底江北撤以後，仁安羌油田即受到嚴重威脅。因此中國方面更要求英緬軍一定要守住卑謬以北地區，尤其要守住仁安羌的重要門戶——亞蘭謬。守住了亞蘭謬，不僅保衛了仁安羌油田，而且向東掩護了中國軍隊在彬文那地區的作戰。在亞蘭謬東北的彬文那，全是丘陵地帶，有許多隘口，可以構築堅固的陣地，易守難攻。中國遠征軍的戰役設想是：只要英軍堅守住亞蘭謬，不再北撤，而由第六軍牢牢控制東線，確保遠征軍的後勤基地臘戍，第五軍就將竭盡全力進行彬文那會戰，中國扭轉緬甸戰局，進而反攻仰光。

爲了進行這次會戰，中國遠征軍第五軍做了充分的準備。由處於最前沿的新編第二十二師擔任阻擊兵團，在斯瓦河一線（斯瓦位於同古以北、彬文那以南）逐次阻擊，消耗敵人；由第九十六師擔任留守兵團，將敵人吸引至彬文那附近，待雙方膠著後，然後再以第二〇〇師機動兵團，相機攻擊敵人。最後各師一起出動夾擊，將中路進攻之敵包圍於彬文那附近，進而殲滅之。

三月三十日，當第二〇〇師突圍以後，新編第二十二師回師北上撤至葉達西一帶。師長廖耀湘命令一個營在葉達西一帶佔領前進陣地。以牽制日軍，掩護主力在斯瓦河南北兩岸構築逐次抵抗陣地，三十一日下達正式命令，從此斯瓦河逐次戰揭開序幕。

在緬甸作戰的年輕中國戰士

這一戰鬥的目的是掩護主力，準備彬文那會戰。

緬甸的交通系統腐化混亂，給中國遠征軍的行動增添了許多麻煩。斯瓦河阻擊戰就是爲了爭取時間，掩護主力行動。斯瓦河至彬文那一帶地形狹窄，不適合大規模陣地戰，又鑒於同古被圍的教訓，新編第二十二師採取了逐次抵抗的戰術。其表現形式是，中國遠征軍的掩護部隊不固守一處陣地，而是利用狹隘的山間小道，預設若干縱深陣地逐次抵抗優勢敵人的攻擊，在主要幹道埋設地雷、炸彈，在道路兩側埋伏阻擊兵，配合正面部隊反擊敵人。中國軍隊的這種陣地虛實不定，使敵人無法摸清對方底細；尤其是遭到一、兩次打擊之後，日軍就裹足不進了。因此，新二十二師牽制敵人長達半個月之久，其間激烈戰鬥達十二日之多，日軍傷亡慘重，寸步難行。

四月一日至五日，新編第二十二師與日軍五十五師團一部對峙於葉帶西以南的南陽車站一線，中國軍隊不斷派出小股部隊進行搜索戰鬥和進行間隙性的炮戰騷擾敵人。從四月五日到十日，日軍第五十五師團以步炮戰車協同，全力猛攻新二十二師陣地。在給敵人以大量殺傷後，中國遠征軍按計畫撤到在斯瓦河以南完成任務並予敵以嚴重打擊後，退至斯瓦河以北。

在斯瓦河以南的戰鬥中，日軍第五十五師團始終沒有摸清中國遠征軍的虛實，而且傷亡慘重，以後不得不以第十八師團做爲進攻主力。當新編第二十二師在斯瓦河以南與敵激戰時，蔣介石親赴飄背主持召開了第五、六兩軍高級將領會，要求集中主力在彬文那與敵會戰。

爲了吸引敵人至彬文那預伏區，新編第二十二師各部隊繼續實行輪番作戰，第一梯隊在前面交戰，第二梯隊即在後面的山隘小道構築埋伏陣地準備交戰，當第一梯隊撤出戰鬥，第二梯隊又立即接上。

在此期間，中國第五軍軍部便衣偵探馬玉山僞裝成緬甸人，進入日軍五十五師團司令部挑水打雜。他在敵人辦公桌上發現繪有部隊番號位置的地圖，於是乘敵人吃飯自己進辦公室送水之機，將地圖偷出，連夜跑回平滿納。中國軍隊根據這張地圖，得知了新增十八師團五十六及一二四兩聯隊，山炮、重炮各一營的位置，當即轉告前方注意。

四月十一至十六日，敵增援部隊輪番攻擊，猛烈轟炸平滿納，新編第二十二師採用虛虛實實的埋伏狙擊游擊戰，給敵人以極大打擊。至十六日晚，中國遠征軍安全進入平滿納既設陣地。

在此期間，第五軍游擊司令黃翔派隊在勃固山脈內，神出鬼沒地往來穿梭，擾亂敵人後方的交通運輸，並襲擊了同古機場，四月七日前，偵知敵人從仰光向同古方面增兵三千餘人。可惜團長王肇中經驗不夠，所部官兵又多屬新兵，擾亂敵人的次數不多，沒有給予日軍嚴重地打擊。

第五軍廣大官兵同仇敵愾，群情激昂，只待一聲令下，即投入戰鬥，準備打一個大勝仗。然而英軍在西線再度發生危機。四月六日，英軍放棄亞蘭謬，一直潰退到仁安羌。到十七日，上演了七千多英軍被兩千多日軍圍困在仁安羌的悲劇。中國遠征軍派兵馳援解圍，但此時東線第六軍的防線又接連吃緊，已成孤軍深入西翼暴露之勢的第五軍，不得不放棄在彬文那會戰的作戰計畫。

東路毛奇方面十八日以前只有日軍的一個連。十八日，日軍偵查到中國軍隊放棄彬文那會戰計畫後，開始集中同古的第五十六師團主力轉至毛奇方面。十九日，羅衣考失守。二十三日，敵人進入棠吉，同時東犯，羅列姆當日失陷。

英軍在此期間已經全部集結於西路，士兵毫無鬥志，一經與敵接觸即行潰退，四月一日放棄普羅美，五日，放棄阿蘭謬，以後逐日撤退。

新編第二十二師自三月二十六日馳援同古與日軍接觸以來，到四月十六日，與敵戰鬥達二十一天之久。全師官兵，先攻後守，用逐次抵抗戰術同優勢之敵（先後五個聯隊）連續激戰達十二天，不但達到掩護主力的任務，而且大量消耗敵人，引敵深入到我預定地區。這是中國軍隊遠征戰史上罕見的成功戰例。

一九四二年四月，英軍被困在仁安羌東北白塔山和妙峰山之間地區，反覆突圍，均被日軍挫敗。中國遠征軍新編第三十八師在孫立人的指揮下，以寡敵眾，打出了轟動英倫三島的仁安羌大捷。

四月六日，日軍強攻亞蘭謬，從卑謬撤退至此佈防的英緬軍主力沒有履行堅守該地的承諾，由亞蘭謬退到因河以南，未在新榜衛、米昌耶、緬拉、薩斯瓦、東敦枝等要地設防，致使日軍第三十三師團得以乘虛而入，輕易地於四月十二日佔領了上述各地。

西線英軍的潰退不但使正在斯瓦河與日軍激戰中的新編第二十二師頓時陷入極其危險的境地，而且使正在彬文那附近準備反攻的第九十六、二〇〇兩師的右側背受到了嚴重的威脅。杜聿明鑒於西線戰局急轉直下，給全局帶來了極不利的影響，便於十三日清晨趕到馬格威會晤英緬第一軍團長威廉·斯利姆，要求英軍務必堅守因河一帶陣地並盡力收復東敦枝，以保中國軍右側背的安全。不料斯利姆竟藉口「英軍士氣低落，軍官的威信已下降到了最低點，難以進行堅守」，表示英軍即將撤出馬格威。

四月十四日，英軍果然放棄了馬格威，退往仁安羌。同時，英緬軍統帥亞歷山大親自會見中國遠征軍代表侯滕，要求史迪威速派新三十八師進出賓河一帶接應英軍，另派一個團赴納貎、東敦枝接應英十七師。史迪威和中國遠征軍高級將領們強壓滿腔怒火，應英方的要求，做了緊急部署：要張軫率新編第二十八師主力推進到曼德勒，而將新三十八師由曼德勒南移。

駐緬英軍受英印軍統帥韋維爾「棄緬保印」戰略方針的影響，在退守仁安羌後，並沒有堅守的決心。日軍剛一發動攻勢，斯利姆便準備徹底放棄仁安羌防線。四月十五日，英軍炸毀了仁安羌油田。

日軍第三十三師團長櫻井省三見到油田上沖天的火光，心急如焚，急令兩個聯隊乘汽車火速向油田撲去，搶佔了油田東北賓河大橋和渡口，切斷了英軍的退路。日軍第三十三師團主力從英軍正面鋪天蓋地氣勢洶洶地壓了過來。這樣，裝備精良的英緬軍第一師和裝甲旅一部，七千多人被一千多名日軍圍困在仁安羌東北白塔山和妙峰山之間地區，反覆突圍，均被日軍挫敗，處境十分危急。英軍不斷地向中國軍隊發電求救。

四月十六日夜，亞歷山大親自到飄背再次向中國遠征軍求援。當時，中國遠征軍第五軍已做好在彬文那與日軍會戰的準備，而第六軍的東線防區也受日軍第五十六師團攻擊開始告急。日軍在九日以優勢兵力攻陷毛奇後，大量增兵，鋒芒直指彬文那東面的樂可。亞歷山大去時，史迪威和羅卓英剛從樂可視察中國遠征軍佈防回來。

史迪威一聽英軍被圍，只恐英軍投降，便決定要孫立人第三十八師再派一個團赴援。

▶▶ 孫立人

孫立人，一九〇〇年生，安徽廬江人，著名抗日將領。蔣介石五大主力之一新一軍軍長，曾在美國留學，仁安羌一戰為他贏得了國際聲譽。一九四二年率中國遠征軍赴緬與美軍並肩作戰，後在打通中緬公路時戰績卓越，被譽為「東方隆美爾」。一九九〇年卒。

四月十七日上午，先行馳援的第一一三團在副師長齊學啓率領下趕到預定地皎勃東，一一二團尚在途中，團長陳鳴人則率第一營先到。孫立人立即召集副師長和各團、營、連長開會，說明情況和任務，要求大家就達成任務的方案各抒己見。陳鳴人主張用兩個團由賓河上游坎納特偷渡，直趨仁安羌東南五一〇高地，從敵軍背後發動進攻，可收出其不意以奇襲取勝之效。

第一一三團團長劉放吾則認爲陳鳴人的意見固然可望出敵不意、用奇襲取勝，但我軍避開正面之敵，孤軍深入敵後，萬一敵軍由正面出擊，斷我後路，對我實施反包圍，那時，我軍將陷入絕境，而難以自由活動。因此他主張奪取賓河大橋，乘敵全力搶救油田設備和分兵圍困英軍而造成守衛空隙之機，集中全力一舉奪取五〇一和五一〇兩個高地，便能控制整個油田區，日軍就可不攻自破，英軍之圍自能立解。他還建議：「爲使正面作戰容易並確保左翼和後方安全，應派強有力一部出坎納特和納貎附近，向仁安羌之敵積極側擊，藉以迷惑敵軍，並阻止敵軍向坎納特、皎勃東竄犯。」孫立人在與眾將領協商以後，採納了劉放吾的作戰意見，副師長齊學啓率一一二團馳奔納貌。

四月十七日黃昏，新三十八師按作戰計畫到達賓河北岸，當晚即展開了猛烈的戰鬥，孫立人親臨前線指揮，經過十多個小時的戰鬥，至四月十八日中午消滅了賓河以北的敵人，奪回了渡口。

當時，被圍英軍已斷絕了兩天水糧，軍心不穩，隨時都有瓦解的可能。英緬軍第一軍團長斯利姆找到正在觀察戰情的孫立人，懇切地要求中國軍隊迅速南渡賓河。

孫立人暫停對敵人攻擊，準備在黃昏以前摸清敵情，再利用夜間做周密部署，在十九日拂曉再次發起進攻。

敵情不久就偵察清楚了：日軍二一四聯隊控制著五〇一高地和仁安羌以北地區，成爲一一三團進攻仁安羌的主要敵手。日軍炮兵群集中在五〇一高地西麓通大橋的公路兩側面，是阻礙一一三團進攻的大障礙。日軍二一五聯隊則控制著仁安羌和沿江地區，成爲一一三團攻佔仁安羌解救英軍的第二道障礙。

針對日軍佈防和地形特點，孫立人命趙狄指揮一一三團一、二兩營爲右翼隊，於午夜後經大橋及其兩側面分途潛渡到南岸，秘密逼近敵炮陣地，以一部襲佔白塔山，對守敵及炮陣地予以猝不及防的突擊，徹底摧毀後，全力攻佔仁安羌，包圍二一五聯隊就地殲滅；第三營爲左翼隊，於午夜後由老渡口潛渡，在搜索、工兵兩連配合下，從五〇一高地東側突擊，將二一四聯隊就地殲滅後，南取五一〇高地，救出英軍。各隊以第一次炮擊爲號發起突擊。

四月十九日拂曉，新編第三十八師第一一三團在山炮、輕重迫擊炮、輕重機槍的掩護下，向賓河以南之敵發起猛攻。各突擊隊勇猛衝進敵陣，分別以最快速度佔領了預定目標。

右翼隊第一、二營奮勇拚殺，將敵炮陣地炸毀大半，殲滅大部份護炮日軍。接著，又在仁安羌北方三公里處的一個小村莊伏擊了增援一線的日軍一個大隊。上午十時第一營首先攻佔仁安羌，並俘獲停在伊江中的敵輪船三艘及汽車三十餘輛。第二營接著也攻佔了接農、但薩等據點，殘敵紛紛經水上或乘汽車向馬格威退去。

左翼隊的戰鬥同樣激烈。第三營營長張琦率搜索連、工兵連和全營一舉突入敵陣，正逐步向五〇一主峰挺進時，被敵狙擊射手開槍擊中，血流如湧，壯烈犧牲。全營官兵一舉攻佔五〇一主峰和四周敵陣，用刺刀和手榴彈擊斃敵二一四聯隊第二隊隊長杉浦健太郎少佐以下官兵三百五十九人。聞訊趕來的劉放吾團長親自指揮左翼隊，繼續向五一〇高地發起攻擊，又擊斃敵人二百多人，奪得五一〇高地及附近陣地。

十九日上午十點多，當新三十八師運輸連帶著食物、水和藥品出現在那些餓了三天、疲憊不堪、驚魂未定的英軍面前時，英軍士兵一個個高興得像孩子似的，亂喊亂跳，激動得淚流滿面，有的把衣帽拋上天空，有的則是跑來擁抱、親吻中國士兵，把中國士兵抱起來向上拋，感激之情達到極點。

這天下午三時，綜合各部隊報告，發現敵軍棄屍達一千二百具之多，新三十八師也傷亡了五百二十二人。救出英緬第一師官兵七千多人，大炮三十多門，坦克六十多輛，汽車三百餘輛，馬騾千匹。俘獲的日軍武器、彈藥、器材、糧食、藥材、車輛、艦船甚多。被日軍俘去的英美記者、教士等五百多人。

仁安羌援英之戰，中國遠征軍新編第三十八師一部以少勝多，以寡敵眾，打出了中國軍隊的威風，是抗日戰爭中以少勝多的一個突出戰例。此役轟動英倫三島，英美政府特向新三十八師師長孫立人頒發「帝國司令」勳章及「豐功」勳章，團長劉放吾及營長多人也獲得勳章。

但是，局部的勝利尚未從根本上扭轉中國遠征軍的劣勢。中國遠征軍的積極作戰雖達到了遲滯敵人的效果，但是沒有達到擊垮敵人的目的。英軍被解圍之後，如驚弓之鳥逃之夭夭，棄中國遠征軍不顧，單獨撤往印度。日軍抓住中國遠征軍主力前突，防禦地區縱而廣、側翼薄弱的弱點，對中國遠征軍進行了大範圍地迂迴包圍，中國遠征軍的行動仍處於受制於日軍的局面。

三、英軍害了中國遠征軍

四月，英軍在中國軍隊仁安羌激戰之時，計畫撤往印度。仁安羌之役後，亞歷山大對英緬軍做了分三路撤退的部署，並率先撤退。自始至終，英軍始終未能與中國軍隊協調作戰，中國遠征軍走上潰退之路。

四月十八日，當中國遠征軍在仁安羌激戰時，亞歷山大接到韋維爾從印度的來信，對於來信建議他在必要時將英緬軍撤退到印度，亞歷山大表示贊同。韋維爾和亞歷山大是英軍在印緬戰場的最高司令長官，他們的思想傾向也就決定了今後英緬軍的去向。

四月十九日下午五時，新編第三十八師在師長孫立人、副師長齊學啓和一一三團團長劉放吾的帶領下收復了仁安羌，救出被日軍圍困三天的七千多英軍和被俘的英緬軍官兵、美國傳教士和新聞記者等五百多人，轟動了中美英三國。考慮到仁安羌一役日軍第三十三師團傷亡慘重，孫立人準備集合全師，反攻當面敵人。他命令在納貂的第一一二團和警衛曼德勒的第一一四團主力迅速開赴前線，計畫在四月二十一日拂曉從右翼進攻敵人，切斷敵人的歸路，將

一九四二年四月，蔣介石夫婦與史迪威（右）

第三十三師團大部壓迫在伊洛瓦底江東岸加以殲滅。孫立人把這一計畫通報給了史迪威總部，英緬第一軍和中國遠征軍長官部。

當新編第三十八師積極準備反攻時，亞歷山大和斯利姆卻帶著英緬軍撤往曼德勒。史迪威在四月十八日已決心放棄彬文那會戰，原則接受了斯利姆提出的曼德勒會戰計畫。驚弓之鳥般的英軍不顧新三十八師的安危，快速撤退，沒有向孫立人透露一點風聲。到了四月二十日傍晚，英軍早已退遠，因仁安羌解圍戰而對孫立人感恩戴德的斯利姆才通知孫師撤退。

早在斯利姆率部從亞蘭謬往仁安羌撤退時，也曾一度考慮過組織積極防禦，準備協同中國遠征軍在曼德勒建構強有力的防禦體系，與日軍一戰。曼德勒是緬甸中部的交通樞紐，西倚伊洛瓦底江，東屏東加親山脈餘支，地形險要，是仰光失守以後緬甸的新京城，戰略位置和政治影響都十分重要。因此堅守曼德勒可以在一定程度上穩定緬甸戰局，但是亞歷山大卻否定了斯利姆的計畫。

亞歷山大認爲曼德勒已朝不保夕，英軍應當撤出緬甸，退守印度。爲此，他要求斯利姆開闢一條跨過欽敦江向西撤退的路線，他還一再叮囑斯利姆要保持與中國軍隊的聯繫，「千萬不能讓他們抓住把柄，指責英國軍隊逃往印度」。

事實上，「棄緬保印，保存實力」並不是韋維爾和亞歷山大個人的意見，而是英國政府的基本態度。在緬英國部隊大多數由緬甸人和印度人組成，缺乏訓練，裝備很差，士氣低落，缺乏戰鬥力。緬甸人民被英帝國主義統治了六十年，深受殖民主義者奴役的痛苦，要求民族獨立自由的思想日益高漲，根本就不可能接受英軍的指揮去抗擊日本的侵略。而英國又忙於歐洲戰事，在「先歐後亞」的戰略指導思想下，英國既不可能把緬甸做爲主要戰場對待，也沒有打算拚死相爭。在日軍的進攻下，他們的辦法就是撤退。在日軍向緬甸首都仰光包圍時，英軍司令立即放棄仰光向北撤退，還讓才開入緬甸的中國遠征軍掩護其撤退，以便使自己安全撤到印緬邊境。

正是在這樣的背景下，仁安羌之役後，亞歷山大親自對英緬軍做了分三路準備撤退的部署。其中英緬第一師西退，在加里瓦附近掩護通向印度的道路，英印第十七師主力由曼德勒北退，掩護通往福昆、列多的公路；第七裝甲旅會同英印十七師一部經臘戍沿滇緬公路運動，一邊與中國第五軍保持聯繫，一邊沿雲南方面後撤；還要求配置在薩爾溫江兩岸的第六軍經臘戍、景棟後退。

做完這樣的部署後，亞歷山大又找到史迪威，告訴他仁安羌無法堅守，要求中國第五軍放棄彬文那會戰，隨即便發生了七千多英軍在仁安羌被圍的事。四月十八日，史迪威和羅卓英不得不放棄彬文那會戰。這是中國遠征軍入緬作戰又一次重大失利。由於種種原因，特別是英軍始終未能與中國軍隊協同作戰，致使緬甸戰局日趨惡化，中英共同防禦緬甸之戰不可避免地走上了失敗的道路。

仁安羌被圍英軍被解救出來以後，在後撤的過程中，不僅置新三十八師馳援部隊的安危於不顧，更令人氣憤的是，英軍為了自己順利逃跑，竟然向中國遠征軍司令部發出假情報，致使第二〇〇師跑了五百公里的冤枉路，延誤了整整三天的時間，東線因此未得及時支援，節節敗退。

四月二十一日，亞歷山大又在眉苗會見國民政府軍事委員會駐鎮參謀團團長林蔚，對形勢表達了「事態發展到不得已需要從緬甸撤退」的判斷。

四月二十三日，亞歷山大再次發出訓令，對分三路撤退的消極部署按曼德勒地區交通狀況做了更細緻修改。它的主導思想是如何盡快撤退，而不考慮在後撤中如何捕捉戰機，從而殲滅日軍。這個部署最終致使日軍幾乎沒有遇到什麼抵抗，如入無人之境，大步向前追擊。後來日本軍方人士曾指出：「亞歷山大上將，將他的部隊關在伊洛瓦底江的彎曲地帶，根本未考慮使之背水佈陣，只是按曼德勒地區事實已形成交通上的隘路，和必須防衛欽敦江河谷及瑞波兩條通路而考慮的。」

另外，這個部署又是利己主義的，幾乎將所有的中國軍隊置於掩護英軍撤退的位置，致使後撤中的中國軍隊陷於絕境，損失慘重。

隨後英緬軍主力完成撤退前的集結準備。四月二十五日，亞歷山大、斯利姆、史迪威和羅卓英在喬克西舉行聯席會議。亞歷山大在會上強調：英緬軍必須撤過伊洛瓦底江，然後前往印度，不然的話，他們就會陷入正向曼德勒推進的一支日軍突擊部隊的包圍。當天深夜，英緬第一軍團的先頭部隊即渡過伊洛瓦底江。

四月二十八日，中國遠征軍新編第三十八師奉命全部渡過伊洛瓦底江，佔領溫得（又譯色格），以掩護英軍後衛的撤離。到四月三十日，英軍幾乎全部渡過伊洛瓦底江，同一天，東路日軍攻佔了中國遠征軍的後勤基地臘戍，切斷了滇緬路和中英之間的聯繫。萬般驚恐的英軍在深夜二十三時炸毀了位於曼德勒以南的伊洛瓦底江上最大一座橋梁——阿瓦橋。斯利姆說：這「既是一幅可悲的情景，也是一個信號，我們丟掉了緬甸」。

渡江以後，英緬軍狼狽地沿著彎彎曲曲的欽敦江向西北方向撤退。到處可見衣衫襤褸的難民，耗盡了油料的軍車和負傷的士兵。一路上日軍空襲不斷，還不斷組織快速部隊向縱深穿插，採用野蠻瘋狂的叢林戰術襲擊英緬軍，企圖切斷英緬軍的退路，致使英緬軍處於極度恐懼之中，沒有絲毫的鬥志。爲了迅速擺脫日軍的威脅，英緬軍沿途丟下了大量重武器和車輛。在加里瓦西渡欽敦江時，英緬軍就遺棄汽車兩千餘輛，坦克和裝甲車一百一十輛，火炮四十餘門。

五月十六日，英緬第一軍團的先遣部隊終於姍姍到達印度阿薩姆邦達武鎮，前後計有一萬二千名官兵到達印度，一萬三千多人被打死，七十五萬難民在撤退中死去，結束了英國軍事史上最長的一次撤退。五月二十日，亞歷山大交出了在緬甸的軍事指揮權。

英軍西渡伊洛瓦底江，並把中國遠征軍置於掩護其撤退的位置，幾乎是把中國遠征軍推進了絕境。從仰光失守之初，英緬軍是不斷後退的趨勢，而中國軍隊則總是力圖向南前進，處在作戰的最前沿。因此，儘管中國遠征軍作戰很勇敢，但總是左顧右盼，擔心自己的兩側出問題。而英軍單方面西渡伊江逃往印度，不僅使中國遠征軍右翼空虛，更致命的是抽調中國遠征軍預備隊掩護其後撤，使得原本告急的東線無兵可馳援。日軍在不斷增加正面攻擊兵力的同時，又派快速部隊包抄了中國遠征軍後路，這樣就使中國遠征軍走上了全面潰敗的道路。

在緬甸的作戰中，中國軍隊奮勇擊敵。但是由於英軍更多地顧及自己的利益，不顧中國軍隊安危，使得雙方不能很好的協同作戰，這是緬甸作戰潰敗的重要原因。

在英軍不斷撤退的同時，日軍除不斷增加正面攻擊兵力外，還包抄了中國遠征軍的後路。一九四二年四月二十九日，日軍佔領臘戍，切斷了中國遠征軍回國的主要通道，中國軍隊走向全面潰敗。

早在四月初，中國遠征軍總部醞釀彬文那會戰時，中國軍隊東線防禦空虛的危險就初露端倪。自同古失陷，第二〇〇師奉命北撤後，同古東北經毛奇、欒可、棠吉、雷列姆至中國遠征軍後方基地臘戍的公路開放，僅僅以第六軍第五十五師置於這樣漫長的公路線上，兵力十分單薄。還在三月底日軍就以第五十六師團一部開始衝擊東線。四月九日，日軍以優勢兵力攻佔毛奇，並向彬文那以東的樂可進發。雖然東線吃緊，但中國遠征軍第六十六軍新三十八師已馳抵曼德勒，在緊急時可以東向支援。而且日軍主攻仍是正面的第五軍，日軍對棠吉方面的攻勢主要在配合對付正面第五軍。如果第五軍在彬文那成功與敵會戰，即使不能擊潰正面日軍，也能遲滯全面北犯的日軍，有利於第六軍和機動部隊第六十六軍調整鞏固東線防禦。但是這一切都隨著英緬軍在西線的潰退改變了。

四月十七日，中國遠征軍唯一機動部隊新三十八師奉命西向仁安羌，救援被困英緬軍第一師。四月十八日，鑒於西線已經出現大的漏洞，東線第六軍防線告急，史迪威、羅卓英下令放棄彬文那會戰計畫，當時的中國遠征軍總部卻沒有對形勢做正確的估計。史迪威、羅卓英在放棄彬文那會戰計畫同時，下達了準備曼德勒會戰的命令，並做了相應兵力部署：第六十六新二十八師固守曼德勒，並先期佔領敏揚、棠沙，向西南方向警戒，第六十六軍新編第三十八師派出兩個團逐次阻擊敵人，會合於皎勃東，節節阻擊敵人；第五軍第二〇〇師北返佔領敏鐵拉、飄背一線，以掩護主力轉近；第九十六師在彬文那、丹西和塔澤一帶打擊北犯之敵。

史迪威和羅卓英這個計畫將第五軍、第六十六軍置於長達三百公里的彬曼公路上，既不能攻，也不能守，當即遭到杜聿明的反對。杜認爲與其分散兵力而被敵人各個擊破，還不如在彬文那拚死一搏，要嘛就退守棠吉、眉苗，保證中國遠征軍後勤基地臘戍的安全。爭執的結果依然是第五軍必須服從命令。

十八日前，在東路毛奇方面，日軍僅派出一個聯隊的兵力，當日軍偵察到中國遠征軍放棄彬文那會戰計畫後，立即調整部署，迅速將集中在同古的第五十六師團主力轉用於毛奇方面，全力攻往樂可。四月十九日，在樂可以南發現日軍四百輛的車隊。當日，守衛樂可的第五十五師與中國遠征軍總部失去了聯絡。

在西線警報頻傳，急需支援的時候，從仁安羌撤退的英軍卻傳來假情報，說皎勃東西南發現三千多敵軍，要求第五軍第二○○師火速向皎勃東出擊。第五軍摩托化騎兵收集到的情況是，英軍在新三十八師掩護下從仁安羌撤退，皎勃東並無敵情。

這是英方誤報軍情，但是史迪威和羅卓英卻根據亞歷山大的要求，將第二○○師、新編第二十二師和新編第三十八師均派往西線皎勃東地區充當英軍的後衛，同時又將第六十六軍及直屬部隊調往曼德勒，幻想進行曼德勒會戰。這種部署置中國遠征軍東線防守的薄弱環節於不顧，而且南其轅，北其轍，使中國遠征軍主力離戰略要地眉苗、棠吉和雷列姆遠了，造成了日軍對中國遠征軍各個擊破的縫隙。

當時，正在眉苗總部的杜聿明據此與史迪威、羅卓英據理力爭，並陳述要害，說明即使有敵情也不應該不顧棠吉的安危，第二○○師應該馳援棠吉而不是皎勃東。

軍令難違，堅持包圍棠吉、眉苗的杜聿明只好接受史、羅的命令，但聲明如再偵察沒有敵情，仍不能去，同時一面吩咐戴安瀾除先開一團，等自己從眉苗趕回後再做決定。遺憾的是，史迪威、羅卓英擔心杜聿明不全力執行任務，在二十日上午直接電令第二○○師務必於當日黃昏前到皎勃東以東集結。

當第二○○師官兵風塵僕僕地趕到皎勃東時，根本沒見日軍的影子。四月二十一日午後，又急匆匆地往東趕赴棠吉。中國遠征軍的勇士們受了英國人的騙，延誤了三天時間。當第二○○師官兵疲於奔命時，東線的戰局已惡化。

四月二十日，中國遠征軍第六軍第五十五師被擊潰，樂可失陷。日軍第五十六師團佔領樂可後，兵分三路，兩路向北挺進棠吉，另一路由和榜以西攻擊雷列姆。日軍鋒芒所向果然是臘戍。

臘戍是中國軍隊入緬遠征軍的基地，地形險要，爲緬北通向滇西的主要門戶，東達昆明，南至曼德勒乃至仰光，臘戍之得失，即可決定雙方之成敗。自中國遠征軍入緬作戰以來，日軍就以之爲主要作戰對手，極欲除之後快。攻佔臘戍切斷中國遠征軍的後路，就可以將中國遠征軍合圍在曼德勒附近，這就是日軍的計畫。

爲應付危局，中國遠征軍司令部下令分兩路迎擊敵人，一路由第六軍軍長甘麗初親自率領一部佔領雷列姆，並構築防禦工事。另由第六軍參謀長林森木率領在和榜附近阻擊正面敵人，並等待集結在敏鐵拉一線的第五軍第二○○師由西向東增援棠吉。

四月二十一日拂曉，第六軍參謀長林森木率領不足一團的步兵和炮兵趕到和榜，匆忙構築工事，當日與日軍激戰一天，傷亡過半，二十二日，和榜失陷，接著日軍又一鼓作氣攻佔棠吉。棠吉失陷，雷列姆也處於危急之中，史迪威曾急電中國遠征軍第六十九師和第九十三師增援雷列姆。第六十九師一部快速前進，如期到達雷列姆。但是日軍也大量增加了攻擊兵力，瘋狂地撲過來，在二十四日將立足未穩的六十九師擊退，佔領雷列姆。中國遠征軍第六軍第六十九師、第九十三師向景棟方向撤退。

雷列姆失陷當日，奉命馳援棠吉的第二〇〇師向佔領棠吉的日軍發起了猛烈地攻擊，激戰一天收復棠吉。日軍第五十六師團長未曾料到在此處遇到中國遠征軍主力，急調大量兵力，一個坦克中隊和一個榴彈炮中隊增援棠吉。二十五日，日軍開始反攻，棠吉東方及西北高地得而復失。戰鬥至深夜，日軍被第二〇〇師擊退。

此時，第五軍司令部決定集結兵力繼續鞏固棠吉，向雷列姆攻擊前進，以切斷北犯臘戍之敵的後路。正當此關鍵時刻，史迪威和羅卓英下達新的作戰命令：第五軍攻克棠吉之後，除留第二〇〇師繼續東向攻擊佔領雷列姆的日軍外，軍直屬部隊，正在向棠吉集結的新編第二十二師和第九十六師均折向曼德勒，準備根本不可能的曼德勒會戰。此舉又使第五軍將士的奮戰功虧一簣，中國遠征軍最後一次轉危爲安的機會失去了。

日軍在佔領雷列姆以後，以十多輛坦克爲先導，用四百多輛卡車載運士兵，分兩路北進。一路迅速奪取了萊卡，於二十六日挺進到曼卡特，威逼臘戍；另一路經南桑東進，於二十五日挺進至孟囊，並迅速向臘戍迂迴，兩路日軍對臘戍形成了鉗形攻勢。

臘戍不僅是中國遠征軍的交通要衝，而且囤積著大批軍需物資，日軍曾估計在這裏將會遇到中國軍隊的強大抵抗。但由於史迪威和羅卓英將主力置於曼德勒周圍，守衛臘戍只有第二十八師一小部，曾駐紮在臘戍的軍事委員會參謀團已於四月二十二日從臘戍退出，遷至雲南保山，防務十分虛弱，許多軍需物資也來不及轉移。

得知此情，蔣介石萬分焦急，急電中國遠征軍總部，要求新二十八師火速出擊，「當先以保守臘戍爲主，並盡可能求該方面之敵而擊滅之」。然而在此時，史迪威和羅卓英仍未能清醒地權衡整個緬甸戰局，仍然執意要在曼德勒會戰，沒有調集主力增援臘戍，貽誤了戰機。四月二十七日，日軍兵臨臘戍。

駐滇緬參謀團也發現臘戍危急，在四月二十五日電令尚在雲南下關至永平一線，滇緬路駐防的第六十六軍新二十九師星夜增援前線，必須在二十八日以前趕到臘戍。

當時滇緬公路上「人車擁擠，途爲之塞，車輛頭尾相接，進退兩難」。混亂的運輸狀況嚴重影響著新二十九師的行進速度。更不幸的是，一派潰敗的景象極大地打擊了師長馬維驥的決心和信心。馬維驥抱著應付上級命令的態度，根本沒有制定作戰計畫，就下令滇緬路沿線的新二十九師各部倉促入緬奔往臘戍。

四月二十八日，新二十九師先頭部隊一個營艱難地趕到臘戍，既來不及挖掘工事，又沒有反坦克武器，立即就與蜂擁而至的日軍裝甲部隊展開激戰，中國遠征軍將士以血肉之軀暫時遲滯了日軍的推進。到二十九日拂曉，在優勢敵人的強攻下，新二十九師先頭部隊傷亡殆盡。後續部隊仍繼續零星開往前線，由於失去了指揮系統，到一車被消滅一車，慘不忍睹。

四月二十九日下午，日軍終於佔領臘戍，大量來不及運走的軍需物資落入敵手。更爲嚴峻的是，日軍在戰略上切斷了中國遠征軍回國的主要通道。從此，中國遠征軍無可挽回地走上了總潰敗的道路。

日軍佔領臘戍，切斷中國遠征軍回國主要通道後，又佔領了八莫和密支那，中國軍隊回國之路被堵死。留困緬甸的部隊破壞重型裝備後，開始在原始森林中轉戰，六月八日進入印度。

日軍攻佔臘戍後，日軍大本營發出「攻佔臘戍後繼續以主力沿滇緬公路向怒江一線攻擊」的命令。但日軍第五十六師團認爲當面守軍新二十八師和新二十九師戰鬥力不強，不會組織堅強的抗擊，因而只動用了一個步兵聯隊和一個戰車聯隊組成快速攻擊隊，沿滇緬公路向滇緬邊境和怒江一線掃蕩前進。第五十六師團主力則沿臘戍、新維、木姐、南坎、八莫、密支那道路向密支那方向突進，以切斷中國遠征軍另一條主要退路。侵緬日軍第十五軍軍部同意了第五十六師團的決心和處置，並命令第五十五師團和第三十三師團，向密支那及其以西二百多公里的塔曼提一線追擊，企圖在緬境圍殲中國遠征軍。

此後，中路日軍第五十五師團和第十八師團加緊了對尙在曼德勒地區的中國軍隊第五軍的攻擊。

五月一日，在曼德勒的中國遠征軍全部撤往伊落瓦底江西岸，並將伊江大橋破壞。曼德勒於當日失陷。第五軍新二十二師、第九十六師和第六軍第三十八師徒步輪流掩護撤退，按計畫往八莫、密支那地區撤退，準備由此歸國。

同日，日軍快速部隊打到滇西邊境。五月三日，日軍第五十六師團分別侵佔了滇西邊境重鎮南坎、八莫和畹町。接著，日軍又相繼進佔芒市、龍陵，於五月五日前趕到怒江惠通橋西側，守橋部隊匆忙炸橋，接著奉命增援的第七十一軍先頭部隊第三十六師從昆明趕到。中日兩軍於是隔怒江對峙。

五月十一日，宋希濂奉命指揮從昆明移防滇緬邊境的第十一集團軍反攻滕衝、龍陵。與敵激戰數日，由於沒有炮兵配合，加上後勤也跟不上，沒有達到預期目的。五月底，主力撤回怒江東岸，固守怒江，只留一部份軍隊在西岸打游擊。這種局面一直持續到一九四四年五月大反攻。

位於景棟一帶的第六軍於四月三十日獲悉臘戍失守，軍長甘麗初認定局勢已經惡化，決定第六軍全軍向景棟附近的緬、泰、老邊境轉移，並派劉觀隆支隊破壞了通往泰國北部、大高等處的公路，使景棟成爲獨立的區域，以便固守。爲了切斷第六軍的歸路，緬泰老邊境的日軍和泰國的僞軍，時常以小部隊襲擊中國遠征軍，均被擊退。

這樣，相繼入緬的第一路中國遠征軍三個軍僅剩下中國軍隊中最精銳的第五軍，及隨其行動的第六十六軍新編新三十八師尙被重重圍困在緬甸境內。

五月六日，向北轉移的中國遠征軍長官部獲悉畹町、龍陵等地失守的消息，認爲再按原定計畫撤退將極爲困難，因而史迪威和羅卓英決定，將沿鐵路兩側向密支那撤退的第五軍等部隊改爲向印度撤退，因此連續兩次電令第五軍。但杜聿明不願退入印度，仍希望率部返回國內，鞏固邊境防禦。當時因部隊尚在移動之中，通信不暢，尚不知八莫失守。次日，杜聿明接到蔣介石的電示，同意了他率部由密支那方向撤到騰衝，還要他們迅速行動，勿再猶豫停頓。於是第五軍和新編第三十八師依然按原計畫向密支那方向轉移。中國遠征軍司令部則於七日開始從曼西撤退。史迪威帶中、美少數人徒步西行，於二十四日抵達印度丁蘇基，改乘飛機去新德里。羅卓英率長官部人員一面收容一面前進，於二十三日抵達印度因帕爾。

五月八日，日軍快速部隊攻佔密支那，中國遠征軍主力最後一條回國通路也不復存在，從此陷入了絕境。

得知八莫、密支那等地均爲日軍佔領之後，杜聿明感到形勢嚴峻，爲迅速擺脫敵人，他下令各部從曼密鐵路以西向孟拱大洛之線轉進。五月十三日，各部破壞重型裝備後，開始進入山區，徒步前進。此後各師即失去掌控，各自行動。

緬北胡康河地區，包括那加山以東大洛盆地及新平洋盆地，都被原始森林覆蓋，古木參天，不見天日，中國歷來稱之爲野人山。爲了避開日軍鋒芒，杜聿明決定率新編第二十二師穿越杳無人煙、不見天日的熱帶原始密林，翻越野人山，向祖國轉進。這是一條佈滿死亡陷阱的道路，一直以來，很少有人活著走出野人山這座神秘而猙獰的原始大山。

爲了回到祖國，中國遠征軍不得不踏上了這條充滿了艱險的行程。時值雨季，山洪暴發，蚊蠅螞蝗爲害，疾病流行，還要衝過日軍設置的一道道封鎖線，躲過日軍飛機的盤旋搜索，擺脫日軍的沿途追擊，在沒有補給的艱苦環境裏掙扎著前進。

杜聿明親率新編第二十二師輾轉在滇緬印邊境的野人山區，曾一度迷失方向，後來蔣介石採納史迪威的意見，派飛機空投地圖，方使杜聿明部隊找到出路，於五月三十一日到達清加林卡姆特，這時已接近印度了。當天蔣介石來電，要求第五軍餘部不再折返雲南，而應經太洛、新平洋向印度雷多轉移。又經過一個月的艱苦跋涉，他們才輾轉到達新平洋。七月二十五日，抵達印度東部的阿薩姆省的雷多附近。新編第二十二師到達印度時，全師由九千人減少到三千餘人，餓死病死過半，杜聿明本人也險些染病身亡。

第五軍第九十六師和軍炮兵團在得悉密支那失守後，雖然一度爲陷入絕境惶恐不安，終究在強烈的回國意願驅使下，也踏上了穿越野人山的征途。

他們經孟拱、孟緩於六月十四日到達葡萄。此後，第九十六師又輾轉兩個多月，才走到中緬邊境，翻越高黎貢山，於八月十七日到達劍川。第九十六師在回國途中死亡一千五百多人，回國時僅剩三千多人，副師長胡義賓在率部掩護主力撤退時中彈身亡。

第五軍第二〇〇師於四月二十五日在棠吉地區結束戰鬥後奉命向北轉進。五月十日，該師與第五軍補訓處會合，並收容第六軍兩個營和新二十八師一部。在第二〇〇師北撤的道路上橫亙著兩條河流和三條公路，以及日軍設置的重重封鎖線。沿途城鎮有很多華僑與部隊同行回國，他們爲部隊當嚮導做翻譯，給部隊很大的幫助。

五月十八日夜，第二〇〇師在穿越封鎖線時，遭遇伏擊。密林激戰中，師長戴安瀾胸腹各中一彈，第五九九團團長柳樹人和第六〇〇團副團長劉傑陣亡。五月二十六日，在緬北距祖國只有二百多公里之地的茅邦村，戴安瀾困缺乏藥物醫治，傷口化膿潰爛殉國，時年三十八歲。

戴安瀾犧牲後，全師在副師長高吉人的率領下，於六月二日穿越八莫和南坎間公路，進入騰衝，十八日，渡過怒江。

第二〇〇師官兵經歷了穿越野人山的折磨。白日爬山，夜間露營，吃的是野果，喝的是生水，加上螞蝗叮咬，疾病叢生，死亡日益增多。特別是跟隨回國的僑胞，因傳染病而亡的人數更超過部隊。第二〇〇師出國時九千多人，回國時僅剩下四千多人，減員達一半以上，其中三千多人是在撤退時傷亡的。

當第五軍向北撤退時，日軍再度增兵，完全切斷了溫佐、八莫和臘戍的公路，鑒於南亞雨季將至，新編第三十八師放棄穿越野人山回國的計畫，折向西北行軍。孫立人指揮全師將士，布疑陣，出奇兵，擺脫日軍的圍追堵截，於六月八日撤到印度恩帕爾。

日軍全力攻擊中國遠征軍主力部隊同時，也下決心奪取第六軍防守的景棟。五月中旬，日軍不斷向大高、泰緬邊境增兵。甘麗初綜合各方面情報得知，第六軍已處於敵人的三面包圍之中，遂直接致電蔣介石和何應欽，請求放棄景棟，退往滇南，堅守國境，此要求很快獲得批准。隨後，第四十九師撤至南嶠，暫編第五十五師及劉觀隆支隊撤至車里，軍部撤至佛海，第九十三師擔任全軍的後衛，最後撤至打洛。

緬甸戰役，中國軍隊遭受巨大損失，近十萬精銳部隊，折損過半，美式軍械也大部損失。盟軍在緬甸戰場的失利，導致日軍完全控制了滇緬公路，切斷了西南最大的援華通道，中國的持久抗戰面臨新困難。蔣介石對此十分痛心。

中國遠征軍應英、美之請入緬援英作戰，從三月初先頭部隊到達同古參戰，至八月間撤出緬甸，歷時近半年，轉戰一千五百公里。在許多局部戰鬥中，曾多次挫敗日軍，使日軍遭到自南進以來少有的打擊，給英軍以及時、有效的支援，並創造了同古防禦戰、仁安羌解圍戰以及斯瓦河沿岸阻擊戰等出色的戰例，贏得了中外人士的讚譽和欽敬，爲世界反法西斯戰爭做出了一定的貢獻。但由於中英戰略目標不一致，中英聯軍缺乏協同以致貽誤戰機，中國遠征軍的浴血奮戰並沒有挽回緬甸戰場的頹勢，也沒有達到與英軍協守緬甸、保衛滇緬路的戰略目的。

第一次入緬對日作戰失敗後，蔣介石強烈要求中、美、英三國確實合作，迅速反攻緬甸和開闢新的援華交通線。不久便開闢了中印「駝峰」航線，並就反攻緬甸問題進行了協商，一年以後，以壯大的中國遠征軍爲主力，展開了緬甸反攻作戰。

第八章 豫、湘、桂大潰敗

一、豫中會戰，連失重鎮

一九四四年，日軍華北方面軍依據《一號作戰綱要》，制定了豫中會戰計畫，河南戰火烽起。駐河南的湯恩伯部在中央指示下，對日軍進行了抵抗，但節節潰敗。五月九日，日軍會師確山，打通平漢線。

一九四三年是第二次世界大戰中具有根本性轉折意義的一年，歐洲、太平洋兩大反法西斯戰場同步進入了戰略反攻階段。從一九四二年下半年起，隨著中途島、瓜島諸戰役和所羅門海戰的失利，日軍在太平洋地區不得不由攻勢轉爲守勢。一九四三年，美軍在新幾內亞等地進行反攻，切斷了海上交通，使得南洋一帶近五十萬日軍陷入孤立無援之境。

日軍大本營爲了扭轉戰局，擺脫困境，便將突破點放在了中國，以期通過控制中國大陸，將被切斷海上交通的南洋五十萬日軍聯繫起來，並利用這一領域內的豐富資源，以從事長期戰爭。於是，日本制定了《一號作戰綱要》，在中國九百六十萬平方公里的大地上，發動了一場貫通南北、連接南洋交通線和摧毀美國空軍基地的大規模軍事行動——豫湘桂戰役。

一九四四年二月，日軍華北方面軍按照大本營的《一號作戰綱要》，開始研究制定打通中國大陸縱貫平漢鐵路南部沿線地區的計畫，即豫中會戰計畫。

三月，華北日軍開始秘密搶修黃河鐵橋，重建邙山頭據點，並將平漢鐵路北段由小冀修至黃河北岸。至四月中旬，日軍在博愛以東、新鄉以南黃河北岸地區、開封附近地區、垣曲地區迅速集結，並將鄭州以北黃河大鐵橋完全修復，隨時準備向豫中發起進攻。

中國第一戰區在汜水、廣武、鄭州、中牟、尉氏河防一線，和許昌、遂平之平漢鐵路沿線，以及密縣、臨汝、襄城、洛陽等縱深地區，部署有八個集團軍共十七個軍四時餘萬人。其中多數屬湯恩伯部，是蔣介石的中央嫡系部隊。第一戰區在察覺日軍的大規模進攻企圖後，進行了一定的準備，計畫以沿河防及平漢鐵路線地區構成守勢地帶，憑藉據點工事阻擊日軍，以縱深地區構成攻勢地帶，待機向深入豫中之日軍實施反擊。

四月十七日夜，日軍第三十七師團兵分左右兩翼向中國軍隊的陣地撲來。午夜時分，中牟西南方響起了激烈的機槍掃射聲，日軍醞釀已久的一號作戰計畫進入正式實施階段。

十八日拂曉，正面日軍在飛機掩護下向中國軍隊暫編第二十七師的陣地猛攻。經過八個小時激烈對抗，日軍突破了中國軍隊陣地，大隊人馬開過了黃河。

此時，日軍雖衝破黃河防線，但立足未穩。中國軍隊決定展開反攻。除了暫編第二十七師固守已有陣地外，暫編第十五軍軍部直屬部隊和新編第二十九師之第八十六團則北上迎敵，用迫擊炮和手榴彈給日軍以較大的殺傷，軍長劉昌義親率兩營步兵襲敵側面，但寡不敵眾沒能扭轉戰局。

十九日拂曉，敵先以炮兵轟擊，後又以步騎兵二千餘人向邙山頭守軍預第十一師的陣地，在飛機和毒氣攻擊地掩護下猛撲。守軍預十一師一個營奮起抗擊，激戰至中午，陣地全被摧毀，營長王鑫昌以下三百餘人全部英勇犧牲。次日拂曉，日軍六千多人（**以第一一〇、第六十二兩師團和獨立混成第九旅團為骨幹**），在數十門大炮和四十餘架飛機的掩護下展開了全面攻擊，接連攻下多處。

日軍主力渡過黃河後，分路南侵。日軍第三十七師團一部夜間偷襲於十九日凌晨迫近鄭州城。守衛鄭州附近的中國軍隊計有第八十五軍，第一一〇師各一部及第七十八軍的三個團，直至日軍突襲隊用繩梯攀登城牆，才發現敵情，倉促應戰，僅經過一個小時的抵抗，連接平漢和隴海兩大鐵路的重鎮鄭州於二十日下午丟失。

同日，一部日軍進抵和尚橋，切斷了新鄭和許昌的交通。次日，三千日軍在飛機大炮的掩護下，與進抵和尙橋的部隊合進新鄭。中方守軍新編第四十二師一二五團與敵血戰三小時，連長以上軍官陣亡十人，士兵傷亡過半，新鄭於當天下午失陷。接著，尉氏、鄭縣、洧川、長葛、廣武泛區、滎陽等地也相繼失陷。

爲適應河南戰場的新形勢，四月二十二日，湯恩伯將所轄兵力分爲南北兩兵團。南兵團以李仙洲爲指揮官，統轄部隊以第十二、第二十九軍爲主力；北兵團以王仲廉爲指揮官，指揮第十三、第八十五軍。二十二日至二十三日，在大炮配合下，由中牟渡河的和由邙山頭渡河的日軍進至密縣境內。二十三日夜，密縣縣城失陷。

至此，日軍輕而易舉地突破了中國軍隊在黃河沿岸形同虛設的黃河防線，佔領了黃河南岸平漢線上的一些重要據點。其預期的打通平漢線的第一期會戰已經完成，牢牢掌握了河南戰場上的主動權。

從四月二十五日起，集聚在新鄭、密縣的各路日軍開始繼續南侵。二十九日，一萬多名日軍在一百五十多輛戰車和汽車的配合下，完成了對許昌的包圍。二十九日夜，日軍第六十二師團率先行動，不費吹灰之力便攻佔第二十師防守的潁河兩岸陣地，掩護其他部隊迅速南下。四月三十日拂曉，在炮兵、航空兵支援下，日軍開始發起攻擊。守軍新二十九師依託工事頑強抗擊，日軍傷亡甚眾。但是在日軍強大攻勢下，守軍傷亡慘重，電台被毀，對外通訊中斷，工事也多被毀壞。日軍第三十七師團第二二五聯隊及戰車第三師團第十三聯隊，分別由許昌城西和城南突入城內。經過慘烈的巷戰後，新二十九師不得已於當夜在城東北角突圍，突圍過程中，師長呂公良陣亡，團長以下軍官傷亡三分之二以上。隨後，殘部逐次向葉縣方向轉移。五月一日上午，做為河南平原中心、水陸交通樞紐的許昌城陷入敵手。

湯恩伯趁日軍攻打許昌之時，派第二十八集團軍司令李仙洲麾下的兩個軍約一萬人，急速北上，攻擊南下的日軍側面。但日軍在攻擊許昌的同時，也向進至潁橋鎮一帶的中國機動部隊發起了攻擊，並於當日夜間佔領了潁橋鎮。中國軍隊第二十、第九十一師又對這一帶陣地發動猛烈反攻，但日軍兵力有步騎近八千人，炮二十餘門，汽車二百餘輛和坦克二十五輛，火力十分凶猛。至五月二日，這兩個師未能抵擋住日軍的強大攻勢，陣地盡被突破，第二十師官兵傷亡逾半。許昌既陷，機動部隊又遭沉重打擊，湯恩伯的這個側擊計畫以失敗告終。

隨著中國軍隊日益陷入被動局面，五月一日，蔣介石指示湯兵團以一個軍死守禹縣縣城。據此，湯恩伯於次日開始重新調配部隊：第十二軍集結於郟縣、寶豐地區，第七十八軍推進襄縣，第八十九軍集結在漯河郾城一帶（以上為南兵團）。北兵團之第十三軍主力集中在白沙等地區，第八十五軍將登封、臨汝陣地的守備任務交第九軍接替後集結登封，第二十九軍固守禹縣。

中方作戰佈署的變更，迫使日軍修改了其作戰計畫。自五月一日起，日方第十二軍主力便以許昌爲軸心開始面向西北的大迂迴攻勢。同時，日方又派第二十七師團和第三十七師團的部份兵力繼續南下，目標首先指向郾城，以圖最終打通平漢線。

郾城的守衛軍隊是第八十九軍的新一師和第十五集團軍麾下的騎兵第三師。五月二日，四千五百名日軍在僞軍和四架飛機及二十餘門大炮的配合下發起攻擊。戰爭剛開始，騎三師即陣亡連長以上軍官四十多人。次日，新一師守衛郾城以北三里廟的一連官兵全部戰死。五日中午，日軍衝進東關，隨即佔領全城。是役日軍傷亡一百五十人，僞軍數百，守軍官兵傷亡及被俘者自副軍長、參謀長以下五百餘人。

爲保證打通平漢線，日軍中國派遣軍還令第十三軍第六十五師團，由安徽蚌埠方面沿新黃河泛區西岸向阜陽方面進攻，以牽制中國軍隊的第十九集團軍隊大慶部，及第十五集團軍何柱國部。迎擊日軍第六十五師團的中國軍隊，是由廖運澤指揮的騎兵第二軍、暫編第一四四師、第三十師的混合部隊。

這支日軍一路西進，並未遇到激烈的抵抗。四月二十七日，中方騎兵第八師曾在潁上地區，從正面和側面對進攻之敵發起反攻，中國軍隊傷亡甚重，潁上很快告失。五月二日，日軍分三路向潁上西北的十八里鋪等地進攻。中國守軍選拔四百多名精幹官兵，連夜攜重機槍乘日軍立足未穩實施反攻，最後將十八里鋪克復。日軍第六十五師團於七日停止了攻擊，五月十三日，渡過淮河，返回了陣地。

在平漢路正面，攻下郾城的日軍以第二十七師團爲主力繼續南下，當晚攻下遂平，此後再未遇到抵抗，九日與信陽方面北上的一支日軍在西平會師，最終完成了打通平漢線的計畫。

打通平漢線後，日軍繼續攻進，在佔領禹縣、襄城等戰略點後，向湯恩伯部進攻。但戰至五月上旬，仍未殲滅湯部。五月十日，在繼續圍殲我第一戰區的同時，日軍主力進攻洛陽。二十五日，洛陽陷落。

自許昌向西迂迴的日軍第十二軍主力，首先將目標指向禹縣。五月三日拂曉，第六十二師團一萬多名日軍在二十多輛戰車的配合下，對禹縣實施了包圍攻擊，三萬多中國守軍，放棄陣地向西方和西南方逃去。不到一天時間，日軍便攻下了禹縣。同日，日軍近萬人，在戰車和大炮的配合下，猛攻襄城，深夜佔領該城。

攻打禹縣的同時，日軍第三坦克師團的六十多輛坦克、裝甲車和三百多輛汽車，又對郟縣的中國第十二軍和第八十一師展開進攻。中國第二十九軍、新編第四十三師、暫編第五十五師分別從東北、東南、西南三面出擊，策應守城的部隊。中午時分，十多架日機趕來轟炸，守軍第八十一師遭到重創，向寶豐一帶退去。

佔領郟縣後，日軍又向臨汝發起攻擊。湯恩伯急令駐守登封的第八十五軍迅速增援臨汝，協同四十七師守城備戰。同時，守軍第三十八軍第十七師一部協同新三十五師向方家嶺附近的日軍第一一〇師團開始進攻。但日軍正面牽制中國軍隊主力，從汝河南岸迂迴進攻，中國軍隊的防禦計畫很快落空。日軍第一一〇師團在五月四日攻入登封西北的聖水附近，切斷登封與偃師的交通。日軍第三師團在中國第八十五軍尚未到達臨汝前，於五月四日拂曉攻佔了臨汝。

臨汝告失後，日軍已深入到中國軍隊主力的背後。加上其他重鎮的接連丟失，湯恩伯部被包圍在一個東西（禹縣至臨汝）六十公里，南北（登封北側至郟縣）七十公里，周邊一百八十公里的狹小地域內。日軍企圖將其圍殲，情況十分危急，但山巒起伏的伏牛山脈挽救了中國軍隊，日軍機械化部隊在此難以靈活運動，加上兵力不足，這就限制了它圍殲計畫的實施，最後只好眼睜睜地看著中國軍隊撤退。

爲了不給中方軍隊以喘息的時間，日軍繼續沿臨汝鎮－白沙－龍門街－洛陽的路線疾進。突破各次抵抗之後，於五日開始兵分三路進攻：一路攻東龍門山，一路攻西龍門山，一路則渡過伊河，突破攻擊。在這一線上，中方的抵抗較爲頑強，三次白刃戰過後，日軍傷亡慘重，戰車被毀數十輛。七日，中方第八十五師突然發起反擊，克復了七〇五〇高地，但在日軍重炮和飛機的轟擊下，陣地再次被轟陷，該師犧牲過半，其後副師長親赴陣地督戰。楊溝砦陣地失陷後，該師派百餘人組成的敢死隊繼續爭奪，最後傷亡殆盡，龍門一帶盡入敵手。

至五月上旬，自許昌向西迂迴的日軍實際上並未達到圍殲湯恩伯部主力的目的。爲此，日本華北軍方面於五月十日下達規模更大的攻擊命令，即以東、西、南三方面的互相呼應，「圍殲第一戰區軍，進而攻擊洛陽。」

這時，以洛陽爲中心的中國軍隊集結了第一戰區的第四、第十四、第三十九集團軍的四個軍六個師，但其編制大多殘缺不全。第十二、第十三、第二十九、第八十五各軍，也由南方山地向伊陽一帶開來，以期對日軍進行側擊，掩護洛陽的守軍。

五月九日夜，日軍第一軍第六十九師團從垣曲及其以西一帶強渡黃河，於十一日攻佔英豪、澠池。日軍在澠池獲得了大批糧食、彈械，並切斷了隴海路的交通，洛陽守軍陷於孤立。

這樣，這支日軍的南下，不僅使中國軍隊在洛陽夾擊敵人的計畫徹底破滅，而且也使中國軍隊遭受了來自東、西、南三面敵人的夾擊。中國軍隊主力在驚慌之中，紛紛向洛河河谷和北面的洛寧方面逃去。至此，日軍已擊潰了第一戰區的主力，但是已成孤城的洛陽依然在中國軍隊手裏。

洛陽，做爲第一戰區的大本營，自一九三七年抗日戰爭爆發以來，國民黨軍隊就比較注意對其防守。洛陽城北面以上青宮和白馬坡爲中心，利用溝壕修築了反坦克壕和混凝土火力點，南面也修有長長的反坦克壕和火力點，城內更是碉堡林立。這些工事都以地道相連，形成了較爲堅固的防禦陣地。城內守軍共約一萬四千人，其具體部署是：第十五軍的第六十四師守西工區，第六十五師守邙嶺區，第十四軍的第九十四師守備城防區。五月八日，蔣介石兩次通過電話命令洛陽及附近守備部隊，「應死守各地該區十至十五日」，並要充分準備電台，多囤糧彈，注意巷戰設備等。

中國軍隊希望能在洛陽堅守，但日軍也發動了前所未有的猛攻。洛陽是中國的文化古都，日軍爲保障平漢路安全通車，防止中國軍隊由潼關向河南反擊，急於奪取洛陽做爲屏障。五月九日起，日軍坦克師團主力的百餘輛坦克，以及步、騎、炮兵數千人，沿公路由龍門方面北犯。渡過伊河和洛河後，於十一日發起對洛陽外圍的攻擊。七里河一帶的守軍憑工事與日軍展開激戰，守軍的頑強抵抗使日軍很快地從正面敗退下來。於是，日軍在夜間使出慣用的迂迴側背攻擊的戰術，至次日凌晨佔領七里河。同日，日軍一部在洛陽東南發動攻勢，但立即就在中國守軍的狙擊下敗下陣來。

天黑以後，日軍將攻擊重點放在西關，步兵、工兵在三十輛坦克配合下，從西南角突入了城中，但在守軍炮火轟擊下無法展開攻勢。守軍與之在西關一帶展開巷戰，逐屋爭奪。佔據二樓的守軍甚至將腳下的地板鑿穿，以手榴彈攻擊進入一樓的日軍。突進城內的日軍一個大隊，兩名少尉被打死，其他軍官也大多被打傷。

五月十二日，木村千代太率步兵第五十九旅團佔領澠池，切斷隴海線，同時，日軍第十二軍發起對洛陽的攻擊。中國軍隊第三十六集團軍，依託陣地殘損的工事，甚至把整袋的食鹽和大米等也搬來充做障礙物進行頑強抵抗。戰鬥到後來，市內通訊聯絡全部中斷。

爲早日攻下洛陽，日軍全面封鎖了洛陽城，以迫中國軍隊自動投降。日軍前線指揮官曾試圖通過白馬寺的和尚來勸降守軍，但遭斷然拒絕。十八日，日軍開始全面攻擊。守軍憑藉牢固的防禦陣地，使日軍無法推進。儘管上青宮、西寺坡一帶在十九日一天之內遭到兩次重炮和飛機的猛擊，但仍爲守軍固守。這一天，日軍三次攻入洛陽城關，均被中國守軍打退，敵人遺屍七百多具，戰車十餘輛被毀。中國守軍第九十四師三千多將士傷亡，第十五軍傷亡也很重。二十二日夜，洛陽爲日軍佔領。

進入五月下旬後，洛陽已成了河南戰場上的焦點。日軍的勸降再次爲守軍所拒絕。二十四日，日軍第十二軍司令官親自指揮，以第六十三師團和坦克師團爲主力分別自西北角、西關、東北角、東關、西南角等地突破進城，全城陷入混亂。在巷戰過程中，守軍依託既有的陣地以機槍火力和手榴彈給日軍以較大殺傷。到二十五日，守軍彈盡糧絕，各處通信斷絕，撤出陣地，洛陽城最終落入敵手。

豫中會戰進行了三十多天，日軍打通了平漢路南段。中國軍隊，第一戰區在此戰中傷亡官佐八百一十七人，士兵一萬八千三百二十七人，日軍傷亡四千多人，河南全省淪陷。第一戰區司令長官蔣鼎文和副司令長官湯恩伯均被免職。

一九四四年五月，日軍華北方面軍在佔領洛陽後，向豫西方面進犯。中國第一戰區部隊進行了防禦作戰。宜陽、韓城、洛寧、陝縣等相繼失陷。三十六集團軍總司令李家鈺在戰鬥中壯烈殉國。

爲了圍殲第一戰區的中國軍隊主力，日軍佔領戰略要地後，攻勢未減。當龍門高地失守，洛陽周圍的守軍紛紛向西南方向撤退時，日軍立即向盧氏縣派出部隊截擊。中國第一戰區部隊在河南省西部山區對日軍華北方面軍所在部隊，進行了防禦作戰。

盧氏縣，地處河南省西部邊陲，與陝西省洛南、丹鳳、商南三線相接，橫跨崤山、熊耳山、伏牛山三大山脈，處在公路交通要塞上，連接著靈寶平地和洛陽河谷。盧氏縣是陸路交通中心，加上修有飛機場，其戰略地位重要。

五月十日，日軍第三十七團組成的盧氏挺進隊，於五月二十日黎明渡過了洛河，向盧氏縣發動了突然襲擊。日軍衝入城內破壞守軍軍事設施，炸毀設在磨山的彈藥庫。

洛陽爭奪戰還在激烈進行之時，日軍的主力追擊作戰也於五月十三日打響了。日軍沿著嵩盧公路、洛盧道路、隴海線向西撲去，徹底打亂中國軍隊退往豫西的計畫。在日軍瘋狂地圍追堵截之下，中國軍隊雖有反抗，但是在敵人強大火力之下，也只能偃旗息鼓。

一九四四年五月，日軍發動宜陽戰役。宜陽是洛陽通往潼關的南道，歷來是兵家必爭之地。爲了將敵人阻擋在宜陽，根據第一戰區司令部的部署，段村及相鄰陣地由四十軍陳振清師駐守，守軍共一萬人。宜陽縣城則

▸▸ 李家鈺

李家鈺，一八九二年生，字其相，四川浦江人，著名抗日將領，民族英雄。早年畢業於四川陸軍軍官學校第三期，歷任排、連、營、團、旅、師長。一九三七年抗日戰爭爆發後，任第四十七集團軍軍長，所在部隊編入第二十二集團軍。李家鈺率部奔赴山西，在東陽關、黎城、長治一帶佈防，後又向晉東南轉移，屢次擊退敵軍。一九三八年後任第二十二集團軍副總司令，一九四〇年因功升任第三十六集團軍總司令，率部南渡黃河，負責在陝縣、靈寶一線布守河防。一九四四年四月，率部守衛陝縣一線，十八日，因日軍攻佔陝縣率部轉移至秦家坡時，中敵埋伏，壯烈殉國。時年五十二歲，被國民政府追任為陸軍上將。

由一一七師三五二團約五百人駐守。韓城由第四十七軍一個團駐守。九十六軍約三百餘人和三十八軍後勤部駐穆柵。五月十四日，日軍坦克第三軍團擔任主力，在第三聯隊、炮兵第三大隊、吉它大隊的配合之下，企圖從下河頭攻破守軍防線，攻佔段村。但是由於第三聯隊、第三大隊、吉它大隊遇到暴雨未及時趕到，日軍坦克第三軍團進入我軍射擊區，被摧毀坦克達到三分之一。

與此同時，日軍騎兵第四旅團，突破伊河、洛河，經白楊、趙堡，當晚八時，日軍先頭部隊二十六聯隊到達四嶺頭，遭到中國守軍的頑強阻擊，雙方形成對峙。隨後日軍繼續增兵，十四日九時許，第六十二師團第十四大隊（田村大隊）、長鋒中隊、前田迫擊炮隊由田村統一指揮，從側翼乘虛到達縣城。中國守城官兵只有五百人，這時，城中義士數千人自發上城參與守城。日軍倚仗強大火炮於十二時攻入城中，守軍和義士與日軍在雨中展開巷戰，擊殺日軍指揮官司田村中佐。激戰到晚上，守軍及義士陣亡過半，分散突圍。

十四日當夜，日軍一一〇師團第一三九聯隊到達石陵地區。日軍三十七師團從嵩縣出發，襲擊穆柵關，駐穆柵的中國九十六軍約三百餘人和三十八軍後勤部與之血戰，傷亡近半，其餘被俘，慘遭屠殺，此即穆柵大屠殺。遇難者中包括第十區聯師（今洛陽師院前身）青年學生二百人和裴昌會將軍的妻女，總數超過一千人。

五月十五日凌晨，日軍旅團長中島德太郎少將率坦克第三軍團、第三聯隊、炮兵第三大隊、吉它大隊向段村發起猛攻。從早上八點到下午三點，守軍打敗日軍的兩次進攻，戰鬥到下午六點，日本發動第三次進攻。日軍坦克攻入守軍陣地，守城官兵與日軍白刃格鬥直至深夜。後來中國守軍僅有約二千人突圍。日軍佔領段村陣地。

同日駐宜陽的日軍開始進迫韓城，我第四集團軍第三十八軍一部與敵苦戰。十六日，駐連莊的日軍進抵洛河南岸，第三十一集團軍第十三軍一部向北渡過洛河，一部向南轉移。日軍沿洛河南岸西進，與第三十九集團軍新八軍預備第八師在長水接觸，發生戰鬥。十七日，洛寧陷落。此後，中國守軍各部屢次遭到日軍攻擊，不得不經洛寧西北山區、洛河以南向西轉移。第三十九集團軍一面阻擊由澠池南犯的日軍，一面掩護第三十六集團軍向西轉移。

宜陽、韓城、洛寧相繼淪陷後，陝縣告急。李家鈺指派五三二團開赴鐵門附近，掩護第四集團軍孫蔚如部撤退。十四日，五三二團團長彭仕復派第一營營長楊克昌率部扼守兩郁山，抗擊西進日軍。第三營營長梁俊範率部扼守金門岩牛心寨，抗擊由澠池東進的日軍。金門岩戰鬥激烈，彭仕復又加派第二營支援。激戰至下午，彭仕復壯烈殉國，團部二十多人，除一位副官成功突圍外，全部爲國捐軀。

五月二十一日，第三十六集團軍總部在李家鈺總司令率領下，行至秦家坡與日軍在陝縣相遇，誤入日軍埋伏圈，李家鈺指揮特務營搶佔陣地還擊。日軍居高臨下，總部機關隊伍暴露在日軍火力下，李家鈺不幸中彈身亡，很多高級將領被俘。一〇四師師長楊顯名率苟代華營馳援秦家坡，將日軍趕回坡頂，搶回李家鈺將軍遺體，連夜運至靈寶縣南裝殮。

隨著中國戰敗軍隊一路西逃，日軍漸入豫西山地中。蔣介石急令第八戰區增派部隊東來參戰。五月底，第八戰區援兵與第一戰區的退兵集結在靈寶一帶。日軍第一軍決定以現有兵力，再次發動攻勢，以殲滅中國軍隊主力。華北方面軍司令官岡村寧次派十二軍一部前往支援。

爲了掌握主動權，五月二十七日，中國軍隊率先發起反攻，六月一日，又發動總攻擊。猛烈炮火指向日軍據守的險山廟高地，使日軍傷亡達三分之二。六月五日，中國空軍的猛烈空襲，使草廟等處的日軍兩個大隊傷亡八十多人，中國軍隊猛烈的炮擊，也使三角山的日軍大隊一開始就被炸死二十二人。原李家鈺所部官兵頭纏白布爲復仇而反攻。他們利用靈寶一帶複雜的地形進行了頑強抵抗。中國軍隊頑強的反擊，極大地震驚了日軍。在中國軍隊的頑強抵抗下，日軍不得已放棄了這次攻勢，分批退回山西境內。敗退途中，日軍「地」兵團司令官被地雷炸死，這是日軍發動「一號攻勢」以來被打死的最高級別的指揮官。

豫中會戰，國民黨投入兵力約四十萬人，在歷時近四十天的戰鬥中，丟掉包括鄭州、洛陽、許昌等中原重鎮在內的城市三十八座。中國軍隊戰死約三萬七千五百人，一萬五千人被俘。日軍投入兵力六萬人，戰死約八百五十人，約二千五百人受傷。通過此次會戰，日本不僅打通了平漢線，而且控制了河南境內的隴海線，爲其下一步進攻奠定了基礎。

二、長衡會戰，長沙衡陽陷落

根據「一號作戰」計畫，一九四四年五月二十七日，日軍向中國軍隊第九戰區進攻，長衡會戰爆發。日軍使用了對華開戰以來最大的兵力。指揮官薛岳依舊按「天爐戰法」部署應戰，長沙被日軍輕易佔領。

在平漢線作戰結束後，根據「一號作戰」計畫，日軍立即著手進行長衡會戰準備。為了此次會戰，日軍抽調二十餘萬人的兵力，同時還配有一個騎兵聯隊、四個獨立炮兵聯隊、一個野戰炮兵聯隊、三個獨立工兵聯隊、二個鐵道兵聯隊、戰車第三師團一部，以及汽車三千餘輛，飛機六百餘架，這是日本對華開戰以來最大的一次用兵。

隨著日軍攻擊的態勢日益明朗化，五月六日，軍委會致電第九戰區司令長官薛岳，望其拿出作戰方案，做好積極準備，並從第三、四、六戰區抽調兵力，在第九戰區集結了近四十萬兵力。薛岳在制定作戰計畫時，片面地認為日軍還會像前三次攻打長沙那樣，從岳陽等處發起正面攻擊，故依然採取了「天爐戰法」。

薛岳決定在湘江東岸新牆河、汨羅江、撈刀河、瀏陽河、淥水之間，在湘江西岸資水、嫣水、漣水之間節節阻擊，消耗敵人，控制主力於兩翼，在淥水、漣水北岸地區與日軍決戰。這一作戰計畫實際仍以長沙、瀏陽為中心，在當時得到了蔣介石批准。但是，日軍在一百多里寬的正面分三路進攻，還配有二線兵團。側翼迂迴的攻勢，一開始便在無形中瓦解。第九戰區四十萬的兵力，在日軍的多面穿插攻擊中，只能疲於應付。

五月二十七日，日軍兵分三路向第九戰區發起進攻，長衡會戰爆發。二十八日，蔣介石電令薛岳以現有兵力，準備在長沙附近與南犯之敵決戰。而此時的薛岳正在岳麓山指揮所，戰略仍然是以長沙守軍吸引日軍主力，再以外圍部隊對之實行反包圍，最後裏應外合將進犯的日軍消滅在長沙外圍。二十九日，守軍第二十軍在吸引中路日軍向通城、平江運動時，發現東路日軍從側後包抄過來，二十軍危急！西路日軍此時也穿過湖面障礙，在營田登陸，一時間汨羅江以北到處都是敵人，原計畫的中國外圍守軍反被分割包圍。薛岳的作戰部署頓時被全盤打亂，薛岳從岳麓山去了耒陽。五月三十一日，蔣介石雖然明白了日軍的攻勢，但仍認為日軍的目標只是長沙，電令第三、第六兩戰區，各用一軍參戰，並令軍委會轄各軍歸薛岳指揮參戰，並令第三、第六戰區各部不能擅自參加決戰。

戰鬥打響之後，東路日軍與在通城、平江的中國守軍發生激戰，於六月一日佔領平江。六月五日，東路日軍第三、十三兩師團已抵達瀏陽東北約五十公里的達滸市附近，第九戰區集結兵力，試圖在瀏陽以北圍殲日軍。六月九日清晨，第五十九、七十二、二十軍向瀏陽以北發動攻擊，給日軍第十三師團以突然打擊。日軍經過一陣騷亂之後，很快鎮定下來，集中主力進行反撲。在敵人大炮與飛機的協力攻擊下，守軍陣地一一淪陷，日軍很快地直抵瀏陽城下。

自六月六日起，第一五〇師被日軍困住，雙方陷於苦戰。十四日，三千餘日軍在十餘門大炮的配合下向城區發起猛烈攻擊，逼近核心陣地，與駐守長沙的第四十四軍在城區展開激烈的巷戰。最後守軍在軍長王澤俊的帶領下，向西突圍，瀏陽失守。隨後，由通城、平江南下的日軍經瀏陽渡過了瀏陽河。

西路日軍強渡洞庭湖之後，突破中方軍隊多次阻擊。六月四日，日軍一部衝向沅江城，一部同時在城南迂迴。五日，敵人猛攻沅江，並截斷了郊外與城內聯繫。第九十二師的一個營，孤軍奮戰，營長陣亡，沅江城失陷。

隨後，日軍繼續南侵，切斷了益陽至寧鄉間的交通，合力向益陽城撲去。守軍第七十七師於城郊內外展開狙擊，雙方苦戰四晝夜，陣地幾度易手。直到十三日，日軍從東南角突破。日軍繼續南下寧鄉，與中方第七十三、七十九軍展開猛烈交戰。十六日，日軍憑藉毒氣彈攻入城內，在城中與第五十八師一七三團展開了巷戰，團長身負重傷依然指揮軍隊作戰。在寧鄉爭奪戰時，中國空軍對日軍進行了猛烈攻擊，但未能遏制日軍南下攻勢。

中路是進攻的重點所在，日軍一開始就投入了四個師團的兵力。日軍強渡新牆河後，率先突破了中國守軍第二十一軍的防禦陣地，五月三十日，便到達汨羅江北岸。守軍利用寬闊的河灘和懸崖構築了堅固的防禦陣地，埋設了大量地雷，憑藉這些工事與日軍展開激戰，給日軍以沉重打擊，僅第一一六師團的一個聯隊就死傷中尉以上軍官數名。從六月五日開始，第九十九軍利用小青山、大摩山有利地形帶給日軍的殺傷更大。至此，日軍傷亡人數已超過了一萬一千人，加之連日陰雨，行動困難，始終未能達到捕捉中國軍隊主力的目的。

三路日軍的大迂迴，使日軍很快突入到了長沙外圍陣地。六月十四日，日軍與中國暫編第二軍在株洲東南角交火。日軍於十五日突破守軍防線，佔領該地。十六日起，日軍第一一六師團以一個聯隊的兵力攻擊湘潭，該處三個師的防守兵力未做絲毫抵抗，棄城而逃，長沙被日軍四面包圍起來了。

第九戰區擔任防守長沙任務的，是第四軍所屬的第五十九、第九十、第一〇二等三個師。其中，第五十九、第一〇二師部署在長沙城，第九十師在岳麓山，第四軍破壞了城外的各處交通以限制敵人重兵器使用，城內防禦也在原有基礎上加固了。

薛岳從岳麓山溜走之後，防守長沙城的軍隊群龍無首。參謀長趙子立和第四軍軍長張德能、炮兵指揮官王若卿三人各自爲政，互不統屬，難以協調。爭執到最後，還是按照張德能的意見部署，將第五十九、第一〇二師用於守備城區（即湘江東岸），總體防守分成警戒陣地、前進陣地和主陣地，各以半圈形的態勢展開。第九十師防守湘江西岸的岳麓山陣地，並將炮兵主力也配備在岳麓山，另以一部配在城區，協助城區守軍作戰。口徑大、射程遠的重炮放在岳麓山，口徑小、射程近則部署在長沙附近。

六月十三日，日軍自銀盤嶺、望城坡以北地區向岳麓山陣地發起攻擊。六月十六日，日軍第三十四師團佔領了我第九十師前沿陣地。在敵軍的猛烈進攻下，守軍的反擊未能奏效。十七日，日軍進攻更猛烈了，很快佔領了岳麓山下的一個小山頭陣地，對主峰雲麓宮陣地形成威脅，第九十師組織幾次反攻，沒有成功。中午時分，在日軍步炮協同猛攻和數十架飛機轟炸下，岳麓山陣地危在旦夕，第九十師師長陳侃只得請求張德能派兵支援。

然而此時的長沙戰區也是一片戰火，第五十九師、第一〇二師自身難保。十五日拂曉起，日軍開始猛攻守軍的主陣地紅山頭及黃土嶺，守軍傷亡慘重，陣地連連告失。十六日，敵軍又以此爲突破口向城區猛撲。

在戰鬥中，日軍使用了加農炮，長沙防禦工事的地堡群在日軍猛烈的炮火打擊下支離破碎。岳麓山所部署的重炮，在日軍飛機和炮火的衝擊下，也變得默然無聲了。一日之內，長沙城區便丟失了三分之一。在中國空軍支援下，妙高峰、天心閣核心陣地暫時守住，日軍被迫停止攻擊，但戰況愈加不利於中國軍隊。

岳麓山、長沙城區告急，張德能決定轉移兵力，令五十九師、一〇二師主力全力支援岳麓山，只留一團守備長沙。

抽調命令下達之後，一些守軍疑爲退卻，不待安防部隊到達，便湧向河邊，開始了慌亂的渡江。張德能和各師師長，率先過江，隨後副師長、參謀長也早早溜之大吉，剩下渡江民眾的一片混亂。天明時，日軍發現渡江部隊，以大炮、飛機、機槍齊射江中，死於江中者不計其數。

奉命留守長沙的第八師第一七六團團長屈化平，見長沙守不住，便隻身溜走。第一七六團在副團長指揮下向南突圍一部份，未及出城和沒有過江的部隊稍事抵抗，便成了日軍的俘虜。

日軍十八日早晨衝上岳麓山頂，佔領頂峰雲麓宮陣地後，以百餘人的小股部隊直逼趙子立和王若卿的指揮所。趙、王丟下數十門大炮，向南逃去。第九十師各部大多不戰而潰，日軍輕而易舉地攻下長沙。日軍從十六日正式發起攻擊，到十八日上午佔領長沙，只用兩天時間。長沙失守，打破了國民黨軍隊在湘北與敵決戰的計畫，也影響了之後的整個抗戰計畫。

長沙失守影響了國民黨軍隊在湘北作戰的整個計畫。日軍突破長沙防線後，於一九四四年六月二十二日發兵衡陽，中國守軍雖兵力不足，仍然頑強地抗擊來犯敵軍。二十六日，日軍攻佔衡陽機場。

長沙的失守，打破了國民黨軍隊準備在湘北與敵決戰的既定計畫。六月二十日，中國軍隊修改了作戰目標：「以阻敵深入、確保衡陽爲目的，以一部在淥口、衡陽東西地區持久抵抗，以主力由醴陵、瀏陽向西，由寧鄉、益陽向東，夾擊深入之敵而殲滅之。」具體安排如下：第七十二、第五十八、第二十六、第二十、第四十四軍由醴陵東北方和北方發動攻擊；第三十七軍及暫編第二軍等在淥口、衡山間堅持抗阻，以阻敵深入；第七十三、第七十九、第九十九、第一百軍及第四軍餘部向湘江右岸攻擊；第十軍、暫編第五十四師等固守衡陽；第六十二軍在衡陽西南待命，待機行動。

當時的國際形勢是，美國六月六日在諾曼地登陸成功。六月十五日，塞班島開戰。羅斯福希望蔣介石的部隊能夠將中國戰場的日軍拖住。國際形勢的變化迫使在華日軍加緊了進攻態勢。

之後攻下長沙的日軍決定重兵突進衡陽，同時搜索殲滅萍鄉、醴陵等東部山岳地帶的中國軍主力。

六月十五日，戰事在上栗至株洲間全面展開。中國軍隊擔任防禦任務的是第二十、第七十二及第五十八軍。不到五天，醴陵、株州、淥口等地相繼失陷。日軍渡過淥水，一路沿湘江東岸南下。六月二十二日，衡陽保衛戰開始，到八月七日，中國軍隊共堅守四十七天，這是抗日戰爭中，中國軍隊固守時間最長的一次守城戰。

六月二十三日，日軍一路在衡陽外圍與守軍交火，一路又東侵攸縣，西往湘鄉。六月二十四日，東路南下之敵經醴陵而佔攸縣，直撲安仁。擔任阻擊任務的中國軍隊四個軍不時出擊，雙方在這一帶展開拉鋸戰，一度收復醴陵、新市等地。七月初的醴陵爭奪戰一度相當激烈，第五十八軍向日軍佔領的仙岳山和塔嶺發動猛烈攻擊，給予日軍以重創，日軍從聯隊副官到小隊長，大部份或傷或亡。在湘江西岸，日軍第四十、第一一六師團自七月初開始在寧豐等地同守軍接觸，雙方幾經爭奪後，日軍於東南方向取守勢。中國軍隊第一百、第七十九、第

方先覺

方先覺，一九〇五年生，江蘇蕭縣（現為安徽省宿縣）人，字子珊，著名抗日將領，國民黨高級軍官。一九二五年進入黃埔軍校第三期步兵科，因打傷貪污伙食費的軍需而被開除學籍。之後進入衛立煌部，在衛的推薦下升任第一軍連長。一九三五年進入黃埔軍校高等教育班，一九三六年畢業後，調第三師補充團上校團長，受到師長李玉堂賞識，晉升為陸軍步兵中校。一九三三年，日軍侵犯我國熱河，方先覺隨第八十三軍英勇參戰，在堅守中央陣地南天門時受重傷離開前線。傷癒後，又隨八十三師南下進攻福建的日軍。福建事變平息後，常駐福建泰寧。抗日戰爭爆發後，率部赴上海參戰，配合第三十六師負責蘇州河南岸防務。一九三八年調任第九旅第十六團上校團長。先後在邳縣、徐州等地阻擊日軍。七月在鴉雀山陣地擔任掩護任務時，被日軍中傷三處，送往野戰醫院，十月歸隊。後被提升為預十師副師長。一九三九年南昌失陷後率部反攻。一九四一年，率預十師固守長沙，因功升任第十軍軍長。一九四四年，衡陽保衛戰，方先覺率領第十軍與日軍激戰四十多天，堅守衡陽，重創日軍，戰後獲得嘉獎。

六十二等軍一面於蒸水沿岸與敵交火，一面又欲解衡陽之圍，最後終於不敵。日軍很快抵達了衡陽近郊，將衡陽團團圍住。一場激烈的爭奪戰在此上演。

衡陽城位於湘江西側，呈長方形，東有湘江、北有蒸水、西南爲沼澤地區，南爲丘陵山地，地理位置極爲重要。粵漢鐵路橫跨湘江，西達桂林，延伸到柳州又可與黔桂路接軌。除鐵路、水運之外，這裏同時也是大後方通往東南各省的公路樞紐，因而衡陽城就成了中國南方南北交通的要道和進入桂、黔、川、滇四省的門戶。此外，湘江東岸還有粵漢線上最大的飛機場——衡陽機場，是美軍在中國東南地區的最重要基地之一。很自然衡陽便成爲中國軍隊戰略上防守的要塞，日軍對此是志在必得。

五月二十九日夜晚，蔣介石親自打電話給駐守衡陽的第十軍軍長方先覺，令其在衡陽固守十天到十四天時間，以消耗日軍兵力，配合包圍部隊內外夾擊，將日軍主力消滅在衡陽附近地區。蔣在電話中說：「此次會戰關係國家民族存亡，衡陽得失尤爲此次勝敗關鍵，希弟安心死守，余必督促陸空助弟完成空前大業。」

五月三十一日，第九戰區長官部正式下達第十軍固守衡陽的命令，並從第四十六軍和第七十四軍抽調配屬給第十軍，加強第十軍的防守力量。此時，第十軍轄下的兵力有第三師、第一九〇軍、預備第十師，還同時指揮新編第十九師與暫編第五十師，除此之外，還有專門配備的野炮營、反坦克炮兵營連一個及一個山炮連。編制雖多，但實際總兵力並不強大。其中第一九〇軍實際只有約一團的兵力，暫五十八師縮編成兩個團，五月初又分調兵力去各大機場擔任警戒，最後參加守城的兵力，加起來共約一萬七千六百餘人。第十軍的防禦部署是：第三師防守衡陽西北部，預十師防守衡陽西郊，第一九〇軍防守衡陽南郊，暫五十四師防守衡陽北郊。方先覺在部署後，還特邀衡陽新聞界參觀全城，表示誓死堅守衡陽的決心。對軍事委員會的詢問，方先覺表示要發揚第十軍優良傳統，堅決抗戰。

長沙被圍後，第十軍充分利用丘陵、河川、城牆等自然條件，加固、修補和新建的防禦工事，在衡陽之戰中發揮了重要作用。「日本軍官曾認爲那是中國八年抗戰裏初次出現的最好的防禦陣地」。

六月二十三日凌晨，日軍第六十八師團抵達衡陽市郊，第十軍按預定計畫將湘江大鐵橋炸毀。官兵們眼睜睜地看著鐵橋被毀，心裏更激起了對日軍的痛恨，發誓要用敵人血肉來償還。拂曉，日軍第六十八師團一部從泉溪市強渡耒水，向第一九〇軍五六八團第一營前沿據點發起攻擊。衡陽保衛戰正式拉開序幕。

爲了滅日軍志氣，營長楊濟和不顧師部「不可與日軍交戰」的部署，決心利用耒水打擊日軍氣焰。黎明時分，日軍百餘人乘十餘艘木船和汽艇橫渡耒水，楊營在渡河之際，以六門反坦克炮和二十餘挺機槍一齊向日軍開火，將其全部擊沉。此後日軍停止強渡，轉向五馬歸槽進攻。方先覺見日軍攻擊已經開始，一面命令預十師、第一九〇軍全部進入陣地，一面命令在衡陽以北警戒的第三師速回衡陽。

二十四日，日軍第一一六師團抵達預十師陣地前面，第三師主力已回到城中。在五馬歸槽，第一九〇軍與第五七〇團參戰，與日軍展開激烈交鋒，團長賀耀光負重傷，五馬歸槽失守。二十五日，黃昏時分，日軍進攻飛機場。六月二十二日，日軍組織一千餘人的決死隊，攻佔了衡陽機場。

佔領飛機場後，日軍六十八師團和第一一六師團在衡陽南部會合，準備二十八日從南、西兩面同時發起總攻，一舉拿下衡陽。

鑒於湘江機場失守，二十六日，方先覺下令南岸部隊撤回城區，開始了以城區爲中心的作戰。

衡陽會戰中，中國守軍以誓死的決心與日軍展開了激烈的對抗。直到湘江機場失守，中國軍隊仍處於積極抗擊日軍的狀態之中。但是在之後的戰鬥階段，情況開始發生變化。

湘江機場失守後，方先覺部開始以城區為中心作戰。激戰過後，中國守軍傷亡慘重，後方補給困難，援軍遲遲不到，最終守衛衡陽的第十軍在軍長方先覺帶領下向日軍投降。

一九四四年六月二十八日零點，日軍第六十八師團對城南預十師第三十團前沿停兵山據點進行猛攻，防守停兵山的第七連官兵英勇奮戰，以手榴彈和刺刀打退了日軍的數次攻擊。天亮以後，預十師第二十八團迫擊炮連連長白天霖在陣地，用望遠鏡搜索目標時，發現黃沙嶺山頭上有日軍十餘人在指指點點，於是決定以全連迫擊炮集中射擊。迫擊炮連第一群炮彈剛好命中目標，日軍第六十八師團長左久間爲人，參謀長原田貞三郎及其幕僚松浦覺等人均負重傷。此後，該師團由第一一六師團統一指揮，將攻擊目標集中在城南方向，以圖首先從預十師的陣地上打開缺口。因此，從六月二十八日至七月二日發起的第一次攻擊，便集中在預十師陣地上。

日軍的總攻擊發動之後，預十師第二十八團在五桂嶺等處經兩天抵抗，打退日軍數次進攻。三十日下午，日軍對五桂嶺南端陣地連續炮擊，並向地勢低窪的掩蔽工事發射毒氣，持續半小時之久。防守該地的我第七連八十餘人全部中毒死亡。

第三十團則固守張家山等據點，該處為城南整個防禦的制高點所在，是必爭之地，日軍的進攻也尤為猛烈。該團防守湘桂鐵路修械廠附近陣地，修械廠前面有楓樹山和張家山兩個堅固據點，對日軍形成極大威脅。尤其張家山，是城南預十師的突出據點，為整個陣地的鑰匙。拿下張家山，便接近預十師核心陣地。為此日軍動用了所謂「最強悍的黑賴聯隊」。在二十八、二十九日兩天中，黑賴聯隊的攻擊均被打退。

三十日，黑賴聯隊發動了更為猛烈的攻擊，終於奪取了張家山前面的兩個高地。此時，防守張家山的第二營傷亡達百分之七十，營長徐聲先負傷身亡，由團副甘握維繼任營長指揮作戰。團長陳德生派第一營營長蕭維率兩個連的人馬進行反攻，奪回兩個高地。夜半時分，日軍兩次猛撲，又突入高地內與守軍發生混戰。陳德生即刻親率第一營預備隊和團直屬隊組成的一個連趕來增援。因天黑無法辨認，雙方援軍都不敢貿然前進。而陳德生所率援軍還是先於日援軍到達陣地，搶佔了有利地形，將日軍趕下山去。

黑賴聯隊經此失敗後，於七月一日早晨，集中全聯隊的二十四挺機槍和十數門火炮，從不到四百米寬的張家山正面陣地發起極為猛烈的衝鋒。日軍從早上五點開始，以炮火向張家山持續狂轟了一小時之久，張家山陣地上的堡壘均遭破壞。經過幾天苦戰，張家山陣地反覆爭奪二十多次，第三十團損失慘重，已經無力再行反攻。

預十師師長葛先才得知陳德生團方面的情況後，派師部工兵連和搜索連增援第三十團官兵進行反擊。在反擊中，師部的兩個連傷亡百分之三十。經四十分鐘戰鬥，日軍再一次被趕下山去。第三十團損失兵力無法得到補充。葛先才將師部的兩個直屬連、第三十團直屬機關兵員編成的二個連留給第三十團第一線，將該團第一、第二兩營傷病官兵換下火線休息。

預十師第二十九團方面，因與第三十團陣地相連，戰鬥也相當激烈，其中以一個加強連防守的虎形巢據點，與張家山同為預十師陣地的鎖鏈，守軍在五天五夜的激戰中，先後打退日軍的十多次衝鋒。

第三師防守的城西陣地，不是日軍進攻重點，戰鬥沒有預十師方面激烈。

隨著戰爭時間延長，中日雙方軍隊的補給均顯不足，但日軍後方輸送的火炮和彈藥很快到達衡陽前線。而第十軍傷耗較大，給養難補充，處境更爲艱難。

七月十一日起，日軍對衡陽開始進行第二次攻擊。日軍進攻的重點由城南改在城南偏西方面，但仍然是預備第十師的陣地。

第二十八團防守的江西會館、五桂嶺南端陣地，從七月十一日起陷入苦戰，江西會館陣地守軍一個連全被炸死。十二日，日軍百餘人突入外新街南端，守軍三營八連與日軍展開逐屋爭奪，犧牲殆盡。最後只有一名班長兩名士兵在西北角的一個碉堡內頑強抵抗。營長翟玉崗見狀，命令搜索營第一連向外新街日軍反擊。該連連長臧肖俠乘夜晚派出突擊小組，繞到外新街南側日軍背後潛入木屋放火，同時以連主力向日軍發起衝擊。十三日，突入外新街的日軍全被消滅。在這次反擊中，搜索營第一連傷亡三分之一。十四日，臧肖俠派出突擊小組連夜渡過湘江，潛入東岸日軍炮兵陣地，以手榴彈炸毀敵炮兩門。

十五日，五桂嶺東南陣地第五連頑強抵抗，打退日軍多次進攻。同日，日軍以十門大炮轟擊，並施放毒氣，隨後以步兵衝鋒，午夜時分，陣地為日軍佔領，守軍連長以下大部份陣亡，在另一連兵力增援下，才將日軍擊退。五桂嶺附近的一四一高地，日軍從十一日至十五日發動數次衝鋒，防守該地的第一營官兵英勇抵抗，營長趙國民亦加入第一線戰鬥，負傷不下火線。後與前來支援的軍部搜索營第二連一起反擊，才保住了陣地。

駐守修械所以西高地的第三十團，自十一日夜便遭到日軍波浪式攻擊，守軍沉著應戰，打退日軍。十一日，黑賴聯隊再次向張家山發動進攻，陣地三失三得，戰至十三日下午，張家山陷入敵手，守軍傷亡殆盡。

守衛虎形巢的第二十九團，在營長李振武帶領下，憑藉手榴彈優勢打退日軍三次進攻。十四日，日軍發動第四次進攻，李振武戰死戰場，官兵傷亡四分之三，陣地喪失三分之二。團長朱光基令第一營營長勞耀民率其餘部百餘人前往增援，將日軍擊退。十四日晚，日軍再次攻擊，雙方激戰至午夜，第三師第九團兩個連趕來參加反擊，雙方再度陷入激戰，增援的兩個連的連長先後陣亡，勞耀民受傷。十五日天明時分，虎形巢失守。十六日，日軍又佔領了肖家山高地等據點，守軍被迫改守第二線陣地。

第三十、一九〇師兩方面，傷亡不大，他們抽調兵力援助第十師作戰。從七月十一日到二十日，日軍經過為期十天的攻勢，仍然沒有拿下衡陽，而且傷亡慘重，急需補充兵員和彈藥，因此，不得不將第二次對衡陽的總攻擊，改為重點攻擊。

衡陽久攻不下，日軍七月底重新調整部署，準備發動第三次攻擊。八月四日清晨，日軍在第十一軍司令官橫山勇的統一號令下，向衡陽西南陣地發起攻擊。守軍預十師傷亡將盡，防守第一線的任務基本上由第三師頂替。第三師第八團在五桂嶺北部，第九團在天馬山附近，第七團在楊林廟附近，預十師餘部官兵在岳屏山附近陣地，均與日軍展開了殊死的搏鬥。

八月六日，一股日軍自城北撕開了城防的缺口，突向市中心。七日，橫山勇令所有的野戰重炮、加農炮、榴彈炮火力全開加緊轟擊，空軍亦全力協助，城內陣地掩體飛散，建築物全塌，整個城市被硝煙和大火淹沒。日軍從小西門等突破口不斷湧入市內，激烈的巷戰到處可見。至八日中午，日軍佔領了衡陽。

衡陽失守，長衡會戰便告結束。整個會戰期間，中國先後投入的兵力有十六個軍，四十多個師，近四十萬人。廣大士兵和中下層軍官在愛國熱情的激勵下表現出大無畏的精神，中美空軍也完全掌握了制空權，日機僅能在傍晚或拂曉行動。但最後由於方先覺投降、有關增援部隊遲滯貽誤戰機等多種原因，中國軍隊未能扭轉被動局面。

三、桂柳會戰，國民政府準備再遷都

衡陽一戰，日軍傷亡過重，經過一個多月的準備和補充後，開始向桂林和柳州進攻。除常寧城的三十七軍堅決抵抗日軍之外，其他地方的中國軍隊大都稍做抵抗就被擊敗。十一月十一日桂林、柳州失陷。

長衡會戰結束後，爲打通大陸交通線並破壞中國空軍基地，日本繼續發動桂柳作戰，依照其「一號作戰」計畫開始桂（林）柳（州）的作戰準備。日軍佔領衡陽後，因其傷亡太重，經過一個多月的準備和補充，並進行一系列鞏固外圍據點的作戰，才使衡陽變成了繼續進攻桂柳的基地。同時，爲了加強對湘、桂作戰的指導，日軍又新設了第六方面軍，轄第十一軍和華南第二十三軍及武漢地區第三十四軍，由岡村寧次任司令官。

在此期間，蔣介石也在加緊調整兵力部署。在東線戰事連連失利的時候，西線反攻緬甸的戰役卻得到了很大進展。在衡陽陷落前，駐印部隊已攻克密支那，中國遠征軍對騰衝也發動了總攻。戰局發展已經表明東線的守勢作戰，只要能夠盡量遲滯日軍向南推進，即使暫時丟失大面積國土，從整個戰略上來說也是勝利。

八月二十六日之後，日軍在湘、桂兩省邊界繼續攻城掠地，很快將零陵、祁陽、常寧等重鎮攻下。這樣，日軍便可放心地沿湘桂路直撲廣西。在這些地方的戰鬥中，中國軍隊大都稍做抵抗，而後便很快敗下陣來。但是在常寧城，日軍卻遭受了頑強抵抗。

九月二日起，守衛該城的第三十七軍、第六十師之第一七八團，憑藉堅固的城防陣地與敵人展開激烈戰鬥，不時出擊，給敵人以較大打擊。二十八日，日軍在六架飛機的配合下向城南北同時進攻，但仍被擊退。經過二十九日一天激戰，日軍於次日拂曉集中炮火轟擊西門外高地及南門，城垣被毀。守軍與敵軍在城區展開巷戰。十月一日，寧城外圍的日軍已增至四千餘人，主力衝入城內。守軍傷亡慘重，被俘六千餘人。

日軍突破黃沙河陣地進入廣西省後，第九十三軍受命在全州固守。早在八月二十六日，蔣介石致電第九十三軍軍長陳牧農，命其「主力固守全州」，「配合阻敵西北」。九月十三日，日軍四千多人在大炮、戰車的配合下向全州守軍陣地撲來。中央陣地被突破後，公路兩側地區亦告失守。十四日凌晨，軍長陳牧農將全州城防撤守，退到了郊外。日軍從東北門進入到全州市裏，在未遇到任何抵抗的情況下就佔領了這一重鎮。守軍撤退前，除搶出一部份彈藥，其餘包括一百五十萬發子彈和大量糧食頃刻間化爲灰燼。

佔領全州後，日軍第十一軍主力在興安、全縣、灌陽一帶集結。隨即又兵分數路，將目標指向桂林。

十月中旬，日軍在桂北地區向大榕江、高上田等地發動了全面進攻。高上田、鐵坑、桃子隘、大岩嶺等處爭奪激烈，九十八師步兵兩連及新十九師兩連，全部殉國，其他各部自營長以下傷亡亦重。日軍攻勢凶猛，進展甚速，三十日已達桂林火車站附近。東路日軍從荔浦、陽朔一帶向桂林東南方向撲來。十一月初佔領兩地，日軍十三師兵團又派兵攻打永福。儘管這裏是中方第十六集團軍總司令部的所在地（總司令為夏威），但守軍並未進行抵抗，慌亂中紛紛跳河逃走。永福被佔領，使桂林、柳州間交通斷絕，桂林守軍的退路被切斷。至此，桂林城處日軍四面包圍之中。

桂林城此時爲廣西省會，湘桂鐵路、公路經此直達柳州，爲該省東北的交通樞紐，戰略位置十分重要。

九月上旬，第四戰區長官部曾召集軍事會議，決定以第十六集團軍所轄第三十一、第四十六兩軍爲守備部隊。會後，司令長官張發奎命令第十六集團軍副總司令兼桂林城防司令韋雲淞到桂林成立城防司令部，但最後實際上留在城內的，僅是第三十一軍的第一三一師和由新兵組成的第一七〇師，加上山炮、榴彈炮、野炮各一個連及炮兵第四十七團的第四營。原計畫囤積三個月的糧食彈藥，僅夠一個月之用。不久，桂林外圍的第七十九、第九十三兩軍臨戰時又以「避免態勢不利」爲名撤走了。此時守軍士氣低落，紀律廢弛，兵力又過分單薄，城池失守只是時間問題了。

第三十一軍的具體部署是：第一三〇師防守桂林北部及附近要點，第一七〇師防守桂林南部及附近要點。十一月初，日軍準備從桂林東、南、北三面發起攻擊。二日起，戰火從城東北部燃起，敵我雙方傷亡慘重。五日，星子山陷落。城南，日軍自三日起用耕牛開路，以觸發守軍預設地雷。守軍趁日軍炮兵隊未到之機，以大炮配合步兵給敵人以重創。屏風山、貓兒山戰鬥中，守軍兩排人除少數傷者其餘皆殉國。六日至七日，城東戰火紛飛。在七星岩，守軍憑藉堅固的工事，與日軍周旋，多次擊退日軍進攻。日軍久攻不下，便向七星岩施放毒氣。守軍全部中毒身亡，日軍攻下了七星岩。

七日，日軍從中正橋以北強渡灕江，象鼻山上的部隊對渡河的日軍進行猛烈炮擊，日軍人亡船翻，灕江泛起一片赤色。幾個回合下來，中正橋橋頭堡為日軍攻破。韋雲淞懸賞十萬元令第一三一師奪回，該師因傷亡過重未能完成任務。第一七〇師又奉命攻擊，以上等兵為班長編成突擊隊，用火箭筒、戰防炮及手榴彈等與敵展開苦戰，終將橋頭堡奪回。

日軍重炮部隊於九日凌晨發起了全面進攻。所有大炮一起轟擊，飛機也前來助戰，桂林城內一片火海，守軍陣地硝煙沖天。下午，日軍付出重大代價佔領了伏波山高地，排除妨礙渡河的火力點，日軍渡過灕江，並從四周衝進了桂林市中心。

守軍陣地相繼失陷。守備部隊決定突圍。第一三一師長闞維雍率領士兵與敵軍展開激烈巷戰。十日，城防司令韋雲淞突下令棄城突圍，闞維雍力主堅守，不肯放棄。但上命難違，闞師長將指揮權轉給副師長和參謀長後，便以手槍自殺殉國，實踐了戰前自己立下的「與城共存亡」的誓言。

突圍中，第一七〇師副師長親率特務連攻擊前方高地，面部兩處受傷，昏後被俘。城防司令部參謀長陳繼桓中將隨韋雲淞突圍時陣亡。十一日，古城桂林淪陷。

日軍第十一軍在圍攻桂林過程中便發現了柳州城防極爲薄弱，於是便命第三、第十三等主力師團逕自往柳州撲去，兩師團於十一月初到達。後又分兵一股於柳州西南方渡過了柳江，堵住了柳州一帶中國守軍西撤的退路。

九日，日軍第三十一師團一部衝入城北，第三師團一部猛攻城南的馬鞍山高地，但爲守軍猛烈的火力打退。同時，幾路日軍衝向機場，守軍雖進行了頑強抵抗，但最終不敵，機場落入敵手。日軍由幾個方向強渡柳江，在猛烈的炮火掩護下攻陷了城南各高地，守衛市區的第四十四師第三三一團的一個營全部陣亡。

守軍第二十六軍於十日下午接到張發奎「應避免無謂犧牲」的電話指示。遂集結部隊，向西突圍，而留在城內的守軍則大多犧牲。柳州爲中國軍隊大西南地區重要的物資補給地之一，彈藥儲存充分，撤退過程先是被守軍自爆，後是被日軍轟擊，城外儲存彈藥的山洞的爆炸聲持續數日。十一日，柳州爲日軍所佔。這樣，廣西境內的兩座主要城市桂林和柳州幾乎同時告失。

一九四四年日軍對廣西發動了攻勢，不久肇慶、桂平、宜山、貴陽、南寧等重鎮相繼失陷。十一月十日，南北兩路日軍在綏淥會師，大陸交通線完全打通，豫湘桂戰役結束。

在桂林北部激戰的同時，日軍也自九月上旬沿西江兩岸對廣西發動攻勢，主力分路開往桂東重鎮梧州。沿途日軍只是遭到一些地方自衛團和美軍飛機的襲擊，肇慶、德慶等重鎮相繼淪陷。九月二十二日，梧州淪陷，彤竹及機場也於二十四日喪失。日軍繼續西進，卻不料在進展十分順利的情況下，遭到第四戰區中國軍隊的猛烈反擊。十月中旬，日軍集中火力向桂平發動猛攻，守軍一五五師與日軍展開巷戰，一個營全部陣亡，十二日，日軍佔領了桂平。

桂平失陷之後，張發奎集結第四戰區主力（共八個師），利用該城周圍的險峻地形突然間發動反擊。十九日，第六十四、第四十六兩軍在猛烈炮火和美軍飛機的支援下，猛攻蒙江圩一帶的日軍。經過三天的戰鬥，遏止了日軍攻勢，佔領了蒙江圩。二十二日、二十三日，敵我雙方在桂平西南的新安山展開爭奪，日軍一個中隊，包括中隊長大部被擊斃，僅剩二十名官兵，戰鬥力全部喪失，陣地被中國軍隊奪回。隨後，美軍飛機和中國的炮兵部隊對桂平城發起猛烈轟擊。日軍的通信設施全被炸毀，內外聯繫均告中斷。該旅團幾盡全軍覆滅，彈藥告罄。日軍一路進展順利，突遭反擊，大感意外，立即組織有力部隊抵抗，再次掌握了局勢，中國軍隊被迫放棄反擊。

日軍在廣西戰場上攻城掠地，兵鋒所指，中國軍隊無力抵抗，只有向桂西撤去。爲了給中國軍隊以進一步的打擊，日軍第十一軍令第三、第十三師團迅速向桂西展開進攻。十一月中旬，日軍根據宜山一帶中方敗兵雲集、秩序混亂的情況，首先將目標指向了宜山。

中國軍隊依據工事不時進行狙擊。部署在懷遠等處的炮兵部隊發揮了相當威力，連續幾日的炮擊給日軍造成數百人的傷亡。但最終不能抵住日軍凶猛的攻勢。第二十七集團軍司令部也遭日軍急襲，第二十軍曾被包圍。十五日，日軍第十三師團一部佔領宜山，擄獲了中國軍隊囤積的大量軍需物資。日軍第三師團也在此集結，準備撲向黎明關。第十一軍命令這兩個師團突破省境線，向獨山、八寨方向追擊，激烈的戰鬥便在黔桂沿線鋪展開來。

鑒於廣西的緊急形勢，蔣介石深恐日軍逕取貴陽，直搗重慶，於是便令守衛重慶的第九十七軍，沿黔渝路向貴陽推進。沒有汽車配備，士兵只得揹著行李和笨重的物資給養，徒步行軍，中途掉隊的極多。整整走了二十天後，才於十一月十日到了貴陽。最後受命守備黔桂邊區，在河池以北、南丹以南的主要山口大山塘一線佈防。

二十二日，日軍第十三師團經河池，沿黔桂路進攻該軍陣地。同時，日軍第三師團也在思恩、荔波等處擊潰了第二十七集團軍的防守。第九十七軍腹背受敵，難以移動。二十六日，日軍向大山塘該軍防守的主陣地發起攻擊。正面受阻後，次日又用側翼迂迴包圍的戰術繼續追擊，並不斷增加兵力。日軍在飛機掩護下，經過三日激戰，摧垮了守軍簡單的防禦工事。第九十七軍軍長陳素農棄城而逃，損失各類大炮四十餘門，連密碼本等也悉數丟失。二十九日晚，九十七軍敗退到六寨以東。一隊美國飛機將六寨、高作河、池縣龍江北岸的「六甲」誤炸，幾十萬難民擠滿黔桂公路和鐵路。

前方中國軍隊整連整營後撤，後方增援部隊又趕不到，使得日軍佔領南丹後，如入無人之境般突向獨山。日軍在十一月三十日越過廣西省境後，以正面攻擊和側翼迂迴的傳統戰法迫近獨山。十二月二日，日軍離獨山城還有十幾里路，守軍聞風而退，日軍不戰而下獨山。

日軍第三師團也輕易攻取八寨、都均。日軍繼續北上，追擊中國退兵，一直追至距離貴州省會貴陽五十多公里才告停息。

日軍突入黔南。蔣介石大驚失色：「戰況危急，不僅西南各省人心動搖，英美國有要求撤僑之事，益造成社會之惶惑不安。八年抗戰之險惡，未有如今日之甚者也。」中國軍隊的主力遠在滇西和緬北，魏德邁不僅建議蔣介石抽調在緬甸的五個中國師中的兩個回國阻敵，而且建議「應有再遷都的準備」。蔣介石與高級官員會商後，決定抽調第一、第八等戰區的兵力增援，如戰局再惡化，則將中國遠征軍全部調回。

早在長衡會戰之時，中原戰區的湯恩伯便奉令率部南援。廣西境內情況緊急，湯部從豫南、陝中，經四川、貴州東來。沒有汽車裝備，行李及笨重物資全憑士兵揹負，勞師遠征，徒步行軍，未戰已疲。十一月三日，湯恩伯到重慶，急調第九、第十三、第二十九、第九十八軍開赴前線。但這一部署因公路早被難民擁堵大受影響。最後，只有第二十九、第九十七、第九十八軍予以抵抗，未能對進攻之敵形成阻礙，便敗退下來。

突入貴州的日軍事實上已成強弩之末。半年多來，日軍消耗過大，戰線越拉越長，兵力越來越不足，給養也很難補充。在雪花紛飛的十二月，日軍仍穿著夏服，軍靴也破爛不堪。再者制空權早爲美軍所控制，日軍只能選擇夜間行動，宿營也只能在野外。沒有辦法，日軍只能主動後撤。趁此機會，何應欽、湯恩伯在貴陽指揮軍隊收復失地，至十二月上旬，相繼收復獨山、八寨、三合、荔波、上司、下司、六寨等地，中旬又收復南丹。但日軍退卻也不是無止境的，中國軍隊在進攻河池時，便受到了日軍的強烈攻擊，雙方便在此固守，展開拉鋸戰。

黔南激戰正酣，廣西南部又起戰火。十一月十八日，日軍第二十三軍與第二十二師團會合，沿邕賓公路撲向南寧。桂南一帶的廣大地域內，多爲地方部隊守衛，兵力單薄。正規軍僅由鄧龍光指揮的第六十二軍、第六十四軍，他們與敵人進行短暫接觸，其中六十二軍一部在旛坳鄉附近，與敵人一聯隊相遇，雙方展開了激烈戰鬥，六十二軍團長以下軍官幾乎全部犧牲。二十四日，南寧失守。

同時，駐越南日軍第二十一師團一部趁中方潰敗之機，分兵數路，進入中國境內，擊潰地方部隊防守，主力奔向南寧。十一月十日，南寧南下日軍第二十三軍與越南北上日軍在綏淥會師，日軍渴望已久的大陸交通線便完全打通。至此桂柳會戰結束，從而整個豫湘桂戰役也結束。

一九四四年四月至十二月的豫湘桂戰役，國民黨軍隊喪失了河南、湖南、湖北、廣西、廣東、福建等省的大部和貴州、浙江一部共約二十萬平方公里的國土，丟掉洛陽、長沙、福州、桂林四個省會城市和鄭州、許昌、寶慶、柳州、溫州等一百四十六個大小城市，衡陽、零陵、寶慶、柳州、丹行、南寧、桂林七個空軍基地和三十六個飛機場。損失兵力六十萬人左右，六千餘萬同胞淪陷在日軍奴役之下。

這場嚴重的災難，是日本侵略者欠下中國人民的一筆血債，但同時也與蔣介石所奉行的消極的持久消耗的戰略政策不無關係。七月二十六日，在前方視察戰事的白崇禧在致蔣介石的電報中有如下一段話：「我軍最高戰略爲消耗戰，在中印緬公路未通以前，如何善爲運用現有兵力，以待盟軍聯合反攻，……得以支持較長時日，想均爲鈞座明鑒之中。」參加豫湘桂作戰的國民黨廣大愛國官兵，付出巨大犧牲。他們的英勇獻身精神，值得後人永久紀念和崇敬。

第九章 緬甸、滇西頻傳捷報

一、摧毀日軍緬北防禦體系

一九四四年，第一次入緬作戰失敗後，中國軍隊撤入印度。為擺脫困境，史迪威決心組建並整訓中國駐印軍隊。從一九四二年六月到一九四四年十月，先後有近三萬中國士兵接受了整訓，戰鬥力大大提高。

第一次入緬作戰失敗後，中國遠征軍不得不開始大撤退。當時擺在司令長官杜聿明面前只有兩條退路：一是向印度行進，二是向雲南行進。本來，杜聿明不願退向印度受英國人的氣，打算退向密支那，由滇西回國。但是，此時的密支那已被日軍佔領。杜聿明無法，只有下令部

在印度蘭姆伽接受訓練的中國軍隊

隊分路行動，各尋出路。中國遠征軍第五軍直屬部隊及新二十師，第六十六軍新三十八師進入了印度。此時部隊幾經激戰，歷盡艱辛，到印度後，不少人又水土不服，身患疾病，部隊嚴重缺編，僅以新編第二十二師爲例，戰爭動員時九千餘人，戰鬥死傷二千餘人，撤退死傷四千餘人，至印度僅有二千餘人，損失慘重。

緬甸作戰的失敗也令中國遠征軍總指揮美國老將軍史迪威十分難堪。一方面，他不僅難以向中國人交代，另一方面也無法向美國，乃至世界人民交代。因爲他深知：入緬作戰失敗，日軍截斷了滇緬公路，完成了對中國的包圍。盟國的空中航路被迫北移，空運變得更加危險和困難。更嚴重的是，倘若日本繼續北侵，那中國的西南大門將被打開，中國的抗戰局勢就會發生轉變，整個世界的反法西斯戰場隨之也會發生意想不到的變化。這種變化是史迪威不敢想的，也是不願想的。

再次打通滇緬公路，收復緬甸，是史迪威改變尷尬境地的最好選擇。因此，史迪威當時最緊迫的任務便是重新組織訓練中國軍隊。他始終認爲，中國士兵吃苦耐勞，作戰勇敢，具有強烈的愛國熱情。如果給予他們良好的裝備，提供充足的食物，並經過嚴格的軍事訓練，中國軍隊一定能成爲扭轉緬甸戰局的關鍵力量。

爲此，史迪威乘飛機，往來於新德里和重慶之間。他利用蔣介石迫切想得到物資援助的心理，提出了反攻緬甸和整編撤到印度的中國軍隊的計畫。但史迪威一心想組建一支由其調遣指揮的軍隊，爲此，他向蔣介石提出能得到獨立的人事任用權，這引起了蔣介石的不滿，後來美國決定調走第十航空隊以迫使蔣就範。蔣介石大爲惱怒。雙方陷入僵局。

隨著新三十八師、新二十師進入印度，如何安頓這支部隊也讓史迪威費盡心機。他積極和英軍駐印司令部聯繫，經過軟硬兼施，最終安排了蘭姆伽軍營以供中國軍隊使用。

蘭姆伽，位於印度東北部比哈爾邦沖積平原上，此地原來有一座一戰時英軍修建的戰俘營，曾經關押過從沙漠來的兩萬名義大利戰俘。這裏擁有二百多幢樓房，可以容納兩、三萬人，各種生活設施也一應俱全。之後，英國人在這些生活設施基礎上又增加了新的訓練設施，可容納數

▶▶約瑟夫・史迪威

約瑟夫・史迪威（Joseph Stilwell），一八八三年生於美國佛州巴拉特卡市。一九〇四年畢業於西點軍校，曾參加第一次世界大戰，擔任過美國駐華大使館武官。史迪威曾多次來華，能使用中文會話。第二次世界大戰珍珠港事件發生後，美國被迫參戰，史迪威被派遣到中國，擔任中國戰區參謀長。中國軍隊進緬作戰後，又擔任中緬印戰區美軍總司令、中國駐印軍司令、美國援華物資分配負責人等職務。因與蔣介石不和，一九四四年被召回國，一九四六年病逝。為紀念史迪威在緬甸戰役中的貢獻，一九四五年修通的中印公路被命名為「史迪威公路」。

萬部隊官兵，成爲一個十分理想的練兵場所。但是英國人是十分不願意中國軍隊開駐印度的，他們怕中國軍隊進駐印度後，會對已經興起的印度民族獨立運動產生影響，也怕以後中國軍隊不會輕易離開，威脅到英國在印度的「唯一地位」。但是在中國軍隊已退入印度境內這一事實面前，英軍只有無可奈何了。在美國努力下，美英雙方達成了一項協定：做爲實施租借法，英國向中國軍隊提供糧食、住房、軍餉，美國則提供武器裝備。儘管英美雙方在反攻緬甸問題上存在分歧，但是在整訓中國軍隊上卻是不謀而合。

爲了緩和蔣介石與美國政府的矛盾，史迪威向蔣介石提交了備忘錄，不再強調獨立人事任免權，並向其暗示，只要蔣派軍隊入緬作戰，援華物資問題便可迎刃而解。史迪威的這一備忘錄，使美國政府和蔣介石都很滿意。

於是，退入印度的中國軍隊的整訓便提上議程。一九四二年六月二十八日，中國遠征軍第一路長官司令部及新編第三十八師入營，八月中旬，新編第二十二師入營。最初的整訓工作僅僅是針對撤退到印度的遠征軍餘部，由於三十八師以外的各部損失慘重、傷亡較大，從九月起，中國每天向印度空運官兵四百至五百人加以補充。到一九四四年十月，蘭姆伽訓練結束時，已有二千六百多名軍官，二萬九千多名士兵接受了訓練。

一九四二年八月，在史迪威的建議下，國民政府軍事委員會下令撤銷「中國遠征軍第一路司令長官司令部」，成立「中國駐印軍指揮部」，任命史迪威爲總指揮，羅卓英爲副總指揮。駐印軍的武器裝備由美軍提供，給養、服務、醫藥則由英軍代辦，統經美軍供應處向中國駐印軍供給，實行補給和供應到人的追送補給體制。除配發了美式武器，士兵吃穿條件也大為改善。因此，在蘭姆伽受訓的士兵，身體素質大大地提高了。另外，每個軍每個師都配有野戰醫院一所，每個排都配備無線電報話機，還有渡河架橋時使用的大量工兵器材。

部隊訓練上，史迪威精心挑選了三百多名畢業於美國西點軍校的美國軍官，對受訓官兵進行了嚴格的軍校訓練。並且他還根據未來緬甸之戰，不可避免地要進行艱苦的叢林戰爭這一預測，將叢林適應性訓練做為了蘭姆伽訓練的主要課目。

為了使駐印軍盡快適應環境，恢復戰鬥力，早日入緬作戰，減輕美國在太平洋戰場上的壓力，史迪威制定了詳細的訓練計畫。步兵的訓練共六周，第一周講解兵器，第二周掌握各種兵器的性能，第三周設計訓練，第四周單兵共戰訓練，第五周整班進攻防禦訓練，第六周為爆破技術訓練。因為各種原因，實際訓練時間被迫延長，但整訓結果達到了史迪威的預期目標。整訓使用了美國援助的武器裝備，中國士兵第一次扔掉老式的「漢陽造」，換上「湯姆式」衝鋒槍等全套美制裝備，配足了輕重機械。而裝甲部隊還得到了美制M3A3十五噸輕型坦克和M3半履帶車，中國駐印軍在武器裝備和機動能力上都已經達到或接近當時西方國家的軍隊標準。通過整訓，中國部隊的作戰能力和品質都得到了大大的提高。

從一九四二年八月蘭姆伽訓練中心開訓，到一九四三年十月胡康河谷戰鬥打響，經過嚴格訓練的中國駐印軍，已經成為一支裝備精良、訓練有素、士氣高昂的隊伍。打回祖國去，一雪前恥，成為官兵一致的願望。

在整訓過程中，史迪威與中國駐印的軍官也經常發生矛盾。整訓開始時，史迪威從美國調來三百多名軍官，計畫把他們分到各個團，代替中國的軍官。但是遭到鄭洞國等中國軍官的堅決反對。史迪威爲防止各團軍官吃空餉，將發放裝備、軍餉、糧食的大權掌握在美國軍官的手中，也遭到鄭洞國等人的反對，雙方矛盾激化時甚至出現拔槍互指的程度。這些矛盾在一定程度上影響了整個整訓的進度，第一期整訓直到一九四三年一月才結束。

中國駐軍印軍整訓結束後，立即投入到保護修築列多公路的戰鬥中，初顯鋒芒。以後在解放緬北的戰鬥中，與中國遠征軍、英印軍配合，連克孟拱、密支那、八莫、畹町等重鎭，顯示了堅強的戰鬥力，立下了卓越的功勳。

魁北克會議決定在一九四四年二月施行「安吉納姆」行動，中國駐印軍承擔了反攻緬甸日軍的任務。隨即在緬北戰場取得了于邦之戰、胡康河谷之戰的勝利，日軍師團長田中信一倉皇逃跑。

緬甸失利後，日軍在太平洋和東南亞勢力達到了頂峰。一九四一年，珍珠港事件不足半年，日軍的「大東亞共榮圈」的目標似乎就要達到了，此時的日本大有征服亞洲，與德意志法西斯會師中東之勢。而盟軍在北非與歐洲則陷入了困境。一九四二年，二萬五千名盟軍在利比亞向僅有其一半人數的德軍無條件投降，英軍被迫退出了埃及。東歐，德軍發動夏季攻勢，威脅著蘇聯的南方工業和礦業區。反法西斯戰爭進入最艱苦的時期。為了保證亞洲戰場對法西斯戰場作戰的勝利，必須首先由中國牽制住太平洋的日軍兵力。美國認為中國必須打通對外交通線，以獲取更多援助，才有足夠實力抵抗日軍的瘋狂攻擊。反攻緬甸提上了日程。

一九四二年十二月，中美英三國經過多次商討，終於達成於一九四三年春季發動緬甸攻勢——「安納吉姆」行動的共識。此次行動的目標是從印度阿薩姆邦的雷多打出一條通道，同緬滇公路連接起來，以打通進入中國的補給線，再在中國建立攻擊日本艦隊和日本本土的空軍基地。由於英國人的一再變卦，本打算一九四三年春發起的「安吉納姆」行動一度擱淺。直至一九四三年八月的魁北克會議上，「安吉納姆」行動才再次被列入議程，經反覆磋商決定，反攻日期定為一九四四年二月，以奪取密支那、阿恰布和蘭里島為目標，實行南北水路夾擊的兩棲作戰計畫。

在一九四三年十一月二十八日至十二月一日舉行的德黑蘭會議上，美國為使英國全力投入歐洲作戰，屈從英國要求，免去了英國在南緬實施水陸夾擊的任務，這樣，中國軍隊便承擔了反攻緬甸日軍的任務。

根據「安納吉姆」計畫，中國駐印軍反攻緬北的攻擊路線，是經胡康河谷奪取孟拱、密支那、八莫。這一條反攻路線同時也是中印公路的修築路線。

中國駐印軍與日軍首戰在胡康河谷展開。胡康河谷位於緬北新平洋與孟關之間，南北長二百公里，東西寬二十至七十公里，既是中印公路首端，又是通往密支那的必由之路，戰略地位十分重要。並且此地山高林密，河流縱橫，雨季常氾濫成災，同時又是傳染病與惡性瘧疾的巢窟，因此有「死亡溪谷」之稱。中國駐印軍反攻緬甸的初期戰鬥，是攻佔大龍河西岸日軍的據點，掩護中國駐印軍主力進出野人山。一九四三年十月十日，孫立人率領第三十八師做為反攻緬甸先鋒，挺進大龍河。

十月二十四日，第三十八師從唐家卡、卡拉卡一帶，分三路向緬北的新平洋、于邦一線進攻。

于邦位於大龍河下游右岸，是胡康河谷的重要門戶，為兵家必爭之地。日軍背靠大龍河，沿著原始森林，修築了堅固的工事，第三十八師一一二團分左右中三路攻打于邦。

十一月十四日，在美軍轟炸機的配合下，中國軍隊向日軍陣地發起進攻，日軍頑強抵抗，經過數天地惡戰，日軍被迫退至了原始森林。原始森林整日昏黃幽暗，荊棘叢生，深不可測。中國軍隊不敢貿然前進，只能守在森林外。

為了打破僵局，一一二團團長陳鳴人派出搜索小分隊，多次深入原始森林內部搜索、偷襲。日軍防守十分嚴密，中國軍隊的小分隊傷亡很大。正在雙方僵持之際，日軍先後將第十八師團所屬第五十五、五十六兩個步兵聯隊從滇西方向抽出，星夜增援大龍河西岸據守的日軍。

十一月二十二日夜，數百名日軍利用夜色掩護，突襲了第一一二團指揮所。團長陳鳴人指揮警衛排拚命抵抗，雖然打退了日軍的偷襲，但是一一二團攻打于邦的第二營被五倍於己的日軍反包圍了。

在第二營被包圍長達一個月的時間裏，全體官兵在極其艱難的條件下，堅守陣地，頑強地與敵軍周旋。給養全憑飛機空投，沒有水，他們用芭蕉莖榨水，割毛竹、藤樹取水度日。營長李克己帶領全營士兵沉著應戰，構築了堅固的工事，將長七百餘米，寬二百七十多米的森林區，構成了八個據點，各派一個班兵力守衛，各據點可互用火力支援。

第二營士兵還利用于邦通林家路邊的一棵直徑約三米的大樹構築了一個輕機槍掩體。敵人多次攻到附近，不是死在機槍彈下，便是送命於手榴彈的爆炸中。李克己營長還經常派機警士兵編成襲擊組和伏擊組，向日軍發起突襲，打得日軍措手不及，手忙腳亂。面對第二營堅固的工事和佯攻奇襲戰術，日軍不敢輕易進攻。

十二月下旬，駐印軍總指揮部調新三十八師步兵第一一三、一一四兩團和炮兵第二營增援，陸續趕赴前線。

十二月二十四日，孫立人師長重新擬定戰鬥計畫，一面增兵從正面攻擊于邦守敵據點，一面派出部隊由兩翼渡大龍河夾擊敵後，將大龍河畔之日軍一舉殲滅。

當日，中國駐印軍在美國空軍支援下，以一一四團主力從正面攻擊，另外以第一連從左側迂迴，戰鬥異常激烈，史迪威總指揮也親臨前線觀戰。晚上，中國駐印軍憑藉猛烈的火力，奮勇拚殺，摧毀日軍全部機槍火力點。經過一周的連續攻擊，至二十九日，駐印軍完全佔領日軍陣地。少數殘敵向于邦兩側森林逃竄。

于邦之戰的勝利，是我緬北反攻戰取得的第一個勝利。中國駐印軍在與日軍作戰中，不屈不撓、頑強抵抗、毫不退讓，極大地震懾了日軍，打垮了日軍士氣。日軍不得不面對這個現實：進攻胡康河谷的中國軍隊無論在編制、裝備和戰術上已經今非昔比，其頑強的戰鬥力使日軍損失慘重。

于邦一役取得勝利，爲以後各期戰鬥中國駐印軍始終掌握主動權奠定了基礎，有利於整個胡康河谷乃至緬北全盤戰局的發展。

一九四四年一月，駐印軍新編第三十八師全部抵達大龍河兩岸，新編第二十二師先頭部隊也到達新平洋地區。此時，從雷多修築的中印公路也延伸到新平洋，工兵還在新平洋修建了一座飛機場。

於是，運送中國駐印軍急需的彈藥補給的大卡車，拖送大炮的戰車，野戰醫院的車隊開到了新平洋，寧靜荒涼的野人山頓時熱鬧起來。從此，反攻緬北的作戰以新平洋爲基地全面展開。

孟關，東距密支那一百九十多公里，西距雷多二百二十多公里，南距孟拱一百六十多公里，是中印公路必經之地。中國駐印軍下一個目標便是攻下孟關。

一九四四年二月二十八日，中國駐印軍以新編第三十八師爲左路縱隊，新編第二十二師爲右路縱隊，向緬北門戶孟關攻擊前進。廖耀湘新編第二十二師主力直趨孟關，新編第三十八師主力則在敵後翼做大規模迂迴。此時，美軍第五三〇七支隊也在新編第三十八師掩護下，避實就虛，從敵人空隙中繞道前進，逐步向瓦魯班方向進發，形成了對孟關的三面合圍。

日軍第十八師團集結了七個步兵營，二個山炮營，一個重炮營，一個戰防炮營，佈防在孟關地區，並在孟關及其外圍據點構築了堅固的防禦陣地，企圖據險固守，做持久抵抗，阻滯中國駐印軍的進攻。

新二十師分三路率先向孟關城發起猛攻。天上轟鳴的飛機，地下猛烈的炮聲，以及步兵迅速敏捷的動作，使日軍頓時陷入極度恐慌。經過數日激戰，三月五日，中國駐印軍佔領孟關，控制了胡康河谷這個核心據點，殲滅日軍二千六百餘人，殘餘敵人向瓦魯班逃去。

瓦魯班在孟關以南六公里處，是日軍的一個大據點，第十八師團指揮部就設在這裏。瓦魯班三面環河，一面是峭壁，河水雖然不深，但兩岸的河堤垂直高達四十五米，進入瓦魯班只有一座水泥橋。

第十八師團團長田中信一利用這裏的險要地形，苦心經營了一年多，沿河修築了三道環形陣，使之要塞化。不僅每道防線配置了強大的火力網，而且還設下地雷區、陷坑、鐵絲網等障礙物，防區內有塹壕相連。田中信一妄圖在此攔下中國駐印軍前進的步伐，一挽敗局。

三月八日，新三十八師一一三團和戰車第一營組成的步坦特編突擊隊，在五十多架轟炸機的支援下，向瓦魯班發起攻擊。地毯式轟炸過後，六十多輛坦克迅速地向瓦魯班撲過去，幾輛重型推土機，在陡峭的河堤上打開缺口，爲坦克和中國戰車開通道路。日軍抵擋不住中國軍隊的強大火力，開始向第二道防線後退。但中國軍隊的坦克火力甚猛，很快地日軍第二道防線也崩潰了。當中國軍隊向瓦魯班核心陣地發起最後攻擊時，曾經揚言要在此攔下中國軍隊前進步伐的田中信一，也只能從地下通道倉皇逃命去了。

瓦魯班一戰，中國軍隊擊斃擊傷日軍四千餘人，日軍第十八師團殘部逃出了胡康河谷，越過堅布山隘口，在孟拱一帶佈防。

一九四四年四月增援後的日軍組成第三十三軍，由本多政材擔任司令官。日軍在孟拱河谷佈置兵力，企圖全殲中國駐印軍隊。在廖耀湘和孫立人的指揮下，中國駐印軍隊攻下加邁、孟拱，在孟拱河谷全殲日軍。

胡康河谷戰鬥的勝利，使日軍膽戰心驚。為挽回敗局，日軍急忙抽調第五十三、五十六、第二師團各一個聯隊前往緬北，補充第十八師團，並組成了第三十三軍，由本多政材任司令官。

孟拱河谷是沿孟拱河兩岸谷地的總稱，南北長約一百一十公里，東西寬約十公里，河谷兩邊都是懸崖峭壁，夏秋兩季山洪暴發，平地皆為澤國，易守易攻。本多政材將賭注壓在了這裏。他把五十三師團全部佈置在這裏，企圖抵擋中國軍隊的猛烈攻勢，以等待雨季到來，趁勢將中國軍隊消滅於此。

▶▶廖耀湘

廖耀湘，一九〇六年生，湖南邵陽人，抗日時期國民黨著名將領。曾任蔣介石「五大王牌軍」之一的第六軍軍長。抗日戰爭爆發後，參加南京保衛戰。一九四〇年與杜聿明率領中國遠征軍赴緬甸抗日。一九四一年任入緬印遠征軍第五軍第二十二師師長，一九四二年八月到達印度，編入中國駐印軍。一九四四年，中國駐印軍整編為新一軍和新六軍，廖耀湘任新六軍軍長。在緬甸印度作戰時，指揮部隊抗擊日軍。一九四五年抗戰勝利後回國。一九四八年遼瀋戰役中被俘，一九六八年卒於北京。

為在雨季到來前消滅日軍，史迪威與孫立人、廖耀湘等人經過認真分析研究，決定雙管齊下，由新二十師攻打加邁，新三十八師攻打孟拱。加邁日軍部署了兩個步兵聯隊，一個輜重聯隊，約七千餘人。日軍主力集中在北索卡道一帶山地，企圖憑險固守。

廖耀湘召來各團團長開會，決定第六十五團增加一個步兵營和一個迫擊炮連，迂迴穿插到索卡道日軍後方，截斷其退路。新二十師主力和坦克營從正面向敵突擊，先殲滅索卡道地區日軍主力，繼而攻佔加邁。

四月上旬，緬甸雨季已經來臨，新二十師加快了攻擊速度。廖耀湘指揮該師三個步兵團和坦克營，在空軍的支援下，從正面向加邁方向發起強大攻勢，攻下瓦康、瓦拉渣等日軍據點。五月四日，在美軍飛機轟炸和坦克營的大力攻擊下，莫開塘這一險關很快被我軍拿下。新二十師繼續揮師南下，逼近馬拉高據點。

馬拉高據點山高林密，日軍憑藉有利地形，拚死固守。新二十師強攻數日，均未奏效。廖耀湘親臨前線，督促作戰，終於在五月二十八日，從正面突破了馬拉高日軍陣地，打通了攻擊索卡道的道路。

擔任截斷日軍退路的是第六十五團，經過七晝夜的艱難跋涉，到達了指定地點，佔領了有利地形、切斷了日軍的後路。爲了打開逃命的退路，日軍掀起了又一輪瘋狂進攻。但是第六十五團官兵的頑強作戰使日軍以失敗告終。

廖耀湘得知第六十五團切斷了日軍退路，非常興奮，將新二十師主力三個步兵團一線展開，在坦克營的掩護下，由北往南壓向索卡道。在新二十二師強大攻勢下，早已是驚弓之鳥的日軍第十八師團，頃刻間土崩瓦解，被圍在了索卡道附近的一片沼澤地裏。六月九日，日軍被全部消滅。

新三十八師在師長孫立人率領下，借助原始森林的掩護，迅速由北向南潛行，一路連克山澤、拉吉等據點，四月底，佔領了芝平。五月二十一日，孫立人獲悉日軍第十八師團主力被圍在索卡道一線，加邁城內兵力十分空虛，師團長田中信一坐守空城，驚恐不安。

這一情報讓孫立人左右爲難：以第三十八師現在所處的位置，趁加邁日軍兵力空虛實施突然襲擊，絕對是個千載難逢殲敵的好時機。然而，根據事先分工，加邁是新二十師作戰目標，如今廖耀湘率軍在索卡道與敵激戰，倘若新三十八師從後面下手，是否有搶功之嫌。而此時，英軍的一封加急電報，讓孫立人當機立斷，決定先取加邁，再打孟拱。此時，英軍來電說，曼德勒方向的日軍援兵，已經在卡薩附近突破了英軍第三師防線，正向加邁、孟拱方向推進。

取得史迪威同意，孫立人決定兵分三路，直取加邁城。具體部署如下：

第一一二團為奇兵，在加邁和孟拱之間迂迴，搶佔西通這個咽喉要道，攔截由孟拱向加邁增援的敵軍。

第一一四團為伏兵，從高山深谷中，伏道而出，襲擊丹幫卡，直搗巴稜社，突刺日軍心臟，並控制孟拱以南的各隘口，截斷孟拱日軍的退路。

第一一三團為正兵，先殲滅沙勞、馬蘭之敵，再向西運動，攻佔支遵，繼而直到加邁。

第一一二團這支奇襲兵，在陳鳴人團長帶領下，以最快速度，冒著大雨向加邁以南迂迴，他們一路跋山涉水，偷越了敵人重重封鎖，有時甚至從敵人眼皮底下經過而未被覺察。終於，按照計畫於五月二十六日順利渡過了南高江。

渡過南高江後，陳鳴人下令過江兩個營分南北夾擊公路的敵人據點。五月二十七日，曾在于邦大捷中被困兩個月，依然取得勝利的李克己營，冒雨埋伏在西通公路兩旁的山岡上。這裏是孟拱增援加邁的必經之路。

天黑以後，在濛濛細雨中，日軍車隊一輛接一輛慢慢地開過來，車燈把公路照得如同白晝。但日軍作夢都沒想到在漆黑的夜裏，等待他們的是中國軍隊的槍炮。

當日軍車隊完全進入了伏擊圈，李克己營長一聲令下，全營的各種輕重武器一齊開火，幾發平射迫擊炮彈擊毀日軍車隊首尾兩輛汽車。於是整個車隊癱瘓在公路上，不是中彈起火，就是翻進路旁的泥溝。原先縮在車上抵抗的日軍士兵，由於車輛紛紛中彈燃燒，便慌忙跳下車來，沒有被擊斃的竄進四周的叢林中逃命。隨後，陳鳴人率一一二團主力乘勝追擊，攻下了西通，殲滅日軍一千餘人，繳獲了汽車近百輛，騾馬六百多匹，奪取了二十多處糧食彈藥庫。

西通是加邁至孟拱公路上的重要據點，爲了奪回西通，打通加邁與孟拱的交通線，日軍連忙派出三個聯隊，並配備了大小火炮近百門趕往西通，本多政材還不惜血本，源源不斷地向西通增兵。

五月二十八日，日軍向中國軍隊第一一二團陣地發起瘋狂進攻，第一一二團被數倍於己的日軍包圍。由於幾乎都是雨天，盟軍飛機很少出動，第一一二團得不到空中支援，而日軍飛機則不顧一切，趁機在緬甸陰霾的上空放肆起來，使得一一二團抵抗更加艱難。

地面上，日軍進攻格外凶猛，在裝甲車、坦克的掩護下，每次都是成百上千人向一一二團陣地發起衝鋒，這個大隊衝上去，死傷大半剛退下來，另一個大隊又接著攻擊。

李克己營所據守的山頭陣地，早已被日軍的飛機、大炮翻了個遍，山坡上的樹木、藤草全被燒焦。日軍一個聯隊輪番向李克己營瘋狂進攻，山坡上幾乎被屍體覆蓋，霏霏細雨中，雨水夾帶血水將山坡染成赭紅色。陣地上，李克己營士兵死傷過半，但陣地卻一寸也沒有丟失。

殘酷的戰鬥一直打到六月十五日，第一一四團攻佔了離孟拱四英里的巴稜社，切斷了孟拱與密支那的交通，封鎖了孟拱附近的各個要隘路口，日軍來路被斷，而去路又寸步難行，終於軍心動搖，全線崩潰。第一一三團一路連克加邁外圍十幾個據點，於六月七日攻下了支遵，並與新二十師先頭部隊第六十五團在此會合。六月十六日第一一三團、第六十五團與從滇西空運過來的第五十師一部，同時向加邁城發起進攻。經過艱苦的奮戰，幾路攻城部隊相繼破城而入。冒著滂沱大雨，中國士兵爬上加邁城中心的寶塔塔頂，將一面耀眼的中國軍隊旗幟插上了加邁城頭。這次攻城戰，中國軍隊殲敵近三千名，繳獲汽車二百餘輛。

攻佔加邁後，新三十八師緊急增援已至孟拱附近的第一一四團。當中國駐印軍合力攻打加邁之際，第一一四團奉命迂迴前進，佔領了孟拱外圍，並受命在孟拱河以東渡河，支援英軍攻取孟拱。此時英軍第三師七十七旅空降在孟拱、卡薩區間，因受日軍攻擊，傷亡嚴重，而請求新三十八師支援。英軍表示如無援兵，只能支持二十四小時即向東南山地後撤。爲了避免因英軍崩潰而影響整個戰局，一一四團冒雨輕裝挺進，於六月十八日晨抵達孟拱日軍側背。二十日晨，該團突然攻擊日軍側背，立刻減輕了日軍對英軍的威脅，幫助英軍脫離了險境。

二十三日，一一四團經激戰後奪取孟拱外圍湯包、來生、來魯，切斷通往孟拱的公路和鐵路，從東南北三面包圍了孟拱。同日，中國駐印軍向孟拱發起總攻。激戰數日，一一四團突破了日軍堅固工事，進入市區，與敵軍展開激烈巷戰。至二十五日，日軍因傷亡過大，又無援軍，抵抗逐漸減弱。下午五時，新三十八師佔領孟拱。

在孟拱河谷戰役中，中國駐印軍共擊斃日軍一萬六千餘名，繳獲大量槍炮彈藥以及軍用物資。中國軍隊按照預定計畫，取得徹底的勝利。

孟拱河谷激戰的同時，史迪威制訂了密支那作戰計畫。五月十八日，中美聯軍偷襲密支那機場成功。中國駐印軍繼續向密支那進攻，激戰八十餘天，最終攻城成功，日軍緬北防禦體系瓦解。

孟拱河谷激戰正酣時，史迪威已將目光放在了密支那。

密支那坐落在伊洛瓦底江西岸，是緬北行政中心和交通中心。它三面環山，一面臨水，地勢險要，叢林連綿，交通便利。公路可通瓦霜、八莫、孟拱等地，鐵路可達孟拱、加邁、曼德勒等重要城鎮。城西有座機場，空運也十分便利。日軍緬北作戰的大本營就設在密支那。它是緬北日軍後勤供應的重要基地和戰略後方，日軍在密支那苦心經營一年多，城裏城外均修築了堅固的工事。

四月二十一日，中國駐印軍總指揮部決定，由美國的加拉哈德團和中國部隊組成一支突擊隊，從山路秘密挺進，奪取密支那機場，然後通過空運，把部隊和裝備運往密支那，最後佔領密支那城。

史迪威把這次偷襲密支那機場的行動，取了個代號叫「眼鏡王蛇」。執行「眼鏡王蛇」任務的突擊隊很快組成，它的戰鬥兵力除了綽號爲「搶劫者」的美軍第五三〇七陸軍團外，還有中國駐印軍新三十師的八十八團、第五十師的一五〇團，以及野人山克欽族的一個別動隊。特遣隊支隊共分為三個分隊：H分隊由美軍亨特上校指揮，下轄第五〇團、美國第五三〇七團第一營、輜重團第三連和一個山炮連；K分隊由美軍上校金尼森指揮，下轄第八十八團、美軍第五三〇七團第三營；M分隊由美軍上校麥吉指揮，下轄美軍第五三〇七團第二營、克欽族別動隊。整個中美混合特遣支隊由梅利爾准將統一指揮。

四月二十八日至三十日，中美混合特遣支隊分別從孟關和太克里出發。這支部隊悄悄地穿過原始叢林，神不知鬼不覺地向日軍戰略要地密支那挺進。

五月上旬，中美混合特遣隊進入苦蠻山脈，向茂密的叢林中挺進。這裏人跡罕至，古木參天，荆棘叢生，沿途盡是懸崖峭壁，有的地方甚至連克欽族人打獵的小道都沒有。特遣支隊發兵只攀懸崖斬荆棘開路前進，雨季的提前到來更增加了行軍的困難。更可怕的是疾病蔓延，不少士兵患上了瘧疾、痢疾和傷寒，體力極度下降。

險惡的叢林環境嚴重地威脅著中美混合特遣支隊，士兵們憑藉頑強的意志，咬緊牙關，以每天十公里的速度，向密支那機場推進。

經過二十多天的急行軍，中美混合特遣隊終於翻過了苦蠻山脈，抵達密支那近郊，隨即向密支那機場發動攻擊。

擔任攻擊機場任務的是中國駐印軍第一五〇團。五月十七日凌晨，當美軍飛機開始轟炸密支那城的時候，第一五〇團的官兵早已潛伏在機場周圍的叢林裏。美軍飛機離去後，空襲警報解除。守衛機場的日軍一個個放心地從地洞裏爬出來，三五成群地在機場跑道、營房前嘻嘻哈哈，慶幸機場未被炸毀。突然間，第一五〇團猶如天兵天將般出現在機場四周，日軍頓時大亂，倉促應戰，未等緩過神來，山炮、迫擊炮和各種輕重武器幾乎同時向日軍開火。第一五〇團的士兵端著衝鋒槍、卡賓槍，一路掃射，不到一個小時，第一五〇團完全控制了機場，並肅清了機場的日本守軍。

第二天早晨，史迪威帶著十多個記者抵達機場。在經歷了兩年之久的一連串挫折後，終於贏得了第一次重大勝利，難免使他有久旱逢甘霖之感。中美聯軍奪取密支那機場的戰鬥，揭開了密支那爭奪戰的序幕。

初戰的勝利，讓史迪威過於興奮，他沒料到接下來攻佔密支那市區的戰鬥中，日軍會憑藉堅固的工事，做拚死抵抗。

史迪威將攻佔密支那城區的任務交給中國駐印軍第一五〇團和八十九團。爲了保住密支那這個極爲重要的戰略據點，日軍派水上源藏少將率領部隊，從八莫方向增援密支那，使城裏的日本守軍增至一個旅團的兵力。同時，日軍在密支那構築了嚴密的防禦體系。城外，日軍利用坡地、樹林修建了環形防禦陣地。城內，日軍對幾十條大街道和成百上千的建築物按戰鬥的需要，構建了無數的大大小小的工事，包括火力點和堡壘。除地面工事外，還修築地下防禦工事。整個密支那城被日軍「武裝」得嚴嚴實實。

五月十八日攻城戰開始，第一五〇團衝進了密支那車站，腳跟還未站穩，即遭日軍炮火的凶猛轟擊，日軍強大的機槍火力網阻擊了中國軍隊的進一步推進。雙方在車站展開拉鋸戰，缺乏炮火和空中支援的中國軍隊，堅持了兩天，傷亡慘重，最終被迫撤回了機場。

爲了盡快結束密支那戰鬥，中國駐印軍又陸續空運五個團的兵力到密支那。這樣新三十師、十四師和五十師全部投入了戰鬥。

由於雨季的來臨，空中補給往往被迫中斷，軍隊的口糧供應緊張，進攻受挫，傷患增加，疾病蔓延，中國軍隊打得是異常艱苦。更令人頭疼的是，日軍的地面工事雖被摧毀，但是，日軍的地下防禦工事依然堅不可摧。日軍常在夜間從地底下鑽出來，四處襲擊、瘋狂反撲，使中國軍隊防不勝防，損失慘重。這樣，密支那戰鬥面臨十分嚴峻的局面。

史迪威此時也失去了旗開得勝時的喜悅。由於密支那久攻不下，美國將軍指揮作戰連連失利，引起中國官兵不滿。七月上旬，史迪威只好派中國駐印軍新一軍鄭洞國軍長前往密支那指揮作戰，並答應攻城部隊也由中國軍隊的師長親自指揮，美國軍官只負責聯絡和協助，不再直接指揮戰鬥。

鄭洞國親臨前線，對守城日軍的防守特點進行了認真的觀察和分析，見日軍依託工事，以逸待勞，能打就打，打不了就躲進地下，於我不利。於是決定採取針鋒相對的辦法，掘壕推進，分割包圍，逐個殲滅。

七月七日，對中國士兵來說，是個很有號召力的日子。鄭洞國將軍於七月六日下達了爲紀念抗戰七周年，於七月七日向日軍發動總攻擊的命令。

七月七日，中國軍隊集中了所有炮火，出動了幾十架B-52重型轟炸機，對密支那展開了地毯式轟炸，密集的炮火把密支那地面翻了個遍。中國三個步兵師全線出擊，對日軍地下工事一個個地掏，傍晚，將日軍全部壓縮到市區。

七月十三日，中國軍隊再次發起猛烈進攻，在炮火和空軍的配合下步步推進，經過三天的激烈戰鬥，將城北的高地以及城西南重要據點佔領。至七月三十一日，中國軍隊佔領了大半市區。

八月二日，第五十師派出由一百零四名士兵組成的敢死隊潛入敵陣後，將日軍通訊設施全部破壞，致使日軍指揮失靈。

日軍城防司令官水上源藏少將見大勢已去，下令第一一四聯隊丸山大佐率領部分殘兵，乘竹筏順伊洛瓦底江向下游八莫方向突圍，結果被中國軍隊發現，丸山絕望中拉響了手榴彈，隨著一串爆炸聲，竹筏沉入江底。

八月三日，中國軍隊全線發起總攻，日軍全線崩潰，水上源藏少將切腹自殺，殘餘日軍全部被殲。

這場攻堅戰，持續了八十餘天，擊斃日軍二千八百餘人，擊傷一千一百餘人。中國軍隊攻克了密支那，摧毀了日軍在緬北最後的戰略重鎮，使日軍在緬北作戰喪失了糧食、軍火等物資供給基地，從此日軍在緬北的防禦體系土崩瓦解。這為打通中印公路，恢復中國的陸上國際交通線打下了堅實基礎。

二、滇西反攻作戰

第一次入緬援軍作戰失敗後，中國遠征軍除部份退至印度，主力轉移到滇西。「安吉納姆」計畫確定後，滇西的國民黨軍隊也開始集兵於此，接受美式裝備，進行再建與整訓。

第一次入緬援英作戰失敗之後，中國遠征軍除新編第二十二師和新編第三十八師等撤至印度外，主力均轉移至滇西。

在撤退過程中，國民黨軍隊弱點很快暴露。在滇緬公路上，中國軍隊幾乎沒有做任何抵抗，日軍快速部隊稍微一衝擊，便潰不成形。並且，軍隊上層官員貪污腐化十分嚴重，利用戰爭大發橫財，他們或利用政府發給部隊外匯販賣緊俏物資至昆明，或利用戰敗，士兵傷亡逃散空缺，冒領軍餉。如此軍隊如何能擔負起反攻緬甸的任務呢?因此，對退往滇西軍隊進行整訓，勢在必行。

爲加強邊防，軍事委員會從國內陸續抽調兵力來滇。一九四三年二月，加爾各答會議上

▶▶ 陳誠

陳誠，一八九八年生，浙江青田人，字辭修，國民革命軍一級上將。蔣介石親信，有「小委員長」之稱。曾任國民黨副總裁，軍事統帥，黃埔系骨幹。抗日戰爭爆發後，率部參加了淞滬會戰、武漢會戰。一九四三年任遠征軍司令，在整訓軍隊的同時還擬定了中國遠征軍作戰計畫，即在中國駐印軍和英美盟軍同時發動進攻時，中國遠征軍就從雲南出擊，相互呼應。但就在此時，日軍進攻鄂西，陳誠奉命趕回第六戰區指揮作戰。解放戰爭時赴台，任台灣省主席。一九六五年卒於台北。

黃琪翔，一八九八年生，廣東梅縣人，字御行，抗日名將。國民革命軍陸軍上將。畢業於保定陸軍軍官學校第六期炮兵科，曾在德國留學。抗日戰爭爆發後，先後擔任第七集團軍副總司令，第八集團軍總司令、第六戰區副司令長官等。曾參與指揮上海淞滬會戰。一九三九年任第十一集團軍總司令，駐湖北襄樊，棗宜會戰中兼任第二十二集團軍司令。一九四三年任中國遠征軍副總司令。抗戰勝利後，獲得「抗日戰爭勝利勳章」、中國最高「青天白日勳章」和美國最高獎章「自由勳章」。一九七〇年卒於北京。

▶▶ 黃琪翔

中、美、英三方一致同意實施反攻緬甸的「安納吉姆」計畫，會後軍事委員會決定重建遠征軍，任命陳誠爲司令長官，黃琪翔爲副司令長官，長官部設於楚雄。一九四三年十一月，因陳誠有病，由衛立煌代理司令長官。

中國遠征軍下轄宋希濂第十一集團軍和霍揆彰第二十集團軍。其中第十一集團軍轄第二、第六、第七十一軍等部隊，第二十集團軍轄第八、第五十三、五十四軍等部隊。

「安吉納姆」計畫確定後，中國一方面運送兵力至印度蘭姆伽，接受美式訓練，另一方面又逐漸集兵於雲南接受美式裝備。史迪威的設想是：中國軍隊縮編爲一百個師，做爲核心力量的三十個師在昆明受訓和裝備，組成Y軍，擔任夾擊緬甸的突擊任務。Y軍，指在雲南的新遠征軍。中國第二次遠征軍分爲兩部，一部是中國駐印軍，又稱X軍，另一部是第一次入緬作戰失敗後，退回滇西的中國遠征軍主力，Y軍。此外對一千五百名軍官進行嚴格的軍事訓練，以便更好地掌握美械設備和技術。爲此，三月十日，陳誠與史迪威在重慶洽商遠征軍的訓練問題，決定在昆明設立訓練基地，調集各部隊幹部分批輪訓，然後空運至印度蘭姆伽，熟悉新式武器性能及使用方法。陳誠主張特種兵尤其應多送印度蘭姆伽訓練中心，加強技術訓練，對高級幹部則應以戰術和精神訓練爲主。

三月二十三日，蔣介石審定了軍政部雲南練兵的具體計畫，命令有關部隊向雲南集中。隨後陳誠帶領大批人員到雲南，在楚雄建立了「遠征軍司令長官部」。按計畫，應有十一個軍三十二個師參加訓練，預計按新編制組成二十四個新式攻擊師、二個舊式攻擊師和六個調整師，總人數爲四十一萬人。但是當時這十一個軍實際人數才只有二十二萬多人，缺編達十八萬之多。雖然後來軍政部不斷地補充人員，但至一九四四年滇西反攻開始時，陸續調入中國遠征軍隊伍的兵力只有步兵十三個師、炮兵十四個營。

與此同時，爲了使部隊適應改裝美械的需要，蔣介石於一九四三年四月在昆明建立了「軍委會駐滇幹部訓練團」並兼任團長，龍雲、陳誠兼任副團長，由龍雲代理團長。杜聿明、關麟征、黃杰輪流任教育長（後由梁華盛專任）。訓練團的地址在昆明北教場營房，先後舉辦了步兵、炮兵、工兵、通信、戰術及參謀業務等訓練班，受訓學員主要是部隊副團長以下軍官，一般以六至八周爲一期。

一九四三年、一九四四年兩年中，先後約有一萬人接受了訓練。團長以上軍官則先到昆明幹訓團報到後，先乘美國飛機越喜馬拉雅山到印度的列多，再乘火車到蘭姆伽接受六周訓練。訓練團教官主要爲史迪威所派的美軍各兵科專業軍官，技術人員及技術士兵，先後約有一千四百五十餘人。與駐印軍訓練不同，遠征軍不是整個部隊受美國人的訓練，而主要訓練幹部，然後由幹部自己訓練自己的部下。

中國遠征軍以軍爲戰略單位，統一編制，逐步換發了美械裝備，每軍新成立一個榴彈炮營，配備十點五公分榴彈炮十二門。每師成立一個山炮營，配備七點五公分山炮十二門。每個步兵團成立一個戰車防禦炮連，配備戰車防禦炮四門。每個步兵營成立一個迫擊炮排和火箭排，配備「八一」迫擊炮二門和「伯楚克」式火箭筒二具。每個步兵連配備輕機槍九挺，「湯姆遜」式手提機槍十八支，「六〇」迫擊炮六門，火焰放射器一個。每個軍部和師部設完善的野戰醫院一所。從軍、師到營、連都配有完整的通訊設備，包括有線電話和無線電報話兩用機，其他還有工兵器材和運輸工具等。經過整訓和接受美式裝備的部隊和原來的裝備比較，輕重武器的配備趨於完善，火力大大增強。

一九四四年春，衛立煌在重慶面見蔣介石後，開始接替陳誠就任中國遠征軍司令長官之職。代司令長官後，十分重視向英美軍隊學習電訊偵聽、飛機照相組圖等技術。他曾以為英軍解決給養品為條件，聘請英軍中專門電訊人員給中國軍隊電訊部門以指導，大大提高我軍的電訊技術，並在日後的作戰中發揮了重大作用。

改編後的中國遠征軍在訓練中還加強了通訊和戰車防禦炮的操練，注重陸空協同和營以下部隊的獨立作戰，山地及叢林複雜地形的作戰訓練。經過整訓，中國遠征軍士氣非常旺盛，戰鬥力大大提高，為之後的幾次重大戰役做好了重組的準備。

一九四四年五月，中國遠征軍開始強渡怒江。衛立煌坐鎮指揮，攻擊盤踞在崇山峻嶺中的數十萬日軍。經過周密部署和計畫，在炮兵掩護下，中國遠征軍從惠通橋和三江口等處相繼渡過怒江。

在中國駐印軍打得最緊張的時候，史迪威再三請蔣介石滇西出兵，攻擊日軍的側後方，以減輕駐印軍的壓力。但是蔣介石鑒於日軍發動「一號作戰」，河南戰局對中國軍隊十分不利，便以各種藉口拖延出兵。不得已，史迪威請求羅斯福總統給蔣介石施加壓力。羅斯福連發了五封電報，蔣介石都不為所動，一再婉言拒絕。羅斯福只能向蔣介石拿出了「殺手鐧」：三天之內，中國遠征軍若仍然按兵不動，將暫時停撥援華物資，並將支援該部隊的空運物資，全部轉

中國軍隊強渡怒江

交給駐華美國第十四航空隊，並收回貸給中國的所有飛機。

面對美國人如此強壓，蔣介石坐不住了，入緬作戰非發兵不可。一九四四年四月十四日，軍政部長兼參謀總長何應欽在蔣介石授意下簽署了「怒江攻勢命令」。四月二十一日，中國遠征軍制定了詳細的渡江攻擊計畫，決定以第二十集團軍組成攻擊軍，強渡怒江，攻擊當面之高黎貢山、騰衝之敵。以第十一集團軍爲防守軍，除固守怒江東岸原陣地外，由第一線各師，各派一營以上兵力，加強游擊，牽制當面之敵，爲攻擊軍的推進創造有利條件。這一計畫的中心內容是，首先由兩個集團軍分別從滇緬公路南北兩方進擊，在北方攻佔騰衝及以北地帶，在南方攻佔平戛及附近地區，然後由南向北向滇緬公路包圍夾擊日軍。

四月二十五日，蔣介石分別致電衛立煌、第十一集團軍總司令宋希濂、第二十集團軍總司令霍揆彰指示渡江出擊，強調「此次渡江出擊之勝負，不僅關乎我軍之榮辱，且爲我國抗戰全局成敗之所繫，務希各級將領，竭智盡忠，達成使命。」四月二十九日，中國遠征軍司令長官部命令第二十集團軍於五月五日以前展開完畢。同日，司令長官部與美軍第十四航空隊協定：第十四航空隊擔任在怒江以西地區直接協助地面部隊作戰，對騰衝、龍陵、芒市日軍攻擊；轟炸日軍後方交通線及八莫、臘戍、滾弄要點的倉庫，和擔任第一線作戰部隊的空投補給。五月六日，第二十集團軍制定了作戰計畫，其方針是「集團軍為策應駐印軍攻擊密支那，於怒江左岸的栗柴壩、雙虹橋間地區集結。主力保持在左，強渡怒江，攻擊當面之敵，進出固東街、江苴街之線，攻擊騰衝而佔領之。」此外，還以第五十四軍做第一線兵團，第五十三軍做第二線兵團，五月九日下達命令，確定於十一日開始反擊。

一九四四年五月十一日，中國遠征軍開始強渡怒江。怒江源於青藏高原，流經橫斷山脈，奔騰於高黎貢山和怒山之間。沿江危崖聳立，礁石密佈，水流湍急，素有「水無不怒石，山有欲飛峰」之稱。不管怒江如何湍急，都不足以動搖中國遠征軍渡河，收復河山，一雪前恥的決心。

五月十一日拂曉，怒江異常的溫順，江面上飄起了一層薄霧。在這層薄霧干擾下，日軍的眼睛根本就看不到對岸數萬大軍的行動。

霍揆彰

霍揆彰，一九〇一年生，湖南酃縣人，國民革命軍陸軍中將。黃埔軍校第一期畢業，先後任黃埔軍校教導第一團排長、連長，國民革命軍第一軍補充師第三團少尉。一九三七年五月，授陸軍中將，任第十四師師長。抗日戰爭爆發後，先後率部參加淞滬會戰、武漢會戰、第一次長沙會戰、滇西反擊戰等。一九四三年遠征滇緬，率部攻克龍陵、騰衝，打通了西南國防交通線，戰績顯著。一九四六年因李聞血案被免職。一九四九年赴台，一九五三年卒於台北。

中國遠征軍強大的炮火從怒江東岸茂密的叢林射向了西岸日軍陣地，數十架的中美飛機在日軍陣地上空掃射轟炸。頓時間，日軍陣地上硝煙瀰漫，岸邊的防禦設施悉數被摧毀。此時，中國遠征軍總司衛立煌一聲令下，早已整裝待發的數百艘美製橡皮艇，載著滇西遠征軍迅速向西岸駛去。此時，日軍第三十三集團軍以第十八師據守密支那地區，以第五十六師全部兵力和第二、第五十三師各一部，防守滇緬公路沿線的騰衝、龍陵、松山、遮放、畹町等地，並利用當地有利地勢構築堅固的防禦工事，阻擊中國遠征軍反攻，堅守緬北。

五月十一日，中國遠征軍第二十集團軍第一線兵團五十四軍各部，在怒江的急流漩渦中，先後由栗柴壩至雙虹橋之間的各個渡口渡江。由於準備周到，行動秘密，飛機和炮兵火力支援適當，第一線兵團於十二日拂曉前全部渡過怒江。十三日，第二線兵團，第十一集團軍配合作戰的各師加強團也分別渡江。新編第三十九師加強團由惠仁橋，第八十八師加強團由打黑渡，第七十六師、第八師聯合編成的加強團由守拐渡分別渡江。新編第三十三師以一個加強團向滾弄方面前進。

第二十集團軍攻擊軍右翼第五十四軍的第一九八師渡過怒江後，先後攻佔了灰坡、馬面關及橋頭，主力則進攻北齋公房，與敵軍一四八聯隊形成了對峙。左翼第三十六師由雙虹橋附近渡河後，向瓦甸、江苴推進。第五十三軍渡江後，受到了敵軍反擊。他們冒著猛烈的炮火，向大塘子攻擊。大塘子位於高黎貢山腹部，是保山至騰衝必經之地。這裏四面皆為高山，地勢極為險要，並且日軍在這裏還修有堅固的水泥工事。第五十六三軍與之在此激戰數日，直至二十四日方才攻克。

五月十一日至二十五日，中國遠征軍強渡怒江，並衝上了高黎貢山，完成渡江作戰第一階段的預定目標。

第十一集團軍接到命令後，於五月二十二日，制定了渡江攻擊計畫。其方針是「集團軍爲攻略龍陵、芒市，決以主力由惠仁橋，迄七道河之間地區各渡口，渡過怒江，重點置於右翼，向龍陵、芒市包圍進攻。」與第十一集團軍對峙的怒江西岸是第五十六師主力。日軍以龍陵爲核心，在其前方配置了松山和平戛兩大據點。六月一日，第十一集團軍各部隊發動全面攻擊。第七十一軍自一日至三日，各部隊分別由惠通橋、畢寨渡、三江口附近渡過怒江。六月四日，第七十一軍第二十八師主力攻克臘猛，並向松山方向進攻。日軍在松山的工事非常堅固，中國遠征軍久攻不下，改爲沿畢寨渡、龍陵大道南翼向龍陵進攻，十日抵達龍陵郊區，日軍頑強抵抗，戰鬥異常激烈。

到十五日，第二十八師在獲得少量補給後再次向日軍展開進攻，連克日軍外圍據點。但在此時，日軍增援部隊一千五百餘人由騰衝向龍陵趕來，第八十七師在龍陵以北地區進行阻擊。到十八日，日軍集中龍陵兵力約五千人，自二十一日開始向第七十一軍各部反撲。六月中旬，在龍陵戰況激烈的時候，集團軍令一一九團主力和第二師第二十九團一個營，固守龍陵。中國遠征軍總預備隊第八軍於六月初推進至惠通橋附近，在二十八師的掩護下，逐次渡過怒江。其第一師加入第七十一軍對龍陵之攻擊，戰局遂告穩定。二十二日，二十八師也開始向龍陵發動進攻。二十八日，第七十一軍展開攻擊。至七月七日，給予日軍以嚴重打擊。日軍向龍陵城郊撤退，七十一軍各部跟蹤追擊，追至城郊，與日軍形成對峙。

怒江戰役勝利是中美聯合作戰的結果，美軍向中國遠征軍提供了渡江工具和作戰補給，並對日軍陣地實施全天轟炸，美軍的炮兵部隊給予中國遠征軍充足的火力支援。在這次渡江作戰中，中國官兵不怕艱難困苦，發揚英勇頑強的作戰精神。強渡怒江戰役被認爲是抗戰以來第一次勝利的大舉反攻。中國軍隊在取得強渡怒江勝利的同時，也受到了巨大的傷亡。當時，美國陸軍部長史汀生稱「中國軍隊渡怒江出擊，是東南亞一周內盟軍作戰的重要新聞」。它在緬甸爭奪戰中佔有重要地位。

中國遠征軍在強渡怒江之後，繼續向松山進攻。中國遠征軍採用「坑道顛覆法」，挖坑道，深入工事堅固的松山主峰底下埋足炸藥，把松山整個炸毀，中國軍隊活埋日軍一一三聯隊。

各攻擊部隊強渡怒江之後，重慶軍委會鑒於中國駐印軍已開始攻擊密支那，判斷日軍難於短期內調動大量部隊增援滇西，遂命令中國遠征軍迅速攻佔騰衝、龍陵，與駐印軍會師緬北。中國遠征軍司令長官部隨即調整作戰部署：以第二十集團軍附預備第二師爲右集團軍攻擊騰衝，第十一集團軍爲左集團軍，攻擊龍陵、芒市，並限第十一集團軍各部隊於五月底完成攻擊準備。

在中國遠征軍司令部的指揮下，中國軍隊繼續進攻。右集團軍爲了迅速攻佔騰衝，派出第一九八師和第三十六師攻擊北齋公房。中國遠征軍隊一部兵力向日軍正面佯攻，吸引日軍的注意力。同時主力部隊攀崖踏壁，跨過深淵，迂迴到敵後，突然發起攻擊，日軍陣腳大亂，中國遠征軍前後夾擊，一舉攻克了北齋公房，殲敵近千名。

中國遠征軍乘勝追擊，向騰衝挺進。

騰衝位於高黎貢山西麓，東有飛鳳山，西有寶鳳山，南有來鳳山，北有高良山，地勢十分險要，是我國西南國防的唯一鎖鑰。騰衝城高五米，牆寬二米，呈正方形，各邊長二公里，下砌巨石，上築青磚，堅固難摧，易守難攻。日軍在此經營兩年，堡壘林立，坑道相通，形成一座堅固的要塞。日軍第一四八聯隊自高黎貢山敗退入城後，即決心死守。

進攻騰衝的是第二十集團軍第五十三軍。七月二日，中國軍隊攻克城東的飛鳳山，控制了騰衝至龍陵的公路。二十七日，在空軍的支援下，血戰一天，摧毀日軍四個堡壘群，中國軍隊佔領了飛鳳山。這樣，騰衝城四周的大山均被中國軍隊完全控制，日軍被迫退守孤城，四門緊閉，企圖困鬥。日軍盤踞騰衝兩年多來，構建了許多工事。城牆上每隔十米便築有堡壘一座，城牆內外壕塹蜿蜒，市街房屋洞壁相通。城中堡壘也不下三十餘座，敵人的防空洞，地下倉庫也非常結實。由於敵人憑藉著堅固的城垣做殊死反抗，右集團久攻不下。

八月上旬，中國遠征軍又派了三個師支援騰衝作戰。為了突破騰衝堅固的城牆，六十多架轟炸機飛臨騰衝上空，將騰衝城牆炸開了十餘個缺口。中國軍隊冒著日軍密集火力，衝入了城內與日軍展開了巷戰。激戰至九月十四日，終將困守騰衝之敵全部殲滅。

這次戰鬥中第二十集團軍傷亡官兵一萬餘人。騰衝光復後，在騰衝城外西南約一公里的小山岡上修建「國殤墓園」，內埋四千八百餘位陣亡將士的忠骸，並建立陣亡將士紀念碑，將此次戰役中英勇犧牲的第二十集團軍官兵和盟軍官兵的姓名刻於碑上。另建忠烈祠，陳列記錄作戰照片和陣亡將士遺物。

在右翼集團軍進攻騰衝的同時，左翼第十一集團軍也迅猛展開攻勢。第八軍新三十九師於六月四日攻克臘猛，包圍了松山。

松山是日軍在滇西控制怒江右岸的重要據點。日軍將整座山都掏空，碉堡大部份是地面三層，地下三層，用混凝土澆頂，正面貼以一釐米厚的鋼板。完整堅固的松山據點與騰衝、龍騰鼎足而立，是日軍必守之地。駐守之敵是由松井秀治大佐指揮的第一一三聯隊。

松山日軍冒險頑固抵抗，中國遠征軍多次向松山發起進攻，都未取下。六月二十日，衛立煌總司令急派總預備隊第八軍精銳榮譽第一師開赴松山，接替第二十八師。第七十一軍軍長鍾彬親自進入五六〇〇高地督戰。

七月四日以後，榮譽第一師逐步展開攻擊，未能奏效。七月十五日以後，採取步步為營的戰術，在日軍陣前四、五百米處構築工事。中國遠征軍總司令部把第八軍主力第八十二師，第一〇三師也從昆明急調至松山前線。但依然未能攻下松山。

松山位於怒江西岸，直扼惠通橋，滇緬公路從山腰而過，山頂炮兵陣地可直接控制滇緬公路。此山若不拿下，滇緬公路無法開通，向龍陵進軍，以至反攻緬甸都難順利實現。軍長何紹周正在為如何攻下松山一事一籌莫展之際，第八十二師副師長王景淵想出了個絕招，即「坑道顛覆法」。挖坑道，深入松山主峰底下埋炸藥，把松山整個掀掉。

軍長何紹周當即同意了這個辦法。王景淵副師長選擇隱蔽地形，先挖土壕，接近松山主峰後改為坑道掘進，使兩條坑道延伸到松山主峰底部，然後填裝了十噸炸藥。八月十九日，一切準備就緒，就等著軍長何紹周按起爆電鈕。

八月二十日拂曉，何紹周軍長組織了第九次進攻。這次進攻不如前八次進攻凶猛，其目的不是奪取日軍陣地，而是引君入甕，把敵人全部吸引到松山主峰。

日軍集中兵力拚命抵抗。九時十五分，中國軍隊全部退出日軍的火力網，迅速撤離到安全地帶。九時三十分，松山一聲巨響，日軍三千餘人喪身地底，主峰被削掉大半截。留下兩個深二十米，寬五十米的大坑。

與此同時，龍陵鏖戰正酣。

龍陵為滇西邊陲重鎮，東距惠通橋七十七公里，西至畹町

在松山俘獲的日軍

一百一十四公里，北到騰衝九十八公里，南抵平戛一百零一公里，滇緬公路由此經過，龍川江流經北郊，是通往八莫、臘戍的咽喉要地。它四周環山，中為盆地。日軍侵佔兩年間，以龍陵為核心，以環山為依託，構築了以據點群組成的防禦體系。市區每幢房屋都有一、兩個堡壘，每堵磚牆上都有射擊孔。日軍在此儲存有足夠數月需要的生活用品和作戰物資，由第五十六師團一一三聯隊的第三大隊防守。

六月五日，中國軍隊第十一集團軍向龍陵進攻。十日，第七十一軍主力已攻入市區。當時，第十一集團軍本可一鼓作氣拿下龍陵，但因連日大雨，後方補給不暢，渡江作戰以來消耗的彈藥和武器未能及時補充，使日軍得到喘息之機。到六月十三日，彈藥仍未運到，糧食補給也十分匱乏。在這種情況下，日軍憑藉堅固工事，向中國軍隊發起猛攻，集團軍總司令宋希濂下令撤出城區。此時，日軍援軍趕到，雙方在郊外激戰十二晝夜，中國軍隊反勝為敗，節節後退。此時，第八軍榮譽第一師主力，以及新三十九師從松山及時趕來援助，才穩定了戰局，並轉入反擊。七月十三日，各部奮勇前進，重新佔領了龍陵外圍的戰略要地。由於連續幾天大雨，道路泥濘，中國遠征軍只能在龍陵城郊與日軍對峙起來。

八月十四日，在中美轟炸機的配合下，宋希濂率軍向龍陵發起了第二次攻擊。經過近半月的苦戰，榮譽第十一師將文筆坡、小奎坡、龍陵老城，第八十七師將七澤山、對象坡，第八十八師將城區文昌宮等地，第二十八師將老東坡、東風坡，新編第三十九師將三關坡等地先後佔領。九月七日，第八軍攻佔松山。

正當第十一集團軍準備圍攻龍陵日軍時，原駐遮放日軍二千多人出動增援龍陵，向桐果園、張金山、南天門、雙坡、鍋底塘坡及三關坡進犯。經過一周苦戰，大部份要點重陷敵手。中國遠征軍調新編第八師增援，痛擊敵人於三關坡附近，戰局才告穩定。

又一部份敵人約一千餘人，企圖打通芒市至平戛間聯繫，正在情勢危急之時，九月下旬，中國軍隊又調了三個師來增援，這三個師都是令日軍心驚肉跳的死對頭。一個是第五軍二〇〇師，當年在同古城下，曾讓日軍頭破血流。另一個是第三十六師，一九四二年，日軍向滇西長驅疾進時，在惠通橋，遭到了第三十六師的當頭棒喝，攔下了日軍橫跨怒江的步伐。再一個就是剛剛在松山埋葬日軍的榮譽第一師。

中國遠征軍乘勝追擊，又將已失的陣地完全收復。爲了早日克復龍陵，第十一集團軍於十月二十九日，從三方面向龍陵進攻。十一月一日，中國遠征軍攻進了市區，迅速佔領了市區的核心陣地。經過五天的激戰，十一月三日，中國遠征軍最終奪取了龍陵。

左集團軍的左翼部隊自八月上旬起圍攻芒市，敵憑據堅固工事據守，攻擊進展遲緩，至十一月在第七十一軍和第六軍支援下，於十一月二十日攻克芒市。攻克龍陵、芒市後，左集團軍以第五十三軍、七十一軍主力，第二軍一部及第二〇〇師向遮放追擊，並於十二月一日克服遮放。日軍殘部退據中緬邊境最後的據點畹町，企圖以回龍山爲天然屏障與中國軍隊作戰。

整個松山戰役，從六月四日到九月七日共九十五天，是抗日戰爭中最爲慘烈的戰役之一，斃殺日軍超過一千二百五十人，敵我傷亡比例爲一比六點二，戰死人數超過了負傷人數。中國軍隊佔領松山，打開了滇西緬北會戰的僵局。

三、打通中印交通線

一九四四年十月，中國遠征軍向緬北的八莫、南坎進攻。中國駐印軍隊在軍長孫立人的指揮下英勇作戰，最終佔領八莫、南坎，繳獲了大批軍用物資，為打通中印交通線做出重要貢獻。

攻佔密支那後，浴血奮戰了十個月的官兵，停止了一切軍事行動，開始利用雨季進行休整。趁此機會，中國駐印軍進行了整編，原有的新一軍分爲兩個軍，一個是新一軍，下轄新三十師和新三十八師，由原新三十八師師長孫立人任軍長；另一個是新六軍，下轄新二十師和第五十師，由原新二十師師長廖耀湘任軍長。中國駐印軍總指揮史迪威，由於與蔣介石關係惡化，被召回國。索登爾接任了他的位置，鄭洞國則晉升副總指揮。

一九四四年十月，緬甸雨季漸至末期。颯颯秋風中，經過休整的中國駐印軍鬥志昂揚，信心百倍地準備從密支那和孟拱兵分兩路出發，向緬北殘餘日軍發起攻擊。

八莫，在伊洛瓦底江和太平江流的右岸，北距密支那一百五十公里，南距曼德勒三百六十七公里，東南距南坎一百一十四公里，東北距騰衝一百八十公里。這裏是中印公路途徑的咽喉要地，也是日軍入侵中國滇西的重要後方據點，戰略地位十分重要。一旦八莫被攻下，駐在中國滇西的日軍將會腹背受敵。爲此，日軍十八師團便憑著八莫易守不易攻的天然地理優勢，構築了堅固的堡壘群和縱深防禦體系，準備在此阻擋中國駐印軍前進的步伐。

十月十日，中國駐印軍總指揮部下達了作戰命令：「本軍分三縱隊於十月十五日開始，向南攻佔印道傑沙、瑞吉之線而確保之，並準備爾後繼續前進。」根據這個命令，新一軍新三十八師直撲八莫，首先逼近了苗提。

苗提爲一高地小鎮，可俯視整個太平江三角地帶。經過美空軍的轟炸，建築物多數都被毀壞了。十月二十八日，新三十八師主力偷襲成功，擊敗了苗提附近一中隊日軍後，於二十九日黃昏一鼓作氣攻佔苗提，佔領太平江北岸正面全線，太平江南岸八莫敵軍部署一覽無遺。

太平江南岸地勢高峻，日軍在此選擇要地，修築堅固的工事。要想渡過太平江必受到日軍的全力阻截，軍長孫立人便決定將新三十八師主力秘密轉移到左翼，由先頭部隊搶佔的鐵索橋過太平江，然後迂迴包圍敵軍。十一月六日，新三十八師主力迂迴至敵後，以迅雷不及掩耳之勢，全線攻擊，一舉佔領了莫馬克以北至苗提間公路東側敵軍據點，對太平江南岸之敵構成威脅。先頭部隊第一一三團摸黑偷渡過江，在日軍睡夢中佔領了陣地，掩護主力過江。十一月九日，新三十八師全部渡過太平江，八莫城直接暴露在中國駐印軍面前。

新三十八師渡過太平江以後，於十一月十四日，攻克了莫馬克據點，切斷了八莫至南坎公路，日軍失去了唯一的後援生命線。經過三天激戰，中國遠征軍攻佔曼西，使八莫日軍固守待援的企圖完全落空。至此，八莫已陷入了中國駐印軍的重重包圍之中。

十一月三十一日，八莫市內槍炮聲不斷，中國駐印軍攻擊八莫的戰鬥打響了。八莫城內，日軍堅固的工事，犬牙相錯，彼此可相互策應，並且此地易守不易攻，稍不留意，中國駐印軍便會陷於此。於是駐印軍改變了迂迴包抄戰術，充分發揮飛機大炮的優勢，先集中火力摧毀日軍工事，然後再由士兵圍殲敵人。日軍雖然憑藉堅固陣地和嚴密的火力網負隅頑抗，但在新三十八師的堅決攻擊下，經過反覆的白刃衝殺，敵軍陣地不斷縮小。

進攻八莫的駐印軍重機關槍陣地

十二月十四日，新三十八師已攻佔城北日軍最堅固的據點老炮台、監獄、憲兵營房等地，擊斃了日軍守城司令官原好三大佐，摧毀日軍防禦機構。日軍失去指揮，開始全線崩潰。除少數乘黑夜泅水逃跑外，日軍的傷病員，集中以手榴彈自殺。其餘悉數被中國駐印軍殲滅。十二月十五日中午十二時，新三十八師肅清了全城的日軍，佔領八莫。

在新一軍進攻八莫時，孫立人軍長令駐印軍第三十師，於十一月底分三路縱隊沿八南路及其側山地長驅南下，對南坎發起攻擊。南坎與中國國界僅一水（瑞麗河）之隔，位於瑞麗河南岸，是中緬交通要衝，日軍侵入緬甸後，屯重兵在此。南坎是日軍阻止中國遠征軍會師，遲滯中印公路開通的最後一個據點，具有重要戰略價值。爲此，日軍在西部高地儲藏了糧食彈藥，構築了許多炮兵陣地，同時補充了兵力，以阻止新一軍南下和滇西中國遠征軍的西進。

十二月三日，中國駐印軍新編第三十師沿中印公路向南坎推進途中，與自南坎向八莫增援的日軍第十八師團、第四十九師團一部遭遇，雙方展開激戰，一度呈現膠著狀態。十二月六日，新三十師先頭部隊開始對南坎外圍日軍發動進攻。爲了解救八莫和南坎日軍組成的一支混合支隊，由五十五聯隊隊長山崎大佐指揮，從南坎兩側的曼緯因附近連夜出發，企圖擊破深入山地的新三十師主力，再沿八南公路突進解救八莫守軍，雙方發生了激烈遭遇戰。新三十師主力與敵苦戰數晝夜，戰況仍不見好轉。這時負責攻擊任務的劉湘衡營長身先士卒，率領全營官兵，英勇拚殺；唐守治師長也親自指揮特務連與敵搏鬥；孫立人也趕赴南坎指揮戰鬥。至十四日，中國駐印軍才控制了局面。

日軍見從公路正面屢攻不下，突擊滲透又遭痛擊，於是便極力避免正面攻擊。

十二月十三日，日軍轉移主力攻擊新三十師陣地右翼，力圖擊破右翼守軍，襲擊側背，策應八莫被圍之敵。二十二日，新編第三十八師一部越過南王河，進抵拉康，一部攻佔了南開。二十七日，新編第三十八師另一部攻佔南坎以北的勞文及其附近的機場，二十八日，佔領般康。同一天，新編第三十師攻佔了瑞麗河北岸各要地，右翼佔領制高點，構築了牢固工事，日軍雖一再猛攻，均被擊退。同日，爲了爭取主動，新一軍成立了加強團，向敵左側迂迴，切斷了敵後交通。

一月五日，在炮火支援下，新三十師一部向日軍發動全面總攻，激戰到九日，將瑞麗河以西、八南公路以北地區及公路南側諸據點一一攻佔，斷絕了敵人的後援和補給。爲了避免日軍利用南坎東南側險要山地做長期堅守，新三十師以部份兵力正面攻擊，吸引當面之敵，主力由南坎西南迂迴突進，對南坎形成包圍之勢，準備以奇襲一舉攻佔南坎。

新三十師派出一團涉險越過古當山脈，八日抵達西朗。當時一連下了三天三夜大雨，山洪暴發，江水暴漲，山路崎嶇泥濘，人馬進行困難。但中國駐印軍官兵不顧險阻，不怕犧牲，渡過湍急的瑞麗江，於一月十四日，進抵南坎背後西南側的森林地帶。當時日軍兵力分散在瑞麗河東岸及西側一線，新三十師乘機突進。十五日，中國駐印軍各部在空軍支援下，發動猛烈進攻。據守南坎外圍據點及城內的日軍拚死頑抗，但最終仍沒能阻止中國駐印軍之攻擊。新三十師主力第九十團的一個連突襲南坎，一舉佔領。南坎附近日軍倉皇應戰，在新三十師、新三十八師南北夾擊下，敵人大部被殲，殘敵向東邊的山上逃命。

這次戰役，是抗日戰爭緬北滇西戰爭中重要的一戰。中國駐印軍共擊斃日軍一千七百多人，俘虜十二人，繳獲大量軍用物資和武器。爲使中印公路早日通車，中國駐印軍攻佔南坎之後乘勝追擊，直指芒友。

一九四五年一月二十八日，中國駐印軍與中國遠征軍在芒友會師，並舉行慶祝中印公路通車的典禮，「人猿泰山」計畫完成。三月三十日，中英兩軍在喬梅勝利會師，中國駐印軍緬北反攻作戰任務順利完成。

芒友位於南坎的東北，畹町的西南，是舊滇緬公路與密八公路的交接點。一九四五年一月十六日，中國駐印軍新編第二十二師主力沿芒友公路推進，新編第三十師主力圍殲老龍山區日軍。十七日，新編第三十八師主力以破竹之勢沿公路向前推進，並以部份兵力從日軍陣地左側山地迂迴推進。

一月二十一日，新編第二十二師主力與從滇西反攻緬北的中國遠征軍第一一六師取得聯繫，並將芒友西南外圍要地、制高點、天然屏障全部佔領，對芒友形成包圍態勢。芒友日軍爲了挽回失敗命運，集中主力分三路拚命反撲。激戰兩日後，中國駐印軍擊潰來犯之敵，並乘勝佔領了丹巴山，切斷了敵後交通線。此時，從滇西潰逃到芒友的日軍第五十六師團殘部，與原芒友日軍會合，做拚死一搏。

爲了早日拿下芒友，中國駐印軍第一一四團以部份兵力沿南坎以南巴卡公路南下，主力披荊斬棘穿越叢林前進，以切斷臘戍至芒友的敵後公路。芒友之敵處於被動挨打地位。二十四日，新編第二十師佔領摩塘，掃清了芒友外圍全部日軍據點。二十七日，新編第二十師主力向

中美英軍收復緬甸全境，勝利會師

芒友日軍發動總攻，孤立無援的日軍頃刻潰敗，新編第二十師順利拿下芒友。中國駐印軍和中國遠征軍在芒友勝利會師，中印公路被完全打通。

一九四五年一月二十八日，緬甸邊陲的芒友鎮，X軍（中國駐印軍）和Y軍（中國遠征軍）會師閱兵儀式暨慶祝中印公路通車典禮正在畹町城隆重舉行！一位熟悉歷史而又聰明幽默的中國記者用一個公式記下這一盛典：X＋Y＝V。

天空如洗，豔陽高照，沙灘上搭起一座臨時檢閱台，山坡草地上豎起一面面鮮豔的彩旗，給昔日人煙稀少的異國城鎮平添了熱烈的節日氣氛。

上午十時整，在隆隆的禮炮聲中，慶典開始。衛立煌上將以中國遠征軍司令長官的身分，宣讀了蔣介石從重慶發來的賀電，電文盛讚官兵的勇敢和忠貞，洋溢的熱情使全場將士歡聲雷動。

盛大的閱兵式開始了。

這是一場名副其實的美式裝備大檢閱。最先出場的是新編第一軍機械化裝甲師，九十輛美製三十二噸坦克排出整齊的隊形從山谷中隆隆開來，受閱隊伍一眼望不到頭。「白鼬式」六噸裝甲車、羅通戰車防禦炮、一五五遠程榴彈炮、GMC八缸柴油運兵車、福特無線電通訊吉普車一一通過檢閱台，還有摩托化步兵團、工兵團、運輸兵團和當時最新式的特種噴火兵團，讓人眼花撩亂，目不暇接。步兵頭戴鋼盔手持美製衝鋒槍，搭乘運兵車從檢閱台前通過。

九架從密支那機場起飛的美式轟炸機呼嘯著從河灘上空掠過，在空中畫了一個大大的圓弧，然後飛往一百英里外的臘戍。兩個連的中國傘兵打開降落傘從運輸機上飛落下來，天空中頓時綻開一朵朵五彩繽紛的傘花，把慶典推向高潮。

一月二十八日，一支特殊的車隊穿過中緬邊境的畹町，逶迤而來。六十六輛卡車滿載汽油、軍火，其次是武器拖曳車和吉普車、救護車、各種重炮、野炮、山炮、平射炮，緩緩地開了過來。隆重的通車典禮正在進行。禮炮聲中，時任國民政府行政院代理院長的宋子文走上懸掛著中美兩國國旗的觀禮台。他代表蔣介石出席慶祝會，並向為打通這條路而浴血奮戰的全體將士致敬。就在這天晚上，蔣介石發表廣播講話，感謝全體遠征異國的將士們的英勇奮戰，感謝美英盟軍的通力合作，興奮之情，溢於言表。

此後，中國軍隊乘勝攻克了新維、臘戍等地，清除了日軍在緬北的最後幾個據點，並於三月三十日與英軍在喬梅勝利會師。至此，中國駐印軍緬北反攻作戰任務順利完成。

第十章　將日寇趕出中國

一、豫西鄂北會戰

一九四四年十月，史迪威被解職回國，魏德邁出任中國戰區參謀長。在魏德邁的建議下，中國陸軍總司令部在昆明成立，何應欽任總司令，開始對各戰區進行整訓。

一九四五年的春天，對於日本帝國主義來說，是日暮途窮的黃昏。

這一年，在歐洲戰場，美英盟軍已對德國西部邊境的齊格菲防線發起總攻；蘇聯在東線也逼近了德國首都柏林；亞洲太平洋戰場，盟軍已日益逼近日本本土；在中國正面戰場，日本進行的所謂「打通大陸交通線」的作戰並未達到預期目的，而是日益陷入中國戰場而不能自拔，只能拚命收縮兵力。

豫湘桂戰役中，國民黨軍隊折損了大量兵力，丟失了大量國土，激起了國人的憤怒。緬甸戰場上，中國駐印軍與中國遠征軍卻取得節節勝利。在這種形勢下，國民政府軍事委員準備發起反攻，一是爲平息民憤，維護國民黨統治；二是爲乘緬甸戰場之勝利，繼續追殲日軍，以獲取抗日戰爭的最後勝利。

一九四四年十月，原盟軍中國戰區參謀長史迪威被羅斯福總統解除職務，悄然回國。一九四二年，史迪威來華後，指揮了中國軍隊入緬、中國駐印軍收復緬北、打通中印公路的戰役，並幫助國民黨訓練、裝備了一部份軍隊，對中國戰區的抗戰起了積極作用。隨著了解日益深入，他對蔣介石爲首的國民政府消極抗戰極爲不滿，要求對國民黨軍隊進行改革，由他擔任軍隊指揮，並要求撥給一部份租借物資給共產黨軍隊。

這項要求既挑戰了蔣介石個人的權威，也觸犯了蔣介石與國民黨的利益。於是雙方矛盾日益激化，衝突不斷。蔣介石多次向美方施加壓力，要求召回史迪威。羅斯福總統鑒於中國對整個抗日形勢的重要性，決定召回史迪威，並任命與蔣介石有著良好關係的魏德邁出任中國戰區參謀長。這樣，蔣介石便牢牢地控制了中國戰區的軍事指揮權和租借物資的使用權。

一九四四年冬，中國部隊作戰序列爲：

第一戰區，司令長官胡宗南（代），轄第二十八集團軍、第三十一集團軍、第四集團軍、第三十四集團軍、第三十七集團軍、第三十八集團軍及其他直屬暨特種部隊；

第二戰區，司令長官閻錫山，轄第六集團軍、第七集團軍、第八集團軍、第十三集團軍、第十八集團軍及直屬暨特種部隊；

第三戰區，司令長官顧祝同，轄第三十二集團軍、第二十五集團軍、第二十三集團軍及直屬暨特種部隊；（一九四一年皖南事變後，國民政府軍事委員會取消新四軍的番號，一月二十日，中共中央軍委重建新四軍軍部，陳毅為代軍長、張雲逸為副軍長。）

第五戰區，司令長官李宗仁，轄第二集團軍、第二十二集團軍及其他直屬暨特種部隊；

第六戰區，司令長官孫連仲，轄長江上游江防軍（包括第三十九軍、第三十軍、海軍第二艦隊）、第十集團軍、第二十六集團軍、第三十三集團軍及其他直屬暨特種部隊；

第七戰區，司令長官余漢謀，轄第十二集團軍（包括第六十三軍、六十五軍、第九獨立團、第二十獨立團及通信兵團和教導團）及其他直屬暨特種部隊；

魏德邁

魏德邁，一八九七年生於內不拉斯加州奧馬哈市，一九一九年畢業於美國西點軍校。一九二五年至一九二七年在中國天津的美軍部隊服役。一九二七年回美國服役，一九三六年自美國陸軍指揮和參謀學校畢業後到德國軍事學院學習。一九四二年出任美國陸軍參謀部作戰部副部長，一九四三年出任東南亞盟軍司令部參謀長。一九四四年十月至一九四六年五月，任中國戰區美軍司令兼中國戰區最高司令蔣介石的參謀。一九八九年去世。

第八戰區，司令長官朱紹良，轄晉陝綏邊區、第三集團軍、第十七集團軍、第二十九集團軍、第四十集團軍及其他直屬暨特種部隊；

第九戰區，司令長官薛岳，轄第一集團軍、第三十集團軍及其他直屬暨特種隊；

第十戰區，司令長官李品仙，轄第二十一集團軍、第十五集團軍、第十九集團軍。

冀察戰區，總司令高樹勳，轄新八軍。

中國駐印軍，總指揮薩爾登，副總指揮鄭洞國，轄新一軍（包括第三十師和三十八師）及其他直屬暨特種部隊。

一九四四年十二月，在魏德邁建議下，國民政府決定成立中國陸軍總司令部，負責西南各戰區部隊的統一指揮與整訓，爲反攻作做準備。十二月二十五日，中國陸軍總司令部在昆明成立，總司令由何應欽擔任，副總司令由龍雲、衛立煌擔任，參謀長肖毅肅。

一九四四年的冬天，國民黨軍部處罰了張德能等幾個在豫湘桂戰役中擅自逃跑的將領，並調整了戰鬥序列。中國陸軍總司令部成立時，下轄遠征軍衛立煌部、黔桂湘邊區湯恩伯部、第四戰區張發奎部、滇越邊區盧漢部，加上杜聿明、李玉堂兩個集團軍，共二十八個軍八十六個師。其序列如下：

第一方面軍，司令盧漢，轄第六十軍、第二路軍、第五十二軍及直屬特種部隊暫十八師，昆明行營山炮兵團；

第二方面軍，司令張發奎，轄第四十六軍、第六十四軍、第六十二軍；

第三方面軍，司令湯恩伯，轄二十七集團軍（包括第二十軍和第二十六軍）、第九十四軍、第十三軍、第七十一軍及特種部隊：炮兵第一旅、炮兵第五十一團；

第四方面軍，司令王耀武，轄第七十三軍、第七十四軍、第一〇〇軍、第十八軍；

昆明防守司令部，司令杜聿明，轄第五軍、第八軍及直屬部隊：第四十八師、暫十九師；

總部直轄部隊，轄第五十四軍、第六軍、第二軍、第五十三軍；地方綏靖部隊，轄第二十四軍、第五十六軍、第九十五軍、第十四軍；

軍事委員會直轄部隊，轄第七十九軍、第七十六軍、第六十九軍。

隨形勢發展，中國陸軍總司令部又設立了漢中行營、東南行營、成都行營、西昌行營，到一九四五年四月，其序列如下：中國陸軍總司令部轄第一、第二、第三、第四方面軍及昆明防衛司令部等；漢中行營轄第一、第五、第十戰區，冀察戰區及第二十八集團軍等部；東南行營轄第三、第七、第九戰區以及第二、第六、第八戰區、駐印軍，重慶衛戍部隊，昆明行營、成都行營、西昌行營、綏靖部隊、軍事委員會直轄部隊，共計一〇六個軍。

為了提高國民黨軍隊作戰能力，爭取早日打敗日本帝國主義，魏德邁提出了裝備和訓練國民黨軍的計畫：在中國西南軍區重新編組、裝備和訓練國民黨軍隊三十六個步兵師，每師一萬人。這一計畫得了蔣介石的批准，中國陸軍司令部立即著手實施。中國陸軍司令部在桂林設立了中國軍官參謀訓練班，培養高級軍官，提高幹部隊伍的素質。在雲南成立了參謀、步兵、炮兵、工兵等大批專門的訓練學校，還在蘭州成立了供應裝備中心，四千多名美軍軍官參加了裝備和訓練工作。經過此次裝備與訓練，國民黨軍隊擁有了更多的美式機械化陸軍師，部隊火力、戰鬥力大爲增強。到日本投降前，國民黨軍隊共裝備了十二個美械軍及四個半美械師。在以後的反攻作戰中，這些美式機械化師發揮了重大作用，給已江河日下的日軍以沉重的打擊。

面對新的國際、國內形勢，一九四五年二月十二日，國民政府軍事委員會制定了《中國陸軍作戰計畫大綱》。該計畫大綱方針是：中國陸軍以開闢海口爲目的，於盟軍在東南海岸登陸的同時，向桂粵採取攻勢，重點在黔桂路方面，攻打宜山、柳州之後，最後在西江與盟軍會合。具體部署是：第一方面軍扼守滇越邊境，相機進擊駐越南日軍，掩護中國軍隊右翼；第二方面軍爲右兵團，任務是攻打南寧、龍州，截斷日軍桂越間水陸交通，並對越北方面構築堅強陣地，鞏固中央兵團右側背的安全；第三方面軍和昆明防守司令部爲中央兵團，在攻佔宜州、柳州後，主力向梧州、三水突進，與盟軍會師西江，同時攻佔桂林，協同左兵團沿湘桂線進攻衡陽；第四方面軍爲左兵團，任務是以主力攻佔邵陽，截斷粵漢路，攻打衡陽、寧鄉、湘鄉。總預備隊分別佈防昆明、貴陽，策應全局；國境守備隊以兩個軍駐守滇緬邊境，掩護中印公路，以第九十三師留守里佛海，守備國境；第六戰區除掩護中國軍隊主翼安全外，另抽調一軍用於常德、醴陵方面，協同左兵團作戰。

計畫制定不久，由於日軍向老河口和芷江地區發起攻勢，計畫未能實施。面對日軍咄咄逼人的進攻，國民黨軍隊在豫西鄂北和湘西地區與日軍展開激戰，組織了適度的、有效的反攻作戰。

一九四五年初，岡村寧次決定在春夏之際發動局部反攻，摧毀老河口與芷江的中國空軍基地。三月，日軍攻打南陽，一四三師師長黃樵松抬棺堅守，多次擊退日軍進攻。三十日，日軍攻佔南陽。

隨著戰爭一步步地深入，日軍在中國戰場受到的威脅也越來越大。一九四五年初，中美空軍以老河口、芷江機場爲前線基地，連續攻擊侵華日軍的交通幹線，包括華北、華中鐵路和公路以及長江、湘江、西江等水路，從而大大影響了侵華日軍的後勤供應和後方安全。爲了抵禦中國軍隊反攻，防禦和制止美國空軍勢力在華活動，一月二十九日，岡村寧次在南京召開軍事會議，決定在一九四五年春夏之際，展開局部攻勢，以摧毀老河口與芷江的中國空軍基地，改變被動挨打的局面。

三月二十一日，日軍第十二軍調動第一一五師團、第一一〇師團、獨立第十一旅團、騎兵第四旅團、戰車第三師團一部共七萬兵力，分三路向第五戰區的豫西南及鄂北老河口等地進犯。爲粉碎日軍的進攻，國民政府軍事委員會令第五戰區（轄第二、第二十二、第三十三集團軍等部共十個軍）以主力確保南陽東南地區，以有力部隊先在泌陽、方城、南陽地區持久抵抗，適時撤退於淅河、丹江間地區與敵決戰；令第一戰區（轄第四、第三十一集團軍等部共八個軍）以主力於南召至李青店之線及其縱深地區阻擊日軍進攻，以摧破其攻勢；令第十戰區派有力部隊襲擊平漢路南段敵人，破壞交通，進行策應作戰。同時令豫西陝南各基地空軍，積極轟炸敵後各交通線，尤其要設法阻斷平漢南段敵之運輸，以麻痺其行動，然後依靠第一、第五、第十戰區齊心協力，將敵包圍於豫鄂陝邊區而殲滅。

三月二十一日，日軍第十二軍司令長官鷹森孝指揮第一一五師團、第一一〇師團、獨立第十一旅團、騎兵第四旅團、戰車第三師團等，分別由沙河店、舞陽、葉縣、魯山地區分三路西進，向第五戰區新編第八、第六十八、第五十五軍陣地進攻。此次日軍進攻，如同上一年五月的豫中會戰一樣，利用坦克群和騎兵部隊，在豫中平原上迅速推進。

日軍分兵率先撲向了南陽城。第五戰區第二集團軍司令長官劉汝明在南陽城西的劉相公莊，召開了師長以上的軍事會議，部署迎敵戰略。該集團軍根據蔣介石的電令，決定以第五十五軍、第六十八軍及友軍新編第八軍，在南陽以北的雲城、唐河、南召地區阻擊敵人，然後再向南陽西南方前進。劉汝明命令第六十八軍第一四三師必須死守南陽城，以保障第五戰區長官部老河口安全。

第一四三師師長黃樵松接到命令後，決定誓死保守南陽城。回到南陽城之後，他首先派師部人員與南陽縣政府人員一道將南陽縣城內百姓轉移到城外安全地方。接著又根據豫中平原地勢平坦，南陽城自身東、北、南三個方向都無險可守的情況，決定在城外修築工事，埋設大量地雷，以增強抵抗。

爲了表示抗戰決心，在敵人迫近南陽前，他還讓人製作了一口棺材，上書「黃樵松之靈樞」，放於師部工事入口處。

日軍一路西進，相繼突破了雲城、唐河、南召地區的國民黨軍隊防線，很快兵臨南陽城下，在坦克的引導下開始攻城。日軍在飛機的配合下，連續猛攻兩天，一直未能突破第一四三師的防守。鷹森孝為了加快向老河口和陝南的進攻，改變原計畫，令一部兵力繞過南陽向老河口進攻，企圖奪取那裏的機場。又以一部兵力向西峽口進攻，其餘部隊仍向南陽猛攻。

黃樵松師長沉著應對，多次深入到前沿陣地指揮作戰。官兵見師長親臨陣地，備受鼓舞，同仇敵愾，個個奮勇殺敵，多次拚死打退敵人，守住了陣地。蔣介石稱讚黃樵松「喋血抗敵，忠勇用命」。

為了拿下南陽城，日軍動用了大量火力與兵力，多次向守軍發起猛攻。

三月二十六日，日軍第十二軍吉武支隊在南陽城北二十公里的染坊莊接到迅速佔領南陽的命令，立即抽調西進的獨立步兵第三八八大隊和戰車第二師團炮兵隊，反折南陽，統

▶▶黃樵松

黃樵松，原名黃德全，一九〇一年生，河南尉氏人，字道立，號怡墅，抗日名將。國民黨高級將領。抗日戰爭爆發後，率部參加了娘子關、台兒莊、武漢會戰等戰役，多次建功。一九四五年三月，日軍集結兵力向南陽、老河口、襄樊進犯。黃樵松率六十八軍一四三師受命堅守南陽。戰鬥中，黃率部隊頑強抵抗，連續打退敵人的多次進攻。抗戰勝利後，反對蔣介石發動內戰。一九四八年十一月在太原準備起義的消息洩露，被國民黨殺害。臨死前寫下「戎馬仍書生，何事掏虎子，不願蠅營活，但願藝術死」的《絕命詩》。

由吉武指揮，合力圍攻南陽。

二十七日，吉武率部渡過白河，侵佔南陽城北的喬莊，日軍司令部則駐守西北的白龍廟。此時的南陽城已經被敵人重重包圍，一四三師孤軍守城，頑強抵抗。三月二十八日、二十九日，黃樵松指揮官兵浴血奮戰，禦敵於南陽城外。中日軍隊在城北的玄妙觀戰鬥激烈，黃樵松親自到前線陣地督戰。在去玄妙觀的路上，跟隨他的衛士不幸中彈身亡，黃樵松在戰火中，堅持隻身前往。廣大官兵在師長的鼓舞之下，精神振奮，奮勇殺敵，迅速擊敗敵人的進攻。

三月三十日，日軍在飛機掩護下，以重兵向南陽再次進攻。在朝山街外的陳品三菜園的中國守軍據點受到敵人五輛坦克的攻擊。戰鬥到上午十時，排長李德明所帶趙萬國、葛子明兩班戰士大部份壯烈犧牲，僅剩下班長葛子明和兩個戰士堅守陣地。不久，日軍坦克衝到陣地，兩名戰士陣亡，葛子明被俘。已負傷的葛子明與被俘農民被日軍捆綁在一起，壓迫至朝山街，中途因失血過多而亡。黃樵松聽到消息後，痛惜陣亡將士，親往朝山街、小西關督戰。團長劉雲生指揮部隊英勇抗擊日軍，一連打退敵人的四次進攻。

三十日下午，黃樵松接到了集團軍總司令劉汝明的電報：第一四三師已完成牽制、阻擊日軍任務，鑒於日軍已西犯、南犯，南陽城已無死守必要，第一四三師應立即撤出南陽城。黃樵松與副師長、參謀長研究後，決定由城東的七孔橋突圍。於是下令四二七團指揮部隊佯裝進攻朝山街和小西關，並從龍亭向北關的敵人展開巷戰，掩護部隊撤退。當夜，一四三師撤出南陽。黃樵松爲此作詩一首：「苦戰十晝夜，南陽成廢墟。姑將好頭顱，留待最後擲。」

南陽一戰，黃樵松率部隊堅守陣地，完成了牽制、阻擊日軍的任務。黃樵松撤出南陽後，在桐河鎮進行了短暫調整，後迂迴到漢陽，師部駐在袁家灣。第五戰區司令長官劉峙，在軍長師長會議上，親自授予黃樵松金質勳章。

一九四五年三月，向西峽口進攻的日軍，與吳紹周的八十五軍相遇並發生激戰，雙方對峙到八月，日軍主動投降。四月，日軍抵達老河口，中國軍隊英勇拒敵，到四月中旬，鄂北恢復戰前態勢。

一九四五年，日軍向豫陝鄂三省交會處，戰略位置非常重要的西峽口方向進攻。擔任此次進攻任務的是坦克第三師團主力和第一一〇師團主力。三月二十八日，日軍抵達了西峽口鎮附近。在此駐守的是吳紹周第八十五軍二十三師和暫五十五師。

此時，第一一〇師師長廖運周早已根據軍長吳紹周的安排，佈防在了西峽口至重陽店之間的丁河店，在公路北側佔領陣地。河南保安第二團也奉命埋伏在丁河店公路兩側。四月五日，當日軍進入此地時，埋伏於公路南北兩側的中國軍隊同時發起反攻。頓時炮聲隆隆，喊殺聲震天，丁河店火光沖天。經過一天半苦戰，廖運周師奪取丁河店。廖運周一鼓作氣，率部繼續反攻，殲滅了據守在奎文關的數百名敵人，擊毀數輛敵人坦克，攻佔了奎文關，將西峽口至重陽店的敵人攔腰截斷，重陽店敵人成了甕中之鱉。隨後，第二十三師，第一七六師、第一一〇師向重陽店反攻。

第三十一集團軍王仲廉率領各部，從山地躍進，以十多個師的兵力，對西峽口敵人形成了包圍態勢，並令一一〇師和二十八師兩支精銳部隊，向西峽口鎮發起反攻，中美飛機頻頻出動，對日軍進行轟炸。日軍不斷增加兵力，死守西峽口。中國軍隊久攻不下，雙方形成膠著狀態。直至八月中旬，日軍才被迫投降。自三月二十九日開始到八月日軍正式投降，戰爭共持續一百四十多天，中日雙方投入兵力之多，死傷之慘重，是抗日戰爭中較為少見的。第三十一集團軍所屬部隊經過幾個月的艱苦抗戰，終於將日軍王牌部隊之一的第十二軍及其援軍圍困在西峽口、丁河店、重陽店、豆腐店附近。粉碎了日軍先佔領西坪鎮，進而攻擊商南，威脅西安的陰謀。

從南陽南下的日軍與從湖北荊門北上的日軍，對第五戰區長官部老河口形成了南北夾擊之勢。老河口城內城外事先未築工事，城牆又是土牆，缺口也多。為了增加防禦能力，守衛老河口的第五戰區第四十五軍的一二五師和第四十一軍的三六八團日夜趕築工事、堵塞城牆缺口、構築巷道工事，城南是襄河，守軍背水為陣，根本無路可退，官兵上下一致決心與城共存亡。

戰鬥打響後，日軍騎兵第四旅團第四聯隊的戰馬和戰炮，浩浩蕩蕩向三十里屯附近行進。突然，中美飛機飛至此地上空，炸彈如同暴風驟雨一般投下，日軍第四聯隊官兵大都被炸死。三月二十六日，日軍第四旅團令騎兵第二十六聯隊和第二十五聯隊進至老河口、光滑附近，二十七日在老河口與第四十五軍的一個師發生激戰。日軍另一部向鎮平、內鄉、西峽口方面進攻，遭守軍新編第八軍頑強抵抗。日軍一部越過內鄉，向第一戰區第十五軍進攻。二十八日，日軍向鄧縣、文曲集攻進，李官橋、鎮平、內鄉相繼失陷。

三月二十九日，李官橋的日軍開始向擋賊口進攻，內鄉附近的日軍則分別向西峽口、淅川進攻。第五戰區的各部隊雖然進行了抵抗，付出了重大傷亡，最終未能阻止日軍的進攻。三十日，淅川被日軍佔領，第五戰區第八十九軍在荊紫關阻擊該路日軍。

第二十二集團軍的炮兵部隊，在漢水河兩岸一一擺開，對進攻老河口的日軍進行連夜轟擊。三十一日拂曉，日軍炮兵部隊在北面城牆打開了兩個缺口，第二十五聯隊趁勢突入城內，但遭到中國守軍的包圍，被壓制在城西北角。漢水河對岸的中國守軍炮火集中向日軍第二十五聯隊猛烈轟擊。第二十五聯隊苦撐至夜裏，只有少數人突圍逃脫。日軍第二十六聯隊也在中國守軍和漢水河西岸炮火的猛烈攻擊下，敗下陣來。此時，日軍騎兵旅團在中國守軍的頑強抵抗下，向老河口發動的攻擊徹底失敗，被殲無數。

四月一日，日軍一一五師團主力抵達老河口。鑒於騎兵第四旅團進攻受挫，遭到毀滅性打擊，第一一五師團不敢冒然進攻，等到炮兵部隊和足夠的彈藥源源不斷到達後，於四月七日發起攻擊。猛攻多時，都爲守軍所擊退。主攻方向的第二十六大隊在炮兵和工兵支援下，從北城牆缺口外，發起進攻。第一二五師英勇反擊，一次次衝進去的日軍都被守軍的手榴彈殲滅，無一生還。四月八日，日軍經過整頓後，再次發動猛攻，守軍拚命抵抗，經過四個小時的廝殺，

豫西鄂北會戰場景

日軍終於以傷亡近四百人的代價突入城內。一二五師一面實施巷戰抵抗，利用既設工事，層層阻擊敵人，一面組織撤退，當夜撤到了漢水西岸和老河口以南地區。老河口爲日軍佔領。

此時，第四十一軍正好由谷城推進到了漢水兩岸，見老河口已失守，便就地佔領陣地，構築工事，與日軍隔河對峙起來。

早在三月二十日，日軍第三十九師團，以奇襲潛進的方法一舉攻佔了鄂北地區盤池廟、石橋驛，逼近了守軍第五十九軍陣地。第五十九軍奮起反抗，但終不敵日軍，陣地被突破。日軍繼續追擊，第五十九軍節節北移，日軍乘勢於二十三日攻佔了鄂北重鎮宜城。第五十九軍、第三十九師趕往宜城，在宜城以北組織防禦。二十四日，日軍發起全線進攻，守軍被迫逐次向北收縮，全力退守南漳。二十六日，日軍增援部隊四千多人繼續進攻南漳，激戰至深夜，日軍一度攻入南漳城內，被守軍擊退。二十八日，南漳失守。

南漳失守後，第七十七軍趕來援救，第五十九軍停止北移，開始與增援部隊一起反攻南漳，此時，南漳僅有日軍一個獨立大隊。中國軍隊在此展開一天激戰，最終奪回南漳。而當夜，日軍一部與其在歐家廟的主力會合，向襄陽、樊城進攻。當夜襄陽被日軍三十九師團主力攻下。三十日，樊城再失。守軍第六十九軍分別向樊城東北和襄陽西南突圍。

南陽守軍第六十八師一部突圍至城東南地區後，繼續襲擊日軍後方。襄陽失陷後，老河口、白河一線側翼受到威脅。四月二日起，日軍分股向南漳城南及西南各高地猛撲。中國第七十七軍第一三二師、第一七九師及第五十九軍第一八〇師奮勇迎擊，展開激烈爭奪戰，雙方傷亡均很大。隨後兩日，玉溪山、鳳凰山先後失守，南漳於四日晚再陷。五日晨，日軍兩千餘人繼續向城西北泰鴻山猛攻，第一八〇、第一七九兩師協力不斷反擊，至十日晚，日軍放棄南漳，向荊門原陣地撤退，中國軍隊跟蹤追擊。由襄樊北進的日軍越過了茨河。

四月十二日，中國軍隊向茨河市日軍側擊，最終收復茨河市。日軍第三十九師團感到了來自中國軍隊的威脅，害怕被包圍殲滅，便開始一路回撤，日軍一部退守鄧縣，一部增援李官橋、老河口，並於十七日攻佔新野。中國守軍轉至棗陽以北地區。守軍第三十三集團軍則開始一路追擊，收復了襄陽、白忠縣、樊城等地。四月中旬，鄂北恢復了戰前態勢。

二十八日，守軍一部曾攻入老河口，至五月一日，與日軍對峙襄河。在三月二十三日，日軍第一一〇團一部向長水鎮進攻，第三十八軍主力、第九十六軍一部奮勇抗擊，戰鬥到四月九日，將日軍擊退。十日，此部日軍轉向西峽口方向。四月底，雙方對峙於長水鎮附近。五月十六日至二十二日，日軍第六十九師團一部五千餘人分別向官道口、靈寶方向進攻，第四集團軍主力及第四十軍合力夾擊日軍，最終將敵軍擊退，但是雙方傷亡慘重，到二十九日，恢復戰前狀態。日軍達到了控制老河口空軍基地的目的。

豫西鄂北會戰，日軍雖達到控制老河口空軍基地的目標，但也付出了巨大的代價。在中國軍隊的猛烈抵抗下，日軍傷亡達一萬五千餘人。中國軍隊在會戰中，開始進行一些有目的、有步驟的反攻，中國正面戰場的反攻作戰拉開序幕。

二、湘西大捷，一雪前恥

四月，日軍欲發動芷江戰役，奪取芷江，進而威脅重慶。日軍第二十軍司令坂西一良加緊軍事部署，企圖一舉佔領並摧毀芷江機場。何應欽被任命為總指揮，王耀武領命在雪峰山構築工事。

湘西雪峰山的環抱中閃著一顆星，這是日軍的劫星，它閃出的光芒，使日軍頭暈目眩，必欲除之而後快。這顆星，就是芷江空軍基地。這裏，先後進駐蘇聯志願軍空軍中隊，美國空軍第十四航空隊戰鬥機隊、運輸機隊和中國空軍赫赫有名的第四大隊、第五大隊，即中美空軍混合大隊。最新式的P-51戰鬥機，B-24、B-25轟炸機，C-43、C-47運輸機和通訊聯絡用的Z-25機一一停駐在此。自中印交通打通以後，中美空軍如魚得水，頻頻出擊，阻截日機空襲，攻擊日軍目標，日軍視之爲心腹大患。

為了奪取芷江機場進而進逼四川，威脅重慶，日軍準備發起芷江攻勢。為此，日軍專門新編了第六方面軍來擔任芷江方面作戰，並由第二十軍擔任作戰主力。第二十軍司令官是坂西一良，他於帝國陸軍大學畢業後，被派往德國從事軍事研究，之前與中國名將王耀武數次交鋒，未分勝負，這次他定要見個高低，決一雌雄。接到攻佔芷江機場的命令後，坂西一良指揮眾兵於一九四五年三月下旬開始修築衡（陽）邵（陽）、（湘）潭邵（陽）公路，並將大批糧食彈藥及其他軍需品積聚於邵陽附近地區，同時抓緊趕製作戰計畫。

坂西一良的作戰設想主要分為兩步：第一步，以一部兵力由新化和新寧方面進攻，以主力由寶慶（即邵陽）—洞口—安江（今黔陽）沿線以北地區進攻，預期將中國軍隊主力包圍在洞口、武岡地區，或者捕捉於沅江以東地區加以殲滅；第二步，殲滅沅江以東中國軍隊主力後，立即向芷江方面突進，佔領該地並摧毀芷江機場。

日軍此次戰役的主要作戰部隊是第一一六師團和第四十七師團。第一一六師團團長岩永汪，轄步兵第一〇九聯隊，第一二〇聯隊，第一三三聯隊，騎兵第一二〇聯隊，野戰炮兵第一六六聯隊及輜重第一一六聯隊。第四十七師團團長為渡邊洋，轄步兵第一三一聯隊，第九十一聯隊，第一〇五聯隊，騎兵第四十七聯隊，山炮第四十七聯隊，工兵第四十七聯隊及輜重第四十七聯隊。除此之外，日軍第六十四師團和第十一軍第三十四師團，負責協助主攻部隊完成對芷江的圍攻。

面對日軍咄咄逼人之勢，國民政府軍事委員會也毫不鬆懈，決定傾注全力，在峰山一帶圍殲敵軍，以期再現台兒莊之戰雄風，振奮軍心民心。軍事委員會委員長蔣介石把部署芷江戰役的重任交給了陸軍總司令何應欽。

何應欽將陸軍總部搬到芷江，主持軍事會議，親自部署這次大戰。經過反覆研究，何應欽做出了如下部署：利用雪峰山區有利地形，構築縱深防禦工事，採取攻勢防禦作戰，逐次抗擊，誘敵深入，分割包圍，聚而殲之。戰場正面防禦，由第四方面軍王耀武擔負；湯恩伯的第三方面軍負責桂穗路防務；第九十四軍做爲戰役機動兵團，策應第四方面軍右翼作戰；第十集團軍負責湘北防務；新六軍廖耀湘部爲總預備隊，待命芷江，參戰陸軍達二十多萬人。

空軍方面，由陳納德統帥，負責空運新六軍，偵察敵軍動態，轟炸敵後方交通樞紐以及車站、倉庫等設施。攻擊目標主要在邵陽、洞口、武岡地區。部份飛機投入戰鬥，奪取制空權，配合地面部隊作戰。

根據何應欽的戰略部署，由王耀武所率領的第四方面軍爲此次作戰的主力部隊。第四方面軍由第十八、第七十三、第七十四、第一〇〇等四個軍組成，其中第十八、第七十三、第七十四軍皆是美械裝備。

第四方面軍司令官王耀武在參加完總部的戰略部署會議之後，立即回到了沅江邊第四方面軍司令部所在的一座廟宇，與參謀長邱維達商議了實施方案，確定了具體的部署：

第七十三軍軍長韓浚已率部佔據新化、安化，以一部兵力對資水東岸之敵保持接觸，並不斷以游擊方式襲擾敵軍。

第七十四軍軍長施中誠率部憑藉雪峰山東麓有利地形構成決戰主陣地，各要點構築堅固縱深前進陣地，對盤踞東安、邵陽方面之敵加以警戒，同時以游擊方式抗擊。

第一〇〇軍軍長李天霞率部佈防於雪峰山東麓之山門、隆回、溆浦一線，在隆回、山門等要點設置陣地，防範邵東、湘鄉方面之敵。

第十八軍軍長胡璉從常德往沅陵、辰溪一帶集結，隨時準備投入戰鬥。

對於戰鬥力很強的新六軍廖耀湘部的安排，王耀武頗爲躊躇。綜觀整個部署，唯一的顧慮在於武陽和洪江左右兩翼略顯單薄。是把新六軍用於充實側翼防護，還是做爲戰略總預備隊，幾經反覆考慮，王耀武毅然決定，寧可置左右側背暴露的危險，也要有一支強有力的預備隊。

王耀武作戰一向以計畫周密謹慎而著名，這次會戰因兵力有限而稍有冒險，但對於決戰關鍵部位的雪峰山中南部卻是不准有任何疏忽的。爲了使作戰計畫更周密，他還與參謀們一道前往雪峰山考察，除了修正五萬分之一比例的軍用地圖，還對該地區各要隘通路、制高點及特殊地物做了詳細記錄。尤其對雪峰山兩主峰之間的一條長約二十華里長的山谷進行了全面勘察，

▶▶ 王耀武

王耀武，一九〇四年生，山東泰安人，字佐民，著名抗日將領，黃埔三期學生。抗日戰爭中參加了淞滬抗戰、湘西會戰。一九六八年卒。

此山谷是突進湘西的必經之地。通過仔細勘察，王耀武和第五師師長周志道商定以兩營兵力在鐵山和鐵山莊設下關卡，並且配發給這兩營多門迫擊炮，待日軍一到，便可居高臨下，猛烈炮擊。

第三方面軍司令湯恩伯對此戰更不敢怠慢。自去年豫湘桂戰役，所部數十萬大軍一敗塗地之後，湯恩伯處於極爲被動的境地。不少人請求處分他，甚至有人提出斬湯以謝國人。幸得蔣介石保護，湯未受處分。兩個月後，他又復任第三方面軍司令，默默地在貴陽操練軍隊，決心把這十幾個美械師訓練好，一雪前恥。湯恩伯接到何應欽總司令的電令：「第三方面軍第九十四軍於四月底以前，集結於通道靖縣地區，準備向武岡以東地區進軍，協助第四方面軍殲滅進犯湘西之敵。」湯接電後，火速召集將領，率部向目的地進發。行前，他指示部隊眾兵一定盡最大努力配合王耀武部隊作戰，以爭取取得湘西之戰的勝利。

中國軍隊部署完畢。美麗的雪峰山周圍佈滿了國民黨軍隊，中日之間一場不同以往的戰鬥即將開始，不可一世的日本侵略者必將受到重重地打擊。

一九四五年四月十一日，芷江會戰正式拉開序幕。張靈甫指揮七十四軍阻擊來犯日軍，成功將其誘至新化、武岡間的雪峰山。王耀武對第四軍進行具體部署，圍殲被困日軍，日寇傷亡慘重。

一九四五年四月十一日，日軍分三路，採用分進合擊、兩翼策應、中央突破戰術，企圖合圍芷江。

右路，日軍第六十九旅團駐沅江城的步兵旅團，於四月十三日派兵分兩路進攻益陽，然後沿資水而上，順利進至了桃江境內。在日軍繼續向安化西進時，遭到了中國軍隊第七十三軍的頑強阻擊。第七十三軍在軍長韓浚的率領下，與敵人展開了殊死戰鬥，最終守住了安化、新化附近地區的陣地，將敵人阻擊在資水東岸，兩軍隔水對峙起來。

左路，由關根久太郎率領的日軍第五十八旅團（又稱關根支隊），從廣西全縣向北進犯。四月十七日，在江口橋打退了進行抵抗的守軍兩個連後，佔領了新寧城，當主力也到江口橋在新寧、白沙之間集結後，日軍又開始向武陽推進。

武陽鎮地處武岡、城步、梅口和瓦屋塘中間，是綏寧、洞口至洪江的交通樞紐。小鎮四面環山，形成盆地，固守鎮內較難。因此，守防武陽的中國軍隊七十四軍五十八師一七四團的九連沒有將防御重點放在武陽鎮內，而是在鎮外的山地上修築工事，配置了美式輕重機槍、平射炮和火箭筒。中國守軍憑藉著強大火力先後八次擊退了日軍的進攻，戰鬥到第三天傍晚，日軍孤注一擲，兵分三路發起進攻，於當晚佔領了武陽。

中路，是日軍的主攻陣地，一一六師團自四月九日凌晨起，分三路從邵陽出發向西進擊，進擊異常順利。右中縱隊先遣隊越過中國軍隊多道防線，一馬當先深入第四方面軍雪峰山主陣地中南部附近。

中縱隊一三三聯隊四月十五日從風吹亭一帶出發後，於十九日凌晨到達賽市以東地區。左縱隊一二〇聯隊四月十七日擊敗桃花坪的守軍，十八日夜渡過資水，十九日晨進到紫陽河一帶。

王耀武以武岡、新化、安化爲堅守的陣地，布好「口袋」，欲將日軍一舉殲滅。因此，在日軍進攻的路上，中國軍隊誘敵深入，一路「失守」。這使坂西一良放鬆了警惕，令第一一六師團主力向雪峰山脈深處運動，從東、北兩方面實施包圍，關根支隊予以策應，以主力向瓦屋塘附近突進，在中國軍逃向雪峰山雪地帶之前形成包圍。

隨著戰事不斷發展，戰情地不斷演變，王耀武及時地在安江召集第一線兵團各軍、師及特種兵指揮人員軍事會議，以明確下一步作戰計畫。會上，王耀武聽取了各戰地指揮彙報的戰況，由邱維達傳達了下一步的戰略方針是由專守防禦改爲攻勢防禦。中國軍隊在戰場不再是一味防禦，而是在適當時機向敵軍展開攻擊。

爲了策應第一一六師團向雪峰山深入進攻，關根久太郎決定右路第五十八旅團向瓦屋塘、武岡進攻，以箝制中國軍隊。守衛武岡的是中國第四方面軍第七十四軍一七二團一營。素有「虎賁」之稱的七十四軍經過整編之後，裝備了美式武器，實力雄厚，士氣旺盛，打防守戰很有經驗，營長高崇仁頭腦冷靜，處事果斷。高崇仁接受防守武岡城之命後，便率部在城內外構築三道防禦陣地，所修工事皆輔以黃泥、細沙、石灰混合築成，其內裏一線是百姓獻出的糯米熬漿摻和三合土構築而成，堅固無比。

四月二十七日，日軍獨立步兵一一七大隊在永里堰彥率領下分三路，由東、西、南三面猛攻，攻城前，絡腮滿面的永里自信滿滿：「攻下武岡再刮臉。」

至四月底，日軍進入到中國軍隊防禦縱深地帶，佔據了深入芷江的重要公路，但在中國軍隊層層奮力抗擊下，遭受的打擊越來越沉重，所受損失也越來越大。岡村寧次只得命令各部隊撤退。此時，中國軍隊緊緊咬住日軍，發起了反攻。

一連三天猛攻未能得手的永里一面調來坦克助攻，一面組成身綁炸藥的「特攻隊」，志在必得。高崇仁親率義勇隊利用汽油彈，專打坦克後油箱，燒毀十幾輛日軍坦克。日軍遭到猛烈抗擊。永里組織特攻隊隊員以「人肉炸彈」炸開城牆，爲後續部隊開路，圍城日軍傷亡大半，倉皇而逃。

國民黨第七十四軍一五三團在龍潭司阻擊日軍，團長王夢庚精心挑選一批湘西籍士兵組成的敢死隊勇往直前，很快奪回了鷹形山主陣地。日軍重新調整力量攻擊，鷹形山主陣地再次失陷。王耀武親自前往前線督戰，決定空投凝固汽油彈對日軍進行火攻。

中國軍隊數十架P-38飛機用機關炮猛擊日軍陣地，凝固汽油彈投擲下來，一片火海，日軍敗退，被圍在紅岸嶺被阻於龍潭，傷亡慘重。

中國軍隊大致完成了將日軍主力誘至新化、武岡間雪峰山的目的。軍委會和陸軍總部召開了作戰指導會議，何應欽親自主持。會議最終採納了邱維達的方案：避開日軍的主力部隊，用一個加強軍的兵力，從辰溪、漵浦插入日軍的側背，斬斷日軍主力後路與邵陽日軍的聯繫，阻擊左右兩路增援，對中路形成包圍態勢。

會後，王耀武立即對第四方面軍做了具體部署：第十八軍十一師由辰溪直插放洞、山門、石小江；第一一八師由安化直插新化、洋溪、隆回一線，側擊日軍第四十七師團，切斷日軍第一一六師團的退路；原固守在瓦屋塘、江口一線的第七十四軍一九三師則分頭向洞口、橋頭反擊；第一〇〇軍及五十一師同時向放洞、山門反攻；第七十三軍主力由洋溪向大橋邊、巨口舖方向反擊。陸軍總部還令第三方面軍第九十四軍火速向武岡地區急進。

五月八日，中國軍隊展開了全線大反攻。各進攻部隊在各種火炮的掩護下，紛紛向日軍發起衝擊。

五月十三日，第十八軍第十一師在師長楊伯濤的帶領下向南攻擊前進，以圖截斷邵陽至洞口的公路。前進到馬頸骨附近，遭遇日軍第一〇九聯隊的迎面阻擊。在中國軍隊第十一師強大火力下，日軍一〇九聯隊幾乎全軍覆滅。來不及打掃戰場，楊伯濤便下令乘勝進攻山門鎮日軍主陣地。

富有山地戰經驗的副師長王元直率三十七團迂迴運動，沿隘路側擊山門鎮。

攻打山門鎮時，王元直與第三十二團團長張滌商量，決計採取迂迴側擊的方法，以一個連沿隘路前進，迷惑敵人，主力取山間小路，從隘路側面翻過大山，出其不意，襲取山門。中午時分，中國軍隊到達山麓，此時日軍正在開飯，一陣炮擊，日軍驚慌失措，迅速向山門以南潰逃，中國士兵一路追擊，日軍全線潰退。

中國軍隊第七十三軍的十五師，在軍長韓浚的指揮下，在澤溪附近向敵人一三一聯隊展開猛攻。十五師經過半年多的補充整訓，眾兵士氣旺盛，加上新配備的全新武器，戰鬥力明顯增強。爲了奪取陣地，日軍先後多次向十五師的陣地展開猛攻，但是每次都以失敗告終。

五月十五日，七十三軍以猛烈炮火日夜向日軍陣地轟擊，加上增援飛機輪番轟炸，日軍被打得無處藏身，紛紛向山區的高地轉移。在轉移過程中，日軍一三一聯隊大部被中國軍隊殲滅。

向武岡疾進的第九十四軍第一二一師，與日軍第五十八旅團兩個大隊和三十四師團二一七聯隊展開戰鬥。十二日晨，第一二一師佔領資水支流各渡口後，渡過蓼水河又向日軍發起進攻，激戰到下午四時，擊斃日軍五百多人。日軍第二一七聯隊和第五十八旅團殘部在主力突破第一二一師的圍擊後，向風神岩一帶逃竄，結果被追上來的第一二一師與早已堵截在這一帶的第五師包圍，在中國軍隊強大的火力下，日軍傷亡累累，幾乎是寸步難行。

第一二一師對被圍困日軍奮起攻擊，佔據了風神岩，繳獲二一七聯隊一本命令稿和一部無線電台。十四日，第五師李則芬師長率部在茶舖子一帶又將潰逃之敵截住，往資水東岸一隅緊逼。此時，第一二一師師長朱敬民令一個團增援上來，協同第五師攔截，自己親率師主力連夜渡河，迂迴到敵後，突然發起猛攻，雙方惡戰兩天後，日軍第二一七聯隊及兩個大隊全部被殲滅。

第十八軍第十一師佔領石門鎮之後，完全截斷了日軍唯一的交通線，對日軍形成包圍之勢。此時南面湯恩伯第九十四軍擊潰武岡、新寧的日軍，封鎖了南部退路。同時，防守雪峰山東麓的第七十四軍、第一〇〇軍已發起全線反攻。

就在中國軍隊節節勝利，日軍瀕臨全軍覆滅之時，何應欽為在六屆一中全會上彙報湘西大捷，命令部隊五月二十三日前全部結束戰鬥。軍事服從政治，湘西會戰草率結束。

中國軍隊的頑強反攻，使被困日軍走投無路，瀕臨全軍覆滅。前線捷報轟動了整個後方。中外記者發回的電訊、文稿相繼在中外各報刊載，各地人心振奮，重慶更是額手相慶，大街小巷都貼出了「慶祝湘西大捷」的標語，各界組織了以莫德惠爲團長的二十多人勞軍團，攜帶慰問品來到了芷江前線。

然而湘西前線的戰火卻依然在迷漫，中國軍隊繼續追殲潰逃日軍，以期徹底圍殲敵人，以雪前恥。

第十八軍十一師師長楊伯濤估計日軍肯定不會束手受降，必定會拚死頑抗，惡戰不可避免。他與王元直副師長緊張地準備著，決定在日軍潰退的主要路口佔據有利地形構築工事，以強大的火力封鎖突圍的日軍，同時以一個團的兵力，佔據日軍撤退的必經之路，封閉公路，主要陣地選擇在石門城區。中國軍隊在石門鎮公路兩旁的高層建築上部署了強大的交叉火力網。

五月二十日，中國軍隊已將被堵在雪峰山區的日軍分割成一個個孤立的小塊，逐一展開殲滅。中美空軍根據地面部隊的標誌，對日軍進行輪番轟炸，配合步兵進攻。

五月二十一日，楊伯濤十一師接到情報，日軍第十六師團一部正向石門方向逃竄。官兵們聞訊摩拳擦掌，憋著勁要給日寇致命一擊。山門是一個隘口，是日軍第一線補給中繼站，有日軍防守，是東西要道。楊伯濤指揮部隊從山門東北進攻，在十一師的兩面夾擊下，日軍向南潰逃。楊伯濤於是命令副師長王元直指揮一個團追擊。日軍輜重部隊行動緩慢，王元直分兵截擊，全殲日軍輜重聯隊，繳獲大批武器。五月十二日，十一師克復山門，日軍後方交通補給被切斷。

為徹底截斷日軍後方交通線，協助其他軍隊全殲日軍。楊伯濤指揮部隊進攻第二個目標，截斷邵陽至洞口之間的公路。此時，日軍已經向東後撤，部隊集結在唯一的交通線，洞口至邵陽的公路兩邊。楊伯濤每一步進攻都遭到日軍的頑強抵抗。在飛機掩護下，第十一師以一團兵力向公路上的要點石下江市展開進攻，不久，攻破日軍工事，佔據石下江，完全切斷日軍接受補給的唯一交通線。同時，九十四軍擊破武岡、新寧的日軍後，追擊東逃潰軍，封鎖了南部戰場，形成對日軍的全面包圍。

正在此時，重慶正在預備召開國民黨六屆一中全會，蔣介石電召坐鎮芷江指揮的何應欽回重慶，讓他親自在大會上報告湘西大捷經過。何應欽覺得芷江戰役還沒有完全結束，日軍仍在頑強抵抗，這樣局勢去報告大捷，似乎不太好。於是，他想在二十三日動身去重慶之前，全部結束戰鬥。

五月二十日，第四方面軍邱維達參謀長接待重慶各界慰問團後，回到溆浦指揮所，接到了第四方面軍司令王耀武的電話。

王耀武在電話裏轉達了陸軍總司令何應欽想早日結束戰鬥，以便在重慶的全會上報告大捷經過。

早日結束戰爭？這讓邱維達一愣，難道是打球，叫停即停。將士們流血犧牲，都希望有一個圓滿而痛快的結局，豈能草草收兵？

邱維達在電話裏表示，要善始善終結束這場會戰，最快也要五天左右。但是王耀武表示來不及，因爲何應欽後天一早就要飛回重慶，所以必須在他動身前結束戰鬥。這讓邱維達很是爲難，雙方沉默了好一會兒，最後王耀武打破了僵局，命令邱維達和第十八軍軍長胡璉商議一下，在十八軍正面包圍圈開一缺口，這樣便能早早結束戰鬥。

通完電話後，邱維達感慨萬千。他決定直接給何應欽打電話，建議作戰時間再寬限幾天，以便全殲日軍。但是何應欽只是淡淡地以「軍事要配合政治」爲由搪塞過去。邱維達萬般無奈，只有向胡璉傳達了陸軍總部的指示。

在洞口通往如陽的公路上，楊伯濤扼住江門鎮咽喉，同時在公路上埋設了地雷，並在幾處險峻路段設置了一線阻擊陣地。師部所有的大炮、迫擊炮、火箭炮一律指向公路，第十一師決心不讓一個日本人逃出去。

在第十八軍第十一師指揮所，大家正緊張地做著戰鬥準備。忽然，楊伯濤接到胡璉軍長傳來命令：將扼守在石下江的三十三團全部撤離，十一師集團集中全力向敵側面攻擊。這不是網開一面，豁出一段口子讓日軍逃走嗎？楊伯濤儘管心存疑惑，但他是個軍人，不敢深究其中的原因，只能以服從命令爲天職，他拿起電話向前線下達了這道命令。

正在前線指揮的王元直副師長一頭霧水，一時弄不清這是怎麼一回事，但他也只能按命令行事。他命令第三十三團、第二十二團撤出陣地，率領師主力向山門東北一帶高山轉移，放棄了向竹篙塘進攻的計畫。

潰逃的日軍一開始不敢接近石山鎮，以迫擊炮進行轟擊。前面衝鋒的小隊日軍竟沒有遇到阻擊，後面的日軍見狀，便紛紛成群結隊地從第十一師防區通過，逃往邵陽。楊伯濤氣得七孔冒煙，心想不能如此便宜了小日本，便命令參謀長，通過美軍對空聯絡軍，呼叫空軍支援。不一會兒，一批批中美轟炸機沿公路對日軍轟炸掃射。此時日軍早已逃奔而去。

日軍主力對空中飛機的狂轟濫炸，全然不顧，一路被炸死炸傷不少。第一一六師團菱田四郎中將也狼狽地夾在潰逃的隊伍裏，倉皇地逃出了中國軍隊的包圍圈。殘存在雪峰山區的小股日軍，失去了戰場指揮，軍心渙散，大部份做了俘虜。

五月二十三日中午，雪峰山全線戰鬥接近尾聲，被分割的日軍，紛紛豎起白旗。中國各方面軍隊經過追進，到六月二日，中國軍隊全部收復了日軍侵佔地區，恢復了戰前狀態，日軍進攻芷江以失敗而告終，雪峰山戰役獲得勝利。

這次戰役，楊伯濤的十一師傷亡四百多人，後前往辰溪休整。王耀武親自到十一師慰問，並召開慶功會。陳誠還特意會見了胡璉和楊伯濤。

這一戰役日軍已經是強弩之末，勢窮力竭，陷於重圍，中國軍隊原本可以全殲日軍，取得更大的勝利。但是爲了粉飾即將召開的國民黨六屆一中全會，在上級二十三日前結束戰鬥的命令下，中國軍隊不得不打開石下江放走日軍，提早結束了湘西會戰。在這場湘西會戰中畫上了一個不圓滿的句號。

結局的敗筆並沒有抹去湘西雪峰山會戰的戰績。可以說，湘西會戰是八年抗戰以來，國民黨軍隊打得一次較大的硬仗。在戰鬥過程中，國民黨軍隊不論士氣還是武器裝備，都是已步入窮途末路的日軍所不及的。此時的國民黨軍隊敢打敢拚，勇於進擊，先後斃傷日軍達三萬餘人，而國民黨軍隊自身僅傷亡萬餘人，取得了輝煌勝利。

美國《紐約日報》評論指出：「一九三七年亞洲戰爭發生以來，華軍首次以其與敵同等武器在國內與日軍作戰。在空軍密切掩護下，具有優良裝備之華軍，現已粉碎日軍進犯重慶東南二百五十英里芷江美軍基地之企圖。此一佳音，可視為中日戰爭轉捩點之暗示」。湘西會戰的勝利標誌著中國抗日正面戰場由防禦進入了反攻階段。

三、三九良辰，普天同慶

一九四五年八月十五日，日本政府正式宣布投降，陸軍總司令何應欽奉命負責全面受降事宜。八月二十一日，何飛往芷江，與日本代表今井武夫商談受降的相關事宜，但是國民黨禁止中共受降。

一九四五年對日本來說，是艱難的一年。一月，萊特戰役結束，日軍很快失去了菲律賓，日本同荷屬印度之間的生命線被切斷，日本失去了「戰時血液」——石油的供應；日本本土也逐漸暴露在盟軍轟炸機面前。二月，硫磺島告失，日本本土整天處於迷散的硫磺氣味中，人心惶惶。七月，沖繩戰役結束，日本結束了在本土外的最後一戰。

中國戰場的日軍，日子也不好過。四月，第四方面軍在王耀武的率領下，取得了湘西會戰的勝利，拉開了反攻的序幕。第二方面軍張發奎所屬第四十六軍對桂南方面發起猛攻，日軍於六月二十四日被迫退出南寧。七月上旬，第二方面軍已挺進至梧州以西地區。

第三方面軍湯恩伯所屬之主力，在桂北方面協同第二方面軍之一部，也在六月三十日攻克柳州。七月十六日，繼續攻克桂林，乘勝追擊潰敵。八月初，中國軍隊追擊部隊的前鋒已抵達賀縣附近，後續部隊已進至全州以西。日軍受挫後，不得不在西南各省實行總退卻。

盧漢所屬第一方面軍各部隊，固守滇越國境，防範侵越敵軍北犯滇境，擔任掩護中國軍隊東進反攻各方面軍的側背安全。昆明防守司令杜聿明所轄部隊的任務爲，確保戰略要地昆明及滇緬公路安全暢通。

根據當時形勢發展需要，中國陸軍總司令部決定在八月中旬由昆明移駐柳州，並在南寧設置前進指揮所，指揮第二方面軍反攻雷州半島。

國民黨軍隊在正面戰場發起反攻作戰的同時，中共領導的八路軍、新四軍和抗日游擊隊，在敵後也發動聲勢浩大的春季攻勢和夏季攻勢，逐步縮小敵佔區，擴大根據地，中國軍民的反攻如狂飆震顫在華日寇。

在日本岌岌可危之時，七月二十六日，美英中三國首腦聯合向全世界發出了敦促日軍無條件投降的《波茨坦公告》。《波茨坦公告》發表後，日本政府視若不見，無動於衷，幻想在本土負隅頑抗。爲加速日寇的滅亡，八月六日、九日美國投放兩顆原子彈，使廣島、長崎變爲廢墟。同時，蘇聯政府亦於八月八日向日本駐蘇大使佐藤尙武投遞宣戰書，九日，蘇軍華西列夫斯基元帥命令遠東紅軍向駐防僞滿及朝鮮的日本關東軍進攻。關東軍瞬間遭到致命地打擊，陷入徹底的覆滅之中。

形勢的發展，迫使日皇裕仁親臨八月九日舉行的「最高戰爭指導會議」。會議進行整整一天，關於和戰意見依然難以統一。八月十日，鈴木首相被迫提請天皇「聖斷」，裕仁天皇同意結束戰爭。十日下午七時，日本政府通過瑞典、瑞士兩中立國向同盟國發出《乞降照會》。

八月十一日，蔣介石電令陸軍總司令何應欽負責準備全面受降事宜。何應欽立即召集陸總各高級軍官開會商議，決定撤回駐南寧的前線指揮所人員，並空運一部份精銳官兵到芷江基地，準備受降。

八月十三日，何應欽同陸總參謀長肖毅肅由昆明飛赴重慶，就中共領導的敵後抗日根據地區如何受降、繳械及對敵佔各城鎮、交通線路、敵僞政權接管等一連串問題，請示蔣介石。蔣介石向何應欽面授機宜，著重指示他要嚴格控制共產黨軍隊在受降過程中的行動。

八月十五日，國民政府外交部接獲日本承諾接受《波茨坦公告》的「乞降照會」，日本政府正式宣布投降。同日，遠東盟軍最高司令官麥克阿瑟畫分了受降區域，其中中國戰區受降範圍爲中國大陸（東北歸蘇軍受降）、台灣（包括澎湖列島）及北緯十六度以北安南地區（包括老撾一部）。應該投降的日軍爲：

華北方面軍（三十二萬六千二百四十四）人，華中第六方面軍（二十九萬零三百六十七人），京滬地區第六、第十三軍（三十三萬零三百九十七人），廣東方面第二十三軍（十三萬七千三百八十六人），台灣方面第十方面軍（十六萬九千零三十一人），越南北緯十六度以北地區第三十八軍（二萬九千八百一十五人），總計投降兵力一百二十八萬三千二百四十人。

同日，蔣介石任命何應欽為中國戰區受降主官，電令侵華日軍最高指揮官岡村寧次派代表到江西玉山接受何總司令指示，籌備受降工作。同時，蔣介石表示日軍可暫保武器裝備，保持現有態勢，並維持地方秩序，聽候中國陸軍總司令何應欽命令。何應欽也隨即下令，凡中國戰區之日本陸海空軍及輔助部隊，「立即各就現在駐地及指定地點，靜待命令；凡非蔣委員長或本總司令所指定之部隊指揮官，日本陸海軍不得向其投降繳械，及交出地區，與交出任何物資。」

八月十八日，因為玉山機場跑道損壞，國民政府和中國陸總臨時決定洽降地點改在湖南芷江舉行。

八月二十日，何應欽率肖毅肅等陸總高官飛抵芷江。四個方面軍總司令盧漢、張發奎、湯恩伯、王耀武還有其他獲准記者也相繼到來。日本投降專使是侵華日軍副總參謀長今井武夫少將，按雙方約定，他於二十日從南京出發，在漢口住了一宿。二十一日上午十點，乘非武裝的運輸機飛往常德上空。飛機按重慶政府無線電指示要求，拖了兩條三米長的紅色布條。途中日機迷失方向，錯認洪江做芷江，沒有按時到達芷江。

為了受降典禮，芷江機場臨時搭建占地近一千平方米的棚舍。當掛著紅色布條的日本飛機將在芷江機場著陸時，先圍繞機場低空飛三周，以示敬意。守候於此的數千中美兩國士兵，從機場四周蜂擁而至，一些記者用相機拍照，圍觀的群眾無不投以憤怒的目光。日機剛一著陸，警衛機場的憲兵立即跑到機身近旁加以監視。

日機兩翼的太陽旗和末端繫的紅色布條，很快地被幾個美國軍官撕扯成幾段，做為戰勝紀念。機門徐徐啓開之時，今井武夫面帶戚色，垂手而立門側。他們下機以後，分乘兩輛插有白旗的吉普車在機場周圍繞行一周，再向群眾示意致敬。

接著，專用吉普車載著日軍降使和隨行人員駛抵招待所，為防止其自殺，損害中國的國際聲譽，中國方面派憲兵數人輪番守候，嚴密監視。

二十一日下午，在中方官員的引領下，今井武夫以及他的參謀橋島芳雄、前川國雄，譯員木村辰男等四人，前往芷江七里橋的陸軍總司令部洽降會場。

會場佈置得肅穆、威嚴，會場前空地上高豎中、美、英、蘇四國國旗。進入會場時，今井被責令解除佩刀。何應欽並沒有出席第一次會談，坐在首席位置的是他的代表肖毅肅，其次為副參謀長冷欣，中國戰區美軍參謀長巴特勒和翻譯王武。

肖毅肅莊嚴地驗視今井的身分證明，然後鄭重交付何應欽發給中國陸軍總司令部的第一號備忘錄，翻譯人員用中、英、日語朗讀了備忘錄原文。

肖毅肅以何應欽的備忘錄一份交與今井，要今井轉致岡村寧次。備忘錄中關於日軍投降及中國軍事長官受降地點都有詳細規定，把受降接收分成十幾處，但中間沒有一處有共產黨軍事人員，也沒有畫給共產黨軍隊一個接收地區，彷彿共產黨根本沒有參加過抗日戰爭。肖毅肅在遞交備忘錄時，特別強調日軍應保管好各地武器及財產，不得交與沒有接收許可權的任何軍隊及團體，否則唯日軍是問。並表示：「除受命於何總司令者外，可一律視爲土匪，日軍即使採取自衛行動，也爲合理措施。」

會談從下午四時一直談到五時半。所有發言均譯成中、英、日三國語言，其實，這只不過是走走過場而已。實質性的問題，肖毅肅宣布將在今井逗留的三天之內隨時解決。

八月二十二日上午，陸軍副參謀長冷欣和巴特勒偕王武上校約談今井，要求提供中美戰俘名冊及情況。

八月二十三日上午，何應欽接見今井武夫，並告知八月二十六日至三十日，將空運一部份中國軍隊到南京，希望日軍加以協助。下午，今井一行連同中國軍隊的先遣人員一道，乘坐那架拖著紅尾巴的飛機，飛回南京。

當晚，何應欽在空軍駐地舉行的慶祝勝利的雞尾酒會上表示：不允許中共接收任何投降軍隊。而且，如果中共不服從指揮，在各戰場上搶奪日軍的武器，國民政府絕對不會允許。

八月二十七日，冷欣率一百多陸總人員飛抵南京，設置了前進指揮所。八月二十七日至九月一日，何應欽爲具體部署各戰區搶佔戰略要點，馬不停蹄地飛往湖北、西安、江西、昆明等地向各地長官面授機宜，並飛往重慶與魏德邁商談部隊空運問題，還向蔣介石報告了各項工作部署情況。

九月五日起，全美械裝備的新六軍按預定計畫陸續空運到南京，接受了南京的警備任務。

南京受降儀式的籌備工作緊鑼密鼓地進行。

一九四五年九月二日，日本投降儀式在東京灣密蘇里號軍艦上舉行，麥克阿瑟代表同盟國接受日軍投降，徐永昌代表中國接受日軍投降，並發表了令人深思的講話。日本簽下投降書，宣告二戰的正式結束。

日本宣布投降後，國民政府爲會同盟國接受日本投降書，派軍令部長徐永昌爲團長，率中國代表團於八月十七日飛往馬尼拉。二十六日，前往東京灣。

九月二日清晨，天色迷濛，涼氣襲人。東京灣的海面上艦船如林，艙面上人影密集，舉世矚目的日本投降儀式在密蘇里號戰列艦上舉行。

八時三十分，樂聲大起。參加對日作戰的盟國九國代表團成員依次拾級登梯走上密蘇里號的上層甲板。九國代表入場次序以中國爲首。

走在前列的中國代表徐永昌上將，穿著一身潔淨的嗶嘰軍服，左胸上兩行勳綬，態度嚴肅而沉著。隨後，英國、蘇聯、澳洲、加拿大、法國、荷蘭、紐西蘭的代表陸續上來。

八時五十分，盟軍最高統帥麥克阿瑟在軍樂聲中走上甲板，艦上升起他的五星將旗。

徐永昌等五十位海軍和五十位陸軍將領在簽字桌靠裏邊列隊靜候。簽字桌上鋪著象徵和平

▶▶徐永昌

徐永昌，一八八七年生，山西崞縣人，字次宸，國民黨高級將領。八年抗戰期間，擔任國民黨政府軍令部長，軍委會成員。一九四五年九月二日，代表中國政府，在東京灣密蘇里號軍艦上，與同盟國各國接受日本政府投降。一九五九年卒於台灣。

的綠色桌布，上面放著日本代表即將簽署的投降書。

一艘小艇向軍艦右舷鐵梯駛來，日本代表團來了。

日本代表團在新任外相重光葵的帶領下攀上舷梯。按照事前的約定，他們將在受降桌前一言不發，靜站五分鐘。

代表團成員加瀨浚一在事後向天皇呈奏的紀錄中，寫下了他們出場時的感受：

「我覺得我們正在受披枷戴鎖之刑，千萬隻眼睛像千萬支火箭疾風暴雨似地射向我們。我感到它們的鋒芒沒入我的身軀，造成肉體上的劇痛，我從來沒有體會到怒視的目光能這樣厲害地傷人。」

面對昔日的敵人戰敗國日本代表團的代表，麥克阿瑟的陳詞沒有爲難，甚至沒有責備。他說：

「我們，各交戰國的代表，聚集在這裏，簽署一個莊嚴的協定，從而使和平得以恢復。不同的理想和觀念的爭端，已在戰場見分曉，因此無需我們在這裏

▶▶道格拉斯·麥克阿瑟

道格拉斯·麥克阿瑟，一八八〇年生於美國阿肯色州。畢業於美國西點軍校。美國著名軍事家。二戰期間，先後擔任美國遠東軍司令，西南太平洋戰區盟軍司令，戰後出任駐日盟軍最高司令和「聯合國軍」總司令等職。一九四五年九月代表同盟國簽字受降。一九五〇年朝鮮戰爭爆發後，麥克亞瑟指揮侵朝戰爭，一九五一年因戰爭失敗，被解除一切職務。一九六四年去世。

討論或辯論。做為世界大多數人民的代表，我們不是懷著猜疑、惡意或仇恨的精神相聚。我們勝敗雙方的責任是實現更崇高的尊嚴，只有這種尊嚴才有利於我們即將為之奮鬥的神聖目標，使我們全體人民毫無保留地，用我們即將在這裏取得的諒解，忠實地執行這一種諒解。我本人真誠希望，其實也是全人類的希望，是從這個莊嚴的時刻起，將從過去的流血和屠殺中產生一個更美好的世界，產生一個建立在信仰和諒解的基礎上的世界，一個奉獻於人類尊嚴，能實現人類最迫切希望的自由，容忍和正義的世界。」

麥克阿瑟的「寬宏大度」使日本代表心存感激，卻讓部份盟國代表和觀眾產生一絲疑慮甚至不安，把侵略鄰國的日本和反侵略的盟國一方求降一方受降的關係，說成是共同做出的協定，恢復和平，實在是太照顧日本的情感了。徐永昌將軍一臉凝重。

麥克亞瑟演講完畢，簽字儀式開始。重光葵代表日本天皇和政府、陸軍參謀長梅津美治郎代表日本大本營在投降書上簽字。

受降書簽署由麥克亞瑟以盟軍統率的名義首先開始，接下來，美、中、英、蘇、澳、加、法、荷等國代表先後代表自己國家簽字，接受日本的投降。

簽字完畢後，麥克亞瑟再次發表簡短講話。「讓我們祈禱，」他說，「和平已在世界上恢復，祈求上帝永遠保佑它。」

中國代表徐永昌也對記者發表講話：

「今天是要大家反省的一天！今天每一個在這裏有代表的國家都可以回想一下過去，假如它的良心告訴它有過錯誤，它就應當勇敢地承認過錯而懺悔！」

《大公報》記者對這番意味深長的話很感興趣，希望徐將軍進一步說明「懺悔」的含義，但是被他搖頭婉拒了。不管是做爲中國代表團的團長，還是國民政府軍令部部長，徐永昌上將的話一定是有所指的，絕不是信口開河，因爲他說這番話時，臉色嚴肅，而且一字一句毫不含混。

當九月二日，日本在東京灣向盟國投降的時候，美蘇在雅爾達的密約尙不爲衆人所知。不過，徐永昌將軍做爲國民黨高級官員，一定是知曉了八月十四日在莫斯科簽訂的《中蘇友好同盟條約》。蔣介石爲了獲得美蘇支持自己反共，順從了羅斯福的安排，承認蘇聯戰後享有長春鐵路、旅順、大連的特權，承認外蒙古獨立。事情偏偏那樣巧合，八月十四日正是日本裕仁天皇宣布停戰，向中、美、英、蘇等同盟國求降之日。國民黨軍隊在受降和接收過程中飛揚跋扈，排斥為抗日戰爭做出重大貢獻的共產黨及其領導的人民軍隊，極大傷害了民心，種下了政權瓦解的禍根。

一九四九年九月九日，在南京黃浦路中央軍校舊址，岡村寧次向何應欽遞交了投降書，國民黨軍隊開始全面受降工作。浴血奮戰了十四年的中國人民終於將侵華日軍趕出中華大地，中華民族普天同慶！

中國人自古便有一種觀念，從一至十的各個數字中，最崇尚九，認為天地之至數，始於一而終於九，逢九即為大吉大利。於是中國把勝利的節日——日本投降簽字儀式的時間定在九月九日上午九時，寓意「三九良辰」。九月八日，何應欽由芷江飛往南京。

這是一個壯觀、感人的場面。

各機關、團體、學校代表列隊在明故宮機場迎候，近五萬人在機場外翹首企盼。何應欽乘坐的「美齡號」座機在九架戰鬥機的護衛下，於十二時飛臨南京上空，一時歡聲四起，掌聲雷動。當何應欽走下舷梯，在歡呼聲、掌聲和禮炮聲中，鄧朴、陳宗旭代表南京市民獻上了「日月重光」錦旗。

岡村寧次偕今井武夫等日軍高級將領，也列隊在機場肅立迎候。中國戰區受降典禮在南京黃浦路中央軍校舊址舉行。五百多米長的黃埔大道兩旁，每隔十步，都豎有各盟國的國旗，在旗幟之間肅立警戒的衛兵，荷槍實彈，精神飽滿，激動興奮中透著威嚴。

岡村寧次在規定的時間帶著幕僚走向中央陸軍軍官學校。他們通過紮有「和平永奠」、「勝利和平」等金色字樣的牌樓進入會場時被解除了佩刀。

會場中，四周的牆壁張滿紅、白、藍三色色布，懸掛著中、美、英、蘇四國國旗和大大的「和平」兩字，還有一個象徵勝利的「V」字。正面牆上掛著孫中山的巨幅畫像，對面牆上掛著蔣介石、史達林、杜魯門和艾德禮的像，觀禮的中外記者、盟國軍官及嘉賓等上千人靜候在側面來賓席上。

上午八時五十一分，何應欽率參加受降的顧祝同、肖毅肅等入場。何應欽就座於受降席中央；其左爲海軍上將陳紹寬、空軍上將張廷孟；其右爲陸軍上將顧祝同，中將肖毅肅。坐定後，岡村一行在中國軍隊將校的引導下進室趨前，立正後向何應欽做四十五度的鞠躬。待何應欽坐下後，岡村寧次等才依規定位置坐下。

接著，岡村的參謀長小林淺三郎向何應欽呈交了證明文件，岡村寧次雙手從肖毅肅手中接

▶▶日本侵華軍總參謀長小林淺三郎（右）在南京向何應欽遞交投降書

過日軍投降書，在兩份投降書上簽上自己的名字，然後取出圓形水晶圖章，蓋在簽名之下，印鑒呈向右傾斜之勢。日本侵華軍總參謀長小林淺三郎雙手向何應欽遞交了投降書。

在閃光燈的映照下，日本投降代表目光呆滯，神色黯然，再無往日「皇軍不可戰勝」的威風。一九三一年「九一八事變」後，中日間有三次停戰，即一九三二年的淞滬停戰協定，一九三三年的塘沽協定及此次日軍投降式。岡村寧次恰巧都參加了有關談判，不同的是，前兩次都是以勝利者的面目出現，這次「卻陷入了率領一百二十萬大軍（包括台灣、法屬北部印度支那）簽字的命運」。他在日記中記述自己是在「從未意料到的痛苦處境」中參加投降儀式的。

何應欽代表中國戰區最高司令長官蔣介石簽字，接受了日本的投降。然後中方向岡村寧次宣讀了中國戰區中國總司令部第一號令。從此，中國本部（除東三省）、台灣（包括澎湖列島）、越南北緯十六度以北地區的日本陸海空軍，全由中國陸軍總司令領導指揮，不准接受日本政府任何領導。

侵華日軍「中國派遣軍」司令部及中國戰區各級日軍司令部不復存在，代之以中國戰區日本官兵善後總聯絡部和各地聯絡部。中國戰區日本官兵善後聯絡部的任務爲執行或傳達中國陸軍總司令部的命令，並處理日軍投降後的一切善後事務，不得自行發佈任何命令。

持續二十分鐘的受降儀式結束後，岡村等被憲兵押解至休息室，何應欽發表即席廣播講話：

「敬告全國同胞及全世界人士：中國戰區日軍投降簽字儀式已於本日上午九時在南京順利完成。這是中國歷史上最有意義的一個日子，這也是八年抗戰艱苦奮鬥的結果。東亞及全世界人類的和平與繁榮，亦從此開闢一新的紀元。本人誠懇希望我全國同胞自省自覺，深切了解今日爲我國家復興之機會，一致精誠團結，在蔣主席領導之下，奮發努力，使復興大業迅速進展，更切盼世界和平自此永奠基礎，進入世界大同的境域！」

全場起立，掌聲雷鳴。

中國歷史上最大的民族災難終於結束了。消息經過電波傳遍華夏，整個中國大地在沸騰。整整八年時間的艱苦抗爭，付出了三千多萬軍民的鮮血和生命，英勇的中國人民終於迫使侵略者雙手奉上了降書。浴血奮戰了十四年的中國人民，頓時奔相走告，歡欣鼓舞，全國匯成了一片歡樂的海洋。

早在八月十五日，蔣介石對全國軍民發表廣播演說，宣布放假三天，舉國歡慶。九月三日，重慶市在校場口舉行規模盛大的慶祝活動。會後舉行大遊行，蔣介石乘車檢閱遊行隊伍。《中央日報》報導說：「是人潮，是熱浪，是歡騰的海。勝利的空氣，到處在流動、氾濫著。從都郵街，到校場口，真是萬民歡騰，雍雍穆穆；到處有爆竹，到處有舞龍，巨大的牌坊一座座地雄峙在各處要衝。」「晚上，校場口廣場的露天演奏會，千萬民眾合唱國歌、義勇軍進行曲，這種共鳴，這種熱烈，才是中國國民真正的自由之聲。這個聲浪響徹雲際，歷久不散。」

抗日戰爭的勝利是中國人民近百年無數次反侵略鬥爭中，第一次取得完全的勝利。世界各地的華人普天同慶。

接著，國民黨軍隊開始了全面受降工作。國民政府軍事委員會共畫分十六個受降區，並任命受降長官，分別接受日軍投降，具體分區如下：河內區，第一方面軍司令官盧漢；廣州區，第二方面軍司令官張發奎；汕頭區，第七戰區司令長官余漢謀；長沙區，第四方面軍司令官王耀武；南昌區，第九戰區司令長官薛岳；杭州區，第三戰區司令長官顧祝同；京滬區，第三方面軍司令官湯恩伯；漢口區，第六戰區司令長官孫蔚如；徐州區，第十戰區司令長官李品仙；平津區，第十一戰區司令長官孫連仲；太原區，第二戰區司令長官閻錫山；鄭州區，第一戰區司令長官胡宗南；郾城區，第五戰區司令長官劉峙；濟南區，第十一戰區副司令長官李延年；歸綏區，第十二戰區司令長官傅作義；台灣區，台灣行政長官陳儀。

整個中國戰區的受降工作，基本上在九、十月間進行完畢。從九月十一日至十月中旬爲止，在華日軍除因拒絕被八路軍、新四軍和華南抗日縱隊等部殲滅外，其餘均投降繳械。由國民黨軍隊接受投降的日軍共有一個總司令部、三個方面軍、十個集團軍、三十三個步兵師、一個坦克師、兩個飛行師、四十一個獨立旅，以及警備、守備、海軍等部隊，計一百二十八萬三千二百人。國民黨軍隊接收日軍武裝裝備和馬匹有：步騎槍六十八萬五千八百九十七支，手槍六萬零三百七十七支，輕便機槍二萬九千八百二十二挺，輕重火炮一萬二千四百四十六門，步槍彈一億八千零九十九萬四千餘發，手槍彈二百零三萬五千餘發，各種炮彈共二百零七萬餘顆，各種飛機一千零六十八架，飛機油一萬餘噸，艦艇船舶一千四百艘，共五萬四千六百餘噸。

國民黨軍隊還接受了很多僞軍的投降。投降的僞軍，據日軍的報告，南京僞國民政府所屬部隊（絕大多數為國民黨軍投降日軍的）計十五個軍、五十二個師、九個旅及特種兵，共約二十八萬二千人；華北僞華北政務委員會所屬部隊計十三個集團軍（相當旅）及炮兵、工兵等，共約五萬五千人；僞蒙軍計九個師及直屬部隊，共約一萬四千人。以上合計約三十五萬一千人。

這僅是岡村寧次報告的所謂正規僞軍人數，實際上僞軍遠遠超過此數。據國民黨軍事委員會統計，僅接收的僞軍就有二十四個軍、六十四個師、十三個旅及其他一百三十四個較小的單位，共計六十八萬三千五百六十九人，槍三十五萬七千二百五十四支。

日本投降後，中國戰區日軍戰俘和日僑從十一月開始被陸續遣送回國，到一九四六年底遣返完畢。其中從中國大陸及台灣地區遣送回國的日軍戰俘共一百二十三萬餘人，日僑一百七十五萬餘人。從此，中國的神聖領土上不再有日本侵略者的蹤跡。

後記

根據國民政府國防部一九四七年十月統計，在八年抗戰中，國民黨軍隊作戰消耗合計三百二十二萬七千九百二十六人，其中陣亡一百三十二萬八千五百零一人（包括九名上將，四十九名中將，六十九名少將，一萬七千名校尉，有些統計資料略有出入），負傷一百七十六萬九千二百九十九人，失蹤十三萬零一百二十六人；因病消耗合計九十三萬七千五百五十九人，其中死亡四十二萬二千四百七十九人，殘廢十九萬一千六百四十四人，逃亡三十二萬三千四百三十六人。兩項合計爲四百一十六萬五千四百八十五人，犧牲是巨大的。

八年抗日戰爭，尤其是戰略防禦階段，國民黨軍隊中的大多數將士作戰是英勇的，他們爲抗擊日寇的進攻，爲中華民族的生存，進行過殊死抵抗，與全國人民一道用自己的血肉之軀，築起了一道民族再生的長城，是永遠值得中國人民和一切愛好和平的人們的尊敬和懷念的！

由於抗日戰爭是中華民族全民族抗戰的偉大英雄史詩，國民黨軍隊在抗戰中的表現也各有差異。既有階段的差異，如戰略防禦階段積極抗戰，相持階段到來後轉爲消極抗戰；也有蔣介石的嫡系部隊和非嫡系部隊的差異，嫡系部隊裝備精良，戰鬥力較強，非嫡系部隊則力量較弱。因此，要準確地表述抗戰時期國民黨軍隊的整個活動非常困難。所以，我們僅選取了一些重要戰役、重要事件、重要人物進行描述，寫作方法有掛一漏萬之虞。由於作者水準有限，書中的缺點錯誤在所難免，也懇請廣大讀者批評指正。

八年抗戰中的 國民黨軍隊 1937~1945

作者：何桂宏　鄭德良
發行人：陳曉林
出版所：風雲時代出版股份有限公司
地址：10576台北市民生東路五段178號7樓之3
電話：(02) 2756-0949
傳真：(02) 2765-3799
執行主編：朱墨菲
美術設計：芷姍
行銷企劃：林安莉
業務總監：張瑋鳳

初版五刷：2018年11月
版權授權：台海出版社
ISBN ：978-986-146-835-8
風雲書網：http://www.eastbooks.com.tw
官方部落格：http://eastbooks.pixnet.net/blog
Facebook：http://www.facebook.com/h7560949
E-mail：h7560949@ms15.hinet.net
劃撥帳號：12043291
戶名：風雲時代出版股份有限公司

風雲發行所：33373桃園市龜山區公西村2鄰復興街304巷96號
電話：(03) 318-1378
傳真：(03) 318-1378
法律顧問：永然法律事務所 李永然律師
北辰著作權事務所 蕭雄淋律師

行政院新聞局局版台業字第3595號 營利事業統一編號22759935

國家圖書館出版品預行編目資料

八年抗戰中的國民黨軍隊 ／何桂宏 鄭德良 著. --初版
臺北市：風雲時代，2011.12 面；公分
ISBN 978-986-146-835-8（平裝）
1. 中日戰爭　2. 軍隊
628.5　　100022937